DEUTSCHES INSTITUT FÜR WIRTSCHAFTSFORSCHUNG

BEITRÄGE ZUR STRUKTURFORSCHUNG   HEFT 102 · 1988

Jochen Bethkenhagen, Rainer Hopf, Manfred Melzer,
Cord Schwartau und Doris Cornelsen (Projektleitung)

SO_2- und NO_X-Emissionen in der DDR 1982

DUNCKER & HUMBLOT · BERLIN

Herausgeber: Deutsches Institut für Wirtschaftsforschung, Königin-Luise-Str. 5, D-1000 Berlin 33
Telefon (0 30) 82 99 10 — Telefax (0 30) 82 99 12 00
BTX-Systemnummer * 2 99 11 #
Schriftleitung: Dr. Hans-Joachim Ziesing
Verlag Duncker & Humblot GmbH, Dietrich-Schäfer-Weg 9, D-1000 Berlin 41. Alle Rechte vorbehalten.
Druck: 1988 bei ZIPPEL-Druck, Oranienburger Str. 170, D-1000 Berlin 26.
Printed in Germany.
ISBN 3-428-06385-6

Gliederung

	Seite
Tabellenverzeichnis	7
Schaubildverzeichnis	14
Anhangverzeichnis	16
1. Einleitung	17
Verzeichnis der Mitarbeiter	21
2. Aufkommen und Verwendung von Primärenergie	22
2.1. Das Primärenergieaufkommen	22
2.2. Emissionsrelevante Qualitätsparameter der eingesetzten Brennstoffe	27
2.2.1. Die Braunkohlenlagerstätten der DDR	28
2.2.1.1. Die westelbischen Lagerstätten	29
2.2.1.2. Die Lausitzer Lagerstätten	35
2.2.1.3. Die Verteilung der Produktion nach Förderrevieren	42
2.2.2. Qualitätsparameter für Braunkohlenbriketts und Braunkohlenkoks	44
2.2.3. Qualitätsparameter für Steinkohlen	49
2.2.4. Qualitätsparameter für Erdöl	50
2.2.5. Qualitätsparameter für Erdgas	51
2.3. Die Verwendung des Primärenergieaufkommens nach Hauptverbrauchssektoren	56
FUSSNOTEN zu Kapitel 2. auf den Seiten 62 bis 65	
3. Die Emission im Bereich der Kraft- und Heizwerke	66
3.1. Definition und statistische Erfassung der Kraftwerkskapazitäten	66
3.2. Emission aus Braunkohlenkraftwerken	70
3.2.1. Kapazität der öffentlichen Braunkohlenkraftwerke (einschl. Heizkraftwerke)	70
3.2.2. Kapazität der Industriekraftwerke	71
3.2.3. Brennstoffeinsatzmenge und -qualität	72
3.2.4. Die SO_2-Emission aus Braunkohlenkraftwerken	73
3.2.5. Die NO_x-Emission aus Braunkohlenkraftwerken	76
3.2.6. Die Regionalstruktur der SO_2- und NO_x-Emission	77
3.3. Emission aus Steinkohlenkraftwerken	98

3.4.	Emission aus Erdölkraftwerken			99
3.5.	Emission aus Erdgaskraftwerken			100
3.6.	Emission aus Heizwerken			108
3.7.	Zusammenfassung und Perspektiven			114

FUSSNOTEN zu Kapitel 3. auf den Seiten 118/119

4. Die Emissionen der Industrie — 120

- 4.1. Die Emissionen der chemischen Industrie — 120
  - 4.1.1. Die Emissionen der Carbochemie — 121
    - 4.1.1.1. Die Emission der Braunkohlenschwelung und Ausbeute an flüssigen Kohlenwasserstoffen — 125
    - 4.1.1.2. Die Emissionen der Braunkohlenhochtemperaturverkokung und Ausbeute an flüssigen Kohlenwasserstoffen — 130
    - 4.1.1.3 Die Emissionen der Vergasungsprozesse und Ausbeute an flüssigen Kohlenwasserstoffen — 135
    - 4.1.1.4. Die Verarbeitung der flüssigen Kohlenwasserstoffe — 140
  - 4.1.2. Die Emissionen der Grundstoffchemie — 145
    - 4.1.2.1. Die Leuna-Werke "Walter Ulbricht" — 148
    - 4.1.2.2. Die Chemischen Werke Buna — 159
    - 4.1.2.3. Das Chemiekombinat Bitterfeld — 167
    - 4.1.2.4. Das Kombinat Agrochemie Piesteritz — 172
  - 4.1.3. Die Kalichemie — 180
  - 4.1.4. Das Kombinat Zellstoff und Papier — 182
  - 4.1.5. Die Mineralölindustrie — 186
    - 4.1.5.1. Petrolchemisches Kombinat Schwedt, Stammbetrieb — 191
    - 4.1.5.2. Betriebe des Petrolchemischen Kombinats im Raum Halle/Leipzig: Böhlen, Zeitz und Lützkendorf — 196
- 4.2. Die Emissionen der Metallurgie — 200
  - 4.2.1. Die Schwarzmetallurgie — 200
    - 4.2.1.1. Roheisen — 203
    - 4.2.1.2. Rohstahl — 206
    - 4.2.1.3. Eisen- und Stahlguß — 209
  - 4.2.2. Die NE-Metall-Industrie — 213
    - 4.2.2.1. Kupfer — 215
    - 4.2.2.2. Zinn und Blei — 218
    - 4.2.2.3. Aluminium — 220
    - 4.2.2.4. NE-Schmelzbetriebe und Verarbeitungskapazitäten — 224

4.3.	Die Emissionen der Bindebaustoffindustrie und der Ziegelwerke (Grobkeramik)		225
	4.3.1.	Bindebaustoffe: Gips, Kalk und Zement	225
	4.3.2.	Ziegelwerke	231
4.4.	Die Emissionen der Glas- und Feinkeramikindustrie		234
	4.4.1.	Die Glasindustrie	237
	4.4.2.	Feinkeramik	240
4.5.	Zusammenfassung und Perspektiven		243

Standorte und Produktsortimente ausgewählter
Kombinate auf den Seiten 252 bis 274

FUSSNOTEN zu Kapitel 4. auf den Seiten 275 bis 296

5. Hausbrand und Kleinverbrauch — 297

5.1.	Hausbrand		297
	5.1.1.	Methode der Ermittlung der Emissionsdaten	297
	5.1.2.	Der DDR-Wohnungsbestand von 1982 nach Heizungsarten	298
	5.1.3.	Art der Feuerstätten der Haushalte	304
	5.1.4.	Klimatische regionale Unterschiede	308
	5.1.5.	Emissionsfaktoren	310
	5.1.6.	Brennstoffverbrauch und Wärmebedarf der Haushalte	314
	5.1.7.	Die Bestimmung der SO_2-Emission	321
	5.1.8.	Die Bestimmung der NO_x-Emission	331
5.2.	Kleinverbrauch		338
5.3.	Gesamtergebnis Hausbrand und Kleinverbrauch		344
5.4.	Exkurs: Ausgewählte verbrauchsbedingte Emissionen		348
	5.4.1.	Lacke und Farben	348
	5.4.2.	Druckereien	354
	5.4.3.	Chemische Reinigungen	357
	5.4.4.	Formaldehyd	361
	5.4.5.	Asbest	370

FUSSNOTEN zu Kapitel 5. auf den Seiten 379 bis 389

6. Verkehr		**390**
6.1.	Allgemeiner Überblick	390
	6.1.1. Vorbemerkungen	390
	6.1.2. Abgrenzung des Verkehrsbereiches	392
	6.1.3. Abgrenzung des Schadstoffbereiches	394
	6.1.4. Datenbasis und Ablauf der Untersuchung	396
	6.1.5. Energie und Kraftstoffe im Verkehrsbereich	404
6.2.	Emissionen im Verkehrsbereich	407
	6.2.1. Straßenverkehr	407
	6.2.1.1. Individualverkehr	407
	6.2.1.1.1. PKW-Verkehr	407
	6.2.1.1.2. Motorisierter Zweiradverkehr	419
	6.2.1.2. Omnibusverkehr	431
	6.2.1.3. Straßengüterverkehr	443
	6.2.2. Schienenverkehr	463
	6.2.3. Binnenschiffahrt	469
	6.2.4. Seeschiffahrt, Seehäfen	475
	6.2.5. Luftverkehr	479
6.3.	Zusammenfassende Betrachtung und Ausblick	485
FUSSNOTEN zu Kapitel 6. auf den Seiten 490 bis 499		
7. Zusammenfassung		**500**

Tabellenverzeichnis

Tab.Nr.	Titel	Seite
P 1	Primärenergieaufkommen in der DDR 1982 (in jeweiligen Einheiten)	23
P 2	Primärenergieaufkommen in der DDR 1982 (in Mill. t SKE)	24
P 3	Entwicklung und Struktur des Verbrauchs von Primärenergie in der DDR von 1975 bis 1984	25
P 4	Qualitätsparameter der westelbischen Braunkohlenvorkommen der DDR	30
P 5	Übersichtskarte über die Lagerstättenbezirke von Leipzig-Halle-Bitterfeld-Magdeburg	31
P 6	Auswertung der Schlitzprobenergebnisse in den Tagebauen Espenhain und Zwenkau hinsichtlich der selektiven Rohkohlengewinnung	34
P 7	Qualitätsangaben zur Lausitzer Braunkohle	37
P 8	Heizwert und Schwefelgehalt ausgewählter Kohlensorten des 2. Niederlausitzer Flözhorizonts	41
P 9	Die Braunkohlenförderung der DDR nach Förderrevieren 1982	43
P 10	Brikettproduktion nach Kombinaten 1982	45
P 11	Qualitätsparameter der Braunkohlenbriketts der DDR nach Herstellern	46
P 12	Qualitätsparameter von Braunkohlenhochtemperatur-(BHT) und Braunkohlentieftemperaturkoks(BTT)	47
P 13	Die Steinkohlenimporte der DDR 1982	49
P 14	Daten für Brenngase	51
P 15	Gemessene Stickoxidkonzentrationen in der DDR	52/53
P 16	Richtwerte der DDR für die NO_2-Emission bei der Verbrennung von Stadtgas	55
P 17	Aufkommen und Verwendung von Braunkohle in der DDR 1982	58
P 18	Aufkommen und Verwendung von Steinkohle in der DDR 1982	59

Tab.Nr.	Titel	Seite
P 19	Aufkommen und Verwendung von Erdöl in der DDR 1982	60
P 20	Aufkommen und Verwendung von Erdgas in der DDR 1982	61
KHW 1	Brutto-Engpaßleistung der Kraftwerke in der DDR 1982	67
KHW 2	Brutto-Engpaßleistung der Wärmekraftwerke in der DDR 1982	68
KHW 3	Elektroenergieerzeugung nach Energieträgern	68
KHW 4	Auslastung der Wärmekraftwerke in der DDR 1982	69
KHW 5	Braunkohlenkraftwerke der DDR 1982 (absolute Angaben)	74
KHW 6	Braunkohlenkraftwerke der DDR 1982 (vH-Anteile)	75
KHW 7	Regionale SO_2-Emissionen aus Braunkohlenkraftwerken der DDR 1982	78
KHW 8	Regionale NO_x-Emissionen aus Braunkohlenkraftwerken der DDR 1982	79

Emissionsrelevante Daten für Braunkohlenkraftwerke der DDR 1982

KHW 9	Boxberg	80
KHW 10	Hagenwerder	81
KHW 11	Lübbenau	82
KHW 12	Vetschau	83
KHW 13	Thierbach	84
KHW 14	Lippendorf	85
KHW 15	Vockerode	86
KHW 16	Jänschwalde	87
KHW 17	Trattendorf	88
KHW 18	Hirschfelde	89
KHW 19	Harbke	90
KHW 20	Lauta	91
KHW 21	Zschornewitz	92
KHW 22	Sonstige	93
KHW 23	Heizkraftwerke, insgesamt	94
KHW 24	Schwarze Pumpe	95
KHW 25	Espenhain	96
KHW 26	Regis (Borna)	97
KHW 27	SO_2- und NO_x-Emission aus Steinkohlenheizkraftwerken der DDR 1982	99
KHW 28	SO_2- und NO_x-Emission aus heizölbetriebenen Kraftwerken der DDR 1982	100

Tab.Nr.		Titel	Seite
KHW	29	Gasbetriebene Heizkraftwerke der DDR 1982 -Gaseinsatz und NO_x-Emission-	101
KHW	30	Regionale NO_x-Emissionen aus gasbetriebenen Kraftwerken der DDR 1982	102
KHW	31	SO_2- und NO_x-Emission aus nicht mit Braunkohle betriebenen Wärmekraftwerken der DDR 1982	103
KHW	32	Regionale SO_2-Emissionen aus nicht mit Braunkohle befeuerten Kraftwerken der DDR 1982	104
KHW	33	Regionale NO_x-Emissionen aus nicht mit Braunkohle befeuerten Kraftwerken der DDR 1982	105
KHW	34	Regionale SO_2-Emissionen aus Kraftwerken der DDR 1982	106
KHW	35	Regionale NO_x-Emissionen aus Kraftwerken der DDR 1982	107
KHW	36	Heizwerke der DDR - Brennstoffeinsatz und Emission von SO_2 und NO_x 1982	111
KHW	37	Regionale SO_2-Emissionen aus Heizwerken der DDR 1982	112
KHW	38	Regionale NO_x-Emissionen aus Heizwerken der DDR 1982	113
KHW	39	Regionale SO_2-Emissionen aus Kraft- und Heizwerken der DDR 1982	116
KHW	40	Regionale NO_x-Emissionen aus Kraft- und Heizwerken der DDR 1982	117
I	1	SO_2-Emission bei Produktion und Verwendung von BTT-Koks	128
I	2	SO_2-Emission bei Produktion und Verwendung von BHT-Koks	132
I	3	SO_2-Emission bei Vergasung	138
I	4	Betriebsergebnisse bei der Vergasung in Winkler-Generatoren	151
I	5	Daten zur Schwarzmetallurgie	201
I	6	Standorte und Emissionen im Bereich der Chemie	247
I	7	Standorte und Emissionen im Bereich Metallurgie	248
I	8	Standorte und Emissionen im Bereich Baustoffe, Glas und Keramik	249

Tab.Nr.	Titel	Seite
I 9	Regionale SO_2-Emissionen aus der gesamten Industrie der DDR 1982	250
I 10	Regionale NO_x-Emissionen aus der gesamten Industrie der DDR 1982	251
HUK 1	Der DDR-Wohnungsbestand am Jahresende 1982 nach Heizarten je Rasterfläche A) Ofenheizung B) Individuelle Zentralheizung C) Fernheizung	300 301 302
HUK 2	Ausstattung der Haushalte der DDR mit Feuerstätten für feste und gasförmige Brennstoffe (Stand 1976)	305
HUK 3	Auswirkungen der Brennstoffumstellung in vorhandenen Zentralheizungen in t/a	307
HUK 4	Auswirkungen der Brennstoff- und Heizungsumstellung in 428 Etagenwohnungen in t/a	307
HUK 5	Spezifische Schadstoffemission der Wärmeprozesse an SO_2 und NO_x nach Brennstoffart in mg/MJ	310
HUK 6	Emission als Folge des Hausbrandes bei Einzelofenheizung	311
HUK 7	SO_2-Emissionsfaktoren fester Brennstoffe	312
HUK 8	Regionaler Wärmebedarf für Heizung ohne Fernheizung 1982 A) Ofenheizung B) Individuelle Heizung	317 318
HUK 9	Regionaler Wärmebedarf für Warmwasserbereitungsanlagen 1982 (feste Brennstoffe und Gas) A) Ofenheizung B) Individuelle Zentralheizung	319 320
HUK 10	Regionaler Wärmebedarf für Kochprozesse 1982 (mit festen Brennstoffen und Gas)	322
HUK 11	Brennstoffbilanz für Hausbrand mit festen Brennstoffen	324
HUK 12	Regionale SO_2-Emissionen aus Heizungen 1982 A) Ofenheizung B) Individuelle Zentralheizung	326 327
HUK 13	Regionale SO_2-Emissionen aus der Warmwasserbereitung 1982 A) Wohnungen mit Ofenheizung B) Wohnungen mit individueller Zentralheizung	328 329
HUK 14	Regionale SO_2-Emissionen aus Kochprozessen 1982 (feste Brennstoffe und Gas)	330

Tab.Nr.	Titel	Seite
HUK 15	Regionale NO_x-Emissionen aus Heizungen 1982 A) Ofenheizung B) Individuelle Zentralheizung	332 333
HUK 16	Regionale NO_x-Emissionen aus der Warmwasserbereitung 1982 (feste Brennstoffe und Gas) A) Wohnungen mit Ofenheizung B) Wohnungen mit individueller Zentralheizung	334 335
HUK 17	Regionale NO_x-Emissionen aus Kochprozessen 1982 (feste Brennstoffe und Gas)	336
HUK 18	Regionaler Wärmebedarf für Kleinverbrauch 1982 (feste Brennstoffe und Gas)	340
HUK 19	Regionale SO_2-Emissionen aus Kleinverbrauch 1982 (feste Brennstoffe und Gas)	341
HUK 20	Regionale NO_x-Emissionen aus Kleinverbrauch 1982 (feste Brennstoffe und Gas)	342
HUK 21	Regionale SO_2-Emissionen aus Hausbrand und Kleinverbrauch 1982	345
HUK 22	Regionale NO_x-Emissionen aus Hausbrand und Kleinverbrauch 1982	346
HUK 23	Übersicht über wichtige Lösungsmittel	351
HUK 24	Die MAK-Werte im Druckgewerbe	356
HUK 25	Lösungsmitteleinsparung im Zeitraum 1981 bis 1983 im VEB Textilreinigung Neubrandenburg	358
HUK 26	MAK-Werte bezüglich des Lösungsmitteleinsatzes bei chemischen Reinigungen	360
HUK 27	Ausgewählte Einsatzgebiete für Formaldehyd	363
HUK 28	Verwendung formaldehydhaltiger Produkte in wichtigen Erzeugungsbereichen	364
HUK 29	Die MAK-Werte bei Produktionsvorgängen mit Formaldehyd-haltigen Stoffen	369
HUK 30	Wichtigste Asbesttypen	371
V 1	Entwicklung des Personenverkehrs in der DDR 1960 bis 1983	400
V 2	Entwicklung des Binnengüterverkehrs in der DDR 1960 bis 1983	401
V 3	Entwicklung des Bestandes an zugelassenen Kraftfahrzeugen in der DDR 1960 bis 1983	402

Tab.Nr.	Titel	Seite
V 4	Verkehrswege in der DDR 1960 bis 1983	403
V 5	Regionale Strukturdaten des Verkehrs: PKW - Bestand 1982	411
V 6	Regionale NO_x-Emissionen bei PKW (ohne Transitverkehr)	412
V 7	Regionale CO-Emissionen bei PKW (ohne Transitverkehr)	413
V 8	Regionale CH-Emissionen bei PKW (ohne Transitverkehr)	414
V 9	Transitverkehr mit PKW zwischen Berlin (West) und dem Bundesgebiet 1982	415
V 10	Regionale NO_x-Emissionen bei PKW (einschl. Transitverkehr)	416
V 11	Regionale CO-Emissionen bei PKW (einschl. Transitverkehr)	417
V 12	Regionale CH-Emissionen bei PKW (einschl. Transitverkehr)	418
V 13	Regionale Strukturdaten des Verkehrs: Bestand an Motorrädern und -rollern 1982	422
V 14	Regionale CO-Emissionen bei Motorrädern und -rollern (ohne Transitverkehr)	423
V 15	Regionale CH-Emissionen bei Motorrädern und -rollern (ohne Transitverkehr)	424
V 16	Transitverkehr mit Motorrädern zwischen Berlin (West) und dem Bundesgebiet 1982	425
V 17	Regionale CO-Emissionen bei Motorrädern und -rollern (einschl. Transitverkehr)	426
V 18	Regionale CH-Emissionen bei Motorrädern und -rollern (einschl. Transitverkehr)	427
V 19	Regionale Strukturdaten des Verkehrs: Bestand an Kleinkrafträdern 1982	428
V 20	Regionale CO-Emissionen bei Kleinkrafträdern	429
V 21	Regionale CH-Emissionen bei Kleinkrafträdern	430
	Regionale Strukturdaten des Verkehrs:	
V 22	Verkehrsleistungen im Nahverkehr mit Omnibussen 1982	434
V 23	Verkehrsleistungen im Fernverkehr mit Omnibussen 1982	435
V 24	Verkehrsleistungen mit Omnibussen	436
V 25	Kraftstoffverbrauch bei Omnibussen	437
V 26	Regionale SO_2-Emissionen im Omnibusverkehr	438
V 27	Regionale NO_x-Emissionen im Omnibusverkehr	439
V 28	Regionale CO-Emissionen im Omnibusverkehr	440
V 29	Regionale CH-Emissionen im Omnibusverkehr	441
V 30	Regionale Emissionen von Rußpartikeln im Omnibusverkehr	442

Tab.Nr.	Titel	Seite
	Regionale Strukturdaten des Verkehrs:	
V 31	Verkehrsleistungen im Straßengüterverkehr 1982 (ohne Transitverkehr)	448
V 32	Kraftstoffverbrauch im Straßengüterverkehr 1982 (ohne Transitverkehr)	449
V 33	Regionale SO_2-Emissionen im Straßengüterverkehr (ohne Transitverkehr)	450
V 34	Regionale NO_x-Emissionen im Straßengüterverkehr (ohne Transitverkehr)	451
V 35	Regionale CO-Emissionen im Straßengüterverkehr (ohne Transitverkehr)	452
V 36	Regionale CH-Emissionen im Straßengüterverkehr (ohne Transitverkehr)	453
V 37	Regionale Emissionen von Rußpartikeln im Straßengüterverkehr (ohne Transitverkehr)	454
V 38	Transitverkehr im Straßengüterverkehr zwischen Berlin (West) und dem Bundesgebiet 1982	455
V 39	Regionale SO_2-Emissionen im Straßengüterverkehr (einschl. Transitverkehr)	456
V 40	Regionale NO_x-Emissionen im Straßengüterverkehr (einschl. Transitverkehr)	457
V 41	Regionale CO-Emissionen im Straßengüterverkehr (einschl. Transitverkehr)	458
V 42	Regionale CH-Emissionen im Straßengüterverkehr (einschl. Transitverkehr)	459
V 43	Regionale Emissionen von Rußpartikeln im Straßengüterverkehr (einschl. Transitverkehr)	460
V 44	Regionale SO_2-Emissionen im Straßenverkehr (einschl. Transitverkehr)	461
V 45	Regionale NO_x-Emissionen im Straßenverkehr (einschl. Transitverkehr)	462
V 46	Regionale Strukturdaten des Verkehrs: Kraftstoffverbrauch im Schienenverkehr 1982	466
V 47	Regionale SO_2-Emissionen im Schienverkehr	467
V 48	Regionale NO_x-Emissionen im Schienenverkehr	468
V 49	Regionale Emissionen in der Binnenschiffahrt (ohne Transitverkehr)	471
V 50	Regionale NO_x-Emissionen in der Binnenschiffahrt (ohne Transitverkehr)	472
V 51	Regionale SO_2-Emissionen in der Binnenschiffahrt (einschl. Transitverkehr)	473
V 52	Regionale NO_x-Emissionen in der Binnenschiffahrt (einschl. Transitverkehr)	474
V 53	Regionale SO_2-Emissionen in der Seeschiffahrt	477
V 54	Regionale NO_x-Emissionen in der Seeschiffahrt	478

Tab.Nr.	Titel	Seite
V 55	Emissionen im Luftverkehr	484
V 56	Regionale SO_2-Emissionen im Verkehr insgesamt	488
V 57	Regionale NO_x-Emissionen im Verkehr insgesamt	489
Z 1	Regionale SO_2-Emissionen insgesamt in der DDR 1982	509
Z 2	Regionale NO_x-Emissionen insgesamt in der DDR 1982	510

Schaubildverzeichnis

Abb.Nr.	Titel	Seite
P 1	Die westelbischen Braunkohlenbezirke der DDR	32
P 2	Schematischer Schnitt durch den Lagerstättenbezirk des Weißelsterbeckens	34
P 3	Regionale Verteilung des Gesamtschwefels und flüchtigen Schwefels im Flöz II und IV des Leipziger Braunkohlenreviers	35
P 4	Übersichtskarte über den Niederlausitzer Lagerstättenbezirk	36
P 5	Vertikale Gehaltsverteilung von Gesamtschwefel im 2. Lausitzer Flöz - Profiltyp 1	38
P 6	Trendkurven Gesamtschwefel (bezogen auf wasserfreie Substanz) des Horizontes 3 und des 2. Lausitzer Flözes	39
P 7	Trendkurven Gesamtschwefel (bezogen auf wasserfreie Substanz) der hangenden Infiltrationszone beim Profiltyp 1	40
P 8	Beurteilungskriterien der Braunkohleveredlungsverfahren	44
P 9	Einsatzstruktur des BHT-Kokses in der DDR	48
P 10	Vergleich der errechneten und gemessenen NO_x-Konzentrationen bei der Verbrennung von niederkalorischem Erdgas in der DR	54
P 11	Anwendungsbereiche des Erdgases in Abhängigkeit vom Stickstoffanteil	57
I 1	Die Möglichkeiten der stoffwirtschaftlichen Nutzung der Braunkohle	123

Abb.Nr.	Titel	Seite
I 2	Schwefel-Bilanz bei energo-chemischer Braunkohlenverwertung	127
I 3	Luftschadstoffe aus der BHT-Verkokung	131
I 4	Schwefelbilanz der BHT-Verkokung	133
I 5	Schwefelbilanz der Druckvergasung von Braunkohlenbriketts	136
I 6	SO_2-Emission aus industriellen Quellen im Bezirk Halle	146
I 7	Standortverteilung der kontrollpflichtigen SO_2-Emittenten im Bezirk Halle	147
I 8	Vereinfachtes Schema der Technologie der Erdölverarbeitung in Leuna nach Abschluß der Intensivierungsmaßnahmen zu Beginn der 80er Jahre	155
I 9	Energiebilanz eines Carbidofens	162
I 10	Entwicklung des Faserstoffertrags bei der Papiererzeugung der DDR	185
I 11	Verfahrenszug des konventionellen Deinking-Flotationsverfahrens; SD-Stoffdichte	186
I 12	Realisierte bzw. zur Realisierung vorgesehene Hochveredlung von Benzinen im PCK Schwedt	189
I 13	Technologie der Aromatenerzeugung des VEB PCK Schwedt 1982	190
I 14	Schema der Acrylnitrilerzeugung	193
I 15	Schema der thermischen Vernichtung toxischer Abgase und Abwässer der Acrylnitrilherstellung	194
I 16	Schema der Terephthalsäureerzeugung	195
I 17	Zusammensetzung des Schrottaufkommens in der DDR-Volkswirtschaft	203
I 18	Emissionen in den Verfahrensstufen der Aluminiumhütten	223
I 19	Schwefelfreisetzung aus dem Brenngut bzw. Schwefelaufnahme des Brenngutes in Abhängigkeit von der maximalen Prozeßtemperatur	232
I 20	Rohstoffe für die Glasherstellung	236

Abb.Nr.	Titel	Seite
I 21	Verfahrensstufen in der keramischen Industrie	241
HUK 1	Abweichung der mittleren Lufttemperatur in den Einzelregionen vom DDR-Durchschnitt	309
HUK 2	Gemessene HCHO-Konzentrationen in einer DDR-Schule während des Innenausbaus und nach Inbetriebnahme	368
HUK 3	Baustellenhandwerker im Grenzbereich zwischen Arbeitswelt und Umwelt	374
HUK 4	Inzidenz asbestinduzierter Erkrankungen	376
V 1	Übersichtsschema zur Bildung der Abgaskomponenten	396
Z 1	Regionale SO_2-Emissionen in der DDR 1982	511
Z 2	Regionale NO_x-Emissionen in der DDR 1982	512

Anhangverzeichnis

Anlage 1	Betroffene Objekte des Lizenzangebots des Kombinates VEB Chemische Werke Buna	513
Anlage 2	Angebotsinformation des VEB Petrolchemisches Kombinat Schwedt	515
Anlage 3	Leuna-Lizenzverfahren zur Erdölverarbeitung	521
Anlage 4	Qualitätskennziffern Hexanschnitt	530

1. Einleitung

Gegenstand dieser Untersuchung sind die Emissionen von Schwefeldioxid (SO_2) und Stickoxid (NO_x) in der DDR. Berichtsjahr ist 1982. Die Ergebnisse werden einem Raster mit Feldgrößen von 1/4 Längen- und 1/2 Breitengrad - das sind etwa 30 x 35 km - zugeordnet. Die folgende Abbildung zeigt die Landkarte der DDR mit der entsprechenden Aufteilung des Rasters.

Neben den genannten beiden Stoffen werden weitere Schadstoffe dokumentiert. Es sind dies vor allem: Kohlenwasserstoffe wie Phenol, Methanol und Formaldehyd, Halogene und deren Verbindungen wie Salzsäure, Vinylchlorid und Chlorwasserstoff; Kohlenmonoxyd, Ammoniak, Schwefelwasserstoff, chemische Lösungsmittel. Die entsprechenden Emissionen konnten aber nicht flächendeckend ermittelt werden; sie werden nachrichtlich mitgeteilt und nicht in ein Rastersystem überführt. Ausnahme ist der Verkehrsbereich, wo die Emissionen von CO und CH rastermäßig aufgeschlüsselt wurden.

Voraussetzung für die Emissionsschätzung sind zum einen die Emissionsfaktoren (spezifische Emission) und zum anderen die Produktionsmengen bzw. die Einsatzstoffe. Die größten Emissionen von SO_2 und NO_x resultieren aus Verbrennungsprozessen. Daher kommt der Abschätzung der DDR-spezifischen Emissionsfaktoren für die einzelnen Brennstoffe besondere Bedeutung zu. Da die Qualität der Brennstoffe sehr unterschiedlich ist, mußten hierüber detaillierte Analysen durchgeführt werden. Dies gilt insbesondere für die Braunkohle der DDR, die fast zwei Drittel des Primärenergiebedarfs deckt. Hier wurden die emissionsrelevanten Parameter nach einzelnen Lagerstätten, z.T. nach einzelnen Flözen ermittelt. Für die importierten Energieträger mußten die regionalspezifischen Parameter fest-

Lage der Bezirke, Kreise und Großstädte der DDR im verwendeten Rastersystem

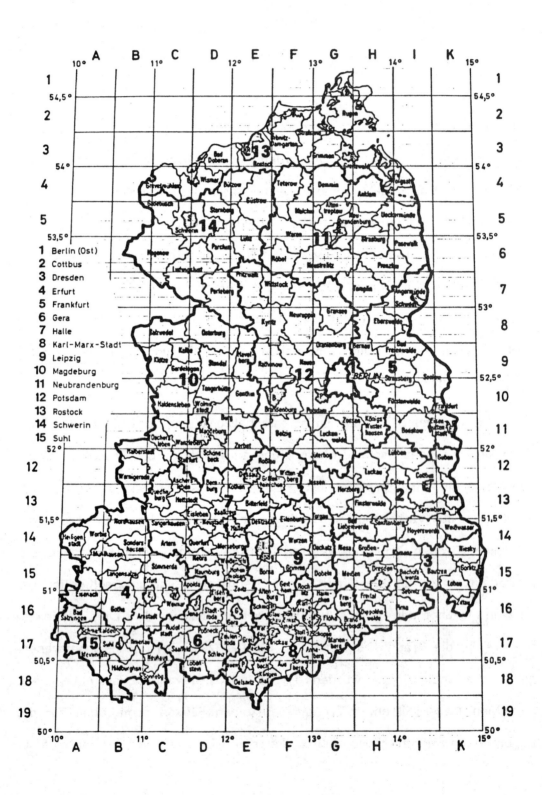

1 Berlin (Ost)
2 Cottbus
3 Dresden
4 Erfurt
5 Frankfurt
6 Gera
7 Halle
8 Karl-Marx-Stadt
9 Leipzig
10 Magdeburg
11 Neubrandenburg
12 Potsdam
13 Rostock
14 Schwerin
15 Suhl

gestellt werden. Wurden bei der Materialauswertung unterschiedliche Angaben angetroffen, so sind, sofern nicht Plausibilitätsüberlegungen dagegen sprachen, den Emissionsberechnungen die Durchschnitte zugrunde gelegt worden.

Die Emissionsermittlung erfolgt nach den wichtigen Emittentengruppen. Es sind dies:

- Kraftwerke und Heizwerke
- industrielle Produzenten (einschl. sonstige Umwandlungsbereiche: Brikett-, Koks-, Gasproduktion)
- Haushalte und Kleinverbraucher
- Verkehr.

Für die Bereiche Kraftwerke und Heizwerke, Haushalte und Kleinverbraucher sowie Verkehr wurde die Emission von SO_2 und NO_x vollständig berechnet. Für die Industrie wurde ein anderer Weg beschritten: Es wurden ausgewählte industrielle Produktionen detailliert untersucht, die den größten Teil der Emissionen verursachen. Es sind dies die chemische Industrie, die Metallurgie, die Baumaterialienindustrie sowie die Glas- und Keramikindustrie. Damit sind zwar die Emissionen der Industrie nicht total erfaßt, aber in den eigentlich relevanten Bereichen sehr detailliert nachgewiesen. Für den Bereich der chemischen Industrie wurde außerdem ein Produktraster erstellt. Im Bereich Haushalte und Kleinverbraucher wurde zusätzlich der Einsatz von Spanplatten, die Produktion der Druckereien, chemischen Reinigungen und der Verbrauch von Farben und Lacken analysiert.

Die Landwirtschaft (Traktoren und landwirtschaftliche Maschinen) wurde nicht analysiert. Lediglich der Werkverkehr der Landwirtschaft ist implizit im Verkehrsbereich erfaßt. 1980 verbrauchte die Landwirtschaft insgesamt 1,2 Mill. t Dieselkraftstoff.

Für die Ermittlung der emissionsrelevanten Parameter reicht die Berichterstattung im Statistischen Jahrbuch der DDR nicht aus. Vielmehr waren umfangreiche Literaturauswertungen erforderlich. Das im DIW vorhandene DDR-Industriearchiv bildete hierfür eine wichtige Grundlage. Alle Angaben wurden mit veröffentlichten Quellen belegt. Sie sind damit für jedermann nachvollziehbar, und es wird außerdem eine Aktualisierung zu einem späteren Zeitpunkt erleichtert.

Die ermittelten Emissionswerte sind Schätzwerte. Unsicherheiten ergeben sich aus den Emissionsfaktoren, aber auch aus den emissionsrelevanten Prozessen (Streuung in den angegebenen Faktoren, Lücken und Differenzen in den Informationen über die Prozesse, Einsatzstoffe und Produktionsmengen). Auch bei der regionalen Zuordnung kann Exaktheit nur angestrebt werden. Nicht alle Quellen sind Punktquellen oder können als Punktquellen zugeordnet werden. Dies gilt in erster Linie für die Flächen- und Linienquellen im Verkehrsbereich, es gilt z.T. aber auch für die Wärmeproduktion und die Industrieproduktion. Hier mußten bei der Überführung der Einzelergebnisse in das Raster Schätzungen vorgenommen werden.

Nach Redaktionsschluß eingegangene Informationen weisen darauf hin, daß der in dieser Arbeit verwendete Emissionsfaktor für die Abschätzung der NO_x-Emissionen aus mit Braunkohle befeuerten Kesseln (150 kg/TJ, als NO_2) zu niedrig ist. Nach persönlicher Auskunft des Umweltbundesamtes mußte in der Bundesrepublik nach der Auswertung umfangreicher Emissionsmessungen (vgl. Tätigkeitsbericht 1984/85 der Technischen Vereinigung der Großkraftwerksbetreiber. Essen 1985, S. 135 ff.) der bisher verwendete Emissionsfaktor von 180 auf 260 kg/TJ (als NO_2) angehoben werden.

Dies hat Konsequenzen für die Interpretation der für diese Arbeit verwendeten Lieteraturquelle aus der DDR (vgl. Abschnitt 3.2.5.). Dort wird ein NO_x-Faktor von 150 kg/TJ angegeben. Unklar ist, ob dieser Wert - wie in der Bundesrepublik üblich - auf NO_2 bezogen ist. Die oben genannten Erkenntnisse lassen vermuten, daß dies nicht der Fall ist. Die Umrechnung des Wertes von 150 kg/TJ (als NO_x = 95 vH NO + 5 vH NO_2) auf NO_2 ergibt einen aus heutiger Sicht plausibel erscheinenden Wert von 230 kg/TJ. Für den Bereich der mit Braunkohle befeuerten Kraft- und Heizwerke würde dies bedeuten, daß der errechnete Emissionswert von rd. 230 000 t NO_x rund 370 000 NO_2 entspricht.

Insgesamt bleibt festzuhalten, daß die Ermittlung der NO_x-Emissionen infolge der komplexeren Abhängigkeiten mit größeren Unsicherheiten behaftet ist als die von SO_2-Emissionen.

Verzeichnis der Mitarbeiter

Bearbeiter

Jochen Bethkenhagen	Kapitel 2
	Kapitel 3
Cord Schwartau	Kapitel 4
Manfred Melzer	Kapitel 5
Rainer Hopf	Kapitel 6
Doris Cornelsen	Projektleitung

Statistik

Hans Schmitz
Axel Schumacher
Wolfgang Steinbeck

Graphik

Ilse Walborn

Textverarbeitung

Elisabeth Lange
Iris Mundt

Lektor

Hans-Joachim Ziesing

2. Aufkommen und Verwendung von Primärenergie

2.1. Das Primärenergieaufkommen

Um einen Überblick über den Gesamtverbrauch an Energieträgern zu gewinnen, muß zunächst das Primärenergieaufkommen der DDR bestimmt werden. Es ergibt sich aus der Inlandsproduktion und den Nettoimporten (Import ./. Export).

Die Ermittlung dieser Daten stößt auf Schwierigkeiten. Zwar werden von der DDR seit 1982 im Statistischen Jahrbuch Daten über den Primärenergieverbrauch der Volkswirtschaft veröffentlicht. Ausgewiesen ist aber nur der Primärenergieverbrauch insgesamt. Mit Ausnahme des Verbrauchs an Rohbraunkohle und an festen Brennstoffen insgesamt fehlen jedoch Angaben für einzelne Energieträger. Sie mußten geschätzt werden[1].

Struktur und Niveau des Primärenergieaufkommens sind in den Tabellen P1 bis P3 wiedergegeben. Danach weist der Primärenergieverbrauch der DDR folgende Charakteristika auf (Angaben für 1982):

- Dominierender Energieträger mit einem Anteil von 68 vH ist die Braunkohle. 276 Mill. t Rohbraunkohle wurden in der DDR gefördert, die Exporte an Briketts betrugen 3 Mill. t.

- Steinkohle deckte 1982 nur noch 6 vH des Verbrauchs. Hierbei handelt es sich ausschließlich um Importkohle[2].

- Der Verbrauch von Mineralöl ist mit einem Anteil von 11 vH relativ niedrig. Auch hier ist die DDR nahezu ausschließlich auf Importe angewiesen.

- Der Erdgasbeitrag lag bei 10 vH. Gemessen am Heizwert[3] konnten fast 40 vH des Aufkommens durch die Inlandsförderung gedeckt werden.

Tabelle P 1

Primärenergieaufkommen in der DDR 1982

in jeweiligen Einheiten

	Förderung	Import	Export	Verbrauch
	Mill. t			
Braunkohle	276,04	0,94	3,00	273,98
Rohbraunkohle	276,04	0,94	0,00	276,98
Braunkohlenbriketts	0,00	0,00	3,00	-3,00
Steinkohle	0,00	6,76	0,29	6,47
Steinkohle	0,00	4,74	0,29	4,45
Steinkohlenkoks	0,00	2,02	0,00	2,02
Mineralöl	0,06	21,86	9,52	12,40
Erdöl	0,06	21,75	5,24	16,57
Erdölprodukte	0,00	0,11	4,28	-4,17
	Mrd. cbm			
Erdgas	9,83	6,39	0,02	16,20
	Mrd. kWh			
Kernkraft	0,00	10,85	0,00	10,85
Primärstrom	0,21	4,29	3,14	1,36
Wasserkraft	0,21	0,00	0,00	0,21
Strom Außenhandelssaldo	0,00	4,29	3,14	1,15

Quelle: Datenbank RGW-Energie des DIW.

Tabelle P 2

Primärenergieaufkommen in der DDR 1982

in Mill. t SKE

	Förderung	Import	Export	Verbrauch
Braunkohle	83,8	0,3	2,0	82,1
Rohbraunkohle	83,8	0,3	0	84,1
Braunkohlenbriketts	0	0	2,0	-2,0
Steinkohle	0	6,1	0,3	5,8
Steinkohle	0	4,2	0,3	3,9
Steinkohlenkoks	0	1,9	0	1,9
Mineralöl	0,1	30,6	13,4	17,3
Erdöl	0,1	30,4	7,3	23,2
Erdölprodukte	0	0,2	6,1	-5,9
Erdgas	4,1	7,4	0	11,5
Kernkraft	0	3,8	0	3,8
Primärstrom	0,1	1,5	1,1	0,5
Wasserkraft	0,1	0	0	0,1
Strom Außenhandelssaldo	0	1,5	1,1	0,4
Primärenergie, insgesamt 1)	88,1	49,7	16,8	119,8

1) "Verbrauch" einschließlich Bestandsveränderungen und statistische Differenzen.

Quelle: Datenbank RGW-Energie des DIW.

Tabelle P 3

Entwicklung und Struktur des Verbrauchs von Primärenergie in der DDR 1975 bis 1984

	1975	1976	1977	1978	1979	1980	1981	1982	1983	1984[1]
	in Mill. t SKE									
Insgesamt[2]	111,5	115,9	118,5	121,3	123,0	121,6	121,9	119,8	119,7	122,9
	Struktur (insgesamt = 100)									
Braunkohle	66,7	64,4	64,5	62,8	62,5	63,3	65,1	68,1	69,1	69,4
Steinkohle	7,2	7,7	6,9	7,2	6,9	6,4	5,0	4,4	3,7	6,1
Mineralöl	18,8	19,5	20,2	20,6	20,0	17,3	16,7	14,4	12,8	10,7
Erdgas	6,3	6,7	6,7	6,8	7,4	9,1	9,3	9,6	10,4	10,3
Primärstrom	1,2	1,8	1,8	2,6	3,3	3,9	4,0	3,6	4,0	3,5
darunter: Kernkraft	0,9	1,6	1,6	2,3	2,8	3,4	3,4	3,2	3,6	3,3

1) Vorläufige Angaben.- 2) Einschließlich Bestandsänderungen.

Quelle: Datenbank RGW-Energie des DIW.

- Auf Primärstrom (Wasserkraft, Kernenergie und Außenhandelssaldo) entfielen 4 vH des Energieverbrauchs. Allein Kernkraftstrom trug 3 vH zum Aufkommen bei.

In den längerfristigen Verbrauchstendenzen (vgl. Tabelle P3) spiegeln sich die Ziele der Energiepolitik der DDR deutlich wider:

- Bis 1980 war die Strukturpolitik bestimmt durch das Bemühen, den Kohlenanteil zugunsten der hinsichtlich Transport, Umwandlung und Nutzungskomfort vorteilhaften Kohlenwasserstoffe (Erdöl und Erdgas) zurückzudrängen. Dabei wurden steigende Importe bewußt in Kauf genommen.

- Seit 1981 ist die Energiepolitik dem Diktat der Zahlungsbilanz ausgesetzt. 1980 erklärte Erich Honecker: "Wo Heizöl noch als Brennstoff verwendet wird, gilt es Braunkohle einzusetzen, ..."[4].

Seitdem wurde ihre Förderung gesteigert, der Anteil der Braunkohle nimmt wieder zu. Auf mittlere Frist soll Öl durch Kohle substitutiert werden, langfristig soll Kernenergie diese Rolle übernehmen[5]. Gestoppt werden konnte auch die Importabhängigkeit der Energieversorgung. 1982 wurden 74 vH des Verbrauchs durch die Inlandsproduktion gedeckt (1980: 68 vH).

Auch bei der Entwicklung des Verbrauchsniveaus (vgl. Tabelle P3) zeigen sich deutlich die Veränderungen in der Energiepolitik: Bis 1978 nahm der Primärenergieverbrauch ständig zu. Erst unter dem Eindruck der zweiten Ölkrise wurde der Energieeinsparung höchste Priorität zuerkannt. Seitdem konnte der Energieverbrauch weitgehend konstant gehalten werden, obwohl das Wirtschaftswachstum beachtlich blieb (1981 bis 1983: 3,9 vH im Jahresdurchschnitt).[6] Gemessen am Energieverbrauch je Einwohner ist das Verbrauchsniveau mit 7,2 t SKE jedoch noch immer sehr hoch. In der Bundesrepublik beträgt der Vergleichswert z.B. 6,0 t SKE.

2.2. Emissionsrelevante Qualitätsparameter der eingesetzten Brennstoffe

Die bei Verbrennungsprozessen entstehende Emission von SO_2 wird durch folgende Beziehung bestimmt:

$$E_{SO_2} = 2 \times B \times S \times V$$

Dabei ist:

E_{SO_2} = SO_2-Emission in t

B = Eingesetzte Brennstoffmenge in t

S = Gesamtschwefelgehalt in %/100

V = Anteil des Gesamtschwefels in den gasförmigen Verbrennungsprodukten in %/100 (Verbrennungsschwefel).

Der Anteil des Verbrennungsschwefels wird bestimmt durch den Einbindungsgrad von Schwefel in den Verbrennungsrückständen (Aschebindung). Die Aschebindung von Schwefel erfolgt durch die im Brennstoff vorhandenen Basen. So wird bei Braunkohlen, die durch das Vorhandensein hoher CaO-Gehalte eine stark basische Asche aufweisen, ein Teil der Schwefeloxide von den Basen der Mineralsubstanz gebunden;[7] dies reduziert die Emission von Schwefel. Es gilt demnach:

$$V = 1 - A$$

wobei A = Aschebindungsgrad in %/100.

In dieser Untersuchung wird folgende Schreibweise verwendet:

S_t = Gesamtschwefel

S_c = Verbrennlicher Schwefel

S^r = Schwefel im Rohzustand

S^d = Schwefel in wasserfreiem Zustand.

Um die eingesetzte Brennstoffmenge für bestimmte technologische Prozesse bestimmen zu können, bedarf es neben den genannten Parametern auch der Kenntnis des Heizwertes.

Für die Berechnung der NO_x-Emission sind keine zusätzlichen Informationen über die Brennstoffqualität erforderlich. Die NO_x-Emission ist positiv korreliert mit der Verbrennungstemperatur, die wiederum eine Funktion des Heizwertes ist, und dem Luftüberschuß.

2.2.1. Die Braunkohlenlagerstätten der DDR

Die in der DDR verbrannte Braunkohle stammt nahezu ausschließlich aus inländischer Förderung. 1982 wurden lediglich 0,3 vH des Verbrauchs importiert. Die Vorräte der DDR, die hinreichend erkundet und bewertet sind und damit die Grundlage der Abbauplanung der nächsten Jahrzehnte bilden, haben einen Umfang von rd. 20 Mrd. t[8]. Die industriellen Vorräte weisen folgende Regionalverteilung auf:

Bezirk Cottbus	47,0 vH
Bezirk Leipzig	24,0 vH
Bezirk Halle	13,0 vH
Bezirk Frankfurt/O.	5,5 vH
Bezirk Magdeburg	5,5 vH
Bezirk Dresden	3,0 vH

Knapp 10 vH der Vorräte entfallen auf Salzkohlen[9].

Etwa 44 vH der Vorräte lagern in Felder mit einem Lagerstättenumfang von mehr als 250 Mill t. Rund die Hälfte der bewerteten Braunkohlenvorräte befindet sich in Lagerstätten, die bereits in Betrieb sind oder bis 1990 aufgeschlossen werden. Auch auf lange Sicht wird die Braunkohle im Tagebau gewonnen werden können. Allerdings wird sich der Abbau von derzeit 40 bis 80 m Abbauteufe auf einen Teufenbereich von 80 bis 120 m verlagern.

Die Braunkohlenlagerstätten der DDR unterscheiden sich nicht nur nach ihrem Bildungstyp, sondern auch nach dem Zeitraum der Flözbildung, die in verschiedenen Perioden des Tertiär erfolgte. Die Kohle westlich der Elbe ist relativ alt; ihr Heizwert, Asche- und Schwefelgehalt sind im Vergleich zur jüngeren Kohle der ostelbischen Reviere hoch, der Wassergehalt ist dagegen niedriger.

2.2.1.1. Die westelbischen Lagerstätten

Die westelbischen Lagerstättenbezirke zeigt die Abbildung P1. Das Gebiet ist von verschiedenen Flözen durchzogen, deren Heizwert, Wasser- und Schwefelgehalt in Tabelle P4 wiedergegeben sind. Die Zuordnung der Flöze zu den einzelnen Förderregionen zeigt Tabelle P5.

Die bis an die Grenze zur Bundesrepublik gelegenen Lagerstätten von Egeln und Oschersleben zählen zu den ältesten Braunkohlenbildungen auf dem Gebiet der DDR. Bisher werden hier nur die Randbereiche abgebaut (Tagebau Wulfersdorf). Das Auftreten von Salzkohlen ist für diese Lagerstätten charakteristisch. Die Kohle wird vorwiegend als Kesselkohle, z.T. auch als Brikettierkohle genutzt. Teerreiche Partien werden zur Gewinnung von Rohmontanwachs und vereinzelt zur Schwelung eingesetzt.

Die Kohle im Lagerstättenbezirk Oberröblingen zeichnet sich durch hohe Bitumengehalte aus (im Durchschnitt 12 vH, wasserfrei) und bildet damit die traditionelle Rohstoffbasis für die Gewinnung von Rohmontanwachs.

Der Abbau der Lagerstätte des Geiseltals erfolgt fast nur noch in den Randbereichen. Hier ist der Schwefelgehalt besonders hoch, z.T. beträgt er mehr als 6,5 vH (wasserfrei).

Große wirtschaftliche Bedeutung haben die zumeist südlich von Leipzig gelegenen Lagerstätten des Weißelsterbeckens. 1984 wurde die Kohle in

Tabelle P 4

Qualitätsparameter der westelbischen Braunkohlenvorkommen der DDR

Lagerstätte bzw. Flöz	Wasser-gehalt	Heizwert		S_t	
		d[1]	r[2]	d[1]	r[2]
	vH	kJ/kg		vH	
Westelbisches Revier					
Egeln/Oschersleben	47,5	23 500	11 180	3,4	1,8
Oberröblingen	47,0	23 500 [3]	11 180	3,9	2,1
Geiseltal	53,0	23 500 [3]	9 750	6,0	2,8
Weißelsterbecken					
Flöz I	54,0	23 900	9 675	3,0	1,4
Flöz II/III	54,0	23 700	9 585	3,5	1,6
Flöz IV	53,5	23 400	9 575	4,6	2,1
Flöz Gröbers	54,0 [3]	23 300	9 400	5,2	2,4
Flöz Bruckdorf	54,0 [3]	23 500 [3]	9 490	4,5	2,1
Delitzsch/Bitterfeld					
Flöz Bitterfeld	53,0	22 200	9 140	3,9	1,8

1) Analysezustand "wasserfrei".- 2) Analysezustand "roh".- 3) Geschätzt.

Quelle: Herbert Krug und Wolfgang Naundorf: Braunkohlenbrikettierung. A.a.O., S. 33 ff.

Tabelle P 5

**Übersichtskarte über die Lagerstättenbezirke
von
Leipzig-Halle-Bitterfeld-Magdeburg**

Lagerstättenbereiche	wichtigste Flöze
1 Weißelsterbecken - SW (Profen)	Flöz III, Flöz I
2 Weißelsterbecken - SO (Borna-Regis)	Flöz III, Flöz I
3 Weißelsterbecken - NO (Zwenkau-Espenhain)	Flöz IV, Flöz II
4 Weißelsterbecken - NW (Wallendorf-Hatzfeld)	Flöz Gröbers Flöz Bruckdorf
5 Delitzsch	Flöze Bitterfeld, Gröbers, Bruckdorf
6 Bitterfeld	Flöz Bitterfeld
7 Dessau-Köthen	Flöz Bruckdorf
8 Geiseltal	Flöz Geiseltal
9 Röblingen 10 Nachterstedt	Hauptflöz, Unterflöz
11 Egeln-Oschersleben	Flözgruppen I-VII
Quelle: Herbert Krug und Wolfgang Naundorf: Braunkohlenbrikettierung. A.a.O., S. 35	

Abbildung P 1

Die westelbischen Braunkohlenbezirke der DDR

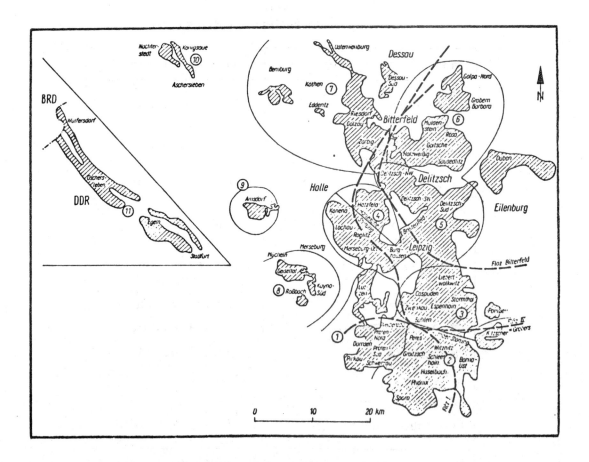

Quelle: Herbert Krug und Wolfgang Naundorf, a.a.O., S. 34.

9 Tagebauen gefördert. Einen schematischen Schnitt durch diesen Lagerstättenbezirk zeigt Abbildung P2. Flöz I tritt nur im südlichen Teil, d.h. vor allem in Profen, Groitsch und Schleenhain auf. Das Flöz weist einen Schwelkohlenanteil von maximal 60 vH auf. Hauptflözgruppe in diesem Bezirk sind die Flöze II und III, die vor allem im Lagerstättenbereich Peres - Schleenhain - Groitzsch anzutreffen sind.

Bedeutendstes Flöz im nördlichen Teil ist das Böhlener Oberflöz (Flöz IV). Es ist bereits seit langem eine bedeutende Rohstoffreserve für die selektive Gewinnung von Schwelkohle. Allerdings ist der Schwefelgehalt hier sehr hoch. Wie stark die Schwefelwerte in den einzelnen Lagerstättenteilen vom Durchschnittswert abweichen können, verdeutlicht die Tabelle P 6.

Da die oberen und unteren Schichten als Kesselkohle genutzt werden, könnte sich allerdings der Schwefelgehalt der Kesselkohle insgesamt in der Nähe des Durchschnittswertes bewegen.

Im Nordwesten des Weißelsterbeckens sind die Flöze Bruckdorf und Gröbers. Gegenwärtig wird in Merseburg-Ost aus dem Flöz Bruckdorf Salzkohle gefördert.

Die Verbreitung des Bitterfelder Flözes folgt etwa der Linie Leipzig - Schkeuditz - Brehna. Derzeit erfolgt der Abbau in vier Tagebauen, weitere sind zum Aufschluß vorgesehen.

Über den Aschebindungsgrad des Schwefels bzw. über den Anteil des Verbrennungsschwefels gibt es einzelne Angaben. So sind im Mittel vom Gesamtschwefel 63 vH des Flözes IV und 54 vH des Flözes II verbrennlich[10] (vgl. Abbildung P 3). Die Annahme eines durchschnittlichen Verbrennungsanteils von 60 vH für die westelbische Braunkohle erscheint vor diesem Hintergrund gerechtfertigt (Aschebindung = 40 vH). Dieser Wert wird auch von Mohry/Riedel genannt[11].

Tabelle P 6

Auswertung der Schlitzprobenergebnisse in den Tagebauen Espenhain und Zwenkau hinsichtlich der selektiven Rohkohlengewinnung

Flöz	Bereich	Kohlensorte	S_t^r in vH
IV	Hangend	KK	4,22
IV	Mittel	BK	4,11
IV	Liegend	KK	4,07
II	Hangend	KK	4,50
II	Mittel	BK	3,23
II	Liegend	KK	2,09
II	Liegendrücken	KK	3,88

Quelle: Dieter Bartnik: Rohstoffeigenschaften ..., a.a.O., S. 81.

Abbildung P 2

Schematischer Schnitt durch den Lagerstättenbezirk des Weißelsterbeckens

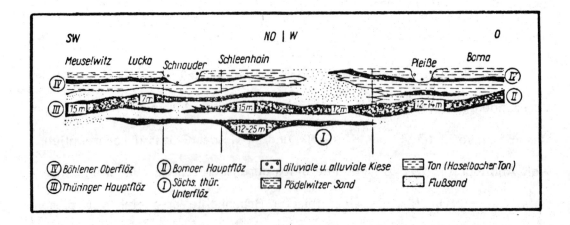

Quelle: Herbert Krug und Wolfgang Naundorf: Braunkohlenbrikettierung. A.a.O., S. 40.

Abbildung P 3

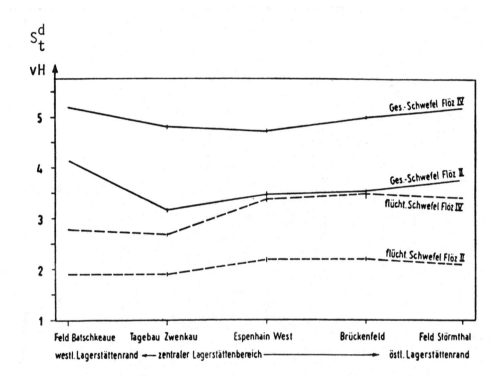

Regionale Verteilung des Gesamtschwefels und flüchtigen Schwefels im Flöz II und IV des Leipziger Braunkohlenreviers

Quelle: Dieter Bartnik: Rohstoffeigenschaften ..., a.a.O., S. 51.

2.2.1.2. Die Lausitzer Lagerstätten

Einen Überblick über die Lagerstätten im Niederlausitzer Lagerstättenbezirk gibt Abbildung P 4.

Die Vorkommen verteilen sich im wesentlichen auf vier Flöze. Derzeit konzentriert sich die Förderung aber auf den 2. Lausitzer Flözhorizont; rd. 50 vH der Rohbraunkohlenförderung der DDR werden hier gewonnen. Das Lausitzer Oberflöz ist weitgehend abgebaut, die 30 bis 60 m unter dem 2.

Abbildung P 4

Übersichtskarte über den Niederlausitzer Lagerstättenbezirk

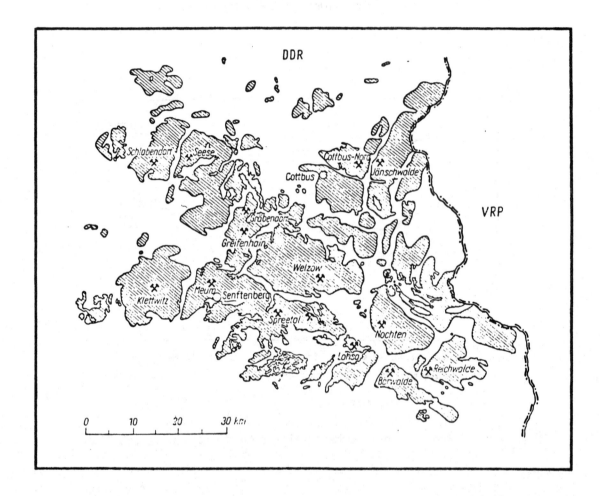

Quelle: Herbert Krug und Wolfgang Naundorf: Braunkohlenbrikettierung. A.a.O., S. 49.

Flöz lagernden tieferen Schichten werden noch nicht genutzt. Infolge der differenzierten geologischen Entwicklung des 2. Horizontes weisen die qualitativen Kohlenkennwerte sehr starke regionale Unterschiede auf.

Es überrascht daher nicht, daß in der Fachliteratur der DDR für die Durchschnittswerte sehr unterschiedliche Angaben gemacht werden:

Tabelle P 7

Qualitätsangaben zur Lausitzer Braunkohle

Heizwert Q^r kJ/kg	Schwefelgehalt in vH		Quelle
7910 - 8450	0,5 - 1,2	S_c^r	Herbert Krug und Wolfgang Naundorf[1]
7120 - 8130	0,6	S_c^r	Gunter Thor u.a.[2]
7120 - 9640	0,8 - 1,3	S_t^d	Konrad Billwitz[3]
	= 0,3 - 0,6	S_t^r	
8370	0,3	S_c^r	Herbert Mohry und Hans-Günter Riedel[4]
	= 0,6	S_t^r	
8450	1 - 3	S_t^d	Ciesielski u.a.[5]
	= 0,4 - 1,3	S_t^r	

Quellen: 1) Herbert Krug und Wolfgang Naundorf, a.a.O., S. 52.- 2) Gunter Thor u.a.: Entwicklung und Einsatz der Wirbelschichtfeuerung im Dampferzeugungsbau der DDR. In: Mitteilungen aus dem Kraftwerksanlagenbau der DDR. Heft 1/1985, S. 3.- 3) Konrad Billwitz: Regionalgraphische landeskulturelle Vergleiche als Grundlage für die Bewertung der Umweltbedingungen in den RGW-Ländern - dargestellt an drei Braunkohlengebieten der DDR und der CSSR. In: Hellmut Harke (Hrsg.): Territoriale Probleme der sozialistischen ökonomischen Integration. Halle (Saale) 1981, S. 174.- 4) Herbert Mohry und Hans-Günter Riedel, a.a.O., S. 76.- 5) R.Ciesielski u.a.: Probleme der sortengerechten Kohlebereitstellung und Kohleveredelung. In: o.V.: Untersuchungen und Erkundungen von Braunkohlen und deren Lagerstätten. Freiberger Forschungshefte. Leipzig 1977, S. 93 ff.

Die Qualitätsparameter der Braunkohle sind sowohl von der horizontalen als auch von der vertikalen Lage abhängig. Charakteristisch für diese Förderregion ist die Abhängigkeit des Schwefelgehalts von der Teufe.

Abbildung P 5

Vertikale Gehaltsverteilung von Gesamtschwefel im 2. Lausitzer Flöz - Profiltyp 1

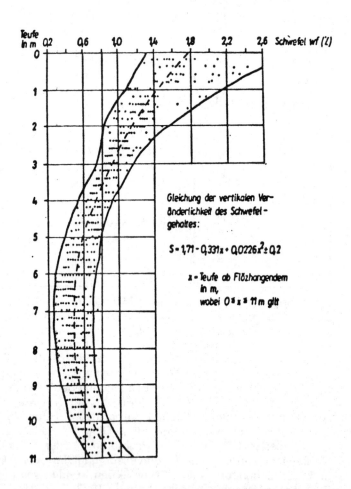

Gleichung der vertikalen Veränderlichkeit des Schwefelgehaltes:

$$S = 1{,}71 - 0{,}331x + 0{,}0226x^2 \pm 0{,}2$$

x = Teufe ab Flözhangendem in m, wobei $0 \leq x \leq 11$ m gilt

Quelle: Rainer Vulpius und Karl-Heinz Neubert: Zur Verteilung und Genese des Schwefels in den Braunkohlen des 2. Lausitzer Flözhorizontes. In: Neue Bergbautechnik. Heft 11/1982, S. 634.

Generell gilt: Der Schwefelgehalt ist an den Ober- und Unterschichten eines Flözes überdurchschnittlich hoch. Vulpius und Neubert, die über die Schwefelverteilung detaillierte Untersuchungen durchgeführt haben, weisen darauf hin, "daß der Schwefelgehalt des 2. Lausitzer Flözes nicht schlechthin als ein Lagerstättenparameter betrachtet werden darf"[12]. Die Unterschiede sind das Ergebnis von Schwefelinfiltrationen nach der Flözbildung ("epigenetische Überprägung des syngenetischen Schwefelgehalts"). Während der "syngenetische Schwefelgehalt" in den Felder Greifenhain, Klettwitz, Meuro, Spreetal, Welzow-Süd und Nochten mit 0,62 ± 0,15 vH (wasserfrei)[13] angegeben wird, erreicht der Gesamtschwefel in den extremen Infiltrationszonen Werte zwischen 2 und 4 vH (wasserfrei), das sind rd. 0,84 bis 1,7 vH im Rohzustand. Ein Beispiel für die vertikale Verteilung des Schwefelgehalts zeigt Abbildung P 5.

Die horizontalen Unterschiede werden folgendermaßen beschrieben (vgl. hierzu auch die Abbildungen P 6 und P 7).

Abbildung P 6

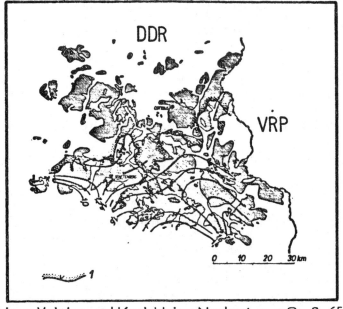

Trendkurven Gesamtschwefel (bezogen auf wasserfreie Substanz) des Horizontes 3 und des 2. Lausitzer Flözes

Quelle: Rainer Vulpius und Karl-Heinz Neubert, a.a.O., S. 657.

Abbildung P 7

Trendkurven Gesamtschwefel (bezogen auf wasserfreie Substanz) der hangenden Infiltrationszone beim Profiltyp 1

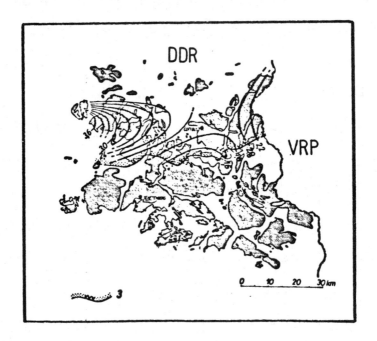

Quelle: Rainer Vulpius und Karl-Heinz Neubert, a.a.O., S. 656.

Südlicher Teil: Der syngenetische Gehaltsbereich hat eine Mächtigkeit von 7 bis 8 m, der Schwefelgehalt (wasserfrei) schwankt zwischen 0,6 und 0,7 vH[14]. Bei den Infiltrationszonen lassen sich zwei Regionalbereiche unterscheiden:

- Im westlichen Teil weist die Infiltrationszone geringe Mächtigkeiten (2,5 bis 4,5 m) und geringere Schwefelgehalte (1,2 bis 1,4 vH) auf.

- Im östlichen Teil ist eine schnelle Zunahme der Mächtigkeit festzustellen (auf 8 bis 9 m). Damit korreliert ein höherer Schwefelgehalt von 1,5 bis 1,8 vH (jeweils wasserfrei).

Nördlicher Teil: Er ist durch eine Aufspaltung des 2. Flözes gekennzeichnet. Dies hat eine verstärkte epigenetische Erhöhung des Schwefelgehalts zur Folge. Generell ist eine Zunahme des Gesamtschwefelgehalts in nördlicher Richtung zu beobachten. Extremwerte von 3 bis 3,6 vH Gesamtschwefelanteil (wasserfrei) werden im Nordwesten gemessen (Schlabendorf, Seesen).

Die horizontalen und vertikalen Qualitätsunterschiede führen dazu, daß auch innerhalb eines Tagebaubetriebes die Kohle selektiv für unterschiedliche Verwendungszwecke abgebaut wird. Für einzelne Tagebaubetriebe gibt die folgende Tabelle die Werte für den Heizwert und den Schwefelgehalt wieder:

Tabelle P 8

Heizwert und Schwefelgehalt ausgewählter Kohlensorten des 2. Niederlausitzer Flözhorizonts

Kohlensorten/ Förderrevier[1]	Gesamtschwefel		Heizwert	
	$(d)^{2)}$	$(r)^{3)}$	$(d)^{2)}$	$(r)^{3)}$
	in vH		in kJ/kg	
Kokskohlen				
Nochten - Weißwasser	0,7 - 1,5	0,3 - 0,6	22 400 -23 820	7 990 - 8 590
Klettwitz	0,6 - 1,2	0,3 - 0,5	23 080 -23 980	8 280 - 8 660
Brikettierkohle				
Gräbendorf	1,0 - 1,6	0,4 - 0,7	23 110 -23 690	8 290 - 8 530
Bärwalde	0,5 - 1,9	0,2 - 0,8	23 470 -23 910	8 440 -8 630
Kesselkohle				
Schlabendorf - Seesen	2,2 -3,4	0,9 - 1,4	22 100 -23 360	7 860 -8 400
Bärwalde	1,6 - 2,4	0,7 - 1,0	22 720 -23 920	8 126 -8 630

1) Die Quelle gibt die Förderreviere nur mit dem Anfangsbuchstaben an.- 2) Analysezustand "wasserfrei".- 3) Analysezustand "roh". Die Umrechnung erfolgt unter der Annahme eines Wassergehalts von 58 vH.

Quelle: M. Süss: Rohstoffliche Grundlagen der Hochtemperaturverkokung von Weichbraunkohlen. In: Zeitschrift für angewandte Geologie. Heft 2/1980, S. 75.

Ergänzend sei hinzugefügt, daß die in den Kraftwerken und Heizwerken eingesetzte Kesselkohle Heizwerte im Bereich von 6 200 und 9 500 kJ/kg aufweisen soll[15]. Tendenziell nimmt der Heizwert der in den Kraftwerken eingesetzten Rohbraunkohle ab[16]. Unterschiede zwischen den bei der Kohlenanalyse ermittelten Heizwerten und den tatsächlichen Werten beim Einsatz der Kohle können z.B. durch "gewinnungsseitig nicht zu vermeidende sekundäre Ascheerhöhungen in der Förderkohle"[17] entstehen.

Für die Bestimmung der Emission von SO_2 ist die Aschebindung von Schwefel ein wichtiger Einflußfaktor. Auch hier gibt es in der Literatur sehr unterschiedliche Angaben. So gehen Mohry und Riedel[18] von einem Aschebindungsgrad von 50 vH aus, während Kluge die natürliche Schwefeleinbindung in die Verbrennungsrückstände für die DDR-Braunkohle allgemein mit 10 bis 15 vH veranschlagt[19]. Ein Wert von 30 vH wird in diesen Untersuchungen für die Lausitzer Rohbraunkohle zugrunde gelegt. Der Verbrennungsanteil beträgt damit 70 vH.

2.2.1.3. Die Verteilung der Produktion nach Förderrevieren

Von den 276 Mill. t Rohbraunkohle, die 1982 in der DDR gefördert wurden, stammten rund 175 Mill. t (63 vH) aus dem Braunkohlenkombinat Senftenberg[20]. Zu diesem Kombinat mit 52 000 Beschäftigten gehörten (Mitte 1983) 14 Tagebaue und 13 Brikettfabriken, die 23 vH der Brikettproduktion erstellen[21]. In den letzten Jahren ist die Förderung im Lausitzer Revier eher überdurchschnittlich gesteigert worden[22]. Dies wird vermutlich auch bis 1990 der Fall sein, denn allein im Bezirk Cottbus soll die Förderung von 150 Mill. t im Jahre 1980 auf 200 Mill. t im Zeitraum 1986 bis 1990 erhöht werden[23].

Das Braunkohlenkombinat Bitterfeld stellte 1982 mit 106 Mill. t 38 vH der Braunkohlenförderung der DDR. Zu diesem Kombinat zählen 18 Tagebaue, 23 Brikettfabriken, 14 Industriekraftwerke, eine Schwelerei und eine Rohmontanwachsfabrik[24]. Das Kombinat hat 51 000 Beschäftigte[25].

Über die Förderung nach einzelnen Förderrevieren liegen vollständige Angaben nicht vor. Die verfügbaren Informationen sind in Tabelle P 9 zusammengefaßt.

Tabelle P 9

Die Braunkohlenförderung der DDR nach Förderrevieren 1982
in Mill. t

DDR insgesamt	276,0
davon:	
BKK Senftenberg	174.0
davon:	
Bärwalde	14,0
Cottbus-Nord	8,0
Greifenhain	17,0
Jänschwalde	16,0
Klettwitz	15,0
Meuro	12,0
Nochten	24,0
Schlabendorf-Süd	20,0
Welzow-Süd	28,0
Sonstige	20,0
BKK Bitterfeld	102,0
davon:	
Delitzsch-Süd	8,0
Espenhain	11,0
Goitsch	7,0
Golpa-Nord	3,0
Profen-Süd	7,0
Profen-Nord	3,0
Regis	10,0
Schleenhain	9,0
Sonstige	44,0

Quelle: Schätzungen des DIW.

2.2.2. Qualitätsparameter für Braunkohlenbriketts und Braunkohlenkoks

Die Verarbeitungsmöglichkeiten von Rohbraunkohle zu Briketts, Koks oder Gas zeigt das folgende Schema:

Abbildung P 8

Beurteilungskriterien der Braunkohleveredlungsverfahren

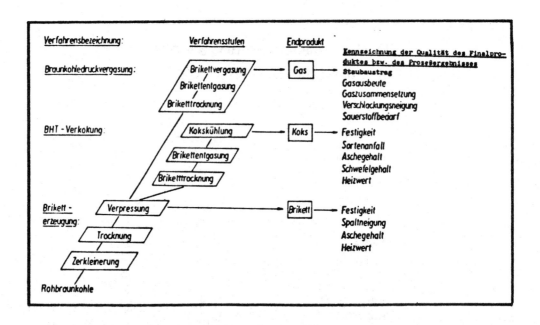

Quelle: R.Ciesielski u.a.: Probleme der sortengerechten Kohlebereitstellung ..., a.a.O., S. 88.

Von den 50 Mill. t Briketts wurden 1981 rd. 36 Mill. t für Heizungszwecke, 3 Mill. t für Festbettvergasung und 11 Mill. t für die Pyrolyse - davon 5 Mill. t für die Hochtemperaturverkokung (900 bis 1 000° C) und 6 Mill. t für die Mitteltemperaturentgasung (550 bis 600° C) eingesetzt. Diese Werte dürften auch für 1982 gelten.

Die Brikettiereigenschaften der Kohle sind nicht abhängig von den chemischen, sondern vielmehr von den physikalischen Eigenschaften der Rohbraunkohle[26]. Es wird daher sowohl die Lausitzer als auch die westelbische Kohle zu Briketts verarbeitet. Bei der Brikettierung erhöht sich durch Abtrocknung des Wassergehalts von 50 bis 60 vH auf 10 bis 20 vH der Heizwert auf etwa 17 000 bis 22 000 kJ/kg.

Die Produktion von Briketts erfolgt in der DDR in den Kombinaten Schwarze Pumpe, Senftenberg und Bitterfeld. Für 1982 läßt sich folgende Verteilung ermitteln:

Tabelle P 10

Brikettproduktion nach Kombinaten 1982

	Mill. t	Anteil in vH
VE Gaskombinat Schwarze Pumpe[1]	20,6	41
VE Braunkohlenkombinat Senftenberg[2]	11,5	23
VE Braunkohlenkombinat Bitterfeld[3]	18,0	36
1) Vgl. Herbert Richter: Aufgaben und Anforderungen zur weiteren Entwicklung der Braunkohlenveredelung im Gaskombinat Schwarze Pumpe. In: Energietechnik. Heft 8/1983, S. 282 (Die Angabe bezieht sich auf 1981, dürfte aber auch für 1982 gelten).- 2) Hans Waldmann: Mit Schwedter Initiative ..., a.a.O.- 3) Als Restgröße ermittelt.		

Es wird angenommen, daß das GK Schwarze Pumpe überwiegend Rohbraunkohle der Lausitz verarbeitet. Hierfür spricht vor allem der Standort. Allerdings ist dem GK Schwarze Pumpe seit 1980 auch der VEB Braunkohlenveredelung Espenhain zugeordnet[27], so daß in diesem Kombinat auch westelbische Kohle zum Einsatz gelangt. Dies dürfte auch der Grund für die etwas höheren Heiz- und Schwefelwerte im Vergleich zum Kombinat Senftenberg sein (vgl. Tabelle P 11).

Die Schwefelanteile für die Exportbriketts dürften eher die Untergrenze der in der DDR produzierten Briketts markieren. So gehen Mohry/Wilsdorf von einem Gesamtschwefelgehalt der Briketts aus Westelbien von 4,3 (wasserfrei) bzw. 3,5 vH (roh) aus[28].

Tabelle P 11

Qualitätsparameter der Braunkohlenbriketts der DDR nach Herstellern

Parameter	VE BK Bitterfeld		VE BK Senftenberg		VE GK Schwarze Pumpe	
	Max.	Min.	Max.	Min.	Max.	Min.
Heizwert in MJ/kg	20,6	19,3	19,3	18,4	20,8	18,4
Wassergehalt in vH	20,3	15,5	22,0	17,2	24,0	10,8
Gesamtschwefel in vH						
wasserfrei	3,9	3,0	1,0	0,6	1,5	1,1
roh	3,1	2,5	0,8	0,5	1,1	1,0
Anteil an der Gesamtproduktion in vH	36		23		41	

Quelle: VE Kombinat Kohleversorgung Bereich Außenhandel (Hrsg.): Braunkohlenerzeugnisse aus der DDR.

Über den Umfang der Aschebindung des Schwefels werden in der DDR-Literatur mit knapp 40 vH weitgehende identische Werte für die westelbischen Briketts genannt; der Verbrennungsanteil beträgt mithin 60 vH. Noch höher ist der Aschebindungsgrad bei den Brikettkohlen aus dem Kombinat Schwarze Pumpe: Genannt werden 55 vH, d.h. der Verbrennungsanteil beträgt 45 vH[29]. Mohry/Riedel gehen sogar von einem Bindungsgrad für Lausitzer Briketts von 65 vH aus[30].

Die Versorgung der Bevölkerung erfolgt überwiegend mit den schwefelhaltigeren Braunkohlenbriketts aus westelbischer Kohle. Nach Aussagen des Generaldirektors des Kombinats Bitterfeld werden "60 vH der Bevölkerung" mit Briketts aus diesem Kombinat versorgt[31]. Da ein Teil der Bevölkerung mit Fernwärme und Erdgas versorgt wird, liegt der Anteil dieser Kohle am Brikettaufkommen der Haushalte noch höher.

Die in der DDR aus Briketts erzeugten Kokssorten weisen folgende Qualitätsparameter auf:

Tabelle P 12

Qualitätsparameter von Braunkohlenhochtemperatur-(BHT) und Braunkohlentieftemperaturkoks(BTT)

Parameter	BHT-Koks[1]	BTT-Koks[2]	
		A[3]	B[4]
Heizwert MJ/kg	24,3	24,8*	21,2*
Wassergehalt in vH	15,0	2,7	16,5
Gesamtschwefel in vH			
wasserfrei	1,3	.	.
roh	1,1	.	.
Verbrennungsschwefel in vH			
wasserfrei	.	0,7 bis 0,9[5]	
roh 6)	.	0,8	0,7
Produktion 1982 in Mill. t	2,6	2,9	

* wasserfrei
1) Mischkoks, unklassiert.- 2) Auch als Schwelkoks bezeichnet.- 3) Trockenkoks.- 4) Naßkoks.- 5) Je nach Rohbraunkohlensorte.- 6) Bei einem Mittelwert von 0,8 vH in Abhängigkeit vom Wassergehalt.

Quellen: VE Kombinat Kohleversorgung Bereich Außenhandel. A.a.O.; Statistisches Jahrbuch der DDR 1984, S. 144.

Aus der Tabelle wird deutlich, daß der Verbrennungsschwefel des aus westelbischer Kohle gewonnenen Schwelkoks relativ gering ist. Dies ist begründet in dem sehr hohen Aschebindungsgrad bei der Verbrennung des schwefelreichen Kokses (S ges. = 3,4 vH). Er wird z.B. für BTT-Koks aus Espenhain mit 70 vH angegeben. Der BTT-Koks ist somit umweltfreundlicher, als der hohe Gesamtschwefelgehalt von 3 bis 4 vH erwarten läßt; immerhin wird davon aber noch fast ein Drittel emittiert. Für BHT-Koks aus Schwarze Pumpe beträgt der Bindungsanteil 72 vH[32]. Mohry/Riedel geben sogar einen Wert von 80 vH an[33]. Andere Quellen nennen Werte von 65 vH für BHT-Koks aus Lauchhammer und von 63 vH aus Schwarze Pumpe[34].

Die Verwendung von BHT-Koks zeigt Abbildung P 9. Daraus geht hervor, daß für die privaten Haushalte (1982: 1,25 Mill. t) BHT-Koks zur Verfügung gestellt wird. Als Heizkoks für die Industrie wurden nur 0,6 Mill. t eingesetzt.

Abbildung P 9

Einsatzstruktur des BHT-Kokses in der DDR

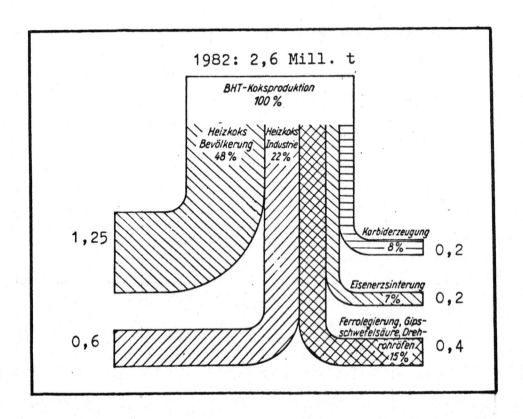

Quelle: Horst Brandt und Manfred Pustal: Technischer Stand und Entwicklungstendenzen der stoffwirtschaftlichen Nutzung von Rohbraunkohle in der Deutschen Demokratischen Republik. In: Energietechnik. Heft 12/1983, S. 452.

Hier wird der Gesamtverbrauch (1982 einschließlich Kraft- und Heizwerke 2,9 Mill. t) überwiegend durch BTT-Koks gedeckt[35].

2.2.3. Qualitätsparameter für Steinkohlen

1977 hat die DDR die Steinkohlenförderung eingestellt. Das Inlandsaufkommen stammt daher allein aus Importen. Sie setzen sich regional wie folgt zusammen:

Tabelle P 13

Die Steinkohlenimporte der DDR 1982

	in 1 000 t	Anteil in vH
Steinkohle		
Insgesamt	4 740	100,0
davon aus:		
UdSSR	2 897	61,1
Polen	1 085	22,9
CSSR	540	11,4
Bundesrepublik	115	2,4
Sonstige	103	2,2
Steinkohlenkoks		
Insgesamt	2 022	100,0
davon aus:		
UdSSR	1 055	52,2
CSSR	589	29,1
Polen	160	7,9
Sonstige	218	10,8
Quelle: Statistisches Jahrbuch der DDR 1984.		

Die durchschnittlichen Heizwerte der Importkohlen betragen[36]:

UdSSR (Donezk-Kohle)	25,4-30,0 MJ/kg
CSSR	27,0 MJ/kg
Polen	24,7-32,5 MJ/kg

Als Mittelwert werden daher 27,0 MJ/kg angenommen. Für den Schwefelanteil wird ein Wert von 1 vH mit einer Aschebindung von 10 vH unterstellt. Daraus folgt ein Emissionsfaktor von 667 kg SO_2/TJ[37].

Für den Steinkohlenkoks wird ebenfalls ein Schwefelgehalt von 1 vH und ein Einbindungsgrad von 10 vH angenommen. Als durchschnittlicher Heizwert werden 28 MJ/kg unterstellt. Daraus folgt ein Emissionsfaktor von 643 kg SO_2/TJ[37].

2.2.4. Qualitätsparameter für Erdöl

Geht man davon aus, daß die DDR 1982 rund 5 Mill. t Rohöl reexportiert hat, dann wurden knapp 17 Mill. t Erdöl verarbeitet. 99,7 vH des Öls wurden importiert, d.h. die Qualitätsanalyse des in der DDR geförderten Öls kann vernachlässigt werden.

80 vH des importierten Erdöls stammten 1982 aus der UdSSR. Das sowjetische Rohöl dürfte überwiegend aus den westsibirischen Lagerstätten stammen, die über die sog. Pipeline "Freundschaft" direkt mit der DDR verbunden sind. Das westsibirische Öl zeichnet sich durch einen relativ geringen Schwefelanteil aus; aus sowjetischen Angaben geht hervor, daß 70 vH des sowjetischen Öls weniger als 1 vH Schwefel enthalten[38]. Für das größte Erdölfeld in West-Sibirien, aus dem rd. ein Viertel der sowjetischen Ölförderung stammt, wird ein Schwefelgehalt von 0,76 vH genannt[39]. Der Heizwert des Erdöls der UdSSR beträgt durchschnittlich 9 940 kcal/kg bzw. 41 640 kJ/kg.

Über die Herkunft der restlichen 4,2 Mill. t Rohöl gibt die DDR-Statistik keine Auskunft. Die Öle der anderen Provinienzen dürften sich aber nicht wesentlich vom sowjetischen Öl unterscheiden, so daß diese Werte auch als Durchschnittswerte für das Gesamtaufkommen angenommen werden können. Außerdem ist es sehr wahrscheinlich, daß gerade dieses Rohöl ohne Weiterverarbeitung von der DDR direkt reexportiert worden ist.

Für die Heizöle schwer und leicht können unter Berücksichtigung von DDR-Angaben die folgenden Schwefelanteile und Heizwerte angenommen werden[40]:

	Schwefelanteil in vH	Heizwert in MJ/kg	SO_2-Emission in kg/TJ
Heizöl schwer	3,0	41	1 460
Heizöl leicht	0,5	42	238

2.2.5. Qualitätsparameter für Erdgas

1982 wurden in der DDR 16,2 Mrd. m³ Erdgas eingesetzt. Davon stammten 9,8 Mrd. m³ aus eigener Förderung, 6,4 Mrd. m³ wurden aus der UdSSR importiert. Die Gasqualitäten sind sehr unterschiedlich:

Tabelle P 14

Daten für Brenngase

Brenngas	Komponenten								
	CO_2+N_2 in Vol.-%	CO	H_2	CH_4	C_mH_n	H_2S in g/100 m³	Org. S.	Heizwert in kJ/m³	S-Belastung in kg/TJ
Erdgas/UdSSR	2,0	-	-	95,0	3,0	0,002	0,05	35 600	0,015
Erdgas/Altmark	65,0	-	-	34,6	0,4	0,002	1	12 600	0,795
Quelle: Herbert Mohry und Hans-Günter Riedel, a.a.O., S. 76.									

Als Folge des hohen Stickstoffgehalts bzw. des geringen Methangehalts weist das Erdgas aus der Altmark einen Heizwert auf, der nur rd. ein Drittel so hoch ist wie der für das aus der UdSSR importierte Gas. Deutlich höher ist auch der Schwefelgehalt, bezogen auf den Heizwert sogar um den Faktor 50. Absolut gesehen sind die Schwefelanteile in beiden Fällen indes so gering, daß Erdgas als schwefelfrei gekennzeichnet werden kann. Zum Vergleich: Die Schwefelbelastung bei der Verbrennung von Lausitzer Rohbraunkohle ist in kg/TJ etwa um den Faktor 1 000 höher als der beim Einsatz von Erdgas aus der Altmark.

Tabelle P 15

Gemessene Stickoxidkonzentrationen in der DDR

An-lage	Install. Dampf-lei-stung t/h	Druck-stufe kp/cm^2	Brenn-kammer-tempe-ratur unmit-telbar nach der Flamme °C	Kesseltyp	Brennertyp und -anzahl
1	70	43	1 350	Strahlungskessel in Dreizugausfüh-rung, 1 Zug-Brenn-kammer u. Strah-lungsraum ehem. Gichtgaskessel teilw. ungekühlte Brennkammer	4 Brenner Einlanzen-brenner Typ Schlei-erkopf
2	64	35	1 000	umgerüsteter Koh-lenstaubfeuerungs-kessel (Dreizug-ausführung) i.d. Brennkammer 8 Verdampferschot-ten mit je 8 Roh-ren gekühlte Brennkammer	5 Stück Mehrlanzen-brenner inertreiches Gas
3	40	32	1 200	Strahlungskessel in Zweizugausfüh-rung 1 Zug-Brenn-kammer und Strah-lungsr. Schotten-überhitzer 2 Zug-Verdampfer u. Eco	3 Stück Mehrlanzen-brenner Spezialaus-führung
4	12	14	1 000	Wasserrohrzweit-trommelkessel Naturumlauf Dreizugausführung Brennkammer gekühlt Kesselraum ist gasdicht	1 Brenner Wirbelstrom-prinzip
5	2,2		900	Niederdruckhei-zungsanlage (Gliederkessel)	Flächen-brenner umgerüstete Kokskessel
6	0,1		1 250	Prüfstand schamottierte Brennkammer	Testbrenner Wirbel-stromprinzip

Quelle: Volker Gartemann und Alfred Hellwig: Stickoxidemis-sionsmessungen bei der Verwendung von niederkalori-schem Erdgas in Wärmeerzeugungsanlagen. In: Ausbrei-

noch Tabelle P 15

Probeentnahmest. u. Rauchgastemperatur an der Meßstelle	CO_2 in Vol.-%	Luftverhältnis	NO_x-Konzentrationen gemessen u. umgerechnet auf = 1,0 in	
			ppm	mg/m³(N)
im Abgaskanal nach dem 3. Zug	6,4 - 7,0	1,1	32 - 64	64 - 128
Ende des 3. Zuges: hinter dem Luvo Falschluft möglich	3,0 - 6,5	1,1 - 1,4	25 - 51	49 - 102
Kesselende nach dem 2. Zug vor dem Eintritt in den Fuchs	5,8 - 6,3	1,1 - 1,2	32 - 43	63 - 86
hinter dem Kessel t = 260°C keine Falschluft möglich	8,7 - 9,2	1,05	14 - 24	28 - 48
im Schornstein t = 150°C Falschluft vorhanden	6,8 - 7,0	1,3	5 - 11	10 - 22
direkt hinter der Flamme	7,5 - 8,0	1,08	14 - 23	27 - 45

tungsrechnung und Meßverfahren zur Luftüberwachung. Reihe Technik und Umweltschutz. Band 11. Heft 11. Leipzig 1975, S. 126 f.

Wichtiger ist dagegen die Emission von Stickoxiden, die wesentlich durch die Verbrennungstemperatur beeinflußt wird. Da die Berechnungsmethoden für die NO_x-Emission sich im wesentlichen auf hochkalorisches Erdgas beziehen, hat man in der DDR für das niederkalorische Gas eigene Messungen vorgenommen. Die Ergebnisse sind in Tabelle wiedergegeben. Die Abweichungen zu den zuvor errechneten Werten sind beträchtlich (vgl. Abbildung P 10).

Abbildung P 10

Vergleich der errechneten und gemessenen NO_x-Konzentrationen bei der Verbrennung von niederkalorischem Erdgas in der DDR

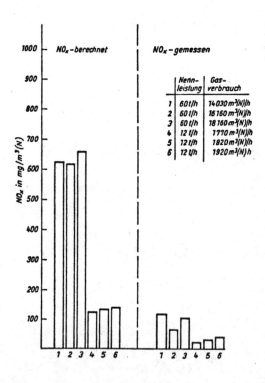

Quelle: Alfred Hellwig und Reinhard Hiller: Lufthygienische Aspekte beim Erdgaseinsatz im Bezirk Magdeburg. In: Verminderung der Luftverschmutzung und medizinische Aspekte. Reihe Technik und Umweltschutz. Band 10. Leipzig 1974, S. 117.

Aufgrund der gemessenen Werte wurden von der ZAG "Erdgas" für die DDR folgende NO_2-Richtwerte für DDR-Erdgas und Stadtgas mit H_u 4 500 kcal/m³ empfohlen:

Tabelle P 16

Richtwerte der DDR für die NO_2-Emission bei der Verbrennung von Stadtgas

bei der Verbrennung von Stadtgas

Dampfleistung	NO_2-Emission
bis 50 t/h	85 mg/m³ = 4,5 kg/TJ
51 - 70 t/h	120 mg/m³ = 6,4 kg/TJ
70 t/h	150 mg/m³ = 8,0 kg/TJ
Quelle:	Alfred Hellwig und Reinhard Hiller: Lufthygienische Aspekte ..., a.a.O., S. 118.

In Anlehnung an die in der Bundesrepublik verwendeten Emissionsfaktoren können für das aus der Sowjetunion importierte hochkalorische Erdgas die folgenden Faktoren eingesetzt werden:

Einsatz bei:

Kraftwerken	240 kg NO_x/TJ
Fernheizwerken	170 kg NO_x/TJ
Kleinverbrauchern	50 kg NO_x/TJ

Die Unterschiede in der NO_x-Emission je TJ sind beträchtlich, selbst bei den Kleinverbrauchern differieren die Werte noch um den Faktor 10. Inwieweit dies auf unterschiedlichen Annahmen über die Verbrennungsbedingungen beruht, konnte bisher nicht geklärt werden.

2.3. Die Verwendung des Primärenergieaufkommens nach Hauptverbrauchssektoren

Eine geschlossene Energiebilanz, die Aufkommen und Verwendung der Energieträger zeigt, wird von der DDR nicht veröffentlicht. Allerdings werden im Rahmen der Energiestatistiken der ECE hierüber einige Angaben gemacht. Sie beruhen z.T. auf Meldungen der DDR, z.T. auf Schätzungen der ECE[41]. Daher sind auch geringfügige Abweichungen bei den Verbrauchswerten für einzelne Energieträger gegenüber den Angaben in den Tabellen.

Sehr gut dokumentiert ist die Verwendung von Braunkohle und Steinkohle (vgl. Tabellen P 17 und P 18). Nahezu keine Angaben gibt es dagegen für die Erdölverwendung. Daher ist in Tabelle P 19 lediglich eine Aufteilung der Raffinerieproduktion vorgenommen worden. Die Angaben für die Diesel- und Benzinproduktion sind dem Statistischen Jahrbuch der DDR entnommen, die übrigen sind grob geschätzt.

Die Verwendungsstruktur von Erdgas ist wiederum gut in der ECE-Statistik dokumentiert (Tabelle P 20). Allerdings werden die Angaben für das Importgas und das Inlandsgas zusammengefaßt. Die Heizwerte beider Gase sind aber sehr unterschiedlich (vgl. Abschnitt 2.2.5.). Das sowjetische Erdgas (Stickstoffanteil 1-2 vH) dürfte überwiegend in der Industrie eingesetzt werden, während das niederkalorische, stickstoffreiche DDR-Gas (bis 65 vH) im Haushalt und bei Niedrigtemperaturprozessen Verwendung findet. Einen Überblick über die Anwendungsgebiete gibt die folgende Abbildung:

Abbildung P 11

Anwendungsbereiche des Erdgases in Abhängigkeit vom Stickstoffanteil

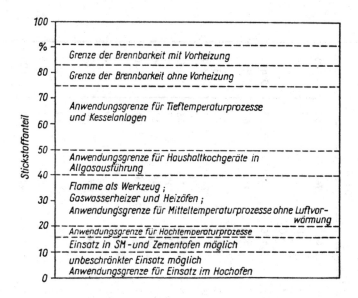

Quelle: Wilhelm Riesner und Werner Sieber: Wirtschaftliche Energieanwendung. Leipzig 1982, S. 190.

Bemerkenswert am Erdgasverbrauch ist der hohe Anteil (38 vH) für Kraft- und Heizwerke. Für die Stadtgasproduktion werden dagegen nur 4 vH eingesetzt. Rund ein Sechstel des Aufkommens wird nichtenergetisch, d.h. für die chemische Industrie genutzt, rd. ein Viertel wird von der Industrie für die Energieerzeugung verwendet; die Haushalte erhalten nur 1 vH des in der DDR verwendeten Erdgases direkt.

Tabelle P 17

Aufkommen und Verwendung von Braunkohle in der DDR 1982

	Rohbraun-kohle	Briketts	Koks	Rohbraun-kohle	Briketts	Koks	Summe
	In 1 000 t			In PJ (10^{15} J)			
Produktion	276 038	50 005	5 511	2 468	966	130	3 563
Import	934	0	0	8	0	0	8
Export	0	3 947	288	0	76	7	83
Bruttoverbrauch	276 972	46 058	5 223	2 476	889	123	3 489
Umwandlungsbereich	266 641	20 254	2 843	2 384	391	67	2 842
Davon							
Brikettfabriken	96 812	0	0	865	0	0	865
Koksfabriken	0	10 944	0	0	211	0	211
Gaswerke	0	1 879	0	0	36	0	36
Kraftwerke	157 770	2 142	1 961	1 410	41	46	1 498
Heizwerke	11 660	4 588	92	104	89	2	195
Sonstige Bereiche	399	701	790	4	14	19	36
Verbrauch der Energieindustrie	0	10	8	0	0	0	0
Transport- und Verteilungsverluste	106	43	14	1	1	0	2
Endverbrauch	7 648	25 858	2 296	68	499	54	622
Industrie (einschl. Bauindustrie, ohne Energieindustrie)	3 685	3 051	835	33	59	20	112
Transport	65	227	0	1	4	0	5
Haushalts- und Kleinverbrauch	3 898	22 580	1 461	35	436	34	505
Davon							
Haushalte	171	15 665	1 244	2	302	29	333
Handel, Dienstleistungen und sonstige Bereiche	3 727	6 915	217	33	134	5	172

Heizwert in kJ/kg: Rohbraunkohle: 8 940; Briketts: 19 310; Koks: 23 605.

Quelle: United Nations (ECE): Annual Bulletin of Coal Statistics ..., a.a.O.

Tabelle P 18

Aufkommen und Verwendung von Steinkohle in der DDR 1982

	Stein-kohle	Koks	Stein-kohle	Koks
	In 1 000 t		In PJ (10^{15} J)	
Produktion	0	1 226	0	33
Import	4 739	2 022	128	55
Export	286	0	8	0
Bruttoverbrauch	4 453	3 248	120	88
Umwandlungsbereich	3 294	45	89	1
Davon				
Brikettfabriken	0	0	0	0
Koksfabriken	1 589	7	43	0
Gaswerke	0	0	0	0
Kraftwerke	916	5	25	0
Heizwerke	789	20	21	1
Sonstige Bereiche	0	13	0	0
Verbrauch der Energieindustrie	0	0	0	0
Transport- und Verteilungsverluste	16	5	0	0
Endverbrauch	1 579	3 278	43	89
Industrie (einschl. Bauindustrie, ohne Energieindustrie)	1 174	3 149	32	85
Transport	316	4	9	0
Haushalts- und Kleinverbrauch	89	125	2	3
Davon				
Haushalte	80	117	2	3
Handel, Dienstleistungen und sonstige Bereiche	0	0	0	0

Heizwert in kJ/kg: Steinkohle und Koks: 27 000.

Quelle: United Nations (ECE): Annual Bulletin of Coal Statistics ..., a.a.O.

Tabelle P 19

Aufkommen und Verwendung von Erdöl in der DDR 1982

	In 1 000 t
Produktion	60
Import	21 750
Export	5 240
Inlandsaufkommen	16 570
Nichtenergetische Verwendung	2 000
Produktion von	
Benzin	3 900
Diesel	6 100
Kerosin	570
Heizöl	4 000

Quellen: Statistisches Jahrbuch der DDR 1984. - Schätzungen des DIW.

Tabelle P 20

Aufkommen und Verwendung von Erdgas in der DDR 1982

	In PJ (10^{15} J)
Produktion	121
Import	217
Export	7
Bruttoverbrauch	330
Umwandlungsbereich	136

Davon
  Gaswerke
  Kraftwerke
  Heizwerke
	
	12
	101
	23

Verbrauch der Energieindustrie	3
Transport- und Verteilungsverluste	8
Transfers	36
Endverbrauch	93
Industrie (einschl. Bauindustrie, ohne Energieindustrie)	84
Haushalts- und Kleinverbrauch	9

Davon
  Haushalte
  Handel, Dienstleistungen
  und sonstige Bereiche
	
	3
	
	6

Quelle: United Nations (ECE): Annual Bulletin of General Energy Statistics ..., a.a.O.

Fußnoten zu Kapitel 2.

1 Zu Einzelheiten vgl. Der Primärenergieverbrauch in der DDR und seine Struktur. Bearb.: Jochen Bethkenhagen. In: Wochenbericht des DIW. Nr. 51-52/1985.

2 1977 wurde die Steinkohlenförderung in der DDR eingestellt.

3 Der Heizwert des in der DDR geförderten Erdgases ist nur etwa ein Drittel so hoch wie der von Importgas.

4 Vgl. Neues Deutschland vom 14. Oktober 1980.

5 Vgl. Energiewirtschaft der DDR vor schwierigen Aufgaben. Bearb.: Jochen Bethkenhagen. In: Wochenbericht des DIW. Nr. 5/1981.

6 Vgl. Konsolidierung zu Lasten des privaten Verbrauchs. Bearb.: Doris Cornelsen. In: Wochenbericht des DIW. Nr. 5/1984.

7 Vgl. Autorenkollektiv. Ltg.: Herbert Mohry und Hans-Günter Riedel: Reinhaltung der Luft. Leipzig 1981 (im folgenden zitiert als Herbert Mohry und Hans-Günter Riedel), S. 79.

8 Vgl. Herbert Krug und Wolfgang Naundorf (Hrsg.): Braunkohlenbrikettierung. Band 1. Leipzig 1984, S. 30.

9 Nach TGL 9493 liegt eine Salzkohle vor, wenn der Na_2O-Gehalt der wasserfreien Kohle 0,5 vH übersteigt. Vgl. Herbert Krug und Wolfgang Naundorf: Braunkohlenbrikettierung. A.a.O., S. 24.

10 Vgl. Dieter Bartnik: Rohstoffeigenschaften und Qualitätserkundung der Braunkohlen im nördlichen Teil der Leipziger Bucht. Freiberger Forschungshefte. Leipzig 1977, S. 51.

11 Vgl. Herbert Mohry und Hans-Günter Riedel, a.a.O., S. 76.

12 Vgl. Rainer Vulpius und Karl-Heinz Neubert: Zur Verteilung und Genese des Schwefels in den Braunkohlen des 2. Lausitzer Flözhorizonts. In: Neue Bergbautechnik. Heft 11/1982, S. 656.

13 Bei einem Wassergehalt von 58 vH entspricht dies $0,26 \pm 0,06$ vH im Rohzustand.

14 Vgl. Rainer Vulpius und Karl-Heinz Neubert, a.a.O., S. 656 f.

15 Vgl. Wolfgang Brune u.a.: Grundsätzliche Technologien in der Deutschen Demokratischen Republik zur Nutzung der einheimischen Rohbraunkohle für die komplexe Elektroenergie- und Wärmeversorgung. In: Energietechnik. Heft 12/1983, S. 446.

16 "Heizwerte um 7 000 kJ/kg sind bereits heute keine Seltenheit mehr" (als Tagesmittelwert). "Zukünftig muß ... damit gerechnet werden, (daß) der Heizwert auf 6 000 kJ/kg absinken kann". Günter Neumann u.a.: Entaschungsanlagen großer Kraftwerke unter den Bedingungen steigenden Aschegehaltes der Braunkohle und volkswirtschaftliche Nutzung der Abprodukte. In: Energietechnik. Heft 12/1984, S. 448. Zu ähnlichen Ergebnissen kommen auch Peter Voigtländer und Hans-Günter Weidlich: Anforderungen an Wirbelschichtfeuerungsanlagen aus der Sicht der Energiewirtschaft. In: Energietechnik. Heft 12/1984, S.443. In einigen Förderbereichen betragen die relativen Häufigkeiten der Stundenwerte für einen Heizwert von 6 000 kJ/kg bereits 4 vH.

17 Vgl. R. Ciesielski u.a.: Probleme der sortengerechten Kohlebereitstellung ..., a.a.O., S. 96

18 Herbert Mohry und Hans-Günter Riedel, a.a.O., S. 76.

19 Wolfgang Kluge: IFE-Verfahren zur Rauchgasentschwefelung bei der Verbrennung von DDR-Rohbraunkohlen. In: Energietechnik. Heft 7/1981, S. 276.

20 Vgl. Tribüne vom 4. Januar 1982, Neues Deutschland vom 17. Mai 1985.

21 Vgl. Hans Waldmann: Mit Schwedter Initiative Werktätige für neue Aufgaben gewinnen. In: Presse-Informationen. Hrsgg. vom Presseamt beim Vorsitzenden des Ministerrates der Deutschen Demokratischen Republik (im folgenden zitiert als Presse-Informationen). Nr. 63 vom 2. Juni 1983, S. 4.

22 Vgl. Neues Deutschland vom 22. Oktober 1981.

23 Vgl. Lausitzer Rundschau vom 14. September 1982.

24 Helge Häger: Erfahrungen bei der Leitung und Organisation des VE Braunkohlenkombinates Bitterfeld. In: Neue Bergbautechnik. Heft 2/1985, S. 41. Zum Kombinat gehören 18 Tagebaue, 23 Brikettfabriken, 14 Industriekraftwerke, eine Schwelerei und eine Rohmontanwachsfabrik.

25 Vgl. Freiheit vom 29. Juli 1983

26 Vgl. Herbert Krug und Wolfgang Naundorf: Braunkohlenbrikettierung. A.a.O., S. 110.

27 Vgl. Herbert Richter: Höhere Veredelung der Braunkohle - eine Grundlinie unserer ökonomischen Strategie. In: Einheit. Heft 2/1985, S. 144.

28 Herbert Mohry und Joachim Wilsdorf: Herabsetzung der Emission in Wohngebieten durch Brennstoffumstellung und Veränderung der Heizungsart. In: Erfassung und Auswirkungen von Luftverunreinigungen. Reihe Technik und Umweltschutz. Band 2. Leipzig 1972. Andere Autoren geben aber auch niedrigere Werte an: für Espenhainer Briketts 3,42 vH (d) und für Briketts aus Schwarze Pumpe 0,92 vH (d). Vgl. Herbert Krug und Wolfgang Naundorf: Beitrag zur Bewertung von Heizkoksen aus asche- und schwefelreichen Braunkohlen. In: Energietechnik. Heft 8/1981, S. 304. Hierbei handelt es sich aber um Briketts, die für die Kokserzeugung genutzt werden und die daher von überdurchschnittlicher Qualität sein dürften.

29 Herbert Krug und Wolfgang Naundorf: Beitrag zur Bewertung..., a.a.O., S. 306 und 308 und Herbert Mohry und Joachim Wilsdorf, a.a.O., S. 85.

30 Vgl. Herbert Mohry und Hans-Günter Riedel, a.a.O., S. 76.

31 Vgl. Helge Häger, a.a.O., S. 41.

32 Vgl. Herbert Krug und Wolfgang Naundorf: Beitrag zur Bewertung ..., a.a.O., S. 308.

33 Vgl. Herbert Mohry und Hans-Günter Riedel, a.a.O., S. 76.

34 Vgl. R. Ciesielski u.a., a.a.O., S. 94.

35 Richter weist darauf hin, daß der Einsatz von Schwelkoks "als umweltfreundlicher, raucharmer Brennstoff ... in den Heizwerten industrieller Ballungszentren vorteilhaft" sei. Herbert Richter: Höhere Veredelung ..., a.a.O., S. 145.

36 Vgl. Der Kohlenbergbau in der Tschechoslowakei: In: Glückauf. Heft 9/1978, S. 397. Bundesanstalt für Geowissenschaften und Rohstoffe (Hrsg.): Rohstoffwirtschaftliche Länderberichte. Band XIX. Polen. Hannover 1978, S. 25 und National Foreign Assessment Center: USSR: Coal Industry-Problems and Prospects. Washington 1980. Reinhart Winkler (Hrsg.): Chemie in Kraftwerken. Leipzig 1984, S. 19.

37 In der DDR-Literatur wird ein Wert von 764 kg SO_2/TJ genannt, der Senator für Gesundheit und Umweltschutz geht von einem Wert von 512 kg SO_2/TJ aus. Vgl. R. Scheibe u.a. (Hrsg.): ABC Umweltschutz. Leipzig 1984, S. 66. Senator für Gesundheit und Umweltschutz (Hrsg.): Luftreinhalteplan, Teilplan Schwefeldioxid (SO_2). Berlin 1981, S. 59.

38 F.V.Semenovich und N.S.Erofeev: New Oil and Gas Regions of the USSR and their Prospects, Review Paper 2. In: Proceedings of the VIIIth World Petroleum Congress. A.A.Trofimuk und S.M.Nikolajew: Sibirien. Geographische Gegensätze, Mineralressourcen und Probleme deren Erschließung. Nowosibirsk 1982, S. 12.

39 Vgl. International Petroleum Encyclopedia. Tulsa 1975. Zitiert nach: Emanuel Pluhar: Potential und Perspektiven der Erdölversorgung in der UdSSR. Berlin 1976. Als Manuskript vervielfältigt. S. 43.

40 Vgl. R. Scheibe u.a., a.a.O., S. 66. Herbert Mohry und Hans-Günter Riedel, a.a.O., S. 76. Für Heizöl schwer wird auch ein Schwefelgehalt von 3,5 vH genannt. Vgl. Reinhart Winkler, a.a.O.

41 Vgl. United Nations (ECE): Annual Bulletin of General Energy Statistics for Europe. New York 1984 und United Nations (ECE): Annual Bulletin of Coal Statistics for Europe. New York 1984.

3. Die Emission im Bereich der Kraft- und Heizwerke

3.1. Definition und statistische Erfassung der Kraftwerkskapazitäten

Um eine Kontrolle über den Repräsentationsgrad der regional identifizierbaren Kraftwerkskapazitäten zu gewinnen, muß zunächst die Gesamtkapazität für die DDR bestimmt werden. Für 1982 wird im Statistischen Jahrbuch der DDR die "installierte Leistung der Kraftwerke der Industrie" mit 21 857 MW angegeben[1].

Eine Unterscheidung nach Betreibern und eingesetzten Brennstoffen wird dort nicht vorgenommen. Hierüber werden jedoch Angaben von der ECE veröffentlicht[2]. Die dort genannten Werte sind allerdings anders abgegrenzt. Zum einen handelt es sich um die Gesamtkapazität der DDR, d.h. Kraftwerke außerhalb der Industrie sind berücksichtigt. Zum anderen wird nicht die installierte, sondern die höchstmögliche bzw. Bruttoengpaßkapazität veröffentlicht[3]. Damit ist die für den Eigenbedarf genutzte Kapazität eingeschlossen, und es sind Kapazitätsabzüge für ständige Minderleistungen - z.B. wegen Wärmeabgaben oder aus Abnutzungsgründen - berücksichtigt[4]. Die in DDR-Quellen genannten Kapazitätsangaben für die jeweiligen Kraftwerke beziehen sich vermutlich nicht auf die "installierte Kapazität", sondern auf die Brutto-Engpaßleistung. Diese Schlußfolgerung ergibt sich aus den ECE-Angaben für die Kernkraftwerkskapazität. Hier können die in der Presse gemeldeten Kapazitätszugänge gut mit den Kapazitätsbestandsangaben verglichen werden, weil die Werte noch nicht durch Stillegungen beeinflußt sind. Von der ECE wird die Gesamtkapazität der Kraftwerke mit 21 183 MW für 1982 angegeben, das sind 3 vH bzw. 674 MW weniger als im Statistischen Jahrbuch der DDR ausgewiesen sind. Diese Abweichungen können durch die Definitionsunterschiede erklärt werden. Dabei dürften die außerhalb der Industrie installierten Kapazitäten gering sein.

Nach den Angaben der ECE hatten die Wärmekraftwerke 1982 einen Kapazitätsanteil von 83 vH, d.h. 17 vH der Kapazitäten basierten auf Kern- und Wasserkraft (vgl. Tabelle KHW 1).

Tabelle KHW 1

**Brutto-Engpaßleistung
der Kraftwerke in der DDR 1982**

	in MW	in vH
Insgesamt	21 183	100,0
davon:		
Wärmekraft	17 508	82,7
Wasserkraft	1 845	8,7
Kernkraft	1 830	8,6
davon:		
Öffentliche Kraftwerke	19 083	90,1
Selbsterzeuger	2 100	9,9
Quelle: United Nations (ECE): Annual Bulletin of Electric Energy Statistics ..., a.a.O., S. 48.		

Die Kapazität der Wärmekraftwerke wird mit 17 500 MW angegeben. Davon entfallen wiederum rund 15 000 MW auf Braunkohlenkraftwerke (vgl. Tabelle KHW 2), die damit 71 vH der gesamten Stromerzeugungskapazitäten stellen. Gemessen an der Produktion (vgl. Tabelle KHW 3) ist die Bedeutung der Braunkohlenkraftwerke indes größer: Ihr Anteil betrug 82 vH.

Auf der Basis von Steinkohle sowie flüssigen und gasförmigen Energieträgern arbeiteten 1982 noch 2 450 MW. Obwohl dies 11,6 vH der Gesamtkapazität waren, produzierten diese Kraftwerke nur 5,5 vH des Stromes. Die Auslastung dieser Kapazitäten war mit 28 vH der theoretisch möglichen deutlich niedriger als bei den Braunkohlenkraftwerken (vgl. Tabelle KHW 4).

Tabelle KHW 2

Brutto-Engpaßleistung der Wärmekraftwerke in der DDR 1982

	in MW	in vH
Insgesamt	17 508	100,0
davon:		
Öffentliche Kraftwerke	15 425	88,1
davon:		
Braunkohlenkraftwerke	13 741	78,5
übrige	1 684	9,6
Industriekraftwerke	2 083	11,9
davon:		
Braunkohlenkraftwerke	1 320	7,5
übrige	763	4,4
davon:		
Braunkohlenkraftwerke	15 061	86,0
übrige	2 447	14,0
Quelle: United Nations (ECE): Annual Bulletin of Electric Energy Statistics ..., a.a.O., S. 48.		

Tabelle KHW 3

Elektroenergieerzeugung nach Energieträgern

	in GWh	in vH
Rohbraunkohle	83 849	81,5
Braunkohlenbriketts	491	0,5
Steinkohle	321	0,3
Kernbrennstoff	10 849	10,5
Wasserkraft	1 766	1,7
Mineralöl	703	0,7
Sonstige Brennstoffe	4 927	4,8
insgesamt	102 906	100,0
Quelle: Statistisches Jahrbuch der DDR 1984, S. 153.		

Tabelle KHW 4

Auslastung der Wärmekraftwerke in der DDR 1982

	Kapazität in MW	Produktion in GWh	Lastfaktor[1] in vH
Braunkohlen	15 061	84 340	63,9
Sonstige Brennstoffe	2 447	5 951	27,8
Insgesamt	17 508	90 291	58,9

1) Tatsächliche Produktion in vH einer theoretischen Vollauslastung von 8 760 Std./a.

Quellen: Statistisches Jahrbuch der DDR 1983, S. 153. United Nations (ECE): Annual Bulletin of Electric Energy Statistics ..., a.a.O., S. 48.

Über die Verteilung der Kapazitäten dieser Kraft- und Heizkraftwerke gibt es keine detaillierten Angaben. Unter Berücksichtigung des ausgewiesenen Brennstoffeinsatzes (vgl. Tabellen P 18 und P 20) lassen sich folgende Kapazitäten schätzen:

Insgesamt	2 450 MW
Davon:	
Steinkohlenkraftwerke	250 MW
Heizölkraftwerke	600 MW
Erdgaskraftwerke[1]	1 600 MW

1) Einschließlich Gichtgas.

Hinsichtlich der organisatorischen Zuordnung lassen sich folgende Kraftwerkstypen unterscheiden:

<u>Öffentliche Kraftwerke.</u> Schwerpunkt ihrer Tätigkeit ist die Stromerzeugung. Das schließt nicht aus, daß die Abwärme wirtschaftlich genutzt wird, z.T. auch als Fernwärme für private Haushalte.

Öffentliche Heizkraftwerke. In der DDR gibt es 35 Heizkraftwerke, die den 15 Energiekombinaten der jeweiligen Bezirke zugeordnet sind. Zusammen mit den 108 Heizwerken versorgen sie u.a. 780 000 Wohnungen mit Fernwärme[5], das sind rd. zwei Drittel aller mit Fernwärme beheizten Wohnungen der DDR.

Industriekraftwerke. Sie dürften in den meisten Fällen sowohl Strom als auch Prozeßwärme produzieren. Folgt man den ECE-Angaben, so betrug die Kapazität der Industriekraftwerke 2 080 MW, das entspricht 9,8 vH der Gesamtkapazität der DDR. Für 1980 wurde jedoch noch eine Kapazität von 4 310 MW genannt[6]. Hier sind offensichtlich im Zuge der Kombinatsbildung Umbuchungen erfolgt. Allerdings stehen diese Angaben im Widerspruch zu DDR-Quellen, wo der Anteil der aus Industriekraftwerken stammenden Stromerzeugung auf 18 vH des Gesamtaufkommens beziffert wird.[7]

3.2. Emission aus Braunkohlenkraftwerken

3.2.1. Kapazität der öffentlichen Braunkohlenkraftwerke (einschl. Heizkraftwerke)

Die öffentlichen Braunkohlenkraftwerke der DDR sind organisatorisch dem Kombinat Braunkohlenkraftwerke und den 15 Energiekombinaten der Bezirke zugeordnet. Zu diesen zählen auch die Heizkraftwerke. Die Kapazität des Kombinats Braunkohlenkraftwerke wurde 1984 mit 13 400 MW angegeben. Unter Abzug des 1983 in Betrieb genommenen 500 MW-Blocks in Jänschwalde ergibt sich für 1982 eine Kapazität von 12 900 MW. Da die Gesamtkapazität der öffentlichen Kraftwerke mit 13 741 MW vorgegeben ist (vgl. Tabelle KHW 5), verbleiben für die Werke der Energiekombinate der Bezirke 841 MW.

Von den 12 900 MW Kraftwerkskapazität des Kombinats Braunkohlenkraftwerke konnten 11 634 MW regional zugeordnet werden, das entspricht 90 vH der Kombinatskapazität (vgl. Tabelle KHW 5). Die restlichen 1 266 MW sind unter "Sonstige" subsumiert. Hierin sind vermutlich auch Industriekraftwerke enthalten (Umbuchungseffekt, s.o.). Da sich diese Kraftwerke überwiegend im Bezirk Leipzig befinden, wurden zwei Drittel der aus "sonstigen Kraftwerken" stammenden Emission den Orten Buna, Bitterfeld und Leuna in der Relation 47 : 35 : 18 zugeordnet. Das restliche Drittel entfällt auf den Bezirk Cottbus.

Die <u>Heizkraftwerke</u> der Energiekombinate können regional nicht exakt aufgeschlüsselt werden, weil hierüber zu wenig Einzelangaben vorliegen. Die verfügbaren Informationen lassen aber den Schluß zu, daß zumindest jede Bezirkshauptstadt über ein entsprechendes Werk verfügen dürfte. Die Gesamtkapazität wurde daher unter Berücksichtigung von Einzelangaben und der Bevölkerungszahl auf die Bezirkshauptstädte aufgeteilt.

3.2.2. Kapazität der Industriekraftwerke

Die Gesamtkapazität der Industriekraftwerke auf Braunkohlenbasis wird von der ECE mit 1 320 MW angegeben. Allein 80 vH der Kapazität entfallen auf das Werk im Stammbetrieb des Gaskombinats Schwarze Pumpe. Es ist bekannt, daß vor allem in den Brikettfabriken eine Reihe von Industriekraftwerken vorhanden ist. Sie sind - wie bereits ausgeführt - zum Teil im Bereich "Sonstige Kraftwerke" enthalten. Angaben über die Kapazitäten der hier aufgeführten Industriekraftwerke konnten aus der verfügbaren Literatur nur für das Werk in Regis gewonnen werden. Die verbleibenden 140 MW wurden dem Werk in Espenhain zugeordnet.

3.2.3. Brennstoffeinsatzmenge und -qualität

1982 wurden in den Kraft- und Heizkraftwerken der DDR 168 Mill. t Braunkohle (158 Mill. t Rohbraunkohle sowie darauf umgerechnet 4,6 Mill. t Briketts und 5,2 Mill. t Koks), das sind rd. 60 vH des Gesamtaufkommens, eingesetzt. Die Brennstoffeinsatzmenge je Kraftwerk ist eine Funktion der Stromproduktion und des spezifischen Brennstoffverbrauchs für die Erzeugung einer kWh. Hinzu kommt der eventuelle Verbrauch für die Wärmeproduktion. Für die beiden modernsten Braunkohlenkraftwerke der DDR läßt sich der spezifische Brennstoffverbrauch unter Berücksichtigung von DDR-Angaben auf 11 200 kJ/kWh (Jänschwalde) bzw. 11 400 kJ/kWh bestimmen[8]. Für die älteren Kraftwerke wurden alters- bzw. blockgrößenspezifische Zuschläge festgesetzt. Sie sind in den jeweiligen Tabellen angegeben.

Die Produktionswerte für die einzelnen Kraftwerke wurden geschätzt. Dabei wurden Annahmen über den Auslastungskoeffizienten (genutzte Stunden in vH der Jahresstundenzahl von 8 760) gemacht. Den Vorgaben liegt die Annahme zugrunde, daß die Braunkohlenkraftwerke überwiegend in der Grundlast arbeiten. Die Gesamtproduktion der Braunkohlenkraftwerke der DDR ist mit 84 340 GWh durch die DDR-Statistik vorgegeben (vgl. Tabelle KHW 5); dies entspricht einem durchschnittlichen Auslastungsgrad von 64 vH. 99,4 vH des Braunkohlenstroms werden auf der Basis von Rohbraunkohle erzeugt. Die im Sektor Kraftwerke und Heizkraftwerke eingesetzten 2,1 Mill. t Briketts und 2,0 Mill. t Braunkohlenkoks wurden daher den Heizkraftwerken zugerechnet. Ihr Einsatz entspricht einem Rohbraunkohlenäquivalent von 9,8 Mill. t.

Für die Bestimmung der Emission der Braunkohlenkraftwerke sind Heizwert, Schwefelgehalt und Aschebindungsgrad des Schwefels bezogen auf den Analysezustand "roh" die entscheidenden Qualitätsparameter. Da die

Qualität der Rohbraunkohle der DDR beträchtliche Unterschiede aufweist, mußten die für die einzelnen Kraftwerke spezifischen Parameter ermittelt werden. Sie sind in den Tabellen für die jeweiligen Kraftwerke einzeln aufgeführt. Bei der Auswahl der Faktoren wurden die Qualitätsparameter der in unmittelbarer Nähe des Kraftwerks befindlichen Lagerstätten ausgewählt. Ferner wurde berücksichtigt, daß bei der Kesselkohle der Heizwert niedriger und der Schwefelgehalt etwas höher als der Lagerstättendurchschnitt sind.

3.2.4. Die SO_2-Emission aus Braunkohlenkraftwerken

Die SO_2-Emission der Braunkohlenkraftwerke der DDR ist in den Tabellen KHW 5 und KHW 6 zusammengefaßt; die kraftwerksspezifischen Daten weisen die Tabellen KHW 9 bis KHW 26 aus.

1982 betrug die Gesamtemission dieser Emittentengruppen 2,5 Mill. t SO_2. 1,8 Mill. t SO_2 entfallen dabei auf die Betriebe des Kombinats Braunkohlenkraftwerke, auf Heizkraftwerke 0,23 Mill. t, während die Industriekraftwerke 0,44 Mill. t emittieren.

Der größte Einzelemittent ist mit knapp 0,5 Mill. t SO_2 das Kraftwerk Boxberg. Die eingesetzte Kohle stammt aus den Tagebauen Nochten und Bärwalde, aus dem südöstlichen Teil der Lausitz. In diesem Bereich ist der Schwefelgehalt infolge der Infiltration (vgl. Abschnitt 2.2.1.) überdurchschnittlich hoch.

Das Kraftwerk Jänschwalde ist inzwischen auf 1 500 MW ausgebaut worden und soll bis zum Ende dieses Fünfjahrplanzeitraums 2 000 MW erreicht haben. Dann wird die Emission hier über 200 000 t SO_2 pro Jahr betragen.

Tabelle KHW 5

Braunkohlenkraftwerke der DDR 1982

Kapazität, Produktion, Brennstoffverbrauch sowie SO_2- und NO_x-Emission

	Kapazität	Produktion	Brennstoffverbrauch	SO_2-Emission	NO_x-Emission	Schornsteinhöhe
	in MW	in GWh	Mill. t	t/Jahr	t/Jahr	in m
Insgesamt	15 056	84 340	167,6[2)]	2 497 720	198 297	-
Öffentliche Kraftwerke	13 741	75 660	132,0	2 062 720	162 499	-
davon: Betriebe des Kombinats Braunkohlenkraftwerke [1)]	12 900	72 369	117,0	1 837 720	138 862	-
davon:						
1. Boxberg	3 520	21 585	32,8	459 200	36 900	300
2. Hagenwerder	1 500	9 200	15,1	232 540	16 988	250
3. Lübbenau	1 300	8 000	13,9	175 140	15 638	240
4. Vetschau	1 200	7 360	12,7	160 000	14 288	240
5. Thierbach	840	4 420	5,8	139 200	8 152	300
6. Lippendorf	600	3 160	4,4	105 600	6 184	300
7. Vockerode	384	2 020	3,2	69 120	4 344	200
8. Jänschwalde	1 000	3 504	5,2	65 900	5 884	300
9. Trattendorf	450	2 590	5,0	56 000	5 625	150
10. Hirschfelde	300	1 580	3,1	47 740	3 488	100
11. Harbke	140	840	1,1	23 760	1 815	200
12. Lauta	175	1 000	1,9	23 560	2 104	200
13. Zschornewitz	225	450	0,7	15 120	950	150
14. Sonstige	1 266	6 660	12,1	264 840	16 502	200
15. Heizkraftwerke	841	3 291	20,2	225 000	23 637	150
Industriekraftwerke	1 315	8 680	30,5	435 000	35 798	-
davon:						
16. Schwarze Pumpe	1 050	6 930	25,0	315 000	28 125	250
17. Espenhain	140	925	3,0	72 000	4 185	200
18. Regis (Borna)	125	825	2,5	48 000	3 488	200

1) Geschätzt aufgrund der Angabe, daß das Kombinat Braunkohlenkraftwerke 1984 über eine Kapazität von 13 400 MW verfügt hat. Vgl. Neues Deutschland vom 1. August 1984.- 2) Davon 2,14 Mill. t Briketts auf 4,6 Mill. t und 1,96 Mill. t Braunkohlenkoks auf 5,2 Mill. t Rohbraunkohle umgerechnet.

Quelle: Schätzungen und Berechnungen des DIW.

Tabelle KHW 6

Braunkohlenkraftwerke der DDR 1982
Kapazität, Produktion, Brennstoffverbrauch sowie SO_2- und NO_x-Emission

	Kapazität	Produktion	Brennstoffverbrauch	SO_2-Emission	NO_x-Emission
	Anteile in vH				
Insgesamt	100,0	100,0	100,0	100,0	100,0
Öffentliche Kraftwerke	91,3	89,7	78,8	82,6	82,1
davon: Betriebe des Kombinats Braunkohlenkraftwerke 1)	85,7	85,8	69,8	73,6	69,6
davon:					
1. Boxberg	23,4	25,6	19,6	18,4	18,5
2. Hagenwerder	10,0	10,9	9,0	9,3	8,5
3. Lübbenau	8,6	9,5	8,3	7,0	7,8
4. Vetschau	8,0	8,7	7,6	6,4	7,2
5. Thierbach	5,6	5,2	3,5	5,6	4,1
6. Lippendorf	4,0	3,7	2,6	4,2	3,1
7. Vockerode	2,5	2,4	1,9	2,8	2,2
8. Jänschwalde	6,6	4,1	3,1	2,6	2,9
9. Trattendorf	3,0	3,1	3,0	2,2	2,8
10. Hirschfelde	2,0	1,9	1,8	1,9	1,7
11. Harbke	0,9	1,0	0,7	1,0	0,9
12. Lauta	1,2	1,2	1,1	0,9	1,0
13. Zschornewitz	1,5	0,5	0,4	0,6	0,5
14. Sonstige	8,4	7,9	7,2	10,6	8,3
15. Heizkraftwerke	5,6	3,9	12,0	9,0	12,5
Industriekraftwerke	8,7	10,3	18,2	17,4	17,9
davon:					
16. Schwarze Pumpe	7,0	8,2	14,9	12,6	14,1
17. Espenhain	0,9	1,1	1,8	2,9	2,1
18. Regis (Borna)	0,8	1,0	1,5	1,9	1,7

Eher unterschätzt ist die Emission aus Industriekraftwerken. Hier bestehen Zweifel, ob die von der ECE genannten Kapazitäten nicht tatsächlich höher liegen. Allein schon die Angaben über die Vielzahl von betriebseigenen Kraftwerken der Brikettfabriken lassen diesen Schluß zu. Deren Gesamtkapazität dürfte jedoch gering sein, so daß sich auch der Fehler in Grenzen hält. Alternative Annahmen über die Schwefelgehalte der eingesetzten Kohlen dürften einen größeren Einfluß auf das Gesamtergebnis haben.

3.2.5. Die NO_x-Emission aus Braunkohlenkraftwerken

Der Umfang der NO_x-Emission ist positiv korreliert mit der Verbrennungstemperatur und dem Luftüberschuß. Eine näherungsweise Berechnung der NO_x-Emission für Großdampferzeuger auf Rohkohlenbasis läßt sich wie folgt durchführen:

$$E(NO_x) = B \times H \times BW(NO_x)$$

Dabei ist:

B = Brennstoffmenge

H = Heizwert

$BW(NO_x)$ = NO_x-Beiwert bzw. Emissionsfaktor. Quantitative Angaben über die Höhe des Emissionsfaktors wurden in zwei DDR-Literaturquellen gefunden; sie differieren jedoch beträchtlich. Mohry/Riedel gegen einen Näherungswert von 0,084 kg/GJ an[9]. Weidlich u.a. führen dagegen aus, "daß die spezifische NO_x-Emission mit etwa 0,15 kg/GJ bzw. mit 0,75 bis 1,2 t/GWh" angesetzt werden kann[10]. Den hier durchgeführten Emissionsabschätzungen wurde der Wert 0,15 kg/GJ zugrunde gelegt, da bereits dieser höhere Wert deutlich unterhalb des in der Literatur der Bundesrepublik für vergleichbare Anlagen und Brennstoffe genannten Angaben liegt[11] (vgl. auch S. 4 f.).

3.2.6. Die Regionalstruktur der SO_2- und NO_x-Emission

Die Emission von SO_2 und NO_x aus Braunkohlenkraftwerken weist eine sehr starke regionale Konzentration auf die Bezirke Cottbus, Leipzig und Halle auf. Drei Emissionsgebiete mit hoher Konzentration lassen sich unterscheiden (vgl. Tabelle KHW 7):

- Im südöstlichen Teil der Lausitz sind es die Gebiete der Rasterflächen K 14 und K 15 (überwiegend im Bezirk Dresden), auf die mit knapp 700 000 t SO_2 pro Jahr fast 30 vH der Gesamtemission entfallen. Verursacher sind allein die Kraftwerke Boxberg und Hagenwerder.

- Fast ein weiteres Drittel (29 vH) der Gesamtemission ist auf den Raum Cottbus mit den Rasterflächen H 12, I 12 und I 13 konzentriert. Hier ergeben die Berechnungen eine Jahresemission von 725 000 t SO_2.

- Rd. ein Viertel der SO_2-Emission konzentriert sich auf das Gebiet um Halle/Leipzig mit den Rasterflächen E 14, E 15 und F 15. Der Ausstoß von 610 000 t SO_2 dürfte auch hier zu einer starken Luftbelastung führen.

Für die NO_x-Emission gilt ähnliches (vgl. Tabelle KHW 8). An der Gesamtemission von rd. 198 000 t pro Jahr entfallen auf die genannten Gebiete Anteile von 27 vH (südöstliche Lausitz), 34 vH (Raum Cottbus) und 20 vH (Raum Halle/Leipzig). Da die NO_x-Emission aus Braunkohlenfeuerungsanlagen weitgehend unabhängig von der Qualität des Brennstoffs ist, ist es vor allem die Menge des Einsatzes, die hier die Regionalverteilung bestimmt.

Tabelle KHW 7

Regionale SO_2-Emissionen

aus Braunkohlenkraftwerken der DDR 1982

in t

	A	B	C	D	E	F	G	H	I	K
1										
2										
3										
4										
5										
6										
7										
8										
9										
10								53508		6409
11			23760	22311						
12					69120			175140	160000	65900
13					79920			397808		
14				7088	243767				23560	459200
15					153600	211200		40382		232540
16						24767				47740
17										
18										
19										
20			23760	29399	546407	235967		269030	581368	811789
									SUMME DDR	2497720

QUELLE: BERECHNUNGEN DES DIW.

Tabelle KHW 8

Regionale NO$_x$-Emissionen

aus Braunkohlenkraftwerken der DDR 1982

in t

	A	B	C	D	E	F	G	H	I	K
1										
2										
3										
4										
5										
6										
7										
8										
9										
10								5621		671
11			1815	2338						
12				4344				15638	14288	5884
13				4745					36786	
14				742	17110				2104	36900
15					9672	12337		4231		16988
16						2595				3488
17										
18										
19										
20	0	0	1815	3080	35871	14932	0	25490	53178	63931

SUMME DDR 198297

QUELLE: BERECHNUNGEN DES DIW.

Tabelle KHW 9

**Emissionsrelevante Daten
für Braunkohlenkraftwerke der DDR 1982**

Name des Kraftwerks	**Boxberg**
Art des Kraftwerks	Öffentliches Wärmekraftwerk
Standort (Ortsangabe + Koordinaten)	Boxberg, Kreis Weißwasser (K 14)
Gesamtkapazität (MW)	3 520
Baujahr und Leistung (MW)	Boxberg I 6 x 210 MW (1971-1973) Boxberg II 6 x 210 MW Boxberg III 2 x 500 MW (bis 1980)
Schornsteinbauhöhe (m) [1]	300
Brennstoffart	Rohbraunkohle

Betriebsdauer [2]
   (Stunden/Jahr)
   (Auslastung in vH)
	
	6 132
	70

Jahresproduktion (GWh)	21 585
Brennstoffverbrauch [3] in kJ/kWh	11 400
Jahresverbrauch (B) in Mill.t	32,8
Heizwert (H) in kJ/kg	7 500
S-Gehalt (S) in vH [4]	1,0
Verbrennungsanteil (V) in vH	70
SO_2-Emission (= $2 \times B \times S \times V \times 10^{-4}$) in t/Jahr	459 200
NO_x-Emission (= $B \times H \times 0{,}15 \times 10^{-6}$) in t/Jahr	36 900
Emissionsfaktor kg SO_2/TJ kg NO_x/TJ	1 867 150

Anmerkungen:
1) Neues Deutschland vom 27. Juli 1979.
2) Geschätzt.
3) Der 500 MW-Block verbraucht 11.000 kJ/kWh. Vgl. Lausitzer Rundschau vom 8. Dezember 1982. Durchschnittlicher Gesamtverbrauch (geschätzt): 11 400 kJ/kWh
4) Kohle stammt aus Tagebauen Bärwalde und Nochten. Vgl. Neues Deutschland vom 7. Februar 1983.

Tabelle KHW 10

**Emissionsrelevante Daten
für Braunkohlenkraftwerke der DDR 1982**

Name des Kraftwerks	**Hagenwerder** (Völkerfreundschaft)
Art des Kraftwerks	Öffentliches Wärmekraftwerk
Standort (Ortsangabe + Koordinaten)	Hagenwerder/Berzdorf (Oberlausitz) (K 15)
Gesamtkapazität (MW)	1 500
Baujahr und Leistung (MW)	Hagenwerder I und II insgesamt 500 MW in 50 MW, 75 MW und 100 MW-Blöcken (bis 1965) Hagenwerder III 2 x 500 MW; (1976 und 1977)
Schornsteinbauhöhe (m) [1]	250
Brennstoffart	Rohbraunkohle
Betriebsdauer [2] (Stunden/Jahr) (Auslastung in vH)	6 132 70
Jahresproduktion (GWh)	9 200
Brennstoffverbrauch in kJ/kWh [3]	12 300
Jahresverbrauch (B) in Mill.t	15,1
Heizwert (H) in kJ/kg [4]	7 500
S-Gehalt (S) in vH	1,1
Verbrennungsanteil (V) in vH	70
SO_2-Emission ($= 2 \times B \times S \times V \times 10^{-4}$) in t/Jahr	232 540
NO_x-Emission ($= B \times H \times 0,15 \times 10^{-6}$) in t/Jahr	16 988
Emissionsfaktor kg SO_2/TJ kg NO_x/TJ	2 053 150

Anmerkungen:
1) Vgl. Berliner Zeitung vom 28. August 1980.
2) Geschätzt.
3) Geschätzt, 10 vH Zuschlag zu Jänschwalde.
4) Die Kohle stammt aus dem Braunkohlenwerk Oberlausitz. Vgl. Sächsische Zeitung vom 7. November 1979.

Tabelle KHW 11

**Emissionsrelevante Daten
für Braunkohlenwerke der DDR 1982**

Name des Kraftwerks	**Lübbenau**
Art des Kraftwerks	Öffentliches Wärmekraftwerk
Standort (Ortsangabe + Koordinaten)	Lübbenau/Kreis Calau (H 12)
Gesamtkapazität (MW)	1 300
Baujahr und Leistung (MW)[1]	1959 - 1964 6 x 50 MW 10 x 100 MW
Schornsteinbauhöhe (m) [2]	240
Brennstoffart	Rohbraunkohle
Betriebsdauer [2] (Stunden/Jahr) (Auslastung in vH)	6 130 70
Jahresproduktion (GWh)	8 000
Brennstoffverbrauch in kJ/kWh[3]	13 000
Jahresverbrauch (B) in Mill.t	13,9
Heizwert (H) in kJ/kg	7 500
S-Gehalt (S) in vH[4]	0,9
Verbrennungsanteil (V) in vH	70
SO_2-Emission (= $2 \times B \times S \times V \times 10^{-4}$) in t/Jahr	175 140
NO_x-Emission (= $B \times H \times 0{,}15 \times 10^{-6}$) in t/Jahr	15 638
Emissionsfaktor kg SO_2/TJ	1 680
kg NO_x/TJ	150

Anmerkungen:
1) Neues Deutschland vom 11./12. Februar 1984.
2) Geschätzt.
3) Geschätzt; rund 16 vH Zuschlag zu Jänschwalde.
4) Belieferung erfolgt aus Tagebauen Schlabendorf/Greifenhain und Jänschwalde (vgl. Neues Deutschland vom 11./12. Februar 1984). Angenommen: S (d): Schlabendorf 3,3 vH, Greifenhain 1,2 vH, Jänschwalde 2,2 vH. S (r) bei gleicher Verteilung: 0,9 vH.

Tabelle KHW 12

**Emissionsrelevante Daten
für Braunkohlenkraftwerke der DDR 1982**

Name des Kraftwerks	**Vetschau**
Art des Kraftwerks	Öffentliches Wärmekraftwerk
Standort (Ortsangabe + Koordinaten)	Vetschau (Kreis Calau) (I 12)
Gesamtkapazität (MW)	1 200
Baujahr und Leistung (MW)	1964-1967 12 x 100 MW
Schornsteinbauhöhe (m) [1]	240
Brennstoffart	Rohbraunkohle
Betriebsdauer [1] (Stunden/Jahr) (Auslastung in vH)	6 130 70
Jahresproduktion (GWh)	7 360
Brennstoffverbrauch in kJ/kWh [2]	12 900
Jahresverbrauch (B) in Mill.t	12,7
Heizwert (H) in kJ/kg [3]	7 500
S-Gehalt (S) in vH	0,9
Verbrennungsanteil (V) in vH	70
SO_2-Emission ($= 2 \times B \times S \times V \times 10^{-4}$) in t/Jahr	160 000
NO_x-Emission ($= B \times H \times 0,15 \times 10^{-6}$) in t/Jahr	14 288
Emissionsfaktor kg SO_2/TJ kg NO_x/TJ	1 680 150

Anmerkungen:
1) Geschätzt.
2) Geschätzt, rund 15 vH Zuschlag zu Jänschwalde.
3) Belieferung erfolgt aus Tagebauen Schlabendorf/Greifenhain und Jänschwalde (vgl. Neues Deutschland vom 11./12. Februar 1984). Angenommen: S (d): Schlabendorf 3,3 vH, Greifenhain 1,2 vH, Jänschwalde 2,2 vH. Bei gleicher Verteilung: S (r) = 0,9 vH.

Tabelle KHW 13

**Emissionsrelevante Daten
für Braunkohlenkraftwerke der DDR 1982**

Name des Kraftwerks	**Thierbach**
Art des Kraftwerks	Öffentliches Wärmekraftwerk
Standort (Ortsangabe + Koordinaten)	Thierbach (Kreis Borna) (F 15)
Gesamtkapazität (MW)	840
Baujahr und Leistung (MW)	1965-1971 4 x 210 MW
Schornsteinbauhöhe (m) [1]	300
Brennstoffart	Rohbraunkohle
Betriebsdauer[2] (Stunden/Jahr) (Auslastung in vH)	5 260 60
Jahresproduktion (GWh)	4 420
Brennstoffverbrauch in kJ/kWh [2]	12 320
Jahresverbrauch (B) in Mill.t	5,8
Heizwert (H) in kJ/kg [3]	9 370
S-Gehalt (S) in vH [4]	2,0
Verbrennungsanteil (V) in vH	60
SO_2-Emission ($= 2 \times B \times S \times V \times 10^{-4}$) in t/Jahr	139 200
NO_x-Emission ($= B \times H \times 0{,}15 \cdot 10^{-6}$) in t/Jahr	8 152
Emissionsfaktor kg SO_2/TJ kg NO_x/TJ	2 561 150

Anmerkungen:
1) Vgl. Neues Deutschland vom 25. Juli 1984.
2) Geschätzt.
3) Vgl. Herbert Krug und Wolfgang Naundorf: Braunkohlenbrikettierung. A.a.O., S. 42.
4) Vgl. Dieter Bartnik: Rohstoffeigenschaften und Qualitätserkundung der Braunkohlen im nördlichen Teil der Leipziger Bucht. In: Freiberger Forschungshefte, Leipzig 1977, S. 50 f.

Tabelle KHW 14

**Emissionsrelevante Daten
für Braunkohlenkraftwerke der DDR 1982**

Name des Kraftwerks	**Lippendorf**
Art des Kraftwerks	Öffentliches Wärmekraftwerk
Standort (Ortsangabe + Koordinaten)	Lippendorf (Kreis Borna) (E 15)
Gesamtkapazität (MW)	600
Baujahr und Leistung (MW)	1966/1970 6 x 100 MW
Schornsteinbauhöhe (m) [1]	300
Brennstoffart	Rohbraunkohle
Betriebsdauer [1] (Stunden/Jahr) (Auslastung in vH)	5 260 60
Jahresproduktion (GWh)	3 160
Brennstoffverbrauch in kJ/kWh [2]	12 900
Jahresverbrauch (B) in Mill.t	4,4
Heizwert (H) in kJ/kg [3]	9 370
S-Gehalt (S) in vH [4]	2,0
Verbrennungsanteil (V) in vH	60
SO_2-Emission ($= 2 \times B \times S \times V \times 10^{-4}$) in t/Jahr	105 600
NO_x-Emission ($= B \times H \times 0{,}15 \times 10^{-6}$) in t/Jahr	6 184
Emissionsfaktor kg SO_2/TJ kg NO_x/TJ	2 561 150

Anmerkungen:
1) Geschätzt.
2) Geschätzt; 15 vH Zuschlag zu Jänschwalde.
3) Vgl. Herbert Krug und Wolfgang Naundorf: Braunkohlenbrikettierung. A.a.O., S. 42.
4) Vgl. Dieter Bartnik, a.a.O., S. 50 f.

Tabelle KHW 15

**Emissionsrelevante Daten
für Braunkohlenkraftwerke der DDR 1982**

Name des Kraftwerks	**Vockerode**
Art des Kraftwerks	Öffentliches Wärmekraftwerk
Standort (Ortsangabe + Koordinaten)	Vockerode (Dessau/Kreis Gräfenhainichen) (E 12)
Gesamtkapazität (MW)	384
Baujahr und Leistung (MW)	bis 1959 12 x 32 MW
Schornsteinbauhöhe (m) [1]	200
Brennstoffart	Rohbraunkohle
Betriebsdauer [1] (Stunden/Jahr) (Auslastung in vH)	5 260 60
Jahresproduktion (GWh)	2 020
Brennstoffverbrauch in kJ/kWh [2]	14 500
Jahresverbrauch (B) in Mill.t	3,2
Heizwert (H) in kJ/kg [3]	9 050
S-Gehalt (S) in vH	1,8
Verbrennungsanteil (V) in vH	60
SO_2-Emission (= $2 \times B \times S \times V \times 10^{-4}$) in t/Jahr	69 120
NO_x-Emission (= $B \times H \times 0{,}15 \times 10^{-6}$) in t/Jahr	4 344
Emissionsfaktor kg SO_2/TJ kg NO_x/TJ	2 387 150

Anmerkungen:
1) Geschätzt.
2) Geschätzt; 30 vH Zuschlag zu Jänschwalde.
3) Angaben für Lagerstättenbezirk Delitzsch und Bitterfeld, aus Herbert Krug und Wolfgang Naundorf: Braunkohlenbrikettierung. A.a.O., S. 47. Kohlebelieferung erfolgt aus Tagebau Golpa-Nord. Vgl. Tribüne vom 22. Januar 1985.

Tabelle KHW 16

**Emissionsrelevante Daten
für Braunkohlenkraftwerke der DDR 1982**

Name des Kraftwerks	**Jänschwalde**
Art des Kraftwerks	Öffentliches Wärmekraftwerk
Standort (Ortsangabe + Koordinaten)	Jänschwalde (Kreis Guben) (K 12)
Gesamtkapazität (MW)	1 000
Baujahr und Leistung (MW)	500 (September 1981) 500 (November 1982)
Schornsteinbauhöhe (m) [1]	300
Brennstoffart	Rohbraunkohle
Betriebsdauer [2] (Stunden/Jahr) (Auslastung in vH)	3 504 40
Jahresproduktion (GWh)	3 504
Brennstoffverbrauch in kJ/kWh [3]	11 200
Jahresverbrauch (B) in Mill.t	5,23
Heizwert (H) in kJ/kg [4]	7 500
S-Gehalt (S) in vH	0,9
Verbrennungsanteil (V) in vH	70
SO_2-Emission (= $2 \times B \times S \times V \times 10^{-4}$) in t/Jahr	65 900
NO_x-Emission (= $B \times H \times 0,15 \times 10^{-6}$) in t/Jahr	5 884
Emissionsfaktor kg SO_2/TJ kg NO_x/TJ	1 680 150

Anmerkungen:
1) Vgl. Sächsische Zeitung vom 6. Oktober 1981.
2) 500 MW geschätzt: 65 vH
   500 MW geschätzt: 15 vH (Probebetrieb 24.5.1982, Dauerbetrieb 26.11.1982).
3) Als erreichter Bestwert wird angegeben: 11 097 kJ/kWh. (Vgl. Lausitzer Rundschau vom 5. Oktober 1982).
4) Die Rohbraunkohle stammt aus den Tagebauen Jänschwalde und Cottbus/Nord.

Tabelle KHW 17

**Emissionsrelevante Daten
für Braunkohlenkraftwerke der DDR 1982**

Name des Kraftwerks	**Trattendorf** (Artur Becker)
Art des Kraftwerks	Öffentliches Wärmekraftwerk
Standort (Ortsangabe + Koordinaten)	Trattendorf (Kreis Spremberg) (I 13)
Gesamtkapazität (MW)	450
Baujahr und Leistung (MW)	1954-1959 6 x 25 MW 6 x 50 MW
Schornsteinbauhöhe (m) [1]	150
Brennstoffart	Rohbraunkohle
Betriebsdauer [1] (Stunden/Jahr) (Auslastung in vH)	 5 760 66
Jahresproduktion (GWh)	2 590
Brennstoffverbrauch in kJ/kWh [2]	14 500
Jahresverbrauch (B) in Mill.t	5,0
Heizwert (H) in kJ/kg	7 500
S-Gehalt (S) in vH	0,8
Verbrennungsanteil (V) in vH	70
SO_2-Emission (= $2 \times B \times S \times V \times 10^{-4}$) in t/Jahr	56 000
NO_x-Emission (= $B \times H \times 0,15 \times 10^{-6}$) in t/Jahr	5 625
Emissionsfaktor kg SO_2/TJ kg NO_x/TJ	1 493 150

Anmerkungen:
1) Geschätzt.
2) Geschätzt; 30 vH Zuschlag zu Jänschwalde.

Tabelle KHW 18

**Emissionsrelevante Daten
für Braunkohlenkraftwerke der DDR 1982**

Name des Kraftwerks	**Hirschfelde**
Art des Kraftwerks	Öffentliches Wärmekraftwerk
Standort (Ortsangabe + Koordinaten)	Hirschfelde/Oberlausitz (Kreis Zittau) (K 16)
Gesamtkapazität (MW)	300
Baujahr und Leistung (MW)	unbekannt (altes Kraftwerk)
Schornsteinbauhöhe (m) [1]	100
Brennstoffart	Rohbraunkohle
Betriebsdauer [1] (Stunden/Jahr) (Auslastung in vH)	5 260 60
Jahresproduktion (GWh)	1 580
Brennstoffverbrauch in kJ/kWh [2]	14 500
Jahresverbrauch (B) in Mill.t	3,1
Heizwert (H) in kJ/kg [3]	7 500
S-Gehalt (S) in vH	1,1
Verbrennungsanteil (V) in vH	70
SO_2-Emission (= $2 \times B \times S \times V \times 10^{-4}$) in t/Jahr	47 740
NO_x-Emission (= $B \times H \times 0,15 \times 10^{-6}$) in t/Jahr	3 488
Emissionsfaktor kg SO_2/TJ	2 053
kg NO_x/TJ	150

Anmerkungen:
1) Geschätzt.
2) Geschätzt; 30 vH Zuschlag zu Jänschwalde.
3) Die Kohle stammt aus dem Braunkohlenwerk Oberlausitz.

Tabelle KHW 19

**Emissionsrelevante Daten
für Braunkohlenkraftwerke der DDR 1982**

Name des Kraftwerks	**Harbke**
Art des Kraftwerks	Öffentliches Wärmekraftwerk
Standort (Ortsangabe + Koordinaten)	Harbke (Kreis Oschersleben) (C 11)
Gesamtkapazität (MW)	140
Baujahr und Leistung (MW)	unbekannt (altes Kraftwerk)
Schornsteinbauhöhe (m) [1]	200
Brennstoffart	Rohbraunkohle
Betriebsdauer [1] (Stunden/Jahr) (Auslastung in vH)	5 260 / 60
Jahresproduktion (GWh)	840
Brennstoffverbrauch in kJ/kWh [2]	14 000
Jahresverbrauch (B) in Mill.t	1,1
Heizwert (H) in KJ/kg [3]	11 000
S-Gehalt (S) in vH [3]	1.8
Verbrennungsanteil (V) in vH	60
SO_2-Emission (= $2 \times B \times S \times V \times 10^{-4}$) in t/Jahr	23 760
NO_x-Emission (= $B \times H \times 0{,}15 \times 10^{-6}$) in t/Jahr	1 815
Emissionsfaktor kg SO_2/TJ	1 964
kg NO_x/TJ	150

Anmerkungen:
1) Geschätzt.
2) Geschätzt; 25 vH Zuschlag zu Jänschwalde.
3) Angenommen wurden die Schwefel- und Heizwerte für den Tagebau Wolfersdorf. Vgl. Herberg Krug und Wolfgang Naundorf: Braunkohlenbrikettierung. A.a.O., S. 35.

Tabelle KHW 20

**Emissionsrelevante Daten
für Braunkohlenkraftwerke der DDR 1982**

Name des Kraftwerks	**Lauta**
Art des Kraftwerks	Öffentliches Wärmekraftwerk
Standort (Ortsangabe + Koordinaten)	Lauta/Kreis Hoyerswerda (I 14)
Gesamtkapazität (MW)[1]	175
Baujahr und Leistung (MW)	175
Schornsteinbauhöhe (m) [1]	200
Brennstoffart	Rohbraunkohle
Betriebsdauer [1] (Stunden/Jahr) (Auslastung in vH)	5 700 65
Jahresproduktion (GWh)	1 000
Brennstoffverbrauch in kJ/kWh[2]	14 000
Jahresverbrauch (B) in Mill.t	1,87
Heizwert (H) in kJ/kg[3]	7 500
S-Gehalt (S) in vH	0,7
Verbrennungsanteil (V) in vH	70
SO_2-Emission ($= 2 \times B \times S \times V \times 10^{-4}$) in t/Jahr	23 560
NO_x-Emission ($= B \times H \times 0{,}15 \times 10^{-6}$) in t/Jahr	2 104
Emissionsfaktor kg SO_2/TJ kg NO_x/TJ	1 307 150

Anmerkungen:
1) Geschätzt.
2) Geschätzt, 25 vH Zuschlag zu Jänschwalde.
3) Geschätzt; Bekohlung vermutlich aus Tagebau Meuro oder Spreetal.

Tabelle KHW 21

**Emissionsrelevante Daten
für Braunkohlenkraftwerke der DDR 1982**

Name des Kraftwerks	**Zschornewitz**
Art des Kraftwerks	Öffentliches Wärmekraftwerk
Standort (Ortsangabe/Koordinaten)	Zschornewitz/Kreis Gräfenhainichen (E 13)
Gesamtkapazität (MW)[1]	225
Baujahr und Leistung (MW)	unbekannt, altes Spitzenlastkraftwerk
Schornsteinbauhöhe (m)[2]	150
Brennstoffart[3]	Rohbraunkohle
Betriebsdauer[4] (Stunden/Jahr) (Auslastung in vH)	2 000 23
Jahresproduktion (GWh)	450
Brennstoffverbrauch in kJ/kWh[5]	14 500
Jahresverbrauch (B) in Mill.t	0,7
Heizwert (H) in kJ/kg[6]	9 050
S-Gehalt (S) in vH	1,8
Verbrennungsanteil (V) in vH	60
SO_2-Emission ($= 2 \times B \times S \times V \times 10^{-4}$) in t/Jahr	15 120
NO_x-Emission ($= B \times H \times 0{,}15 \times 10^{-6}$) in t/Jahr	950
Emissionsfaktor kg SO_2/TJ kg NO_x/TJ	2 387 150

Anmerkungen:
1) Geschätzt.
2) Kapazität durch den Bau von 6 Gasturbinenanlagen möglicherweise erhöht. Nicht feststellbar ist, ob die Braunkohlenanlagen stillgelegt worden sind.
3) Über Kapazität und Verbrauch der Gasturbinen gibt es keine Angaben.
4) Spitzenlastkraftwerk. Nicht auszuschließen ist allerdings, daß der mit Braunkohle befeuerte Teil in der Grundlast läuft.
5) Geschätzt; 30 vH Zuschlag zu Jänschwalde.
6) Angaben zu Lagerstättenbezirk Delitzsch und Bitterfeld aus Herbert Krug und Wolfgang Naundorf: Braunkohlenbrikettierung. A.a.O., S. 47; Kohlenbelieferung erfolgt aus Tagebau Golpa-Nord. Vgl. Tribüne vom 22. Januar 1985.

Tabelle KHW 22

**Emissionsrelevante Daten
für Braunkohlenkraftwerke der DDR 1982**

Name des Kraftwerks	Sonstige				
Art des Kraftwerks	Öffentliche Wärmekraftwerke				
Standort (Ortsangabe + Koordinaten)	Halle/Leipzig Leuna (E 14) Buna (E 14) Bitterfeld (E 13)			Cottbus (I 13)	
Gesamtkapazität (MW)	1 266				
Baujahr und Leistung (MW)					
Schornsteinbauhöhe (m) [1]	200				
Brennstoffart	Rohbraunkohle				
Betriebsdauer [1] (Stunden/Jahr) (Auslastung in vH)	5 260 60				
Jahresproduktion (GWh)	6 660				
Brennstoffverbrauch in kJ/kWh [2]	14 500				
Jahresverbrauch (B) in Mill.t	12,1	Davon Halle/Leipzig 10,3 (Leuna 3,6) (Buna 4,0) (Bitterfeld 2,7)		Cottbus 1,8	
Heizwert (H) in kJ/kg		9 370		7 500	
S-Gehalt (S) in vH		2,0		0,7	
Verbrennungsanteil (V) in vH		60		70	
SO_2-Emission (= $2 \times B \times S \times V \times 10^{-4}$) in t/Jahr	264 840	Leuna 86 400	Buna 96 000	Bitter- feld 64 800	Cottbus 17 640
NO_x-Emission (= $B \times H \times 0,15 \times 10^{-6}$) in t/Jahr	16 502	5 060	5 622	3 795	2 025
Emissionsfaktor kg SO_2/TJ kg NO_x/TJ	2 407 150	2 561 150	2 561 150	2 561 150	1 307 150

Anmerkungen:
1) Geschätzt.
2) Geschätzt, 30 vH Zuschlag zu Jänschwalde.

Tabelle KHW 23

Emissionsrelevante Daten
für Braunkohlenkraftwerke der DDR 1982

Name des Kraftwerks	**Heizkraftwerke, insgesamt**
Art des Kraftwerks	
Standort (Ortsangabe + Koordinaten)	Verteilt nach Bevölkerung und Bezirkshauptstädten zugeordnet; davon Berlin (Ost) 200 MW
Gesamtkapazität (MW)	841
Baujahr und Leistung (MW)	
Schornsteinbauhöhe (m) [1]	150
Brennstoffart	Rohbraunkohle/BTT-Koks
Betriebsdauer (Stunden/Jahr) (Auslastung in vH)	3 910 45
Jahresproduktion [1] (GWh)	3 291
Brennstoffverbrauch [2] in kJ/kWh	14 000
Jahresverbrauch (B) in Mill.t	6,1 (Strom) 8,9 (Wärme) = 15,0 Rohbraunkohle + 2,0 Mill.t BTT-Koks (Schwelkoks) für Wärme
Heizwert (H) in kJ/kg Rohbraunkohle BTT-Koks	7 500 23 000
S-Gehalt (S) in vH Rohbraunkohle BTT-Koks	0,9 4,0
Verbrennungsanteil (V) in vH Rohbraunkohle BTT-Koks	70 22,5
SO_2-Emission (= $2 \times B \times S \times V \times 10^{-4}$) in t/Jahr	189 000 aus Rohbraunkohle 36 000 aus BTT-Koks 225 000 gesamt
NO_x-Emission (= $B \times H \times 0{,}15 \times 10^{-6}$) in t/Jahr	23 637
Emissionsfaktor kg SO_2/TJ kg NO_x/TJ	2 358 150

Anmerkungen:
1) Geschätzt.
2) Geschätzt; 25 vH Zuschlag zu Jänschwalde.

Tabelle KHW 24

**Emissionsrelevante Daten
für Braunkohlenkraftwerke der DDR 1982**

Name des Kraftwerks	**Schwarze Pumpe**
Art des Kraftwerks	Industriekraftwerk
Standort (Ortsangabe + Koordinaten)	Schwarze Pumpe (Kreis Spremberg) (I 13)
Gesamtkapazität (MW)	1 050
Baujahr und Leistung (MW)	
Schornsteinbauhöhe (m) [1]	250
Brennstoffart	Rohbraunkohle
Betriebsdauer [2] (Stunden/Jahr) (Auslastung in vH)	6 600 75
Jahresproduktion (GWh)	6 930
Brennstoffverbrauch in kJ/kWh [2]	14 000
Jahresverbrauch (B) in Mill.t	12,9 (Strom) 12,1 (Wärme) = 25,0
Heizwert (H) in kJ/kg	7 500
S-Gehalt (S) in vH	0,9
Verbrennungsanteil (V) in vH	70
SO_2-Emission ($= 2 \times B \times S \times V \times 10^{-4}$) in t/Jahr	315 000
NO_x-Emission ($= B \times H \times 0,15 \times 10^{-6}$) in t/Jahr	28 125
Emissionsfaktor kg SO_2/TJ kg NO_x/TJ	1 680 150

Anmerkungen:
1) Geschätzt.
2) Geschätzt; 25 vH Zuschlag zu Jänschwalde.

Tabelle KHW 25

Emissionsrelevante Daten
für Braunkohlenkraftwerke der DDR 1982

Name des Kraftwerks	**Espenhain**
Art des Kraftwerks	Industriekraftwerk
Standort (Ortsangabe + Koordinaten)	Espenhain/Roetha (Kreis Borna) (F 15)
Gesamtkapazität (MW)	140
Baujahr und Leistung (MW)	
Schornsteinbauhöhe (m) [1]	200
Brennstoffart	Rohbraunkohle
Betriebsdauer [1] (Stunden/Jahr) (Auslastung in vH)	6 600 75
Jahresproduktion (GWh)	925
Brennstoffverbrauch in kJ/kWh [2]	14 000
Jahresverbrauch (B) in Mill.t	1,4 (Strom) 1,6 (Wärme) = 3,0
Heizwert (H) in kJ/kg	9 300
S-Gehalt (S) in vH	2,0
Verbrennungsanteil (V) in vH	60
SO_2-Emission ($= 2 \times B \times S \times V \times 10^{-4}$) in t/Jahr	72 000
NO_x-Emission ($= B \times H \times 0,15 \times 10^{-6}$) in t/Jahr	4 185
Emissionsfaktor kg SO_2/TJ	2 581
kg NO_x/TJ	150

Anmerkungen:
1) Geschätzt.
2) Geschätzt; 25 vH Zuschlag zu Jänschwalde.

Tabelle KHW 26

**Emissionsrelevante Daten
für Braunkohlenkraftwerke der DDR 1982**

Name des Kraftwerks	**Regis** (Borna)
Art des Kraftwerks	Industriekraftwerk
Standort (Ortsangabe + Koordinaten)	Regis (Kreis Borna) (E 15)
Gesamtkapazität (MW)	125
Baujahr und Leistung (MW)	
Schornsteinbauhöhe (m) [1]	200
Brennstoffart	Rohbraunkohle
Betriebsdauer [1] (Stunden/Jahr) (Auslastung in vH)	6 600 75
Jahresproduktion (GWh)	825
Brennstoffverbrauch in kJ/kWh [2]	14 000
Jahresverbrauch (B) in Mill.t	1,2 (Strom) 1,3 (Wärme) =2,5
Heizwert (H) in kJ/kg	9 300
S-Gehalt (S) in vH	1,6
Verbrennungsanteil (V) in vH	60
SO_2-Emission ($= 2 \times B \times S \times V \times 10^{-4}$) in t/Jahr	48 000
NO_x-Emission ($= B \times H \times 0{,}15 \times 10^{-6}$) in t/Jahr	3 488
Emissionsfaktor kg SO_2/TJ kg NO_x/TJ	2 065 150

Anmerkungen:
1) Geschätzt.
2) Geschätzt; 25 vH Zuschlag zu Jänschwalde.

3.3. Emission aus Steinkohlenkraftwerken

1982 wurden in der DDR rd. 920 000 t Steinkohle (einschl. 5 000 t Koks) in Kraftwerken bzw. industriellen Heizkraftwerken eingesetzt (vgl. Tabelle P 18). Die Stromproduktion aus diesen Werken betrug aber nur 321 GWh, das waren 0,3 vH der Gesamterzeugung (vgl. Tabelle KHW 3). Unterstellt man einen spezifischen Verbrauch von 11 700 kJ/kWh, so ergibt dies einen Steinkohlenverbrauch zur Erzeugung der ausgewiesenen Stromproduktion von 3 760 TJ, das sind rd. 140 000 t Steinkohle. Dies läßt den Schluß zu, daß die Steinkohle überwiegend in industriellen Heizkraftwerken zur Erzeugung von Prozeßwärme eingesetzt wird; der Anteil für die Stromerzeugung beträgt nur 15 vH.

Die Gesamtemission der Steinkohlenkraft- und -heizkraftwerke ist das Produkt aus dem angenommenen Emissionsfaktor von 667 kg SO_2/TJ (vgl. Abschnitt 2.2.3.) und der Einsatzmenge von 25 000 TJ. Dies ergibt eine Jahresemissionsmenge von 16 600 t SO_2.

Für die NO_x-Emission wird in Anlehnung an westliche Werte ein Emissionsfaktor von 400 kg NO_x/TJ unterstellt. Dies ergibt bei einem Brennstoffverbrauch von 25 000 TJ eine Gesamtemission von rd. 10 000 t pro Jahr.

Angaben über die Standorte von Steinkohlenheizkraftwerken sind aus der untersuchten DDR-Literatur nicht zu entnehmen. Lediglich für das Kraftwerk Klingenberg ist bekannt, daß es vor seiner Umstellung auf Braunkohle - vermutlich 1983 - auf Steinkohlenbasis arbeitete[12]. Mangels detaillierter Informationen wurde die Emission auf die nördlichen Bezirke der DDR verteilt (vgl. Tabelle KHW 23).

3.4. Emission aus Erdölkraftwerken

Auf Heizölbasis arbeitende Heizkraftwerke produzierten 1982 in der DDR 703 GWh Strom, das waren 0,7 vH der Gesamtproduktion. Hierfür wurden 236 000 t schweres Heizöl eingesetzt[13]. Die Werke dürften in der DDR ausschließlich in Kraft-Wärme-Koppelung arbeiten, so daß der Heizölverbrauch insgesamt bedeutend höher ist. Er wird auf 1 Mill. t Heizöl S geschätzt.

Tabelle KHW 27

SO_2- und NO_x-Emission aus Steinkohlenheizkraftwerken der DDR 1982

Bezirke	Verbrauch		Emission in t/a	
	in 1 000 t	in TJ	SO_2	NO_x
Berlin	250,0	6 750,0	4 502	2 700
Magdeburg	167,5	4 522,5	3 017	1 809
Neubrandenburg	167,5	4 522,5	3 017	1 809
Rostock	167,5	4 522,5	3 017	1 809
Schwerin	167,5	4 522,5	3 017	1 809
Insgesamt	920,0	24 840,0	16 568	9 936
<u>Quelle:</u> Schätzungen des DIW.				

Über die Standorte der mit Öl betriebenen Heizkraftwerke gibt es keine detaillierten Hinweise. Es wird angenommen, daß zwei Drittel des Verbrauchs auf Schwedt und ein Drittel auf ein Heizkraftwerk in Neubrandenburg entfallen. Die daraus resultierende Emission teilt sich folgendermaßen auf:

Tabelle KHW 28

SO_2- und NO_x-Emission aus heizölbetriebenen Kraftwerken der DDR 1982

	Heizöl-einsatz	S	Emission[1] t/Jahr	
	1 000 t	in vH	SO_2	NO_x
Schwedt	670	3	40 200	6 736
Neubrandenburg	330	3	19 800	3 317
Insgesamt	1 000	3	60 000	10 053

1) Schwefelanteil 3 vH. Emissionsfaktor für NO_x: 245 kg NO_x/TJ.

3.5. Emission aus Erdgaskraftwerken

In den Kraft- und Heizkraftwerken der DDR wurde 1982 mit 101 PJ fast ein Drittel des gesamten Erdgasaufkommens der DDR eingesetzt (vgl. Tabelle P 20). Die in Tabelle KHW 3 den "sonstigen Brennstoffen" zugeordnete Stromproduktion von 4 927 GWh, das sind knapp 5 vH der Gesamtproduktion, dürften überwiegend aus erdgasbetriebenen Heizkraftwerken stammen.

Wird angenommen, daß rd. 4 vH der DDR-Stromproduktion auf Erdgas basieren, so impliziert dies einen Verbrauch von rd. 40 PJ, d.h. die übrigen 60 PJ werden für die Wärmeerzeugung genutzt.

Neben Erdgas werden rd. 12 PJ an anderen Gasen - hierbei dürfte es sich um Gichtgas handeln - zur Stromerzeugung eingesetzt.

Die SO_2-Emission aus gasbefeuerten Kraftwerken ist nahezu Null und kann hier vernachlässigt werden. Für die NO_x-Emission wurden unter

Berücksichtigung der Ausführungen in Abschnitt 2.2.5. die folgenden Faktoren angenommen: Erd- sowie Gichtgas 100 kg NO_x/TJ.

Tabelle KHW 29

Gasbetriebene Heizkraftwerke der DDR 1982
-Gaseinsatz und NO_x-Emission-

	Jahres-verbrauch in PJ	NO_x-Emission in t/a
Erdgas insgesamt	101	10 100
Davon:		
Berlin - Mitte	11	1 100
Berlin - Lichtenberg	10	1 000
Grimmenthal	10	1 000
Jena	10	1 000
Magdeburg	10	1 000
Premnitz	10	1 000
Sonstige	40	4 000
Davon im Bezirk		
Halle	8	800
Leipzig	16	1 600
Magdeburg	16	1 600
Gichtgas insgesamt	12	1 200
Davon:		
Calbe	4	400
Eisenhüttenstadt	8	800
Gas insgesamt	113	11 300

Quelle: Schätzungen des DIW.

Daraus resultiert bei einem Gesamteinsatz von 113 000 TJ eine Jahresemissionsmenge an NO_x von 11 300 t.

Tabelle KHW 30

Regionale NO$_x$-Emissionen

aus gasbetriebenen Kraftwerken der DDR 1982

in t

	A	B	C	D	E	F	G	H	I	K
1										
2										
3										
4										
5										
6										
7										
8										
9				800	1000		1100	1000		
10				800						
11				1000						800
12				400						
13										
14					2400					
15										
16				1000						
17	1000									
18										
19										
20	1000			4000	3400		1100	1000		800
								SUMME DDR		11300

Tabelle KHW 31

SO_2- und NO_x-Emmission aus nicht
mit Braunkohle betriebenen Wärmekraftwerken
der DDR 1982

Brenn-stoff-basis	Strom-Produktion	Brennstoff-verbrauch [1]		Emission	
				SO_2	NO_x
	GWh	1 000 t	TJ	t/a	
Steinkohle	321	920	24 870	16 675	9 950
Erdöl	703	1 000	41 640	60 000	10 053
Erdgas	4 000	-	101 000	-	10 100
Gichtgas	927	-	12 000	-	1 200
Insgesamt	5 951	-	179 510	76 675	31 303

1) Zur Strom- und Wärmeproduktion.

Über die Regionalverteilung der Heizkraftwerke auf Gasbasis gibt es keine detaillierten Angaben. Unter Berücksichtigung einer älteren DDR-Quelle dürften die in Tabelle KHW 29 genannten Werke auf Gasbasis betrieben werden. Die zugeordneten Einsatzmengen sind geschätzt. Daß nach 1974 Werke auf Erdgas umgestellt worden sind, ist aufgrund der Verbrauchszunahme dieses Energieträgers (1974: 7,1 Mill. t SKE; 1982: 12,2 Mill. t SKE) sehr wahrscheinlich. Hierbei dürfte es sich um Industriewerke in den Bezirken Magdeburg, Halle und Leipzig handeln. Sie sind unter der Rubrik "Sonstige" subsumiert und im Verhältnis 40:20:40 aufgeteilt.

Tabelle KHW 32

Regionale SO$_2$-Emissionen aus nicht mit Braunkohle*
befeuerten Kraftwerken der DDR 1982
in t

	A	B	C	D	E	F	G	H	I	K
1										
2										
3					3017					
4										
5			3017					22817		
6										
7									40200	
8										
9										
10								4502		
11				3017						
12										
13										
14										
15										
16										
17										
18										
19										
20			3017	3017	3017		22817	4502	40200	
								SUMME DDR		76570

*) STEINKOHLE, HEIZOEL.

QUELLE: BERECHNUNGEN DES DIW

Tabelle KHW 33

Regionale NO$_x$-Emissionen aus nicht mit Braunkohle* befeuerten Kraftwerken der DDR 1982 in t

	A	B	C	D	E	F	G	H	I	K
1										
2										
3					1809					
4										
5		1809						5126		
6										
7									6736	
8										
9				800	1000		1100	1000		
10				800				2700		
11				2809						800
12				400						
13										
14					2400					
15										
16				1000						
17	1000									
18										
19										
20	1000	1809		5809	5209		6226	3700	6736	800

SUMME DDR 31289

*) STEINKOHLE, HEIZOEL, GAS.

Tabelle KHW 34

Regionale SO$_2$-Emissionen aus Kraftwerken der DDR 1982
in t

	A	B	C	D	E	F	G	H	I	K
1										
2										
3				3017						
4										
5		3017				22817				
6										
7								40200		
8										
9										
10							58010		6409	
11		23760	25328							
12				69120			175140	160000	65900	
13				79920				397808		
14			7098	243767				23560	459200	
15				153600	211200		40382		232540	
16					24767				47740	
17										
18										
19										
20		26777	32416	549424	235967	22817	273532	621568	811789	
									SUMME DDR	2574290

QUELLE: BERECHNUNGEN DES DIW.

Tabelle KHW 35

Regionale NO$_x$-Emissionen aus Kraftwerken der DDR 1982
in t

	A	B	C	D	E	F	G	H	I	K
1										
2										
3					1809					
4										
5			1809					5126		
6										
7									6736	
8										
9				800	1000		1100	1000		
10				800				8321		671
11			1815	5147						800
12				400	4344			15638	14288	5894
13					4745				36786	
14				742	19510				2104	36900
15					9672	12337		4231		16988
16				1000		2595				3488
17	1000									
18										
19										
20	1000		3624	8889	41080	14932	6226	29190	59914	64731
									SUMME DDR	229586

BERECHNUNGEN DES DIW.

3.6. Emission aus Heizwerken

In der DDR wurden 1982 insgesamt 285 PJ in Heizwerken zur Erzeugung von Prozeß- und Heizwärme eingesetzt (vgl. Tabelle KHW 36). Dies entspricht einem Rohbraunkohlenäquivalent von 32 Mill. t. Fast 70 vH (195 PJ) entfielen davon auf Braunkohle, knapp 16 vH auf Heizöl, während der Erdgasanteil mit 8 vH kaum höher war als der von Steinkohle. Im Heizwerk Berlin-Lichtenberg wird seit 1975 die erste Müllverbrennungsanlage der DDR betrieben. Der jährlich eingesetzte Müll (etwa 80 000 t) entspricht nach DDR-Angaben einem Rohbraunkohlenäquivalent von 0,042 Mill. t[14]. Erfaßt sind in den Gesamtangaben auch die Heizwerke der Industrie. Die 108 Heizwerke der 15 Energiekombinate der Bezirke, die 780 000 der rd. 1,2 Mill. fernbeheizten Wohnungen versorgen, verbrauchten 1982 ein Rohbraunkohlenäquivalent von 13 Mill. t[15], das sind rd. 116 PJ oder 41 vH der in Heizwerken der DDR eingesetzten Energieträger. Der Rest entfällt auf die übrigen 650 Heizwerke der Industriebetriebe[16].

Die Schadstoffemission ist in Abhängigkeit von den eingesetzten Brennstoffen in Tabelle KHW 36 wiedergegeben. Die Berechnungen ergaben für 1982 eine Gesamtemission aus Heizwerken von 337 000 t SO_2 und von 50 000 t NO_x. Der Anteil der mit Heizöl befeuerten Werke dürfte im Zuge der Heizölsubstitution in den letzten Jahren weiter abgenommen haben. Bereits 1981 wurde darauf verwiesen, daß zwei Drittel der Heiz- und Kraftwerke der DDR ausschließlich mit Rohbraunkohle, BTT-Koks und Briketts versorgt werden. "Dadurch konnte gegenüber 1979 der Heizölverbrauch für die Wärmeerzeugung im vergangenen Jahr um etwa 34 vH gesenkt werden. Wir sind gegenwärtig dabei, alle Kraft- und Heizwerke schrittweise auf einheimische Brennstoffe umzurüsten"[17]. Dafür stehen in erster Linie Braunkohle und in sehr begrenztem Umfang Erdgas zur

Verfügung. Auch in der DDR-Literatur wird darauf verwiesen, daß die Umstellung auf Rohbraunkohle zu einer höheren Schadstoffbelastung der Luft führt. So wurden Berechnungen angestellt, die zu dem Ergebnis kommen, daß "sich die durch Kleindampferzeuger verursachte Schwefeldioxidemission bei vollständiger Freisetzung von Heizöl und Einsatz fester Brennstoffe eigener Vorkommen um 22 vH" erhöht[18]. In dieser DDR-Berechnung ist von einem Schwefelgehalt von 3 vH für Heizöl ausgegangen worden. Für die Braunkohle wurde ein Gehalt von 2,02 vH und ein Aschebindungsgrad von 19,6 vH angenommen.

Die SO_2-Emission aus der Müllverbrennung im Heizwerk Lichtenberg ist auf der Grundlage neuerer DDR-Angaben niedriger als in einer früheren Untersuchung veranschlagt[19]. Nimmt man - wie für die Bundesrepublik üblich - einen Emissionsfaktor von 298 kg SO_2/TJ an, so errechnet sich für die Müllverbrennung mit einem Braunkohlenäquivalent von 0,04 Mill.t eine SO_2-Emission von 100 t/a. Noch geringer ist das Ergebnis, legt man die Werte von Mohry/Riedel zugrunde: Danach beträgt die spezifische Emission 2 g/m^3 Müll[20]; bei einem Jahresverbrauch von 600 000 m^3 ergibt dies einen Emissionswert von 1,2 t/a.

Bei der regionalen Verteilung der Emission müssen sowohl die Angebotsstruktur als auch die Brennstoffstruktur berücksichtigt werden. Die Zuordnung der Wärmekraftwerke auf die Rasterfelder erfolgte vor allem unter Berücksichtigung der größeren Neubaugebiete (z.B. Rostock, Berlin, Potsdam, Frankfurt/Oder, Magdeburg, Halle-Neustadt, Halle, Leipzig, Karl-Marx-Stadt, Dresden, Cottbus, Jena und Gera), der Verwaltungs- und Ausbildungszentren sowie der Industriestandorte.

Bei der Zuordnung der Brennstoffe wurde davon ausgegangen, daß das umweltfreundlichere Erdgas vorwiegend in Ballungsgebieten und in der Nähe der Fördergebiete, d.h. also vor allem in den Bezirken Berlin, Magdeburg, Rostock und Neubrandenburg, aber auch in Halle/Leipzig eingesetzt wird[21]. Die Heizölemission wurde überwiegend auf die nördlichen und nordöstlichen Regionen der DDR verteilt, während die Steinkohlenheizwerke zum großen Teil den Bezirken Cottbus, Frankfurt/O. und Berlin zugeordnet wurden. Hingegen ist der Einsatz von Braunkohle auf die südlichen Bezirke überdurchschnittlich konzentriert; dabei wurden die unterschiedlichen Braunkohlenqualitäten in den jeweiligen Regionen berücksichtigt.

Die Ergebnisse zeigen eine hohe Konzentration der Emission von SO_2 in den Rasterflächen auf der Linie Dessau, Bitterfeld, Halle/Leipzig, Borna und Gera (E 12 bis E 16), wobei mit 37 000 t die größte Emission im Gebiet Halle/Leipzig (E 14) zu verzeichnen ist. Mit rund 80 000 t SO_2 entfällt auf das Gesamtgebiet knapp ein Viertel der SO_2-Emission aus Heizkraftwerken. Damit verglichen ist dagegen die entsprechende Emission in Berlin (Ost) (H 9,10) mit rund 30 000 t SO_2 pro Jahr gering; hier erfolgt knapp ein Zehntel der Gesamtemission aus Heizwerken der DDR.

Dagegen ist für den Raum um Berlin (West) eine relativ starke Konzentration der NO_x-Emission zu verzeichnen. Von den 50 000 t, die 1982 aus Heizwerken emittiert worden sind, entfällt mit gut 9000 t rd. ein Fünftel auf das Katasterviereck G 10, G 9, H 10, H 9. Relativ hoch sind auch die NO_x-Werte in den Stadtgebieten von Halle, Leipzig, Dresden, Eisenhüttenstadt und Rostock. In diesen Regionen sind Heizwerke für die Neubaugebiete gebaut worden.

Tabelle KHW 36

Heizwerke der DDR

Brennstoffeinsatz und Emission von SO_2 und NO_x 1982

Brennstoff	Verbrauch 1000 TJ	Emissionsfaktor kg/TJ SO_2	NO_x	Emission t/a SO_2	NO_x
Rohbraunkohle	104	.	.	176 838	15 600
davon: Lausitz	66	1 225	150	80 850	9 900
Leipzig	38	2 526	150	95 988	5 700
Braunkohlenbriketts	89	.	.	78 900	17 800
davon: Lausitz	60	300	200	18 000	12 000
Leipzig	29	2 100	200	60 900	5 800
Braunkohlenkoks (BHT)	2	313	150	626	300
Steinkohle	21	667	300	14 007	6 300
Steinkohlenkoks	1	643	300	643	300
Heizöl S	45	1 460	180	65 700	8 100
Erdgas	23	-	50	-	1 150
Insgesamt	285	-	-	336 714	49 550

Quellen: United Nations (ECE): Annual Bulletin of General Energy Statistics ..., a.a.O., S. 46 ff. Dieselbe: Annual Bulletin of Coal Statistics ..., a.a.O., S. 16 und S. 42. - Schätzungen des DIW.

Tabelle KHW 37

Regionale SO$_2$-Emissionen aus Heizwerken der DDR 1982
in t

	A	B	C	D	E	F	G	H	I	K
1										
2							4665			
3					11690		150			
4				1460	1825					
5			5752	3402		1460	2543			
6							961			
7									6774	
8								2935		
9				678	1534		5871	11914		
10				414		2156	9386	18397	2716	6599
11			180	1314						2228
12		393	3486	3258	10456	5077			4300	1507
13		2100	603	360	6820			7052		1225
14	300		4221	31657	37312	6820	3381	1225	5537	2609
15			5754		10483			11077	2462	2611
16	528	807	5508	6333	14937	7184	7073	3411		
17		5271	2373			3632				
18					678					
19										
20	828	8571	27877	48876	95634	26329	34030	48949	28841	16779

SUMME DDR 336714

QUELLE: BERECHNUNGEN DES DIW

Tabelle KHW 38

Regionale NO$_x$-Emissionen aus Heizwerken der DDR 1982
in t

	A	B	C	D	E	F	G	H	I	K
1										
2							698			
3					2234		199			
4				180	225					
5			709	419		180	496			
6							167			
7									835	
8								362		
9				452	188		1325	3842		
10				276		264	1764	2422	335	814
11			120	1082						1002
12		262	332	276	621	302			526	678
13		200	402	240	555				1301	150
14	200		1492	1266	2829	405	414	150	678	320
15			548		623			2718	302	621
16	352	538	1224	1054	1536	1456	1382	1099		
17		502	226			728				
18					452					
19										
20	552	1502	5053	5245	9263	3335	6445	10593	3977	3585
									SUMME DDR	49550

QUELLE: BERECHNUNGEN DES DIW.

3.7. Zusammenfassung und Perspektiven

Für 1982 ergeben die Berechnungen für die Emission aus Kraft- und Heizwerken der DDR folgende Werte:

2 910 000 t SO_2 und 279 000 t NO_x.

Die regionale Verteilung dieser Emission ist aus den Tabellen KHW 39 und KHW 40 zu entnehmen. Auch hier wird wieder die starke Konzentration der SO_2-Emission auf die Regionen Halle/Leipzig (0,8 Mill. t SO_2), Oberlausitz (0,7 Mill. t) und Lübben/Cottbus (0,6 Mill. t) deutlich, auf die allein rd. zwei Drittel der SO_2-Gesamtemission (2,9 Mill. t) aus Kraft- und Heizwerken entfallen.

Mit Anteilen von 59 vH (SO_2) und 49 vH (NO_x) ist dieser Bereich der größte Emissionsverursacher. Die seit 1980 betriebene Umstrukturierung des Energieträgereinsatzes zugunsten der Braunkohle hat die Umweltbelastung verstärkt. Dieser Prozeß war 1982 noch keineswegs abgeschlossen, so daß in den folgenden Jahren mit einem weiteren Anstieg der Schadstoffemission zu rechnen ist. Ein zusätzlicher "Großemittent" ist das Kraftwerk Jänschwalde, das 1982 erst rd. ein Viertel der Kapzität des Jahres 1985 hatte. Allein aus diesem Kraftwerk werden nach Fertigstellung des für 1985 vorgesehenen Ausbaus auf 2 000 MW zusätzlich rd. 160 000 t SO_2 und 20 000 t NO_x emittiert. Nach 1985 ist ein Zubau von weiteren 1 000 MW vorgesehen. Vermutlich wird es sich hier allerdings um das vorläufig letzte Großkraftwerk der DDR auf Braunkohlenbasis handeln. Der weitere Bedarfszuwachs soll nach den derzeitigen Plänen der DDR vor allem mit Kernkraft gedeckt werden.

Es ist zu vermuten, daß die DDR in den nächsten Jahren ihre Erdgasbezüge aus der Sowjetunion erhöhen wird. In welchem Umfang diese

Bezüge gezielt in den Heizwerken bzw. Heizkraftwerken der industriellen Ballungsgebiete eingesetzt werden, ist derzeit kaum einzuschätzen.

Angesichts der hohen SO_2-Belastung wird der Einsatz von Entschwefelungsanlagen immer dringender. Bekannt ist derzeit nur eine Pilotanlage in Vockerode. Hier gelangt das sog. Kalkstein-Additivverfahren zum Einsatz[22], bei dem durch den Zuschlag von Kalkstein zum Brennstoff Braunkohle eine Erhöhung der Schwefeleinbindung erfolgt. In der Bundesrepublik wird dieses Verfahren nicht großtechnisch zur Anwendung kommen, weil damit die Auflagen der Großfeuerungsanlagenverordnung nicht befriedigend erfüllt werden können. Stand der Technik ist hier inzwischen die leistungsfähigere nasse Rauchgaswäsche (Naßentschwefelung)[23]. Über Maßnahmen zur Reduzierung der NO_x-Emission ist aus der DDR bisher nichts bekannt geworden.

Tabelle KHW 39

Regionale SO$_2$-Emissionen aus Kraft- und Heizwerken der DDR 1982 in t

	A	B	C	D	E	F	G	H	I	K
1										
2							4665			
3					14707		150			
4				1460	1825					
5			8769	3402		1460	25360			
6							961			
7									46974	
8								2935		
9				678	1531		5871	45690		
10				414		2156	9386	42621	2716	13008
11			23940	26642						2228
12		393	3486	3258	79579	5077		175140	164300	67407
13		2100	603	360	86740				404860	1225
14	300		4221	38745	281079	6820	3381	1225	29097	461809
15			5754		164083	211200		51459	2462	235151
16	528	807	5508	6333	14837	31951	7073	3411		47740
17		5271	2373			3632				
18					678					
19										
20	828	8571	54654	81292	645058	262296	56847	322481	650409	828568
									SUMME DDR	2911004

QUELLE: BERECHNUNGEN DES DIW.

Tabelle KHW 40

Regionale NO$_x$-Emissionen aus Kraft- und Heizwerken der DDR 1982 in t

	A	B	C	D	E	F	G	H	I	K
1										
2							698			
3					4043		199			
4				180	225					
5			2518	419		180	5622			
6							167			
7									7571	
8								362		
9				1252	1188		2425	4842		
10				1076		264	1764	10743	335	1485
11			1935	6229						1802
12		262	332	676	4965	302		15638	14814	6562
13		200	402	240	5300				38087	150
14	200		1492	2008	22339	405	414	150	2782	37220
15			548		10295	12337		6949	302	17609
16	352	538	1224	2054	1536	4051	1382	1099		3488
17	1000	502	226			728				
18					452					
19										
20	1552	1502	8677	14134	50343	18267	12671	39783	63891	68316

SUMME DDR 279136

BERECHNUNGEN DES DIW.

Fußnoten zu Kapitel 3.

1 Vgl. Statistisches Jahrbuch der DDR 1983, S. 152. Die installierte Leistung ist definiert: "Summe der Nennwirkleistung aller Stromerzeuger eines Kraftwerkes, einschließlich der Stromerzeuger zur Deckung des Eigenbedarfs. Einbezogen werden auch die Nennleistungen der in Probebetrieb befindlichen Stromerzeuger (Neuanlagen)". Vgl. Staatliche Zentralverwaltung für Statistik (Hrsg.): Statistisches Jahrbuch 1983 der Deutschen Demokratischen Republik. Berlin 1983, S. 152 und S. 135. Im folgenden zitiert als Statistisches Jahrbuch der DDR.

2 Vgl. United Nations (ECE): Annual Bulletin of Electric Energy Statistics ..., a.a.O., S. 48.

3 Die Definition lautet: "The total of the maximum possible output of each plant for several hours's continous operation, assuming that all parts of the equipment are available and there is no limiting external action..., but taking into account the limitations which may result from the maximum possibilities of each part of the main and auxiliary installations". Vgl. United Nations (ECE): Annual Bulletin of Electric Energy Statistics ..., a.a.O., S. 96.

4 Vgl. H.-J. Hildebrand: Wirtschaftliche Energieversorgung. Band I. Leipzig 1975, S. 21.

5 Vgl. Adolf Weiher: Rationelle Nutzung der Braunkohle in den Energiekombinaten für die Wärmeversorgung. In: Presse-Informationen. Nr. 23 vom 23. Februar 1984, S. 3.

6 Vgl. United Nations (ECE): Annual Bulletin of Electric Energy Statistics ..., a.a.O., S. 48.

7 O.V.: Zahlen und Fakten, Entwicklung der Energiebasis der DDR. In: Presse-Informationen. Nr. 98 vom 23. August 1984, S. 5.

8 Vgl. Lausitzer Rundschau vom 5. Oktober 1982.

9 Vgl. Herbert Mohry und Hans-Günter Riedel, a.a.O., S. 80.

10 Vgl. Hans-Günter Weidlich u.a.: Konventionelle Kraftwerke und ihr Einfluß auf die Umwelt. In: Energietechnik. Heft 2/1979, S. 54.

11 Vgl. B. Braun, J. Jacobs und D. Rosahl: Stickstoffemission aus Kraftwerksfeuerungen. In: VGB Kraftwerkstechnik. Heft 12/1976, S. 787.

12 Vgl. H. Kohl u.a.: Geographie der DDR. Gotha/Leipzig 1980, S. 111.

13 Vgl. United Nations (ECE): Annual Bulletin of Electric Energy Statistics ..., a.a.O., S. 64.

14 Vgl. Berliner Zeitung vom 15. August 1983.

15 Vgl. Adolf Weiher: Rationelle Nutzung ..., a.a.O.

16 Insgesamt arbeiteten 1984 in der DDR 173 Heizkraftwerke und 757 Heizwerke. Vgl. Hans Sandluss: Erzeugnisgruppenarbeit bewährt sich bei Wärmeenergieversorgung. In: Presse-Informationen. Nr. 18 vom 12. Februar 1985, S. 2.

17 Vgl. Hans-Joachim Kozyk: An Rohbraunkohle geht kein Weg vorbei. In: Märkische Union vom 5. März 1981, S. 3.

18 Wolfgang Schuster und Berthold Gartner: Probleme des Umweltschutzes bei der Umstellung heizölgefeuerter Dampferzeuger auf feste Brennstoffe. In: Umweltschutz durch rationelle Energieanwendung. Reihe Technik und Umweltschutz. Band 27. Leipzig 1984, S. 43.

19 Vgl. Berliner Zeitung vom 15. August 1983. Cord Schwartau unter Mitarbeit von Wolfgang Steinbeck: Industrielle Standorte in der DDR als potentielle Verursacher von Luftverunreinigungen in Berlin. Berlin 1982, S. 40 (als Manuskript vervielfältigt).

20 Vgl. Herbert Mohry und Hans-Günter Riedel, a.a.O., S. 85.

21 Vgl. z.B. Wilfried Cybinski: Untersuchungen zur Fernwärmeversorgung eines Industrieballungsgebietes. In: Energietechnik. Heft 4/1985, S. 153 ff.

22 Zum Kalkstein-Additiv-Verfahren vgl. Wolfgang Kluge: Entschwefelungsgrade beim IfE-Verfahren für Rostfeuerungen. In: Energietechnik. Heft 8/1983, S. 318. Derselbe u.a.: Das IfE-Verfahren zur Wärmenutzung und Rauchgasentschwefelung - Die rationelle Energieanwendung ermöglicht die Wirtschaftlichkeit neuer Umweltschutztechniken. In: Energietechnik. Heft 1/1983, S. 27 ff. Derselbe: IfE-Verfahren zur Rauchgasentschwefelung bei der Verbrennung von DDR-Braunkohlen. In: Energietechnik. Heft 7/1981, S. 275 ff.

23 Vgl. Werner Hlubeck: Aktuelle Entwicklungen im Umweltschutz und deren Auswirkungen auf den Betrieb der RWE-Braunkohlewerke. In: Energiewirtschaftliche Tagesfragen. Heft 11/1983, S. 3 ff.

4. Die Emissionen der Industrie

4.1. Die Emissionen der chemischen Industrie

Die chemische Industrie der DDR umfaßt neben der eigentlichen chemischen Industrie auch die Kali- und Steinsalzgewinnung, die Mineralöl-, Kunststoff- und Gummiindustrie. Wesentliche Teile der Braunkohlenveredlung, nämlich die Produktion von Teer in den Schwelereien und die Verarbeitung der carbochemischen Flüssigprodukte gehören ebenfalls zur Chemie der DDR. Der gesamte besonders umweltverschmutzende Sektor der Braunkohlenveredlung wird deshalb auch hier behandelt. Da die Zellstoffindustrie auf chemischen Aufschlußverfahren basiert, wird sie ebenfalls in diesem Kapitel analysiert.

Nach Angaben der DDR verursacht die chemische Industrie allein 17 vH der SO_2-Gesamtemission der DDR (Bundesrepublik: in vergleichbarer Abgrenzung 6 vH). Der große Unterschied liegt im wesentlichen darin, daß die Chemie in der DDR eigene Kraftwerkskapazitäten zur Elektroenergieerzeugung hat, in der Bundesrepublik dagegen wird der Strom inzwischen fast ausschließlich aus dem Netz bezogen. Außerdem ist die chemische Industrie der DDR viel stärker als die der Bundesrepublik auf Braunkohle als Rohstoff und Brennstoff angewiesen. Darüber hinaus ist sie viel stärker Grundstoffchemie, nur 13 vH ihrer Erzeugnisse sind für den Konsum bestimmt (Bundesrepublik etwa 26 vH).

Im Umkreis von Halle, auf weniger als 2 vH der DDR-Fläche, konzentrieren sich fast 50 vH der DDR-Chemieanlagen. Hier liegt fast die gesamte Grundstoffindustrie. Die Kombinate dieser Region (Leuna, Buna, Bitterfeld und Wittenberg/Piesteritz) stehen daher neben der Mineralölindustrie im Mittelpunkt der Analyse.

4.1.1. Die Emissionen der Carbochemie

Etwa 10 vH der Rohbraunkohlenförderung der DDR, 1982 waren es 28 Mill. t, bilden die Grundlage für die Kohlenwertstoffchemie der DDR[1]. Alle Kohleveredlungsanlagen zeichnen sich durch hohe Belastungen der Umwelt aus; dies gilt nicht nur für die Emission von Schwefeldioxid, sondern besonders auch hinsichtlich der Belastung der näheren Umgebung durch Lärm, Staub, Geruchsstoffe und verschmutzte Gewässer.

Bei den unterschiedlichen Verfahren der Kohlenveredlung ist aufgrund des Alters und des technischen Zustands vieler Anlagen und der unterschiedlichen Quellhöhen (diffuse Austrittsquellen am Boden, Abschwadenkamine geringer Höhe, unterschiedliche Schornsteinhöhen, Gasfackeln) die Art der Technologie mit in die Betrachtung, insbesondere der regionalen Umweltbelastung, einzubeziehen. Einige Prozesse werden überwiegend mit schwefelarmer Kohle aus dem Lausitzer Revier gefahren (z.B. in Lauchhammer und Schwarze Pumpe), andere ausschließlich mit schwefelreicher Kohle aus dem Halle-Leipziger Revier (z.B. in Espenhain). Nur wenige Anlagen verfügen zu Beginn der 80er Jahre über Entschwefelungsanlagen zur Abgasreinigung. Im wesentlichen wird die Braunkohle nach folgenden Verfahren veredelt bzw. in Prozessen eingesetzt:

- Schwelung der teerhaltigen Weichkohle aus dem Raum südlich Leipzig mit den Zielprodukten Teer (zur Kraftstoffherstellung) und Tieftemperaturkoks (BTT-Koks vgl. 4.1.1.1.).

- Hochtemperaturverkokung der besonders hochwertigen Kokskohle aus der Lausitz. Zielprodukte sind hier, ähnlich wie bei der Steinkohlenentgasung in Gaswerken, die Kuppelprodukte Koks (BHT-Koks) und Gas (vgl. 4.1.1.2.).

- Hochdruckvergasung von minderwertiger Kohle zur Stadtgaserzeugung, Nutzung der dabei anfallenden Flüssigprodukte.

- Weiterverarbeitung der Flüssigprodukte, insbesondere Schwelteer, Mittel-und Leichtöle in den Verarbeitungsbetrieben Rositz, Zeitz und Schwarze Pumpe (vgl. 4.1.1.3.).

- Synthesegaserzeugung mit Winkler-Anlagen in Leuna auf der Basis von Braunkohlenschwelkoks; der Aufbau von Versuchsanlagen zur direkten Synthesegasherstellung aus Braunkohle bzw. Braunkohlenstaub wird forciert.

- Bis zu 100 vH Verwendung von Braunkohlenhochtemperaturkoks für die Karbiderzeugung in Buna und Piesteritz, zur Substitution anderer Energieträger und in Prozessen der Metallurgie, des Kalkbrennens und der Klinkererzeugung in der Zementindustrie.

Alle heute in der DDR praktizierten Verfahren der Kohlenveredlung (vgl. Abb. I 1) erfordern die vorherige mechanisch-thermische Aufbereitung der Rohkohle. Dabei werden regelmäßig um 30 vH Rohkohle bezogen auf das Einsatzgut als Feuerkohle benötigt. Einsatzgut für Schwelung, Verkokung und Vergasung waren 1982 zu über 95 vH Braunkohlenbriketts. Folgende Übersicht zeigt die durchschnittlichen Qualitätsmerkmale von ausschließlich in der Industrie verwendeten Generatorbriketts aus der Lausitz (Braunkohlenkombinat Senftenberg) und dem Raum Halle/Leipzig (Braunkohlenkombinat Bitterfeld)[2]:

Kenngröße	Maßeinheit	BKK Senftenberg	BKK Bitterfeld
unterer Heizwert	MJ/kg	19,7	20,6
Druckfestigkeit	MPa	14-17	11
Wassergehalt	vH	15,6	15,9
Aschegehalt 1)	vH	7,9	13,9
Schwefel 1)	vH	1,2	3,0

1) wasserfrei.

Abbildung I 1

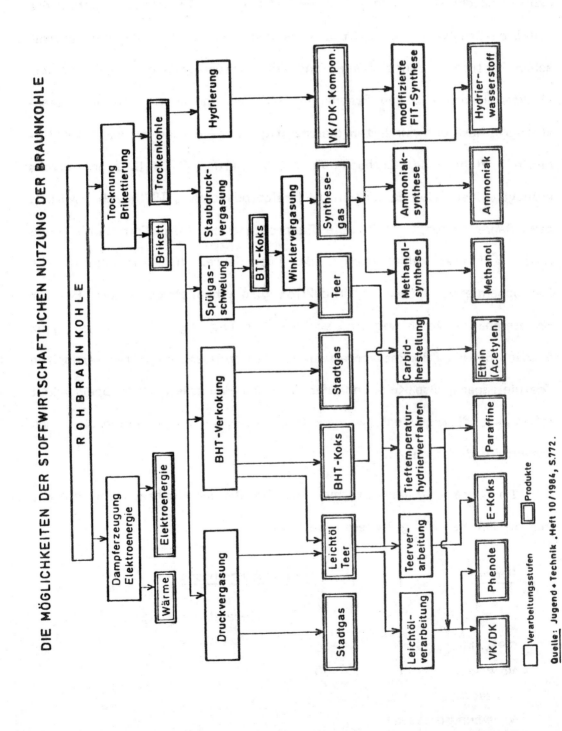

Die direkte Verwendung von getrockneter Rohbraunkohle und Braunkohlenstaub wird in den 80er Jahren erheblich zunehmen. Anlagen zur Vergasung in der Flugwolke und zur direkten Wirbelschichtentgasung sind in der Erprobung.

Bis Mitte der 60er Jahre basierte die Kraftstoff- und Schmiermittelproduktion der DDR noch zu 90 vH auf Kohle[3]. Der schnelle Aufbau der primären Erdölverarbeitung in Schwedt und die Errichtung der petrochemischen Zentren in Leuna, Böhlen und Zeitz verdrängten die Verfahren der direkten Hydrierung von Braunkohle und der Normaldruck-Kohlenwasserstoff-Synthese und minderten gleichzeitig die Bedeutung der noch verbliebenen Verfahren der Carbochemie[4]. 1960 wurden 6,7 Mill. t Schwelkoks erzeugt (dabei fielen ca 2,5 Mill. t Flüssigprodukte an), 1970 noch 5 Mill. t, zehn Jahre später 2,7 Mill. Die Zielprodukte der Lurgi-Spülgasschwelung (Teer, BTT-Koks) bilden auch in den 80er Jahren die Grundlage für die Carbochemie der DDR, die Produktion wird erheblich gesteigert. Bei der Hochtemperaturverkokung in Lauchhammer und Schwarze Pumpe, ganz deutlich bei der Druckgasvergasung, ist die Erzeugung von höher veredelten Energieträgern, also Koks und/oder Gas, das Hauptziel. Als Kuppelprodukt fallen dabei flüssige Kohlenwasserstoffe - Teer, Mittel- und Leichtöl -, auch Schwefel und Phenole an.

Im Jahre 1982 verteilte sich der Einsatz der Rohbraunkohle auf die thermischen Veredlungsprozesse wie folgt:

Prozeß	Braunkohleneinsatz	
	in Mill.t	in vH der Gesamtförderung
Schwelung	12	4,3
Verkokung	10	3,6
Vergasung	6	2,2
Veredlungsprozesse gesamt	28	10,1

Die Verteuerung des Erdöls führte zu einer deutlichen Aufwertung der Kuppelprodukte aus Verkokung und Vergasung. Der Braunkohlendurchsatz in den noch bestehenden Schwelereien soll erheblich gesteigert werden. Durch bessere Prozeßführung, effektivere Abschwaden-und Abwasserreinigung soll der Anfall der Flüssigprodukte erhöht werden, ebenso deren Weiterverarbeitung möglichst verlustlos erfolgen. Ziel ist die Vollauslastung nach Generalüberholung und technischer Überarbeitung bestehender Anlagen [5]. Zur Weiterverarbeitung der Flüssigprodukte aus der Braunkohlenveredlung konnte man Anlagen zur Aufbereitung von Erdöl einsetzen. Umgekehrt wurden die auf dem Gebiet der DDR schon in den 30er Jahren errichteten Anlagen zur Aufbereitung von Braunkohlenteer durch katalytische Hydrierung inzwischen zur Aufarbeitung von Erdölprodukten genutzt[6]. Im Hydrierwerk Zeitz, nach wie vor einer der wichtigsten Standorte der Carbochemie, basierten 1980 gut 90 vH der Erzeugnisse auf Erdöl. Die zweite Produktionslinie (knapp 10 vH) auf der Basis von Produkten der Schwelereien und Kokereien (Deuben, Espenhain, Böhlen und Lauchhammer) wird in den 80er Jahren absolut und relativ wieder ein stärkeres Gewicht bekommen[7]. Das Hydrierwerk Zeitz wird mit anderen Betrieben der Carbochemie dazu beitragen, daß die Produktion veredelter Braunkohlenerzeugnisse von 7 Mill. t/a Erdöläquivalent 1980 auf 11 Mill. t/a 1990 erhöht wird[8]. Gegenwärtig werden in der DDR etwa 25 vH aller organischen Chemierohstoffe aus Braunkohle gewonnen. Dieser Anteil soll bis 1990 auf 35 vH gesteigert werden.

4.1.1.1. Die Emission der Braunkohlenschwelung und Ausbeute an flüssigen Kohlenwasserstoffen

Die Stillegung der aus den 30er Jahren stammenden Schwelanlagen in Böhlen, Deuben und Espenhain wurde seit 1967 diskutiert und vorbereitet.

Noch Ende der 70er Jahre rechnete man mit der Stillegung zumindest der Anlagen in Böhlen[9]. Die Entwicklung ist jetzt umgekehrt worden, alle Öfen arbeiten mit höheren Durchsatzleistungen als je zuvor. Als Folge dieser hohen Beanspruchung macht sich eine wesentlich höhere Schadstoffbelastung der Umwelt bemerkbar, denn die Briketts müssen schärfer, d.h. bei höheren Temperaturen getrocknet werden. "Die bei diesen Temperaturen bereits teilweise im Trockner einsetzende Schwelung führt zu der unerwünschten Entbindung der Geruchsträger Schwefelwasserstoff, Merkaptane und Ammoniak"[10]. Ohnehin sind die Anlagen wegen ihres Alters (über 45 Jahre) anfällig. Die Vorräte an schwelwürdiger Kohle sind begrenzt, der Einsatz von Salzkohle aus dem Merseburger Raum wird nötig werden, die Qualität der Einsatzkohle wird schlechter.

Die Öfen der Lurgi-Spülgasschwelung wurden in den 30er Jahren für 260 t Tagesdurchsatz gebaut, ihre Umwelteinrichtungen also auf diese Menge eingestellt. Zur Zeit werden sie auf ca. 500 t Tagesdurchsatz gebracht, ein Tagesdurchsatz von 600 t wird bereits gefordert. Verarbeitet wird Weichbraunkohle mit Schwefelgehalt über 3%, die zunächst brikettiert werden muß, da sonst diese Durchlaufleistungen nicht zu erreichen sind. Die größte Anlage steht mit 30 Einheiten (Öfen) in Espenhain, die übrigen Anlagen - nicht weit entfernt - in Böhlen und Deuben.

Der Durchsatz der Anlagen in Böhlen, Deuben und Espenhain betrug 1982 etwa 6 Mill. t Brikett. Daraus wurden neben Rohgas, das überwiegend wieder im Prozeß eingesetzt wird, 2,9 Mill. t BTT-Koks hergestellt.

Die Schwefelbilanz des Schwelprozesses (vgl. Abbildung I 2) enthält nur die Schwefelwerte der Schwelereien. Die Teerverarbeitung ist nicht berücksichtigt, auch nicht die Verarbeitung von BTT-Koks, z.B. in den Synthesegasanlagen in Leuna. Regional sind - auch wegen des Zustandes der

Abbildung I 2

Schwefel-Bilanz bei energo-chemischer Braunkohlenverwertung

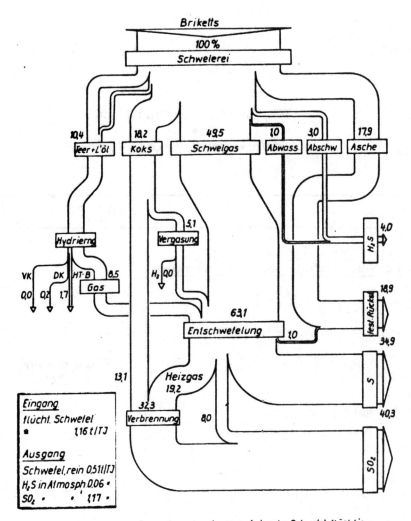

Prozentangaben bezog. auf eingebr. Schwefel, flüchtig

Quelle: Vgl. Gottfried Klepel, Joachim Wilsdorf, Herbert Mohry: Auswirkungen der Primärenergieträgerstruktur und der Umwandlungstechnologien auf die Umwelt. In: Energietechnik. Heft 1/1976, S. 39.

Anlagen und der geringen Schornsteinhöhe - die hohen Schwefelwasserstoffemissionen bedenklich. Sie entstehen überdies in einer ohnehin als Industriestandort schwer belasteten Region, die eigentlich durch Verwendung von Mineralöl entlastet werden sollte.

Die jährlichen SO_2-Emissionen der Schwelereien lassen sich nach DDR-Angaben überschlägig berechnen[11]:

Tabelle I 1

SO_2-Emission bei Produktion und Verwendung von BTT-Koks

	1980	1982	1990[1)
Basis: Teer- und schwefelhaltige Weichekohle, Raum Halle/Leipzig			
Brikett-Einsatz (in Mill.t) x 20,1 TJ/1000 t Brikett	5,5	6,0	8,0
= Heizwert, gesamt (in 1000 TJ)	111	121	161
	SO_2-Emission (in 1000 t)		
1. am Ort der Schwelung (1,2 t SO_2/TJ)[1)	133	145	193
2. durch Koksverbrennung (0,9 t SO_2/TJ)[1)	99	109	145
3. bei der Teerverarbeitung (0,3 t SO_2TJ)[2)	33	36	48
SO_2-Emission, insgesamt	265	290	386
1) Werte des SO_2-Ausstoßes entnommen aus: Energietechnik.-2) Geschätzt.			
Quellen: Statistisches Jahrbuch der DDR 1984, S. 144; Energietechnik. Heft 1/1976, S. 38 sowie Berechnungen und Schätzungen des DIW.			

Bezogen auf die Standorte der Schwelung dürften sich 1982 die 145 000 t SO_2 wie folgt verteilen: Espenhain 85 000, Böhlen 33 000 und Deuben 27 000 Jahrestonnen. Die Emissionen von Schwefelwasserstoff am Ort der Schwelung werden mit 0,06 t/TJ angegeben(= 7 260 t 1982). Davon entfallen auf Espenhain 4 300 t, Böhlen 1 610 t und Deuben 1 350 t. Allerdings wird darauf hingewiesen, daß in Böhlen durch den Bau eines Abschwadenkamins mit Nachverbrennung neben Schwefelwasserstoff auch Merkaptane (C_2H_5SH) und Teere mit einer mittleren Umsetzung von 55 vH verbrannt wurden. Jedoch ergaben sich große Schwierigkeiten bei der Steuerung der Anlagen, z.B. zahlreiche Schlotbrände[12]. Deswegen und wegen der seit 1967 immer wieder ins Auge gefaßten Stillegungen unterblieb bisher der Bau weiterer Abschwadenkamine. Meßwerte im Schlot ohne Kamin zeigten folgende Schadstoffkonzentrationen im Abgas:

2,5 g/m^3 H_2S

3,0 g/m^3 Kohlenwasserstoffverbindungen

0,8 mg/m^3 Äthylmerkaptan.

Aus Untersuchungen aus 74 Emissionsquellen der Schwelereien ergab sich eine Abgasmenge von 50 400 m^3 Abgas/TJ[13]. Das bedeutet für 1982 folgende Schadstoffemissionen:

2,5 g x 50 400 m^3 x 121 000 TJ = 15 250 t H_2S

3,0 g x 50 400 m^3 x 121 000 TJ = 18 300 t Kohlenwasserstoffe

0,8 mg x 50 400 m^3 x 121 000 TJ = 5 t Äthylmerkaptan

Die Gegenüberstellung des Schwefelwasserstoffwertes, der in der Schwefelbilanz angegeben wurde (0,06 t/TJ = 7 260 t H_2S) und der Meßwert stehen etwa im Verhältnis 1 : 2. Damit dürften insgesamt 50 vH der Schadstoffe durch Prozeßführung und Nachverbrennung vermieden werden.

Aus DDR-Angaben läßt sich die theoretisch mögliche Ausbeute an Flüssigprodukten aus Braunkohlenschwelung umrechnen[14].

Produkt	Ausbeute in 1000 t		
	1980	1982	1990[1)
Teer (0,07 kg/kg Rohkohle)	770	840	1 120
Mittelöl und Phenole (0,01 kg/kg Rohkohle)	110	120	160
Leichtöl (0,01 kg/kg Rohkohle)	110	120	120
Gesamt aus Schwelereien	990	1 080	1 400

1) Geschätzt.

Diese Mengen werden allerdings in der Praxis nicht erreicht. Ursache ist, daß mit den Abschwaden, den Waschölen, dem Schwelwasser stoffliche Verluste auftreten. Auch bleibt ein Teerrückstand, der mit 0,01 kg/kg Rohkohle im Durchschnitt angegeben wird. Nichtverwertbare flüssige Kohlenwasserstoffe und Teerrückstände werden energetisch genutzt. Man kann überschlägig davon ausgehen, daß für die stoffliche Weiterverarbeitung maximal 75 vH der in der Tabelle angegebenen theoretischen Werte zur Verfügung stehen (vgl. 4.1.1.4.). Über die Emissionen von NO_x liegen für fast alle Kohlenveredlungsprozesse keine Angaben vor. Ersatzweise muß auf die Emissionsfaktoren für Stickoxide bei der Steinkohlenverkokung in der Bundesrepublik zurückgegriffen werden: 0,8 kg pro Tonne Koks[15]. Dies ergibt eine NO_x-Emission von 2.160 t NO_x, d.h. bezogen auf die Standorte: Espenhain 1.280 t, Böhlen 480 t und Deuben 400 t.

4.1.1.2. Die Emissionen der Braunkohlenhochtemperaturverkokung und Ausbeute an flüssigen Kohlenwasserstoffen

Die BHT-Kokserzeugung in Lauchhammer und Schwarze Pumpe ist gegenüber den Tieftemperaturverfahren als relativ umweltfreundlich zu bezeichnen. Zum einen ist der Schwefelgehalt der hier verwendeten sogenannten Kokskohle mit 0,3 bis 0,4 vH etwa um das Zehnfache niedriger, zum anderen wird in zwei relativ modernen Anlagen produziert, von denen eine mit einer Entschwefelungsanlage (Clausprozeß: 10 000 t Schwefel pro Jahr) versehen ist, die andere ihre - früher abgefackelten - Abgase einer energetischen Verwendung zuführt. Das Gas wird in einer Rectisol-Anlage von Schwefelwasserstoffen und Schwefel befreit. Die regionale Belastung durch Geruchsstoffe (H_2S) ist dennoch nicht gering; auch kommt es bei diesen Anlagen zu erheblichen Staubemissionen. Folgende Übersicht gibt Einblick in die Vielfalt der Luftverunreinigungen:

Abbildung I 3

Luftschadstoffe aus der BHT-Verkokung

Verfahrensstufe	Luftverunreinigungskomponenten
Trocknung	SO_2, CO
Verkokung	infolge Unterdruck keine Schadstoffabgabe
Kokskühlung	geschlossenes System
Kondensation	aromatische Kohlenwasserstoffe (Benzol, Toluol,
Flüssigproduktaufarbeitung	o-Xylol, p-Xylol, Äthylbenzol u. a.;
Tankanlagen	Naphthalin, Methylnaphthalin; kondensierte Aromaten, Abkömmlinge von Phenanthren, Anthrazen, Benzpyren u. a.) aliphatische Kohlenwasserstoffe Phenole (Phenol, o-Kresol, p-Kresol, Xylenole, Naphthole) aromatische Stickstoffbasen (Pyridin, Picoline, Lutidine, Chinoline) Thiophen, Methylthiophene, Dimethylthiophene, Thiophenol Schwefelwasserstoff
Phenosolvananlage	Schadstoffe wie oben, dazu verstärkt Butylazetat, Ketone, Methanol, Ammoniak, aliphatische Monokarbonsäuren C_2-C_6
biologische Nachreinigung	aliphatische Monokarbonsäuren C_2-C_6 Schwefelwasserstoff, Ammoniak aliphatische und aromatische Stickstoffbasen, Ketone, Methanol, Monophenole, Nitride, Butanol
Trockenentschwefelung	Schwefelwasserstoff und Merkaptane
Rectisolanlage	Schadstoffe wie unter Kondensation
Zentralfackel	Schwefeldioxid

entnommen: Herbert Mohry und Hans-Günter Riedel, a.a.O., S. 94.

Tabelle I 2

SO_2-Emission bei Produktion und Verwendung von BHT-Koks

	1980	1982	1990[1]
Basis: Schwefelarme Lausitzer Kohle Brikett-Einsatz (in Mill.t) x 21 TJ/1000 t Brikett	5,0	5,0	5,5
= Heizwert, gesamt (in 1000 TJ)	105	105	115
	\multicolumn{3}{c}{SO_2-Emission (in 1000 t)}
mögliche SO_2-Emission, gesamt[2]	101	101	111
1. am Produktionsort, gesamt	34	34	37
a) freiwerdend	14	14	15
b) durch Schwefelgewinnung gebunden	20	20	22
2. in Produkten enthalten und zum Teil an anderen Orten freiwerdend[3]	34	34	37
tatsächliche SO_2-Emission, gesamt	48	48	52

1) Geschätzt.- 2) Ausstoß von 0,48 t S/TJ entnommen aus: Energietechnik.- 3) Entschwefelungsgrad bei den Erzeugnissen von ca 50 vH bereits berücksichtigt..

Quellen: Statistisches Jahrbuch der DDR 1984, S. 144; Energietechnik. Heft 1/1976, S. 40 f. sowie Berechnungen und Schätzungen des DIW.

Der größte Teil des Schwefels (etwa 2/3) wird erst am Verarbeitungsort der Produkte freigesetzt. Ursprünglich wurde der BHT-Koks, auch wegen seiner Qualität, in dezentralen Verbrennungsprozessen eingesetzt, z.B. zum Betrieb von Zentralheizungen. In den 80er Jahren soll er jedoch überwiegend zur Substitution von Heizöl, Erdgas und besonders auch Steinkohlenkoks verwendet werden. Allein in den Karbidöfen von Buna, beim Kalkbrennen in Rübeland und durch Einblasen in den Hochofenprozeß werden schon Mitte der 80er Jahre über 1 Mill. t eingesetzt.

Abbildung I 4

Schwefelbilanz der BHT-Verkokung

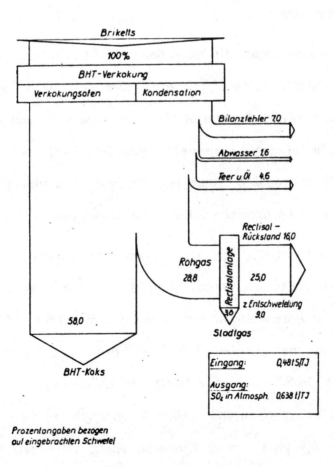

Quelle: Vgl. Gottfried Klepel, Joachim Wilsdorf, Herbert Mohry: Auswirkungen der Primärenergieträgerstruktur ..., a.a.O., S. 41.

Die BHT-Kokserzeugung wird nicht steigen können. Zum einen, weil eine Vergrößerung der Kapazität der Anlagen nicht vorgesehen ist, zum anderen, weil der Schwefelgehalt der sogenannten Kokskohle extrem niedrig - zwischen 0,3 bis 0,4 vH - sein muß[16]. Solchen Anforderungen genügen nur wenige Kohlenfelder des 2. Niederlausitzer Flözhorizontes (vgl. Tab. P 8), die als Vorratsbasis für die BHT-Verkokung reserviert sind[17]. Obwohl die Anlagen der Verkokung moderner sind als die der Schwelung, ist in den Abschwaden noch reichlich Anfallenergie enthalten. Es ist damit zu rechnen, daß in den 80er Jahren Technologien zur Nutzung dieser Energie entwickelt werden. Dies hätte den günstigen Effekt der weiteren Senkung der SO_2-Emission an den Standorten Lauchhammer und Schwarze Pumpe[18]. Die Jahresemission von 14 000 Tonnen SO_2 dürften sich etwa je zur Hälfte auf die Standorte verteilen.

Der Verkokungsvorgang findet in den indirekt beheizten Kokskammern bei einer Endtemperatur von 950°C statt. Der Koks wird durch Inertgase gekühlt. Das Rectisolverfahren sorgt für Stadtgasreinheit und entfernt "sehr elegant die Verunreinigungen insgesamt aus dem Gas, doch bedürfen die nunmehrigen Abfallprodukte einer nochmaligen Behandlung"[19]. Entfernt werden H_2S, CO_2 und organische Schwefelverbindungen.

Die Emission von NO_x und organischen Verbindungen muß ebenso wie bei den Schwefelprozessen überschlägig mit den Emissionsfaktoren aus Kokereien der Bundesrepublik errechnet werden. Bei 0,8 kg NO_x pro Tonne erzeugter Koks ergeben sich bei einer Produktion von 2,6 Mill. t BHT-Koks 2 080 t NO_x pro Jahr, die je zur Hälfte in Lauchhammer und Schwarze Pumpe entstehen. Für organische Verbindungen ergibt sich bei einem Emissionsfaktor von 0,9 kg/t[20] eine Emission von 1 170 t pro Standort. Im Vergleich zur Schwelung ist die Ausbeute an Flüssigprodukten relativ gering. Es fallen Teer, Mittelöl und Leichtöl an und zwar theoretisch[21]:

Produkt	Ausbeute an Flüssigprodukten in 1000 t		
	1980	1982	1990[1)
Teer (0,02 kg/kg Rohkohle)	200	200	220
Mittelöl und Phenole[2) (0,01 kg/kg Rohkohle)	100	100	110
Hochtemperatur-Verkokung gesamt	300	300	330

1) Geschätzt.- 2) Im Mittelöl sind bis 10 vH Phenole enthalten.

Die Flüssigprodukte der Kokerei in Schwarze Pumpe werden an Ort und Stelle weiterverarbeitet, der Teer aus Lauchhammer geht in die Anlagen von Rositz.

4.1.1.3. Die Emissionen der Vergasungsprozesse und Ausbeute an flüssigen Kohlenwasserstoffen

Auch in der DDR nimmt die Bedeutung der Kohlenvergasung wieder zu. Gas kann in fast allen Bereichen der Volkswirtschaft relativ umweltfreundlich und mit guten energetischen Wirkungsgraden Verwendung finden. 1981 lagen 87,5 vH der Stadtgasproduktion, das waren 5,2 Mrd. m^3 i.N., im Verantwortungsbereich des Gaskombinats Schwarze Pumpe. Auf Braunkohlenbasis entstehen etwa 40 vH der Stadtgasmenge; 60 vH basieren auf Erdöl und Erdgas. Die Reingasleistungen in der Winterspitze 1981 lagen bei 16 Mill. m^3 pro Tag und verteilten sich wie folgt (in Mill. m^3/Tag)[22]:

Festbettdruckvergasung	4,6
Kokerei (BHT vgl. 4.1.1.2.)	2,0
Erdgas/-öl-Spalter	2,3
Erdgaszumischung	7,1
Gesamt Schwarze Pumpe	16,0

Der Erdöl-Spalter verarbeitet offenbar auch im Werk anfallende Teeröle. Die Kapazität der Festbettdruckvergasung soll bis 1985 auf 6 Mill. m^3 Reingas pro Tag gesteigert werden; überwiegend im Stammbetrieb des Gaskombinats Schwarze Pumpe, aber auch am Standort Lauchhammer. Die Druckvergasung erzeugt mit Stadtgas ein Zielprodukt, welches kaum noch mit Schwefelverbindungen belastet ist. Die Umweltbeeinflussung am Verarbeitungsort ist jedoch erheblich: Dies gilt für beträchtliche Staubbelastung[23] ebenso wie für H_2S, CH_2 und SO_2[24]. Obwohl in diesen Anlagen auch große Mengen Schwefel gewonnen werden (1982 ca. 25 000 t durch Gasreinigung), bleiben die Schwefeldioxidemissionen hoch. Die eingesetzte Weichkohle und die zunehmend verwendete Salzkohle aus dem Raum Halle/Leipzig enthält bis zu 3 vH Schwefel.

Abbildung I 5

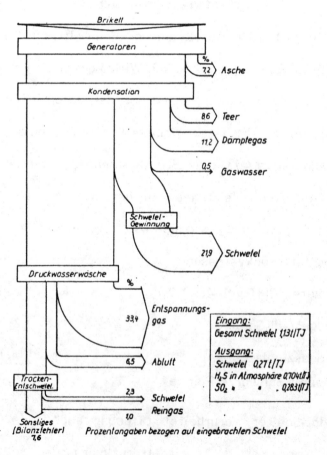

Quelle: Vgl. Gottfried Klepel, Joachim Wilsdorf, Herbert Mohry: Auswirkungen der Primärenergieträgerstruktur ..., a.a.O., S. 42.

Da die Bedeutung der Druckvergasung in den 80er Jahren zunimmt, wird die Belastung besonders am Standort Schwarze Pumpe ansteigen. Größere Beachtung verdient jedoch auch die Schwachgaserzeugung. Diese wird immer häufiger ehemaligen erdgas - bzw. heizölbetriebenen Heizkraft- und Heizwerken vorgeschaltet, um importierte Energieträger durch heimische Braunkohle zu ersetzen. Die Verteilung dieser Emissionen muß in Zukunft großflächiger erfolgen. 1982 beschränkte sich die Schwachgaserzeugung auf einige Versuchsanlagen, 1984 gab es bereits 20 Anlagen in der DDR[24]. Zweifellos wird sich dadurch die Umweltbelastung in den 80er Jahren vervielfachen, besonders dann, wenn in diesen Anlagen Braunkohlenbriketts aus dem Raum Halle/Leipzig verwendet werden. Mitte 1982 hat auch eine großtechnische Pilotanlage zur Salzkohlenvergasung ihren Betrieb aufgenommen (Synthesegas). Ihr Braunkohleneinsatz beträgt offenbar 720 t pro Tag. Die Steigerung der Gasproduktion am Standort Schwarze Pumpe bezieht sich somit nicht nur auf die zusätzliche Produktion von Stadtgas, sondern auch auf die Ausweitung der Synthesegaserzeugung[25].

Die Schwefeldioxidemissionen bei der Vergasung summieren sich aus Emissionen während des Prozesse (0,03 t S/TJ), beim Entspannen (0,55 t S/TJ) und bei der Abluft (0,11 t S/TJ)[26]. Unter Berücksichtigung der zunehmenden Bemühungen um Entschwefelung auch des Entspannungsgases wurde für 1982 ein Wert von insgesamt 0,58 t S/TJ angenommen:

Tabelle I 3

SO_2-Emission bei Vergasung

	1980	1982	1990[1]
Basis: Ballastreiche Weich- und Salzkohle, Raum Halle/Leipzig			
Druckvergasung			
Brikett-Einsatz (in Mill.t) × 20,1 TJ/1000 t Brikett	2,7	2,8	4,7
= Heizwert (in 1000 TJ)	54	56	95
Schwachgas und andere Verfahren			
Rohbraunkohlen-Einsatz (in Mill.t) × 8,79 TJ/1000 t Rohbraunkohle	0,2	0,6	2,0
= Heizwert (in 1000 TJ)	2	5	18
= Heizwert, gesamt (in 1000 TJ)	56	61	113
	SO_2-Emission (in 1000 t)		
mögliche SO_2-Emission, gesamt[2]	127	138	255
davon: durch Schwefelgewinnung gebunden bzw. in Gas, Teer und Öl enthalten	62	67	124
freiwerdende SO_2-Emission am Ort der Vergasung[3]	65	71	131

1) Geschätzt.- 2) Bei einem Inhalt von 1,13 t S/TJ; vgl. Energietechnik.- 3) Bei einem Ausstoß von 0,58 t S/TJ; vgl. Energietechnik und Reinhaltung der Luft.

Quellen: Energietechnik. Heft 1/1976, S. 41 f.; Herbert Mohry und Hans-Günter Riedel, a.a.O., S. 96 sowie Berechnungen und Schätzungen des DIW.

Die Verteilung auf die Standorte Lauchhammer und Schwarze Pumpe kann nur überschlägig erfolgen. Für 1982 ergeben sich 18 000 t SO_2 in Lauchhammer und 53 000 t SO_2 in Schwarze Pumpe.

Die H_2S-Emissionen werden mit 0,004 t/TJ angegeben. Damit werden aus Vergasung 1982 43 000 t H_2S emittiert, 11 000 t in Lauchhammer und 32 000 t H_2S in Schwarze Pumpe. Für die NO_x-Emission bei diesem Prozeß ist für die DDR kein Emissionsfaktor bekannt, so muß auch in diesem Fall ersatzweise auf Erfahrungswerte der Kohlenveredlung in der Bundesrepublik zurückgegriffen werden[27]. Bei der Lurgi-Kohlevergasung entstehen 1,01 kg NO_x je t Einsatzgut, im Falle der DDR-Vergasung also etwa 3 000 t NO_x, 750 t in Lauchhammer und 2 250 t in Schwarze Pumpe.

Über die Emissionen organischer Verbindungen bei der Vergasung gibt es weder Angaben aus der DDR noch aus der Bundesrepublik. So soll der Emissionsfaktor für die Steinkohlen-Verkokung als theoretische Untergrenze angenommen werden. Bei 0,9 kg/t Braunkohle ergibt sich für 1982 eine Emission organischer Verbindungen von 5 600 t, davon ca. 1 400 t in Lauchhammer und 4 200 t in Schwarze Pumpe.

Die Ausbeute an flüssigen Kohlenwasserstoffen ist sehr gering und z.T. problematisch bei der Weiterverarbeitung. Dies gilt besonders für die staubbeladenen Teere der Kohlendruckvergasung. Sie werden auch jetzt noch ausschließlich energetisch verwertet. In den Vergasungsprozessen entstehen 0,08 kg Staubdickteer pro kg Rohbraunkohle (vgl. Fußnote 4). So sind 1982 beim Einsatz von 6 Mill. t Rohbraunkohle fast 500 000 t dieses umweltschädlichen Brennstoffs entstanden und energetisch genutzt worden, überwiegend am Standort Schwarze Pumpe. Da dieser Teer 8,6 vH des eingebrachten Schwefels enthält[28], ergibt sich - bei Annahme eines durchschnittlichen Schwefelgehaltes der Einsatzkohle von nur 1 vH - allein daraus eine zusätzliche SO_2-Emission von gut 10 000 t; davon dürften 6 000 t auf den Stammbetrieb Schwarze Pumpe entfallen, 2 000 t auf Lauchhammer. Der Rest verteilt sich großflächig auf die Chemiestandorte der DDR. Allerdings versucht man auch, diesen Teerrückstand einer carbochemischen Verwendung zuzuführen, so daß in den 80er Jahren mit einem deutlichen Rückgang der Emissionen aus Teerverbrennung zu rechnen ist[29]. Folgende Übersicht zeigt den Anfall der übrigen Flüssigprodukte aus Braunkohlenvergasung[30]:

Produkt	Ausbeute an Flüssigprodukten in 1 000 t		
	1980	1982	1990[1)]
Mittelöl (0,01 kg/kg Rohkohle)	54	56	94
Leichtöl (0,007 kg/kg Rohkohle)[1)]	38	39	66
Phenolextrakt (0,004 kg/kg Rohkohle)[1)]	22	22	38
Gesamt aus Vergasung	114	117	198

1) Geschätzt.

Das Phenol wird aus dem Leichtöl und dem Gaswasser als Wertstoff gewonnen. Als Lösungsmittel wird Butylacetat benutzt[31].

Die Schwerpunkte der Weiterentwicklung der Druckvergasung verlagern sich immer mehr auf die Hilfs- und Nebenprozesse; auch auf die Einhaltung der Vorgaben des Umweltschutzes. Mit dem Direkteinsatz von Kohle zur Brikettsubstitution wird ebenfalls experimentiert.

4.1.1.4. Die Verarbeitung der flüssigen Kohlenwasserstoffe

Aus Braunkohlenschwelung, -verkokung und -vergasung standen 1982 in der DDR ca. 2 Mill. t Teer, Mittelöle und Phenole zur Verfügung. Die theoretisch erreichbare Ausbeute aus Braunkohlenveredlungsprozessen (vgl. Vorkapitel) ergibt folgende Erzeugnisstruktur:

Produkte	Ausbeute in 1 000 t		
	1980	1982	1990
Teer	970	1 040	1 340
Staubdickteer	450	500	900
Mittelöl incl. Phenole	265	275	365
Leichtöl	150	160	225
Phenolextrakt	20	20	40
Flüssigprodukte gesamt	1 855	1 995	2 870

Neben den 500 000 t Staubdickteer aus Druckvergasung (1982) werden weitere 500 000 t Flüssigprodukte energetisch als Heizölsubstitut eingesetzt[32]. Seit über 25 Jahren gilt es trotz umfangreicher Forschungen als unstrittig, daß ostelbischer Teer unter den gegebenen Bedingungen "einer Verwertung nicht zugänglich ist"[33]. Ab 1983 soll sich dies geändert haben. Somit könnten in Zukunft maximal 1 Mill. t flüssige Kohlenwasserstoffe einer tieferen karbochemischen Verwertung zugeführt werden.

Knapp 1 Mill. t der aus Braunkohlen gewonnenen Rohstoffe wurden 1982 fast ausschließlich an den Standorten Schwarze Pumpe (knapp 200 000 t), Rositz und Zeitz (zusammen 800 000 t) weiterverarbeitet. Historisch bedingt haben sich für die Teere und Leichtöle aus Braunkohlenverarbeitungsprozessen "spezifische Verarbeitungstechnologien entwickelt, die apparativ und prozeßtechnisch in einer Wechselwirkung mit der Erdölverarbeitung standen und stehen"[34]. Im Gaskombinat Schwarze Pumpe werden in einer Anlage, einer zweistufigen Destillation, Leicht- und Mittelöle aus der Druckvergasung und der BHT-Kokserzeugung weiterverarbeitet. Zwar enthält das Leichtöl auch kleintonnagige Produkte wie Pyridine, Ketone, Hydrochinon und B-T-X-Aromaten, doch werden diese bisher nur in geringen Mengen gewonnen. Bei einem errechneten Durchsatz von gut 150 000 t im Jahre 1982 in dieser Anlage fielen folgende Produkte an[35]:

1. Stufe:

   Aromatenleichtöl   26 000 t

2. Stufe:

   Phenolleichtöl   60 000 t

   Heizöl   60 000 t

Der Phenolverlust beträgt noch etwa 3000 t, 12 000 t Phenole können stofflich genutzt werden.

Aus anderer Quelle ergibt sich für die Produktion im Gaskombinat Schwarze Pumpe insgesamt[36]:

	1980	1985
Aromatenleichtöl	40 000	70 000
Phenolleichtöl	50 000	85 000
Phenolsolvanextrakt	20 000	30 000

Teer aus Espenhain, Böhlen und Deuben bilden traditionell, Teer aus dem ostelbischen Lauchhammer seit Beginn der 80er Jahre, die Grundlage für die Kohlenwertstoffverarbeitung in Rositz und Zeitz. Diese Standorte sind weniger als 20 km voneinander entfernt. Beide Betriebe arbeiten im Verbundbetrieb, so daß eine genaue Aufteilung der eingesetzten Menge (1982: 800 000 t) nicht möglich ist. Die Teere enthalten kaum Aromaten, überwiegend Alkane (Paraffine und Phenole[37]):

Kennzahlen verschiedener Teere (Durchschnitt in Masse-%)

	BTT-Teer	BHT-Teer	Teer aus Druckvergasung
Kohlenstoff	10	9	9
Paraffin	21	10	9
Phenole	14	21	19
Verkokungsrückstände	10	-	-

In Rositz konzentriert sich die destillative Aufarbeitung auf die Produktion von Paraffin und Elektrodenkoks (für den VEB Elektrokohle

Lichtenberg vgl. 4.2.3.). Von Rositz gehen die Destillate ins Hydrierwerk in Zeitz.

Bei der destruktiven Destillation (Rositz) wird der Braunkohlenteer drei Destillationsstufen unterworfen, "um die noch nicht vollständig zu Paraffinen umgesetzten Anteile des Kohlebitumens zu spalten, die harz- und asphaltartigen Substanzen zu zersetzen und im Destillationsrückstand abzuscheiden und die Paraffine anzureichern"[38].

Bei der Teeraufarbeitung durch katalytische Hydrierung (Zeitz) wird zur Zeit die Tieftemperatur-Hochdruck-Hydrierung zur Herstellung von Paraffinen aller Gradationen, Schmierölen, Diesel- und Vergaserkraftstoff bevorzugt[39]. Bisher wird der Elektrodenkoks in Rositz durch Blasenverkokung gewonnen. Diese Technologie soll jedoch durch eine modernere ersetzt werden[40].

In relativ bescheidenem Umfang werden in der DDR auch noch Steinkohlen-Gaswerke betrieben; vor allem in Magdeburg (gut 60 vH der Gesamtproduktion) und Zwickau (ca. 20 vH). 1982 wurden etwa 1,5 Mill. t Steinkohlenkoks hergestellt. Bei einem Steinkohleneinsatz von 2 Mill. t errechnet sich daraus - mit der Bundesrepublik vergleichbare Verhältnisse vorausgesetzt - ein Teeraufkommen von gut 70 000 t und eine Rohbenzolmenge von über 20 000 t[41]. Offenbar werden diese Produkte am Ort der Entstehung, also zu 60 vH in Magdeburg und zu 20 vH in Zwickau, weiterverarbeitet.

Bei der Gewinnung von Kohlenwertstoffen treten, insbesondere bei "älteren Anlagen, die noch nicht mit emissionsmindernden Maßnahmen betrieben werden"[42], beachtliche Kohlenwasserstoffemissionen auf: 4 kg pro t Benzol und 2-3 kg Kohlenwasserstoffe je t Produkt und Destillationsschnitt bei Teer. Die Anlagen in der DDR sind alt und bedürfen nach eigenen Angaben dringend einer Überholung. Die Destillationen in Schwarze Pumpe sind zweistufig. Bei einem Emissionsfaktor von 5 kg/t Produkt werden in Schwarze Pumpe (Verarbeitung knapp 200 000 t 1982) 1 000 t Kohlenwasserstoffe emittiert. Für die dreistufige Destillation in Rositz und die zum Teil folgende Hydrierung in den Vorkriegsanlagen von Zeitz wird zusammen bei einem Durchsatz von 800 000 t mit einem Emissionsfaktor von 4 x 3 kg gerechnet. Somit wurden hier 1982 insgesamt 9 600 t Kohlenwasserstoffe emittiert. Für Magdeburg dürften die Kohlenwasserstoffemissionen nicht mehr als 300 Jahrestonnen betragen, in Zwickau entsprechend unter 100 t liegen.

Der Vollständigkeit halber sei noch kurz auf die Erzeugnisstruktur aus Braunkohlenteer-Verarbeitung hingewiesen. Aus 800 000 t Teer können etwa[43]

64 000 t	Vergaserkraftstoff
392 000 t	Diesel
64 000 t	Schmieröl
96 000 t	Paraffin
72 000 t	Pech
120 000 t	Heizöl

hergestellt werden.

Über zwei weitere Braunkohlenverarbeitungsprozesse in der DDR ist relativ wenig bekannt. Bei Amsdorf gibt es eine Rohmontanwachsfabrik, die etwa 1 Mill. t bitumenhaltige Rohkohle aus dem Tagebau Amsdorf/Röblingen benötigt[44]. Bei der Extraktion wachsreicher Braunkohlen werden Temperaturen unter $+100°$ C angewendet, um die chemische Zusammensetzung des Extrakts möglichst wenig zu verändern. "Das Extraktionsprinzip besteht in der Auslaugung von Feinstkorn, 1 mm in dünnen Schichten in einem Bechersystem, das in einer völlig geschlossenen Apparatur auf einem endlosen Becherband umläuft. Als Extraktionsmittel wird $+70°$ C warmes Benzol verwendet. ... Die DDR besitzt die größte und modernste Anlage der Welt für die Gewinnung von Rohmontanwachs. Über 80% der Weltproduktion"[45]. Das Rohmontanwachs wird in 50 Länder exportiert. Ein Teil wird in der Montanwachsfabrik Völpke weiterverarbeitet. Unter Einsatz von Bichromat (zur Raffination), aber auch Benzin und Schwefelsäure, werden dort offenbar jährlich 7 000 t Montanwachs hergestellt. Dabei entstehen auf der Basis dreiwertiger Chromverbindungen auch Gerbmittel[46]. Auch in Amsdorf, wesentlich geringer in Völpke, werden sich Kohlenwasserstoffemissionen nicht ganz vermeiden lassen.

4.1.2. Die Emissionen der Grundstoffchemie

Über 50 vH der chemischen Anlagen der DDR befinden sich im Umkreis von weniger als 50 km um Halle, mit eindeutigen Ballungen in den Kreisen Bitterfeld, Borna und Merseburg. Dabei handelt es sich im wesentlichen um Grundstoffindustrien für großtonnagige Erzeugnisse, entstanden auf der Basis der dort vorhandenen Braunkohle, in den siebziger Jahren ergänzt und teilweise ersetzt durch Erdöl.

Über 5 vH der Elektroenergie der DDR wird in den Industriekraftwerken der Kombinate Buna, Bitterfeld und Leuna erzeugt; 25 vH aller Heizwerke der DDR (74 Anlagen) arbeiten in der chemischen Industrie des Bezirks Halle und verbrauchen zusammen mit den Industriekraftwerken über 15 Mill. t Rohbraunkohle. Nachdem sich zu Beginn der 70er Jahre die Umweltbelastung im Raum Halle durch die Substitution der Braunkohle durch Heizöl und Erdgas deutlich verringerte[47], hat sich diese Tendenz zu Beginn der 80er Jahre wieder ins Gegenteil verkehrt. Heute dürfte die Belastung dieses Raumes allein aus industriellen Quellen erheblich höher sein als 1970. Schon bevor im großen Umfang begonnen wurde, alle Brennstoffverwender wieder von Erdgas bzw. Heizöl auf die heimische Braunkohle umzustellen, also 1978/1979, wurden hier mehr als 1,5 Mill. t SO_2 emittiert[48].

Abbildung I 6

SO_2-Emission aus industriellen Quellen im Bezirk Halle[49]

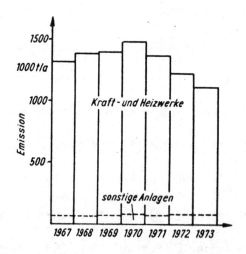

Quelle: G.F. Müller: Die Situation ..., a.a.O., S. 28.

Die Standorte der größten Emittenten im Raum Halle wurden von der DDR 1977 veröffentlicht:

Abbildung I 7

Standortverteilung der kontrollpflichtigen SO_2-Emittenten
im Bezirk Halle

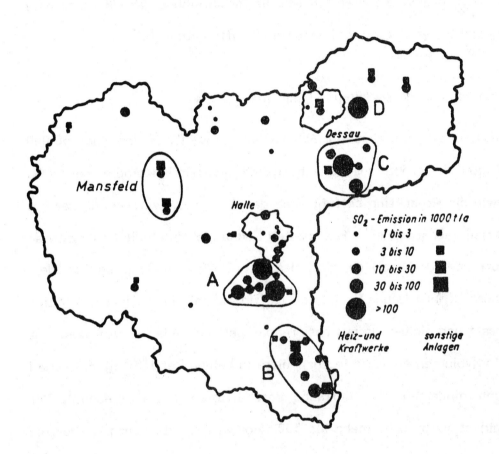

Quelle: G.F. Müller: Die Situation..., a.a.O., S. 27.

Die Karte zeigt, daß die SO_2-Emissionen sich vor allem im südöstlichen Teil des Bezirks Halle ballen, südlich Halle in Schkopau-Buna und Merseburg-Leuna (A) und noch weiter südlich bei Deuben und Zeitz (B). Eine weitere Konzentration liegt nordöstlich von Halle und südlich von Dessau, im Kreis Bitterfeld. C umfaßt die Kombinate in Wolfen und Bitterfeld, D kennzeichnet das Kraftwerk Vockerode. Die Kombinate Buna, Leuna und Bitterfeld verarbeiteten 1982 mehr als 10 Mill. t Rohbraunkohle.

Die größten Einzelquellen in Bitterfeld, Buna, Leuna und Piesteritz werden im folgenden durchgerechnet. Dabei können nur die großtonnagigen Emissionen Berücksichtigung finden. Allein die Leuna-Werke produzieren mehr als 400 Produkte, Buna gar 800. Der Schwerpunkt der Untersuchung liegt bei SO_2, jedoch ergibt sich durch die Beschreibung der Hauptprozesse auch ein qualitatives Raster weiterer Schadstoffemissionen.

4.1.2.1. Die Leuna-Werke "Walter Ulbricht"

Die Leuna-Werke sind mit 650 ha bebauter Fläche und über 30 000 Beschäftigten der größte zusammenhängende industrielle Komplex der DDR. Ebenso wie die Produktion besteht auch das Werk aus zwei Teilen. Der aus der Vorkriegszeit stammende Betriebsteil Leuna I ist durch die Großsynthese (Stickstoff und Methanol) geprägt; das seit 1966 errichtete und seitdem weiter ausgedehnte Leuna II ist eine Raffinerie mit heute knapp 4 Mill. t Erdöleinsatz und einigen darauf basierenden petrolchemischen Anlagen. Das Produktionsvolumen entsteht je zur Hälfte in beiden Betriebsteilen, Leuna I hat jedoch mindestens die fünffache Beschäftigtenzahl von Leuna II. Der Chemiegigant verbraucht mehr als 300 Megawatt Elektroenergie, über die Hälfte davon wird in den werkseigenen Kraftwerken erzeugt. Seit dem 1. März 1982 wird in diesen Kraftwerken kein Heizöl mehr eingesetzt[50]. Stattdessen "rutschen Tag für Tag runde 10 000 Tonnen Delitzscher Braunkohle in die Bunker der sieben Leuna-Kraftwerke"[51]. Neben Braunkohle werden in den Kraftwerken etwa 0,8 Mill. t schwefelreiche und metallreiche Rückstände aus der Mineralölindustrie eingesetzt. Die Kraftwerke erzeugen Strom und die in den Anlagen benötigte Prozeßwärme. Jährlich benötigt das Leuna-Kombinat für Wärmeerzeugung, Prozeßwärme und aus Strombezug eine Energiemenge von 100 000 Terajoule (TJ)[52]. Davon werden mindestens

50 000 TJ selbst erzeugt. Die Emissionen für SO_2 und NO_x lassen sich wie folgt berechnen (vgl. auch Tabelle KHW 22):

Heizwert der Rohbraunkohle	9 370 TJ/1 Mill.t
Schwefelgehalt (S^r)	2 vH
Aschebindung	40 vH
SO_2	2 561 kg/TJ
NO_x	150 kg/TJ

Bei einer Produktion von 50 000 TJ ergibt dies eine SO_2-Emission aus Kraftwerksbetrieb und Industrieöfen von 128 000 t, eine NO_x-Emission von 7 500 t. Darüber hinaus wird Kohle bzw. Braunkohlenschwelkoks (BTT) in erheblichem Umfang in den Prozessen, insbesondere im Werk I, eingesetzt. Die Schornsteinhöhen werden in älteren Quellen mit 150 m angegeben, das "ehemalige", Ende der 70er Jahre erbaute Heizölkraftwerk Leuna-Süd könnte mit einem höheren Schornstein ausgerüstet sein.

Leuna-Produkte findet man in vielen Bereichen der DDR-Volkswirtschaft. Zu den wichtigsten Erzeugnissen zählen:
- Caprolactam als Vorprodukt für synthetische Fasern
- Miramid, ein Kunststoff z.B. für Maschinenteile
- Mirathen und Miravithen für Schaumstoffe, Folien und Flaschen
- Katalysatoren für chemische Prozesse
- Vergaser- und Dieselkraftstoff (VK bzw. DK)
- Stickstoffdünger
- Harze für die Lack- und Farbenproduktion
- Leime, z.B. für die Möbelindustrie
- Amine, Lösungsmittel und Rohstoffe für Pharmazeutika.

Seit 1927 wird in Leuna mit Winkler-Generatoren auf Braunkohlenbasis (Schwelkoks) Synthesegas hergestellt. Allerdings war die Bedeutung dieser fünf alten "Rußtöpfe" in den 70er Jahren ständig zurückgegangen[53]. Die Petrolchemie setzte sich auch in Leuna immer stärker durch. Um "sowohl der Notwendigkeit zur Intensivierung der Produktion als auch der veränderten Rohstofflage Rechnung" zu tragen, "haben sich die Chemiewerker entschlossen, ihre Winkler-Anlage zu rekonstruieren". Die volkswirtschaftliche Bedeutung der fünf Generatoren hat wieder zugenommen[54]. 1981 produzierten die Leuna-Werke über 5 Mrd. m^3 Synthesegas, davon die Hälfte auf der Basis von Braunkohlenschwelkoks[55]. Langfristig soll die Produktion auf 7 Mrd. m^3 steigen. 1982 wurden die Initiativen zur Verstärkung des Einsatzes von Braunkohlenschwelkoks offenbar noch verstärkt[56]. In Leuna sollen "künftig 80 vH der Braunkohle über die Synthesegasproduktion stoffwirtschaftlich genutzt werden"[57].

Auf Synthesegas beruht die Methanolproduktion der Leuna-Werke (1982 ca. 240 000 t), über die Harnstofferzeugung auch die Produktion von Formaldehyd-Leimen, die Ammonhydrat- und Ammoniakproduktion, die wiederum Voraussetzung ist für die Herstellung von 840 000 Jahrestonnen Ammonsulfat.

Zur Berechnung der Emission muß zunächst auf eine Quelle aus der Bundesrepublik zurückgegriffen werden[58].
Da die Winkler-Generatoren in der DDR mit Sauerstoff betrieben werden, müssen zur Produktion von 2,5 Mrd. m^3 Synthesegas 2,25 Mill. t BTT-Koks eingesetzt werden. Diese Menge dürfte aber kaum zur Verfügung stehen, denn BTT-Koks wird auch von anderen Verbrauchern, z.B. vom Hydrierwerk Zeitz, verwendet. Vermutlich setzen die Leuna-Werke auch Braunkohlen direkt für diesen Prozeß ein. Bei 3 vH Schwefelgehalt und der bei BTT-Koks

Tabelle I 4

Betriebsergebnisse bei der Vergasung

in Winkler-Generatoren

Vergasungsstoff		Braunkohlenkoks
Wassergehalt	%	2
Aschegehalt	%	25-30
Vergasungsmittel		Sauerstoff
Gasanalyse	CO_2 %	25
	CO %	33
	H_2 %	40
	CH_4 %	-
	N_2 %	2
Heizwert	J/Norm-m^3 x10^6	8,499
Verbrauchszahlen je Norm-m^3 Rohgas		
Koks	kg	0,9
Sauerstoff	Norm-m^3	0,29
Dampf	Norm-m^3	0,80-0,85
Luft	Norm-m^3	-

Quelle: Autoren-Team, Rohstoff Kohle ..., a.a.O., S. 94

sehr hohen Aschebindung (70 vH, vgl. S. 47) ergibt sich eine Gesamtemission an SO_2 von 36 000 t. Da in unbekanntem Umfang noch auf Rohbraunkohlen zurückgegriffen wird (Schwefeleinbindung 40 vH), soll die SO_2-Emission überschläglich auf 40 500 t erhöht werden. Bei den Winkler-Generatoren handelt es sich um ein Verfahren der Wirbelschichtvergasung. Die Vergasung in der Wirbelschicht gilt unter umweltpolitischen Gesichtspunkten als besonders günstig. Die relativ niedrigen Emissionswerte sind daher plausibel. Inwieweit Schwefel gewonnen wird, ist nicht bekannt. Dies würde die errechnete Emission nochmals deutlich mindern.

Zur Schätzung der NO_x-Emissionen soll wiederum - wie im Fall der Druckvergasung in Schwarze Pumpe - auf die Werte der Lurgi-Vergasung zurückgegriffen werden. Als Emissionsfaktor ist 1,01 kg NO_x/t Einsatzgut (Braunkohle) anzunehmen. Daraus ergeben sich für die Synthesegaserzeugung aus Winkler-Anlagen 2 250 t NO_x. Da die Leuna-Werke nur 50 vH des Synthesegases auf Braunkohlenbasis erzeugen, muß auch für die übrige Erzeugung mit mindestens 2 250 t NO_x gerechnet werden. Zusätzliche SO_2-Emissionen aus der Synthesegasproduktion dürften unerheblich sein.

Bisher werden in Leuna 800 000 t Rückstand aus der Erdölverarbeitung in Kesselhäusern verbrannt. Dieser Rest soll 1985 restlos aufgearbeitet werden, überwiegend durch Vergasung. Vermutlich soll damit die Synthesegaserzeugung in Leuna von jährlich 5 Mrd. m^3 auf 7 Mrd. m^3 angehoben und die Erzeugung von Methanol ausgeweitet werden.

Neben dem Petrolchemischen Kombinat mit den Betrieben in Schwedt, Böhlen und Zeitz ist Leuna ein für die DDR wichtiger Mineralölverarbeitungsbetrieb. 1966 wurden die ersten Raffinationsanlagen (primäre Destillation) errichtet. 1977 wurde die Kapazität durch Neubauten nochmals erweitert. Damit sollte Leuna in den achtziger Jahren einen Erdöleinsatz von bis zu 8 Mill. t/Jahr verarbeiten. Die veränderte Rohstofflage durchkreuzte diese Pläne. 1982 wurden nur noch 3,5 Mill. t eingesetzt, und dabei dürfte es in den achtziger Jahren auch bleiben. Stattdessen soll die Verarbeitung vertieft werden, d.h. Leuna soll zur ersten heizölfreien Raffinerie der DDR ausgebaut werden (1986). Seit 1980 wurde ein umfangreiches Programm zur Rekonstruktion vorhandener und Einrichtung neuer Anlagen zur Erdölspaltung entwickelt. Folgende Übersicht zeigt die stufenweise Vertiefung der Erdölverarbeitung im VEB Leuna-Werke[59]:

	1977	1981	1983	1986
		Anteile in vH		
stoffwirtschaftliche Nutzung und Kraftstoffe	56	60	71	94
Heizöle	42	38	25	-
Gase	2	2	4	6

Die Leuna-Werke sind durch den Bau der ersten <u>Olefinanlagen</u> Mitte der sechziger Jahre früh eine wichtige petrochemische Basis der DDR-Wirtschaft geworden, doch reichen die Kapazitäten bis heute nicht aus, den werkseigenen Bedarf zu decken. Die älteste Ethylen-Anlage wurde 1966 in Betrieb genommen, eine zweite Anfang der siebziger Jahre. Die erste Anlage baute Uhde, die zweite der Chemieanlagenbau der DDR. Damals war dies die einzige Ethylen-Produktion der DDR. Die heutige Kapazität von 40 000 t ist im Vergleich zu Böhlen gering. Leuna bezieht Olefine aus Böhlen und der Tschechoslowakei.

Bis Mitte der siebziger Jahre wurde zur <u>Erdöldestillation</u> eine rekonstruierte Anlage, die ursprünglich zur Destillation des Reaktionsprodukts aus den ehemaligen Kohle-Sumpfphase-Kammern eingesetzt war, verwendet. Anfang der siebziger Jahre wurde ohne wesentliche Neuinvestition ein Erdöldurchsatz von 2 Mill. t/Jahr möglich[60]. Mitte der siebziger Jahre war mit 3,5 Mill. t/Jahr Erdöldurchsatz die Kapazitätsgrenze der alten Destillationsanlagen erreicht, 1977 wurde zusätzlich eine moderne atmosphärische Erdöldestillation mit einer Kapazität von etwa 5 bis 6 Mill. t/Jahr aufgebaut. Diese ersetzt inzwischen die alten Kapazitäten. Ende der 70er Jahre wurde dann eine unter Mitteldruckbedingungen arbeitende DK-Anlage mit einer Kapazität von 600 000 t/Jahr in Betrieb genommen. 1979 wurde begonnen, das Spaltverfahren von Erdölrückständen durch Hydrospalten von Vakuumdestillat abzulösen. Dazu wurde der gesamte alte Masut-Hydrierkammerbetrieb aus der Kohlenhydrierung als Hydrierspaltanlage umgebaut, 1979 wurden damit 95 000 t helle Produkte mehr erzeugt[61]. Die Rückstandsspaltung in den alten Hydrieranlagen scheint bis heute Probleme aufzuwerfen und noch keine große Bedeutung zu haben. 1983 erklärte der Generaldirektor: "Bisher hatten wir keine Hydrospaltung, wie dieses neue effektive Verfahren heißt. Jetzt haben wir das neue Verfahren in der alten Anlage drin, versuchsweise. Bis 1985 soll die gesamte Technologie ausreifen. Dafür sind auch umfangreiche neue Anlagenteile unumgänglich"[62].

Ende der 70er Jahre wurden auch die Reformierungskapazitäten erweitert. Ein neuer Reformer zur Erzeugung hochoktaniger VK-Sorten (Kapazität 500 000 t/Jahr) wurde in Betrieb genommen, ein dritter Reformer für 1981 angekündigt.

Mit diesen Anlagen werden in Leuna seit 1979 9 bis 12 vH des Erdöleinsatzes einer petrochemischen Nutzung zugeführt.

Als Resumee bleibt festzuhalten, daß bis 1982 die Ausbeute an petrochemischen Einsatzstoffen in Leuna gering war, daß der bis zu Beginn der 80er Jahre wachsende Bedarf durch steigenden Erdöleinsatz bei gegebener Technologie zumindest teilweise gedeckt wurde. 1982 wurde der erste Visbreaker in Leuna in Betrieb genommen, um die Mitteldestillate-Produktion zu erhöhen. Ein Vertrag über den Bau einer Vergasungsanlage für Visbreaker-Vakuumrückstand und den Aufbau einer weiteren Methanolsyntheseanlage auf der Basis von Synthesegas wurde im Dezember 1981 mit VOEST-Alpine geschlossen[63]. Nach Fertigstellung dieser Anlagen (1986) soll

Abbildung I 8

Vereinfachtes Schema der Technologie der Erdölverarbeitung in Leuna nach Abschluß der Intensivierungsmaßnahmen zu Beginn der 80er Jahre

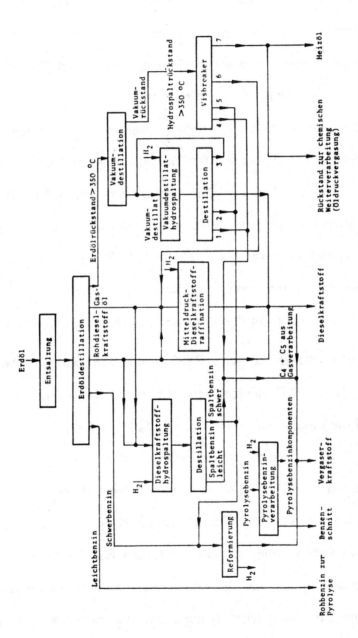

1 Spaltbenzin, leicht; *2* Spaltbenzin, schwer; *3* Dieselkraftstoff; *4* Spaltbenzin, leicht; *5* Spaltbenzin, schwer; *6* Dieselkraftstoff; *7* Vishbreaker-Rückstand

Quelle: Harald Gebhardt, Wolfgang Nette, Erika Onderka: Die Erdölverarbeitung ..., a.a.O., S. 394.

Leuna "heizölfreier Betrieb" sein[64]. Die Berechnung der Emissionen aus Mineralölverarbeitung am Standort Leuna erfolgt in Zusammenhang mit der Analyse der Entwicklung der Mineralölindustrie im Abschnitt 4.1.3.

Es würde den Rahmen der Arbeit sprengen, alle Produktionslinien von der Synthesegaserzeugung über die Zwischenprodukte (Ammoniak, Methanol, Wasserstoff, Harnstoff, Ammonhydrat) bis hin zu den einzelnen Produkten (Leime, Caprolactam, Aceton) zu verfolgen. Nur über die wichtigsten Zwischenglieder dieser Linie soll berichtet werden und über die des zweiten Leuna-Teils, also Erdöl, Rohbenzin, Ethylen, Hochdruckpolyethylen. Ein wichtiges Zwischenprodukt muß dabei ausgeklammert bleiben: Phenol. Bis auf den Hinweis, daß Leuna das für die Phenolherstellung benötigte Benzol nicht selbst herstellt, daß das Cumolverfahren Anwendung finden soll und daß die Phenolsynthese nach einer Großreparatur bis 1985 15 vH mehr erzeugt, ist nichts bekannt. Da Phenole auch in der Carbochemie anfallen, kann auch aus der Produktionsmenge von Caprolactam (1982: 47 000 t) wohl kein direkter Schluß auf die Phenolprodukte in Leuna gezogen werden.

Die Leuna-Werke stellten 1980 rund 328 500 t[65] Ammoniak aus Synthesegas her, 1982 dürften es ebensoviel gewesen sein. Bei dieser Produktion fallen in der Bundesrepublik 1,2 bis 1,5 kg CO_2/t NH_3 an. Es wird auch in der DDR zu Harnstoff weiterverarbeitet und zwar nach dem CO_2-Stripping-Verfahren. Die Emission bei der Produktion von Ammoniak aus Synthesegas betrug in der Bundesrepublik bei diesem Prozeß 0,1 kg/t Ammoniak[66]. Nach DDR-Angaben ist die auf Leuna konzentrierte Erzeugung auf Basis von Kohle-Synthesegas mit erheblichen Umweltbelastungen verbunden. Eine geringere Belastung wird dagegen für die moderneren Kapazitäten in Piesteritz konstatiert, wo keine unkontrollierten, verfahrensbedingten NH_3-Emissionen auftreten. Aber auch dort rechnet die DDR mit Emissionen von 0,1 bis 0,3 kg/t NH_3[67]. So ist wahrscheinlich, daß in Leuna

1 kg NH_3/t NH_3 emittiert werden, also 330 t pro Jahr. Die spezifische Schadstoffemission ist damit fast achtmal so hoch wie in der Bundesrepublik Deutschland.

Auf dem Ammoniak beruht unter anderem die Ammonsulfatproduktion in Leuna. 1980 wurden etwa 850 000 t dieses Düngers hergestellt. Das Leuna-Produkt enthält:

Stickstoff	mindestens	20,9 vH
Wasser	höchstens	1,1 vH
freie Schwefelsäure	höchstens	0,02 vH
Antibackmittel	mindestens	0,01 vH

Daneben fielen noch 350 000 t sogenannter Leuna-Düngekalk an, der auf Kalziumkarbonat beruht[68]. In der Bundesrepublik wird Ammonsulfat nicht mehr hergestellt. Zur Produktion von Ammonsulfat verfügt Leuna am Rande des Südharzes über eigene Anhydritlagerstätten. Die größte liegt im Betriebsteil Gipswerk Niedersachswerfen. Der hier gewonnene Anhydrit weist eine hohe Reinheit auf, sein Gehalt an Kalziumsulfat liegt bei 90 bis 98vH. Diese Gruben beliefern auch das Chemiekombinat Bitterfeld und das Zementkombinat Dessau als Einsatzstoff für die Schwefelsäure- und Zementproduktion[69].

Aus dem Ammoniak wird auch Hydroxylammonsulfat hergestellt (1985: ca. 10 500 t[70]). Dieses Produkt wird zusammen mit Phenol für die Caprolactam-Produktion der DDR (1982: 47 000 t) benötigt. In Leuna wird die gesamte Caprolactam-Produktion der DDR erzeugt (Markenname: Miramid).

Seit 1966 produziert Leuna Hochdruckpolyethylen. 1982 waren es ingesamt 143 000 t, davon 75 000 t in der modernen Anlage Polymir 60, eine gemeinsame Entwicklung mit der Sowjetunion. Da Leuna nicht über genügend Ethylen verfügt, kommen größere Mengen per Pipeline aus dem Olefinkomplex in Böhlen, der wiederum mit dem tschechischen Chemiebetrieb in Litvinov verbunden ist. Zielprodukt ist Mirathen (Markenname), Ethylen-Venylacetat-Copolymerisat. Über die moderne Anlage wird ausführlich berichtet, über die älteren drei weniger. Diese wurden ursprünglich vom englischen ICI-Konzern errichtet[71]. Je Tonne Produkt werden in den Altanlagen - nach DDR-Angaben - 60 kg Ethylen emittiert[72]. Wenn die neue Anlage ähnliche Werte aufweist, wären es 1982 bei einer Produktion von 143 000 t bis zu 8 580 t Ethylen. Die neue Anlage ist allerdings mit einer Ethylen-Rückführungsanlage versehen. Da Ethylen hochreaktiv (explosiv) ist, sind Entspannungsventile installiert. Dennoch gab es schon eine schwere Explosion, die die Kompressorenhalle weitgehend zerstörte[73]. Insgesamt dürften die Emissionen bei der neuen Anlage geringer sein. Da sie fast 50 vH der Produktion herstellten, scheint eine Emission von 6 000 t Ethylen pro Jahr realistisch.

Über die Produktion von <u>Aldehyden</u> ist kaum näheres bekannt. Der Schwerpunkt der Aldehydproduktion liegt allerdings in Buna. Seit Januar 1984 wird in einer neuen Anlage Paraformaldehyd erzeugt. Dadurch kann die Herstellung zahlreicher Ausgangsstoffe für chemische Synthesen und zur Produktion von Plasten sowie Medikamenten und Textilhilfsmitteln um 1 000 t gesteigert werden[74].

1982 stellte Leuna auf der Basis des Synthesegases 240 000 t <u>Methanol</u> her. Diese Produktion soll in Zukunft stark erhöht werden. Methanol soll auch in der DDR Vergaserkraftstoff ersetzen[75]. Nach Angaben aus der Bundesrepublik treten bei der Produktion von Methanol folgende Emissionen auf: Kohlenmonoxyd (CO), Methanol (CH_3OH), Methan (CH_4) und Dimethylether (CH_3OCH_3)[76]. Mit den dort genannten Emissionsfaktoren lassen sich die Emissionen der Leuna-Werke berechnen.

Methanolherstellung Leuna-Werke 1982: 240 000 t

	Emissionsfaktor in kg/t Methanol	Emission in t/Jahr
CO	0,06	14,4
CH_3OH	0,07	16,8
CH_4	0,01	2,4
CH_3OCH_3	0,01	2,4

Abschließend sei darauf hingewiesen, daß die kleintonnagige Herstellung der bekannten Leuna-Katalysatoren zwar für die DDR von großem Gewicht ist, aber wohl keine großen Umweltprobleme verursacht. Im Gegensatz zur Bundesrepublik denkt die DDR noch nicht daran, auch ihre Kraftfahrzeuge mit bleifreiem Benzin fahren zu lassen. Das in der DDR erzeugte bleifreie Benzin wird exportiert. Von der Kölner Industrie-Anlagen GmbH wurde schon Anfang 1982 eine Methyl-Tertiär-Butylether-Anlage (MTB) in den Leuna-Werken errichtet. Die Kapazität beträgt 45 000 t/Jahr. MTB ist ein Ether, der über eine besonders hohe Octanzahl verfügt und, Vergaserkraftstoffen beigemischt, Bleiadditive ersetzen kann[77].

4.1.2.2. Die Chemischen Werke Buna

Nur wenige Kilometer nördlich Leuna liegt Schkopau, Standort des Stammbetriebes (22 000 Beschäftigte) des Buna-Kombinats. Der Name, abgeleitet aus Butanium und Natrium, weist auf die Tradition des Werkes, die klassische Kautschuk-Synthese, hin. Nach diesem Verfahren wurde jedoch nie produziert, sondern stets nach dem effektiveren Emulsionsverfahren mit Styrol.

Ähnlich wie in Leuna gibt es auch in Buna seit 1980 zwei Betriebsteile, einen alten und einen moderneren (Hoechst/Uhde). Heute verbinden sich mit Buna zunächst zwei Erzeugnisse: Carbid und PVC. Buna ist der einzige Hersteller in der DDR für elastische Kunststoffe, der größte Hersteller für plastische. Zu Buna gehören wesentliche Kunststoffverarbeiter, wie der VEB Orbitaplast (PVC-Schläuche, Folien, Schaumstoff), der VEB Ammendorfer Plastwerk (PVC-Fußbodenbeläge) und das Eilenburger Chemie-Werk (PVC-

Halbzeuge und Kunststofftafeln, daneben auch Grundstoffe wie Wasserstoffperoxid, Kaliumpersulfat usw.). Das Chemiewerk Greiz-Dölau produziert Expoxid-Weichmacher und andere Hilfsstoffe, durch die PVC-Erzeugnisse erst elastisch, haltbar, hitzebeständig und unempfindlich gegen UV-Sonnenstrahlen werden[78].

Der Stammbetrieb ist heute der größte Carbid-Acetylen-Produzent der Welt. Fast 50 vH der Kombinatsproduktion beruhen auf diesem Rohstoff, von dem 1982 in Buna gut 1 Mill. t hergestellt worden ist. Diese Produktionslinie eröffnet für die Kunststoffherstellung eine ähnlich breite Erzeugnispalette wie die Chemie der Olefine.

Buna ist ein großer Energieverbraucher. 1982 wurden 91 500 Terajoule Elektroenergie benötigt. Einen großen Teil erzeugt das Werk selbst[79]. Die eigenen Industriekraftwerke und Heizwerke verfeuern jährlich 4 Mill. t Rohbraunkohle, überwiegend aus dem neuen Tagebau Delitzsch-Südwest, aber auch Salzkohle und Rohbraunkohle aus dem halleschen Revier, z.B. aus Merseburg-Ost[80]. Bei den gleichen Emissionsfaktoren wie in Leuna und bei einer Eigenerzeugung von 45 000 TJ ergeben sich folgende Emissionen für den Standort in Schkopau:

SO_2 (Emissionsfaktor 2 561 kg SO_2/TJ): 115 000 t/Jahr

NO_x (Emissionsfaktor 150 kg NO_x/TJ): 6 750 t/Jahr

Darüber hinaus dürften sich auch an den anderen Standorten des Buna-Kombinats, insbesondere in Eilenburg, zusätzlich SO_2-Emissionen ergeben. Sie werden jedoch hier als Einzelquelle nicht erfaßt.

Die Schornsteinhöhen dürften in Buna ähnlich wie in Leuna bei etwa 150 m liegen.

Aus 1 000 t Buna-Carbid lassen sich in Buna alternativ herstellen[81]:

- 650 t Polyvenylchlorid (PVC) oder

- 300 t Lösungsmittel für 750 000 Dosen Lackfarben oder

- 500-600 t Spezialerzeugnisse, z.B. für 520 t Wolpryla-Fasern oder
- Klebestoff für 6,4 Mill. m² Spanplatten oder
- Synthesekautschuk für 60 000 m² Förderband oder 115 000 PKW-Reifen Trabant.

Die Rohstoffe für die Chlor- und Carbidproduktion kommen überwiegend aus der DDR, z.B. über 1 Mill. t Kalk aus Rübeland, 700 000 t Steinsalz aus dem Bernburger Revier, 100 000 t Braunkohlenkoks (BHT), der zunehmend den Steinkohlenkoks in den Carbidöfen ersetzen soll. Kalk und Koks plus Elektroenergie ergeben bei über 2 000° C Carbid. Aus Steinsalz entsteht Chlor, Wasserstoff und Natronlauge. Basis der Chlorelektrolyse ist Salzsäure[82].

Die Carbid-Produktion wurde in den letzten Jahren wiederholt und detailliert beschrieben[83]. Auf Einzelheiten kann deshalb hier verzichtet werden. Auffällig ist, daß die DDR mit Nachdruck versucht, auch im Carbid-Prozeß importierte Rohstoffe (700 000 t Steinkohlenkoks) durch heimische zu ersetzen. 1982 geschah dies schon mit mehr als 200 000 t BHT-Koks. 1985 dürften es schon 350 000 t sein. Die Carbidöfen emittieren wegen des Kalkeinsatzes kein SO_2, wohl aber Staub, CO und NO_x. Durch die Mehrproduktion werden diese Emissionen entsprechend steigen.

Die Carbidöfen (8 gedeckte und 4 geschlossene Rechteköfen) haben hohe Energieverluste (vgl. Abbildung I 9).

Die Energiebilanz zeigt, daß 49 vH der eingebrachten Elektroenergie nicht für chemische Reaktionen verwendet werden, sondern Verlust- und Abwärmeströme darstellen. Beim Einsatz von BHT-Koks steigt der Abbrand der Söderberg-Elektroden, die Prozesse Elektroden-Abbrand und Elektroden-Neubildung geraten aus dem Gleichgewicht. Damit tritt eine Verminderung der Ofenleistung, des Wirkungsgrades und der Produktionsmenge gleichzeitig

Abbildung I 9

Energiebilanz eines Carbidofens

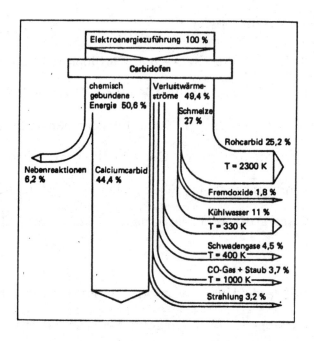

Quelle: Hans-Dieter Voigt und Wolfgang Kiele: Carbid aus einheimischen Rohstoffen. In: Urania. Heft 10/1984, S. 14.

ein. Diese Leistung war schon vor Einsatz des BHT-Koks, also 1980, im Vergleich zu den Öfen in der Bundesrepublik erschreckend gering[84]:

	Installierte Leistung in MW	Kapazität in 1 000 t/Jahr
Bundesrepublik 1965	510	1 330
Buna 1980	525	1 000

Buna soll die Carbid-Produktion mit den alten Öfen (Vorkriegsöfen und Baujahr 1963) bis 1990 auf 1,5 Mill. t erhöhen. So ist damit zu rechnen, daß das Werk zusätzliche Elektroenergie benötigt. Sollte man sich entschließen, die Öfen durch modernere Technologie zu ersetzen - dafür gibt es allerdings bisher kaum konkrete Hinweise - gäbe es bei der Carbidproduktion auch ein großes Emissionsminderungspotential. Die Ofenabgase enthalten erhebliche Mengen CO und Staub. Die Stäube bestehen in der Hauptsache aus CaO, C, SiO_2 und MgO (vgl. Fußnote 83). Das CO wird im Normalfall im Ofenbereich abgesaugt und wieder genutzt, im Störungsfall erfolgt eine Fackelverbrennung zu CO_2. Bei der Herstellung der Elektrodenmasse entstehen Teer- und Pechdämpfe.

Die NO_x-Emissionen sind nicht bekannt. Die hohen Temperaturen (2 000 bis 2 300° C) und der schlechte Wirkungsgrad lassen jedoch vermuten, daß die Emission erheblich ist. Bei einer Einsatzmenge von 2 Mill. t (1,3 Mill. t Kalk, 0,7 Mill. t Koks) und einem geschätzten Emissionsfaktor von 2 kg NO_x/t Einsatzgut ergeben sich insgesamt 4 000 t NO_x.

Die Bedeutung des neuen Werkes (Hoechst/Uhde) zeigt folgende Gegenüberstellung[85]:

	Altwerk	"zweites Buna"	Gesamtproduktion
Chlor	200 000 t	200 000 t	400 000 t
PVC	200 000 t	100 000 t	300 000 t

Als Nebenprodukt fallen im Neuwerk bei der Chlorelektrolyse 225 000 t Natronlauge an. Als Zwischenprodukte werden 200 000 t Venylchlorid in einer Spaltanlage, also auf der Grundlage von Olefinen, erzeugt[86].

Das neue Werk hat 1 200 Mitarbeiter, das Altwerk 26 000. Die Produktionspalette ist breit gestreut:

- Buna beschränkt sich nicht nur auf die Herstellung der Rohstoffe zur Kunststoffverarbeitung, sondern fertigt auf dieser Grundlage auch Spezialitäten, z.B. zahlreiche Kautschuksorten.

- Das Neuwerk verarbeitet ebenso wie schon das Altwerk auch petrochemische Vorerzeugnisse, also Ethylen statt Ethin (Acethylen).

- Das Altwerk produziert auch andere Grundstoffe; so ist Buna z.B. Alleinhersteller in der DDR für Niederdruckpolyäthylen (1982 ca. 30 000 t).

- Das Lizenzangebot des Kombinats zur Leipziger Frühjahrsmesse 1985 enthielt 51 Angebote für verschiedene chemische Prozesse (vgl. Anlage 1).

Buna besitzt ein eigenes Forschungszentrum, das gegenüber Leuna sehr klein ist (Buna: 100 Mitarbeiter, Leuna: 2 500 Mitarbeiter). Man beschäftigt sich offenbar sehr intensiv mit der Streckung von Polystyrol und Polyäthylen durch heimische Rohstoffe, z.B. Kreide.

Die Kautschukproduktion hat in der DDR eine lange Tradition. Gegenwärtig werden rund 550 000 t jährlich hergestellt, in 30 verschiedenen Qualitäten, davon gehen 70 vH in die Reifenindustrie. Importabhängigkeit besteht bei dem für die Produktion nach dem Emulsionsverfahren benötigten Styrol - Hinweise auf die eigene Styrolproduktion fehlen[87].

Mit den neuen Anlagen deckt die DDR ihren Bedarf an PVC zu 99 vH und kann PVC exportieren (Kompensationsgeschäft mit Hoechst/Uhde). Da "zur Erzeugung der heute marktüblichen Vielfalt unterschiedlicher PVC-Arten und Typen" verschiedene Polymerisationsverfahren nötig sind und diese sich hinsichtlich der Emissionen beträchtlich unterscheiden, muß dieser Bereich noch etwas tiefer analysiert werden[88]. Die einschlägige VDI-Richtlinie zur Reinhaltung der Luft (Stand 1982) bemerkt zunächst, daß von den beiden großtechnisch eingeführten Verfahren von Vinylchlorid (VC) die Hydrochlorierung von Acethylen nach den derzeitigen Erkenntnissen wegen Unwirtschaftlichkeit für Neuanlagen in Deutschland kaum in Frage kommt[89]. Auf diesem Verfahren beruhte bis 1980 überwiegend die PVC-Produktion in Buna, erst mit Buna II kann verstärkt auf das modernere

Spaltverfahren zurückgegriffen werden, das auf Ethylen (vgl. Abschnitt 4.1.5.2./Böhlen) beruht. Aus dem Lizenzangebot von Buna auf den Leipziger Messen, aus verschiedenen verstreuten Hinweisen zum Altwerk und aus Pressemeldungen zu Buna II kann geschlossen werden, daß die Polymerisierung von VC zu PVC überwiegend nach dem Suspensions-Copolymerisations-Verfahren erfolgt. Daneben gibt es auch Hinweise auf das Mikro-Suspensions-Verfahren. Beide Verfahren emittieren in nennenswertem Umfang Vinylchlorid, das sich als krebserzeugend erwiesen hat - allerdings vor wenigen Jahren noch als Treibgas für Sprays Verwendung fand. Die Ermittlung der Emissionen kann nur überschlägig und mit Faktoren aus der Bundesrepublik erfolgen[90]. Dabei sei angemerkt, daß in der Bundesrepublik die Emissonen zwischen 1974 und 1979 um 90 vH gesenkt wurden. Auch sind die hier genannten Werte Monatsdurchschnitte, die eine Streuung bis zu 100% haben. Es kann nicht ausgeschlossen werden, daß die tatsächlichen Werte in der DDR höher sind. Bei 300 000 Jahrestonnen PVC-Produktion in Buna ergibt sich also mindestens eine jährliche VC-Emission von 120 t.

Die Herstellung von <u>Chlor</u> hat sich in Buna 1980 verdoppelt, auf 400 000 t. Angemerkt sei zunächst, daß auch im nicht weit entfernten Bitterfeld Chlorprodukte entstehen. Leider können über die Art der Chlorelektrolyse keine näheren Angaben gemacht werden, damit gestaltet sich eine Emissionsberechnung als schwierig. Das Diaphragma-Verfahren wurde 1893 erstmals in Bitterfeld angewandt. Der Hinweis, daß großtechnisch auch das Quecksilberverfahren Bedeutung habe, daß beide gleichrangig seien, stärkt die Vermutung, daß beide Verfahren - wie in der Bundesrepublik so auch in der DDR - zum Einsatz gelangen. "Der Instandhaltungszustand, die jeweilige Technologie und die angewendeten Abgasreinigungsverfahren bewirken starke Schwankungen der möglichen Emissionen"[91]. Die soeben zitierte Quelle gibt folgende Werte an: Chloremissionen der beiden Elektrolyse-Verfahren 5-80 kg je t erzeugtes Cl_2, nur bei Altanlagen über 20 kg Cl_2/t und beim Quecksilber-Verfahren 0,01 bis 0,15 kg Hg/t Cl_2. Auf die Berechnung der Quecksilberemissionen muß für den Standort Buna verzichtet werden, da nähere Informationen fehlen. Die Chloremissionen für Buna 1982 werden überschlägig wie folgt errechnet:

200 000 t Chlor in Neuanlage mit 5 kg/t Cl_2 = 1 000 t Chlor und

200 000 t Chlor in Altanlage mit 40 kg/t Cl_2 = 8 000 t Chlor,

also insgesamt 9 000 t Chloremissionen.

Angemerkt sei noch, daß Buna seit 1980 auf den neuen Anlagen in verstärktem Umfang PVC-S produziert[92].

Hinweise auf andere Produktionen in Buna fehlen weitgehend oder sind wenig ergiebig. Die Herstellung von Glykol soll 1984 gegenüber 1983 um 2 000 t gesteigert werden[93], die Produktion beträgt offenbar knapp 30 000 t im Jahr[94], über 20 Kautschuktypen werden produziert[95]. Der Ammendorfer Betrieb produziert ein Drittel des in der DDR gefertigten Fußbodenbelags[96]. Die auf Acetylen basierende Produktion eines nicht trinkbaren Alkohols beträgt etwa 2 000 t[97]. Auch wird in Buna in einer 1974 mit Hilfe von VOEST-Alpine errichteten Anlage Niederdruckpolyäthylen hergestellt. 1982 waren es laut Statistischem Jahrbuch der DDR knapp 30 000 t. Der österreichische Konzern errichtete dafür eine Äthylenoxidanlage[98]. Durch Rationalisierungsmaßnahmen wurde 1981 die Kapazität der Vinylacetat-Anlage von 28 000 auf 41 000 t gesteigert. Auch diese arbeitet auf der Grundlage von Carbid und liefert Erzeugnisse für Farben, Leder und Kleber[99]. 1969 wurde in Buna die Produktion ungesättigter Polyesterharze aufgenommen, 1984 betrug die Produktion von neuen Basistypen 17 000 t[100].

Abschließend sei noch auf einen Einzelhinweis eingegangen. Der Aldehydbetrieb in Buna verarbeitete 1982 zwei Drittel der gesamten Carbidproduktion, also die Menge, die in zwei von drei Ofenhäusern produziert wurde (700 000 t). Nach Angaben aus der Bundesrepublik entstehen beim Wacker-Hoechst-Verfahren, das wahrscheinlich angewendet wird, 0,45 kg Kohlenwasserstoffe pro t Aldehyd[101]. Unter Berücksichtigung, daß Carbid nicht chemisch rein ist, daß auch die Umsetzung nicht 100 vH beträgt, ergibt sich aus der theoretischen Formel bei einem Abschlag von 20 vH eine Produktion von 385 000 t Aldehyd. Daraus ergibt sich eine Emission von 173 t Kohlenwasserstoff.

4.1.2.3. Das Chemiekombinat Bitterfeld

Steinsalz und Energie aus Braunkohle sind die Säulen des Chemiekombinats Bitterfeld, sie bilden die Grundlage für das Zentrum der anorganischen Chemie der DDR, für die Elektrolyseprozesse zur Chlor- und Aluminiumherstellung. Bitterfeld, der Inbegriff von Umweltzerstörung, ist zu Beginn der 80er Jahre etwas besser als sein Ruf. Einige der schlimmsten Anlagen wurden inzwischen stillgelegt bzw. durch neue ersetzt. Dies gilt z.B. für die Chlorelektrolyse. Das Steinsalz aus Bernburg gelangt auch nicht mehr in staubbeladenen Waggons in das Kombinat, sondern wird per Solepipeline direkt in die neue Chlorfabrik geschickt. Die Kapazität der Pipeline beträgt 1,7 Mill. m^3 [102]. Andere Anlagen, die zum Teil schon die Jahrhundertwende erlebten, wurden generalüberholt, zumindest teilweise ersetzt. Ein Beispiel ist die Tetra-Chloral-Anlage. In den 70er Jahren wurde in vielen Wärmeprozessen auch Gas eingesetzt. Bis 1974 wurden in Bitterfeld 45 Anlagen von Braunkohle auf Erdgas umgerüstet[103]. Leider ist damit zu rechnen, daß dieser Trend nicht anhält und Bitterfeld jetzt wieder mehr Braunkohle einsetzen muß.

1971 wurden im Kreis Bitterfeld 473 t SO_2/km^2 emittiert, das waren insgesamt 210 000 t[104]. Inzwischen soll die Belastung auf 125 000 t zurückgegangen sein[105]. Die vier Kraftwerke des Chemiekombinats werden mit

Braunkohlen befeuert, zwei 150-Megawatt-Turbinen decken den Strombedarf der chemischen Elektrolysen[106], etwa 120 MW verbraucht die Aluminiumerzeugung (vgl. 4.2.2.3.). Neben Erdgas dürfte das Chemiekombinat Bitterfeld 1982 40 000 TJ auf Braunkohlenbasis aus eigenen Industriekraftwerken und Heizwerken verbraucht haben. Auf derselben Basis wie bei Leuna errechnen sich daraus 102 500 t SO_2 und 6 000 t NO_x.

Aus Rohbraunkohle/Energie, Steinsalz, Bauxit, Kaliumchlorid, Kalkstein, Quarzsand, Anhydrit und Flußspat sowie Derivaten der Carbo- und Petrochemie produziert Bitterfeld Grundchemikalien und Aluminium. 29 000 Beschäftigte erzeugen in Bitterfeld (20 000), Bernburg/Staßfurt, Bad Köstritz, Karl-Marx-Stadt und in Berlin-Lichtenberg 4 000 Produkte. Schwerpunkte sind Farbstoffe und Färbereihilfen, Mittel für den Pflanzenschutz und zum Steuern biologischer Prozesse, Chlorierungsprodukte, Plastwerkstoffe, Ionenaustauscher und Katalysatoren, Silikone und Fluorcarbone, Sodaprodukte, Kältemittel, technische Kohlefabrikate, Photochemikalien und andere chemisch-technische Erzeugnisse. Für Bitterfeld ist Kleintonnagigkeit charakteristisch. Die Jahresproduktion einzelner Produkte bewegt sich häufig im Bereich zwischen 100 und 1 000 t/Jahr, oft noch im manufakturähnlichen Betrieb[107].

Die Chlorelektrolysen in Bitterfeld laufen überwiegend nach dem Diaphragmaverfahren. 1982 wurde eine neue Chlorfabrik aus Großbritannien bezogen, die nach Auskunft eines westdeutschen Wettbewerbers maximal 160 000 t Chlor erzeugt. Die Gesamtproduktion der bei der Chlorelektrolyse anfallenden Natronlauge in Höhe von 695 000 t 1982 (Statistisches Jahrbuch der DDR) und der Hinweis, daß eine alte Chlorfabrik nach Inbetriebnahme der neuen Anlage stillgelegt werden konnte, erlauben die Annahme, daß in Bitterfeld auch noch ältere Anlagen in Betrieb sind[108]. Darauf deutet auch die hohe Kapzität der Solepipeline hin[109]. Unterstellt man, daß weitere 100 000 t Chlor in Bitterfeld hergestellt werden und rechnet insgesamt mit den gleichen Emissionsfaktoren wie in Buna (vgl. 4.1.2.2.), lassen sich die Chloremissionen für Bitterfeld 1982 überschlägig wie folgt ermitteln:

100 000 t Chlor in Altanlagen mit 40 kg/t Cl_2 = 4 000 t Chlor

160 000 t Chlor in Neuanlagen mit 5 kg/t Cl_2 = 800 t Chlor,

also insgesamt 4 800 t Chloremissionen.

Die Aluminiumproduktion, die einen großen Teil des Energieverbrauchs in Bitterfeld verschlingt, wird hinsichtlich der Fluoremissionen im Abschnitt 4.2.2. - NE-Metall-Industrie - dargestellt.

Mit Stolz berichtete die DDR-Presse 1981/82 über die kostengünstige Rekonstruktion (Generalüberholung) und Kapazitätserweiterung der Tetra Chloral-Produktion. Statt vieler kleiner Anlagen erfolgt die Produktion in vier Großchlorierern[110], damit wurde eine der ältesten Produktionsstätten in Bitterfeld modernisiert. Aus Chloral werden Wirkstoffe für Pflanzenschutzmittel hergestellt. Tetrachlorkohlenstoff dient als Kältemittel und Treibmittel in Spraydosen. Die Produktion von Chloral stieg von 5 000 auf 10 000 t/Jahr, die von Tetrachlorkohlenstoff von knapp 17 000 auf 25 000 t/Jahr[111].

Über die übrigen Chlorierungsprozesse fehlen die Informationen weitgehend. Man hört von Bemühungen, den Verbrauch von Chlorkali je t Kalisalpeter von 570 kg auf 518 kg je t Produkt zu senken[112], erfährt, daß Bitterfeld Alleinhersteller von Methylenchlorid in der DDR ist, das auch in großem Umfang in den Westexport geht[113], und daß die substituierende Chlorierung hochpolymerer Olefine einen wichtigen Platz im Produktionsgeschehen des Kombinats einnimmt. An hervorragender Stelle steht dabei nachchloriertes PVC bzw. PE. Auf der Grundlage der Chlorierung von niedermolekularem Polyäthylen wird eine CPE-Lackstammlösung hergestellt. Nach Generalüberholung soll die Pilotanlage ihre Produktion steigern[114]. Aus vier Farbstoff-Synthesefabriken in Wolfen stammt das gesamte organische Farbstoffsortiment der DDR, in überschlägiger Rechnung könnten dies knapp 5 000 t im Jahr sein[115].

Ca. 2 500 t Phosphor erzeugt der Phosphor-Betrieb in Bitterfeld[116]. Das Chemiewerk in Bad Köstritz produziert u.a. zwischen 50 000 und 70 000 t Magnesium-Phosphat, ein Düngemittel[117].

Bitterfeld ist auch ein <u>Säureproduzent</u> der DDR, insbesondere von Schwefel- und Salzsäure. In Bitterfeld werden jährlich 125 000 t Gipsschwefelsäure in Kontaktöfen hergestellt. Das zum Kombinat gehörende Chemiewerk in Nünchritz verbrennt flüssigen Schwefel in einer Doppelkatalyseanlage mit einer Kapazität von ebenfalls 125 000 t[118]. Die Emissionen werden im folgenden Abschnitt beim Chemiewerk in Coswig (Kombinat Agrochemie Piesteritz) ermittelt und verteilt. Für 1982 weist das Statistische Jahrbuch der DDR eine Produktion von 106 000 t <u>Salzsäure</u> aus. Das Chemiekombinat Bitterfeld und die Buna-Werke sind die wichtigsten Salzsäureproduzenten der DDR. Die Hauptmenge der benötigten Salzsäure wird durch die Reaktion der bei der Chloralkalielektrolyse anfallenden Gase Chlor und Wasserstoff hergestellt. Sowohl beim Verbrennungsverfahren als auch beim Sulfatverfahren kommt es zu Chlorwasserstoffemissionen, und zwar definierte spezifische Emissionen in der Größenordnung von 0,01 bis 2,0 kg HCl/t HCl und diffuse zwischen 0,5 bis 2 kg. Bei einer spezifischen Gesamtemission von 1 kg HCl/t HCl entstehen an den Standorten Buna und Bitterfeld jeweils - Annahme 45 000 t HCl pro Standort - 45 t HCl-Emission im Jahr[119].

Die <u>Sodaproduktion</u> ist in den zu Bitterfeld gehörenden Vereinigten Sodawerken "Karl-Marx" in Bernburg und Staßfurt konzentriert und erzeugte 1982 lt. Statistischem Jahrbuch der DDR 882 000 t kalzinierte Soda. Bei der

Produktion kommt es zu erheblichen Ammoniak-, Kohlenmonoxid- und Kohlendioxid-Emissionen. Die DDR-Literatur nennt "nahezu übereinstimmend" NH_3-Gesamtverluste von 1 bis 3 kg NH_3/t Soda[120]. Allerdings lassen sich diese Werte durch Abgaswäschen (eine Anlage) auf insgesamt 0,25 bis 0,75 kg NH_3 herabsetzen (definierte und diffuse Quellen). Unter der Annahme, daß die Sodaproduktion 1,5 kg NH_3/t Soda emittiert, entstehen in Bernburg und Staßfurt als Luftschadstoff 662 t Ammoniak. Die spezifischen CO-Emissionen werden mit 1 bis 10 kg/t Soda angegeben, betrugen 1982 also bei 5 kg/t Soda 4 410 t. Dazu kommen Austritte von CO_2, die bis zu 100 kg/t Soda betragen können. Im Sodawerk Staßfurt wurden 1982 knapp 100 000 t sogenanntes Schwersoda produziert, eine höher veredelte Leichtsodasorte[121].

Im Betrieb Elektrokohle in Berlin-Lichtenberg werden von 2 700 Beschäftigten jährlich über 45 000 t Elektrodenkoks kalziniert und zu Kohleelektroden, Kohlebürsten und Heizleiterstäben für die Elektrostahlproduktion, den Elektromaschinenbau und die Aluminiumelektrolyse weiterverarbeitet. Neue Vertikalöfen, Leistung 16 t am Tag und ein umfangreiches Umweltschutzprogramm haben inzwischen die Belastung der Umgebung, ein Wohngebiet mit 80 000 Einwohnern, schon stark vermindert, bis 1987 soll die Belastung der Umwelt mit Kohlenstaub vollständig beseitigt sein. Es wird berichtet, daß die Schadstoffemission bei Teerpechaerosolen von 633 Jahrestonnen 1976 auf 80 Jahrestonnen 1983 vermindert worden seien[122]. In der Bundesrepublik wurden bei der etwa achtfachen Produktion von Hartbrandkohle 1980 etwa 140 t Teer und 630 t Kohlenwasserstoffe emittiert. 30 t Teer bzw. 140 t Kohlenwasserstoffe pro Jahr schienen 1981 in der Bundesrepublik durch konsequente Anwendung thermischer Nachverbrennungsanlagen erreichbar zu sein. Diese Teeremission wird in der DDR am Standort Lichtenberg erheblich überschritten. Nimmt man das Verhältnis

Teer : Kohlenwasserstoff mit 1 : 4,5 auch für die DDR als zutreffend an, wurden in Lichtenberg 1983 neben Teer auch 360 t Kohlenwasserstoffe emittiert.

Über den Lichtenberger Betrieb wird häufig berichtet. Seine Bedeutung für die DDR ist groß. In 22 Öfen wird Siliziumkarbid auf Kohlerohren gebrannt[123]. Die Vertikalöfen arbeiten mit 1 300° C, in ihnen werden als flüchtige Bestandteile dem Koks Wasser und Schwefel entzogen, hier wird rund um die Uhr gearbeitet[124]. Die Arbeitsbedingungen sind wenig zufriedenstellend.

4.1.2.4. Das Kombinat Agrochemie Piesteritz

Das Kombinat Agrochemie Piesteritz mit 19 000 Beschäftigten in 17 Betrieben ist der größte Düngemittelproduzent der DDR, überwiegend basierend auf sowjetischem Erdgas. Die moderne Stickstofflinie im Stammbetrieb liefert jährlich um 1 Mill. t Harnstoff. Eine weitere, traditionelle Linie produziert in alten Anlagen Kalziumkarbid-Kalkstickstoff, aber auch andere auf Carbid aufbauende Folgeprodukte wie z.B. Ruß. Die dritte Linie des Kombinats wird durch Phosphor - Phosphorsäure - Phosphorsalze bestimmt. Damit ist auch die Piesteritzer Produktionspalette breit gefächert. Neben dem Stammbetrieb gibt es weitere sehr wichtige Werke, so z.B. den VEB Fahlberg-List in Magdeburg (Pflanzenschutz- und Schädlingsbekämpfungsmittel, Superphosphat und chemisch-technische Produkte wie Schwefelsäure, Lindan und Saccharin). Im Jahr 1984 übernahm das Kombinat den VEB Waschmittelwerk Genthin (Stammwerk des aufgelösten Kombinats Haushaltchemie Genthin).

Das Kombinat Agrochemie steht im Energieverbrauch Leuna, Buna und Bitterfeld mit 70 000 TJ/Jahr kaum nach[125]. Die Prozesse basieren auf sowjetischem Erdgas, das Werk vervielfachte seine Kapazität erst in der zweiten Hälfte der 70er Jahre. Durch konsequente Nutzung der Sekundärenergie im modernen Teil des Werkes konnte auch die auf Braunkohle basierende Energieerzeugung des Altwerkes weitgehend ersetzt werden. Das Kombinat deckt wahrscheinlich nur zu knapp 15 vH seinen Energiebedarf auf der Basis von Braunkohle. Daraus ergibt sich (Berechnung analog zu den übrigen Kombinaten der Grundstoffindustrie) eine SO_2-Emission von ca. 25 000 t/Jahr. Die NO_x-Emissionen müssen allerdings als relativ höher angenommen werden. Unterstellt man, daß die Hälfte des Erdgases als Rohstoff für die Produktion eingesetzt wird, so ergeben sich bei rund 30 000 TJ für energetische Prozesse und bei einem Emissionsfaktor von 150 kg NO_x/TJ 4 500 t NO_x/Jahr.

Die Bedeutung des Kombinats für die DDR-Wirtschaft schlägt sich in folgenden Produktionsanteilen nieder[126]:

Phosphordünger	über	80 vH
Stickstoffdünger		60 vH
Ammoniak		65 vH
Schwefelsäure	über	40 vH
Pflanzenschutz- und Schädlingsbekämpfungsmittel		
Waschmittel	deutlich über	75 vH

Neben Piesteritz sind es dann immer nur wenige Betriebe, die die fehlenden Anteile produzieren, z.B. bei Phosphordünger Bitterfeld (Chemiewerk Bad Köstritz), bei Stickstoffdünger Leuna und Schwedt, bei Ammoniak Leuna, bei Schwefelsäure Bitterfeld und Betriebe der Metallurgie und bei Pflanzenschutzmitteln Bitterfeld und Synthesewerk Schwarzheide.

Die Carbidöfen am Anfang der traditionellen Produktionslinie erzeugen jährlich gut 170 000 t[127]. Zwei Rechtecköfen und ein Rundofen wurden stärker noch als in Buna auf den Einsatz heimischen BHT-Kokses umgestellt, 1982 betrug der Anteil schon über 50 vH[128]. Die Verfahrenstechnik der Carbidöfen wurde ausführlich dokumentiert[129]. Ähnliche mengenmäßige Einsatzverhältnisse wie in Buna vorausgesetzt, verbrauchten die Öfen 1982 225 000 t Kalk und 120 000 t Koks und emittierten dabei bei einem Emissionsfaktor von 2 kg NO_x/t Einsatzgut knapp 700 t NO_x und natürlich auch große Mengen CO und Staub. Die Verwendung des in Piesteritz erzeugten Carbids ist bekannt[130]. Von 172 000 t Carbid werden verwendet:

65 000 t für Schweißkarbid

40 000 t für Kalkstickstoff

50 000 t für Acetylen bzw. Ruß

In 500 alten Vorkriegsöfen werden jährlich gut 15 000 t Kalkstickstoff produziert. Die Prozeßtemperaturen betragen zwischen 1 000 und 1 100° C[131]. Der Kalkstickstoff dient kaum noch der Landwirtschaft, sondern wird zu Harzen für die Lackindustrie veredelt, zu Viscorin und Viscoment für die Zementindustrie und zu Meladurmassen sowie zu Farbsalzen[132].

In Vorkriegsanlagen wird in Piesteritz Acetylenruß erzeugt. Die Anlagen sind außerordentlich störanfällig, die Fluktuation der dort beschäftigten Arbeiter ist hoch: "Zur gängigsten Technologie zählten Schaufel und Besen, die Kollegen laufen rum, wie die Schornsteinfeger[133]. Acetylen wird einem Spaltofen zugeführt und dort unter Luftabschluß thermisch gespalten. 60% des entstehenden Rußes gelangen direkt zu Verdichtereinrichtungen (Koller, Preßband), und 40% Ruß werden mit dem entstehenden Wasserstoff mitgerissen. Dieser Ruß wird mit Hilfe von Spezialzyklonen und Naßwäschen aus dem H_2-Gasstrom abgetrennt ... Aus lufthygienischer Sicht sind Rußanlagen unproblematisch"[134].

In zwei Einstranganlagen mit einer Maximalkapazität von zusammen 2 900 t/Tag beginnt die wichtigste Produktionslinie des Kombinats, die Erzeugung von Ammoniak auf der Basis sowjetischen Erdgases. Über 1 Mrd. m^3 Erdgas werden allein von den Ammoniakanlagen jährlich verarbeitet, das waren 1982 rund 20 vH des aus der Sowjetunion importierten Erdgases[135]. 1980 wurde die "Traumgrenze" von 1 Mill. t Ammoniak, das waren 100 000 t/Jahr mehr als die projektierte Leistung, erstmals überschritten[136]. Inzwischen scheint die Produktion deutlich, d.h. um über 10 vH, wieder zurückgegangen zu sein; möglicherweise eine Reaktion auf die Verteuerung von Erdgas aus der Sowjetunion. 1984 wird die Tagesproduktion nur noch mit 2 500 t angegeben, allerdings erst in einer Quelle[137]. Die Anlagen in Piesteritz sind umweltfreundlicher als die Synthesegasanlagen in Leuna, auch weil der Prozeß kontinuierlich läuft. "Der Prozeß verläuft weitgehend dampfautark, so daß auch indirekte Emissionen - z.B. SO$_2$ durch erhöhte Dampferzeugung im Kraftwerk - nicht auftreten... Durch unkontrollierte Emissionen (Undichtheiten an Flanschen, Ansprechen von Sicherheitsventilen usw.) werden etwa 0,1 bis 0,3 kg NH$_3$/t emittiert"[138]. 1982 wurden danach bei 1 Mill. t Ammoniak maximal 300 t im Jahr, etwa ebensoviel wie in der Bundesrepublik 1979 bei einer Produktion von 2,6 Mill. t Ammoniak, emittiert[139]. Aus dem Ammoniak werden in drei ebenfalls in der zweiten Hälfte der 70er Jahre errichteten Harnstoffanlagen über 1 Mill. t Düngemittel gewonnen, mit einem Stickstoffanteil von 46,5 vH[140]. 1980 wurden 1 150 000 Jahrestonnen produziert[141].

Harnstoff aus Piesteritz wird als Dünger verwendet, etwa 10 vH auch als Viehfutterbeigabe. Kunstharze, Lacke etc. werden überwiegend aus dem in den Leuna-Werken produzierten Harnstoff hergestellt. Obwohl die Anlagen in Piesteritz kompakt sind, treten dennoch Emissionen auf, Harnstoffemissionen (Staub) bei der Prillierung (Granulation), geringe Mengen NH$_3$ im

Abgas. "Die wesentlichsten NH_3-Emissionen treten im Absorptions-Desorptionsteil auf. Diese Emissionen sind in Menge und Konzentration stark schwankend (Konzentrationsbereich von 100 bis 800 g/m^3). Insgesamt beträgt die spezifische NH_3-Emission bei der Harnstoffherstellung 10 bis 15 kg NH_3/t Produkt"[142]. Das sind erheblich (zehn- bis fünfzehnfach) mehr, als in der Bundesrepublik Deutschland für 1979 als Mittelwert angegeben wurde (1,0 kg NH_3/t Produkt)[143]. 1982 betrugen die NH_3-Emissionen in Piesteritz 15 000 t NH_3, bei einer Produktionsmenge von 1,2 Mill. Jahrestonnen Harnstoff und einem mittleren Emissionsfaktor von 12,5 kg NH_3/t Produkt.

Die Salpetersäureproduktion in Piesteritz beträgt etwa 50 000 Jahrestonnen[144], etwa nur ein Sechzigstel der Produktion der Bundesrepublik. Die spezifischen Emissionen für NO_2 schwanken je nach Anlagentyp zwischen 5 und 50 kg NO_2 pro t HNO_3, d.h. bei Annahme eines Emissionsfaktors von 20 kg/t HNO_3 ergeben sich 1 000 t NO_2 im Jahre 1982.

Die Phosphatdüngemittelproduktion der DDR belief sich im Jahre 1982 auf 286 000 t (Reingehalt - 1980: 370 000 t und 1983: 315 000 t) und verteilt sich auf verschiedene Standorte: Piesteritz, Magdeburg, Steudnitz, Salzwedel, Bad Köstritz, Coswig. Knapp die Hälfte erzeugt der Stammbetrieb in Piesteritz[145]. Schwerpunkte der Superphosphatproduktion sind Coswig, der VEB Fahlberg-List Magdeburg und Salzwedel[146]. In Coswig und Salzwedel erfolgt der Aufschluß der Phosphaterze (Apatit) mit Schwefelsäure. Da der VEB Fahlberg-List (s.u.) auch 100 000 t Schwefelsäure produziert, wird die Anwendung dieses Verfahrens auch dort plausibel. Offenbar ist die Superphosphatproduktion der DDR sehr modern und erfolgt in Anlagen mit einer Kapazität von jeweils 55 000 t/Jahr[147]. Bei der Produktion in Piesteritz dürfte es sich um Einnährstoff- oder Glühphosphatanlagen handeln. Sicher ist dies jedoch nicht. Nimmt man an, daß in Coswig, Salzwedel und

Magdeburg jeweils 55 000 t Superphosphat hergestellt wurden und nur bei diesen nennenswerten Fluoremissionen auftraten (Emissionsfaktor nach DDR-Angaben 0,45 kg F/t P_2O_5) wurden 1982 an diesen drei Standorten jeweils 25 t Fluor emittiert. Dieses ist ein hoher Wert, denn auch in der DDR erfolgt eine nasse Abgasreinigung.

Das Chemiewerk in Steudnitz produziert jährlich gut 400 000 t Alkalisinterphosphat, nähere Angaben fehlen[148]. Das zum Agrochemischen Kombinat gehörende Chemiewerk in Coswig erzeugt die zum Aufschluß der Superphosphate benötigte Schwefelsäure selbst, versorgt seit 1983 auch den Betrieb in Salzwedel - dort verschwanden mit der Stillegung der Schwefelsäureproduktion 1893 auch die schmutzig-gelben Rauchfahnen vor den Toren der Stadt. Coswig ist mit 300 000 t die größte Schwefelsäurefabrik der DDR und verarbeitet Anhydrit aus Niedersachswerfen im Südharz[149].

125 000 t Schwefelsäure aus flüssigem Schwefel gewinnt das Chemiewerk Nünchritz[150], ebenfalls 125 000 t die Gipsschwefelsäureanlage des Stammbetriebes in Bitterfeld[151]. Neben Gips/Anhydrit und flüssigem Schwefel ist Pyrit (Schwefelkies) mit 16 vH Schwefelgehalt Basis der Schwefelsäureproduktion in den Metallhütten, insbesondere von Freiberg und Helbra. Pyrit wird in großen Mengen unter Tage in Elbingerode/Harz gewonnen, täglich 1 200 t und zu einem 42%igen Konzentrat aufgearbeitet[152]. Leider ist nicht bekannt, ob an diesem Standort 5- oder 7-Tage in der Woche gearbeitet wird, denn davon hängt natürlich die Jahresfördermenge, 300 000 bzw. 440 000 t, respektive der enthaltene Schwefel, knapp 50 000 bzw. 70 000 t, ab. Eine "relativ" moderne Schwefelsäurefabrik-Kapazität (100 000 t) befindet sich im VEB Fahlberg-List in Magdeburg - Baujahr 1972[153]. Bei dieser Anlage dürfte es sich um die einzige Doppelkontaktanlage der DDR handeln, die spezifischen SO_2-Emissionen dürften wesentlich niedriger liegen als anderswo. Dafür spricht, daß in einer

Veröffentlichung von 1975 Emissionsfaktoren beider Verfahren genannt werden[154]. In den Metallhütten, insbesondere von Freiberg und Mansfeld werden zwar ebenfalls beachtliche Mengen Schwefelsäure hergestellt, jedoch ist sie hier Nebenprodukt, zum Teil Ergebnis von Abgasreinigungsverfahren zur Verminderung der Umweltbelastung. Ohne diese Produktion wäre die SO_2-Emission an diesen Standorten deutlich höher[155].

Insgesamt wurden 1982 in der DDR 920 000 t Schwefelsäure hergestellt. Folgende Übersicht zeigt die Emissionen an den wichtigsten Standorten der chemischen Industrie und die dazu gehörenden Emissionsfaktoren:

Standort	Produktionsmenge 1982 in 1 000 t	Emissionfaktor in kg SO_2/t H_2SO_4	Emission in t SO_2
Coswig	300	40	12 000
Salzwedel	100	40	4 000
Bitterfeld	125	30	3 750
Nünchritz	125	6	750
Magdeburg	100	7	700
Chemische Industrie (5 Betriebe)	750	32	21 200

Die Emissionsfaktoren für Magdeburg (Baujahr 1972) und Nünchritz (1979) wurden wegen der relativen Modernität der Anlagen deutlich niedriger angesetzt. Bei Doppelkontaktanlagen gibt die DDR spezifische SO_2-Emissionen von 4 bis 10 kg/t H_2SO_4 an[156], für Kontaktanlagen 17 bis 25 kg und Gipsschwefelsäureanlagen (Coswig, Salzwedel, Bitterfeld) 17 bis 40 kg/t H_2SO_4. Der Höchstwert in Coswig und Salzwedel wurde angenommen, weil die eine Anlage (Coswig) nicht störungsfrei läuft, "in einer Schicht mehrmals alles abgestellt werden muß" und die andere Anlage (Salzwedel) 1983 stillgelegt wurde[157].

Hervorzuheben ist nochmals der VEB Fahlberg-List, der erste Betrieb der Welt, der Saccharin (Fahlberg) großtechnisch herstellte und noch produziert. Der Betrieb erzeugt Lindan und Melipax, die hier zu Schädlingsbekämpfungsmitteln konfektioniert werden[158]. Außerdem werden in diesem Magdeburger Betrieb Saatbeizen und ca. 12 000 t Elbazim (ein Rübenherbizid) pro Jahr erzeugt[159].

Berichtsstand dieser Arbeit ist 1982. Dennoch wäre dieser Abschnitt nicht vollständig, wenn nicht auf das damals noch im Bau befindliche große Düngemittelwerk in Rostock hingewiesen würde. Dort werden in einer modernen Anlage auf Basis sowjetischen Ammoniaks jährlich 1 Mill. t Kalkammonsalpeter produziert. Damit steigt die Kapazität des Kombinats Agrochemie Piesteritz erheblich an. Das Ammoniak kommt per Schiff. Das Erholungsgebiet an der Ostseeküste soll nicht belastet werden, deshalb wurden 10 vH der Investitionsmittel für den Umweltschutz ausgegeben. Das Heizwerk dieses modernen Chemiebetriebes soll gleichzeitig das neue Rostocker Wohngebiet Dierkow versorgen[160].

4.1.3. Die Kalichemie

Kali ist neben Braunkohle der einzige wichtige Rohstoff, über den die DDR in großen Mengen verfügen kann. 1982 wurden 3,4 Mill. t Kali produziert, 500 000 t für die eigene Landwirtschaft. Die DDR ist nach der Sowjetunion und Kanada der drittgrößte Kaliproduzent der Welt. Aus über 30 Mill. t Rohsalz werden etwa 6,8 Mill. t Düngemittel (50 vH K_2O-Gehalt) hergestellt. Höherwertige Sorten (K_2O-Gehalt über 60 vH) nehmen zu, damit aber auch die Verarbeitungstiefe. Die SO_2-Emissionen dieses Industriezweiges können offenbar in der Bundesrepublik weitgehend vernachlässigt werden, da die für die Aufbereitung nötigen Energien durch den Einsatz von Heizöl und Erdgas aufgebracht werden[161]. Dies dürfte in den relativ modernen Anlagen und mit dem im Magdeburger Raum zur Verfügung stehenden heimischen Erdgas auch für die Kaliwerke in Zielitz - rund 20 vH der DDR-Produktion - gelten[162]. In den Kaliwerken des Südharzes - Zentrum Sondershausen[163] mit gut 40 vH der DDR-Produktion - wird jedoch in den zum Teil schon sehr alten Kaliwerken (z.B. Bleicherode) auch Braunkohle als Brennstoff eingesetzt. Dasselbe gilt auch für das Kaliwerk Werra in Merkers, welches rund 35 vH zur Kaliproduktion beisteuert[164]. Die beachtlichen Schornsteinhöhen, 100 und 120 m, und die große Spannweite der aus DDR-Angaben errechenbaren Gesamtemission lassen vermuten, daß sowohl im Südharz als auch im Werra-Gebiet hohe SO_2-Emissionen entstehen. Da der Kali-Gehalt und die Qualität der Vorkommen sich weiter verschlechtert haben, neue kompliziertere Aufschlußverfahren (Verarbeitung von Anhydrit) notwendig werden und auch in diesem Bereich Heizöl durch Braunkohle ersetzt werden muß, werden die Kraftwerksemissionen weiter steigen. Der spezifische Rohsalzeinsatz je t Fertigprodukt lag schon zu Beginn der 80er Jahre über dem internationalen Durchschnitt. Die Kaligehalte sinken bis 1985 auf 96 vH des Standes von 1980, eine gleichbleibende Wirkstoffproduktion erfordert also höhere Einsatzmengen[165]. Der K_2O-Gehalt des Rohsalzes schwankt je nach Lagerstätte von 8 bis 15 vH, die verkaufsfähigen Produkte haben einen Gehalt von 40 bis 60 vH K_2O.

Mit der zunehmenden Verarbeitung carnallitischer Rohstoffe fällt das Begleitelement Magnesium an, Kaliumchlorid ist im Carnallit chemisch gebunden. Das Werk in Sondershausen wird immer mehr zu einem bergbauchemischen "Zerlegungsbetrieb". Auch Brom ist in einer Konzentration von 0,08 bis 0,2 vH im Rohsalz enthalten. Das Begleitelement Magnesium kommt verbunden mit den Elementen Schwefel und Sauerstoff als Kieserit im Rohsalz mit Konzentrationen von 4,5 bis 16 vH vor. "Für die Produktion von hochkonzentrierter Magnesiumchloridedelsole wurde 1982 im VEB Kaliwerk "Glückauf" Sondershausen eine neue Anlage errichtet. Diese Sole dient als Ausgangsrohstoff für die Herstellung von Sintermagnesit, Salzsäure und Kalziumchlorid"[166]. Die Anlage lieferte Mannesmann[167], die Kapazität beträgt 500 000 t Sole. In Teutschenthal bei Halle wurde die Sole im dortigen Kaliwerk, dessen Produktion Ende 1982 auslief, zu Sintermagnesit für die Feuerfeststein-Industrie weiterverarbeitet[168]. Schon 1981 wurden die Trocknungsprozesse im Verarbeitungsprozeß von Gas überall wieder auf Kohlenstaubfeuerungen umgestellt[169].

Die Emissionen für SO_2 und HCl lassen sich wie folgt errechnen[170]:

Produkt: 6,8 Mill. t Düngemittel

Trocknungsgas: 1 000 m³ pro t mit durchschnittlich 1 g SO_2/m^3 und 50 mg HCl/m^3 (Reinigungsanlage) ergibt eine spezifische Emission je t Produkt von 1 kg SO_2 und 0,05 kg HCl, also eine Gesamtemission von 6 800 t SO_2 und 340 t HCl.

Die DDR-Quelle gibt allerdings für die Emissionsfaktoren eine große Spannweite an, z.B. bei Trocknungsgas von 500 bis 2 000 t pro Tonne Produkt, bei der SO_2-Emission von 0,5 bis 1,5 g/m^3 Reinigungsgas.

Die SO_2-Emissionen dürften sich auf die Standorte der Kaliindustrie wie folgt verteilen:

Zielitz:	10 vH	mindestens	700 t
Südharz:	55 vH	mindestens	3 800 t
Werra:	35 vH	mindestens	2 300 t

Die HCl-Emissionen entsprechend der Produktion:

Zielitz:	20 vH	64 t
Südharz:	45 vH	144 t
Werra:	35 vH	132 t

Im Kaliwerk Bischofferode gibt es offenbar Probleme mit zu hohen Kieseritkonzentrationen im Rohsalz. Die Herstellung von Kaliumchlorid wird gestört, man bemüht sich, die Schadstoffe in zulässigen Grenzen zu halten[171].

Die NO_x-Emissionen dürften als Einzelquellen weniger interessant sein. Beachtlich sind sie aber im Berliner Betrieb Kali-Chemie im Kombinat Lacke und Farben. Hier wird Eisenoxydgelb produziert, die Produktion soll auf das Doppelte gesteigert werden[172]. Die alten Anlagen emittierten schon in den 70er Jahren jährlich etwa 2 500 t NO_x pro Jahr[173].

4.1.4. Das Kombinat Zellstoff und Papier

Papier und Zellstoff werden in der DDR in über 100 Betrieben und Betriebsteilen hergestellt[174]. 1982 betrug die Produktion 857 000 t Papier, 404 000 t Karton und Pappe sowie 512 000 t Zellstoff. Basis der Papierherstellung ist neben der Zellstoffproduktion das Altpapier, das 1982 zu 48 vH als Rohstoff diente[175] (Aufkommen 1982: 629 000 t). Zusätzlich wurden noch 151 000 t Zellstoff importiert, davon die Hälfte Sulfitzellstoff aus der Sowjetunion (Gemeinschaftsprojekt Zellulosekombinat Ust-Ilimsk)[176].

Papier, insbesondere auch Wellpappe ist in der DDR knapp und wird auch als Fertigprodukt (1982: zusammen knapp 300 000 t) importiert.

Die Zellstoff- und Papierproduktion ist außerordentlich energieaufwendig. Zur Erzeugung einer Tonne Zellstoff werden nach DDR-Angaben 2,5 t Braunkohle je t, also 1,3 Mill. t verbraucht[177]. Für die Trocknung des Papiers verbrauchen die Papiermaschinen umgerechnet weitere 750 000 t Braunkohle[178]. Industriekraftwerke auf Braunkohlenbasis überwiegen auch in diesem Sektor der DDR-Industrie. Die SO_2-Emissionen aus der notwendigen Energiegewinnung sind also ebenso in Betracht zu ziehen wie die erheblichen SO_2-Emissionen der Herstellungsprozesse, insbesondere der Zellstoffproduktion, die bis zu 80 kg/t Zellstoff betragen können[179]. Es ergibt sich also folgende spezifische SO_2-Emission:

Kraftwerksemission:

    2,5 t Braunkohle   je t Zellstoff

    Verbrennungsschwefel 1 vH

    = 50 kg SO_2 je t Zellstoff

Prozeßemission:

    = 80 kg SO_2 je t Zellstoff

Insgesamt:

    = 130 kg SO_2 je t Zellstoff

Die regionale Verteilung der Zellstoffproduktion für 1982 muß geschätzt werden. Sicher ist nur mit 145 000 Jahrestonnen die Produktion von Sulfitzellstoff im Zellstoffwerk Rosenthal bei Blankenstein. Insgesamt wurden 1982 340 000 t Sulfitzellstoff hergestellt, neben Rosenthal auch in den Werken Pirna, Coswig und Gröditz. Für diese Standorte, aber überschlägig auch für Guben und Merseburg, sollen sowohl Kraftwerks- als auch Prozeßemissionen für SO_2 berechnet werden:

Zellstoffwerk	Produktionsmenge in 1 000 t/Jahr	SO_2-Emissionen in t/Jahr
Rosenthal	145	18 850
Pirna	100	13 000
Gröditz	75	9 750
Merseburg	45	5 850
Coswig	35	4 550
Guben	20	2 600
Sonstige	92	11 960
Gesamt	512	66 560

Auch in westlichen Quellen werden die Emissionen der Sulfitzellstoffwerke mit bis zu 130 kg SO_2/t Zellstoff angegeben, allerdings bei Verwendung von schwerem Heizöl[180]. Dieser Wert kann weiter gesenkt werden, wenn die Ablaugen nicht mehr verbrannt, sondern einer anderen chemischen Nutzung zugeführt werden. Darum bemüht sich die DDR. Insgesamt fallen 570 000 t Sulfitablauge an. 1981 wurden aus 5 vH der Gesamtmenge Rohspiritus und Futterhefe hergestellt. 30 vH oder 170 000 t wurden allein in Rosenthal energetisch genutzt, also verbrannt. Dies sollte dann in den Folgejahren auch verstärkt in Pirna und Gröditz geschehen[181]. Ein Teil der Sulfitablauge wird in der Brikettproduktion eingesetzt. Damit erhöht sich dort der Schwefelgehalt.

Sulfatzellstoff, der Rohstoff für Wellpappe, wird in der DDR offenbar nicht hergestellt. Die größten Papier- und Kartonwerke der DDR in Schwedt stellen Wellpappen zu 100 vH aus Altpapier her[182]. 90 vH des Ausgangsmaterials für Wellpappen[183] - sie bestehen zu 100 vH aus Sulfatzellstoff[184] - stammen aus Importen.

Die Papier- und Kartonwerke in Schwedt verarbeiten 25 vH des Altpapieraufkommens der DDR und erzeugen daraus 90 vH der Verpackungskartons und 70 vH des in der DDR hergestellten Zeitungspapiers. In Schwedt, wie auch in den Papierwerken Heidenau und Gröditz, wurden 1981 sogenannte Deinking-Anlagen, das sind Altpapierentfärbungsanlagen, in Betrieb genommen[185]. Ihre Kapazität beträgt 160 t am Tag[186]. "In der DDR werden 50 Prozent der zur Verfügung stehenden Zeitungen und Zeitschriften deinkt..."[187], das waren 1981 65 000 t. Das Verfahren ist gut dokumentiert, die folgenden Bilder wurden der einschlägigen Quelle entnommen[188]:

Abbildung I 10

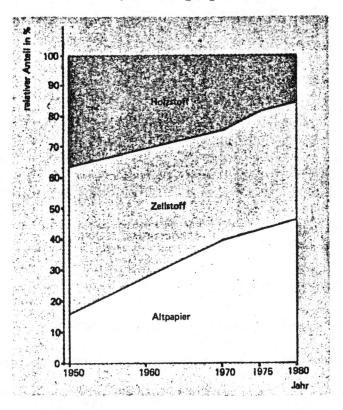

Quelle: Jürgen Bechschmidt: Altpapierverwertung - auch wissenschaftlich interessant. In: wissenschaft und fortschritt. Heft 2/1984, S. 45.

Abbildung I 11

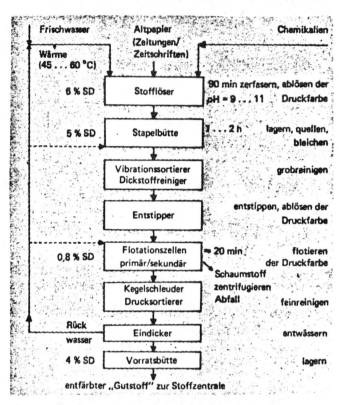

Verfahrenszug des konventionellen
Deinking-Flotationsverfahrens; SD-Stoffdichte

Quelle: wie Abbildung I 10.

An Chemikalien wurden 6 vH zugesetzt, insbesondere Alkalien sowie Flotations- und Bleichmittel. In Pirna wurde darüber hinaus vor 1977 eine weitere Anlage zur kontinuierlichen Bleicherei installiert.

4.1.5. Die Mineralölindustrie

Die Anlagen der Mineralölindustrie in der DDR sind überwiegend nicht älter als zwanzig Jahre. Die Verarbeitung des importierten Erdöls wurde in den 70er Jahren auf knapp 22 Mill. t pro Jahr verdoppelt und dürfte sich auch in den 80er Jahren in dieser Größenordnung bewegen. Bis 1981 wurde die Erdölverarbeitung in der DDR extensiv erweitert, d.h. die Entwicklung der Kraftstoffproduktion stand in direkter Beziehung zum steigenden Erdölimport, die stoffwirtschaftliche Nutzung blieb mit 9 bis 12 vH gering. Dieses änderte sich erst in den letzten Jahren, denn mit der Verknappung des Erdöls stehen die Erweiterung der Spaltanlagen zur Gewinnung von Kraftstoffen und die Erzeugung und Weiterverarbeitung von petrochemischen Produkten im Vordergrund[189]. Inzwischen verfügt die DDR in Leuna (vgl. 4.1.2.1.) und nach Inbetriebnahme des sogenannten Aromatenkomplexes in Schwedt (1981) über Konversionskapazitäten von etwa 2 Mill. t[190]. Der Anteil der stoffwirtschaftlichen Nutzung am Erdöleinsatz sollte von 12 vH 1980 auf 20 vH 1985 steigen. Neben Schmierstoffen und Bitumen handelt es sich dabei überwiegend um petrochemische Grundstoffe. Grundlage ist der weitere Ausbau der Anlagen zur Gewinnung von n-Paraffinen, die Steigerung der Aromatenerzeugung und die Erweiterung der Olefinproduktion. Die Anlagen werden im folgenden standortbezogen dargestellt.

Durch die Inbetriebnahme weiterer Konversionsanlagen vermindert sich der Anfall von Heizöl. Aus zahlreichen Quellen der DDR läßt sich heute prognostizieren, daß bis 1990 bei gleichem Erdöleinsatz sich die Erzeugung petrochemischer Erzeugnisse verdoppelt, (von 1,5 Mill. Jahrestonnen 1980 auf über 3 Mill. Jahrestonnen 1990) die Heizölproduktion von 9,6 Mill. t 1980 auf unter 4 Mill. t verringern und sich die Vergaserkraftstoffproduktion entsprechend erhöhen wird[191].

1982 wurden in der DDR aus rund 17 Mill. t Erdöl 3,9 Mill. t Benzin, 6,1 Mill. t Diesel (einschl. Petroleum) und Heizöl und - incl. Altölaufbereitung - 437 000 t Schmieröl erzeugt.

Hinweise auf die Emissionen der DDR-Mineralölindustrie sind besonders selten und erlauben kaum eine Quantifzierung[192]. Zunächst soll deshalb eine Berechnung unter Verwendung von Emissionsfaktoren aus der Bundesrepublik Deutschland erfolgen. Setzt man die Technologie der Erdölverarbeitung der DDR 1982 mit der der Bundesrepublik von 1976 gleich - damals wurde der Aufbau der primären Erdöldestillation abgeschlossen - so lassen sich folgende Emissionsfaktoren aus der Bundesrepublik abgreifen[193]: 1 250 t SO_2 und 530 t NO_x je 1 Mill. t Erdöleinsatz. Die Kohlenwasserstoffemissionen betragen maximal 0,5 vH des Durchsatzes. Verteilt auf die Produktionsstandorte errechnen sich daraus für 1982:

Standort	Erdöleinsatz	SO_2	NO_x	Kohlenwasserstoffe
	in Mill. t	Emissionen in t		
Schwedt	8,5	10 625	4 500	42 200
Leuna	3,5	4 375	1 855	16 000
Böhlen	2,5	3 125	1 330	13 000
Zeitz	2,5	3 125	1 330	13 000
gesamt	17	21 250	9 015	84 200

In einer älteren Arbeit wurden die Emissionen nach einem anderen Ansatz berechnet. Die Raffinerien verbrauchen selbst etwa 6 vH des Erdöleinsatzes als Prozeßenergie. Dies geschieht z.B. in Schwedt mit 120 Industrieöfen, die überwiegend mit nichtentschwefeltem Heizöl betrieben werden. Nimmt man den Schwefelgehalt des Heizöls mit 3 vH an und berücksichtigt dabei den hohen Heizwert, so ist dieser Brennstoff hinsichtlich der SO_2-Emissionen mit schwefelarmer Lausitzer Kohle gleichzusetzen. Zusätzlich ist zu berücksichtigen, daß in Raffinerien über 50 000 t Schwefel gewonnen werden und daß Schwefel auch in den Produkten bleibt. Macht man für alle Faktoren plausible Annahmen, so errechnete sich für 1980 eine Gesamtemission von 35 000 t SO_2[194]. Der in dieser Arbeit etwas niedrigere Wert dürfte inzwischen realistischer sein.

Die Vertiefung der Erdölnutzung verlängert die Produktionskette. Dies könnte zur Erhöhung der Emissionen am Ort der Verarbeitung führen, doch wird dabei in den modernen Spaltanlagen auch entschwefelt. Die vertiefte Verarbeitung des Erdöls bezieht sich neben Leuna auch auf alle anderen, im Petrolchemischen Kombinat Schwedt zusammengefaßten, Mineralölverarbeitungsbetriebe der DDR und wird im Laufe der 80er Jahre etwa folgende Struktur aufweisen[195]:

Abbildung I 12

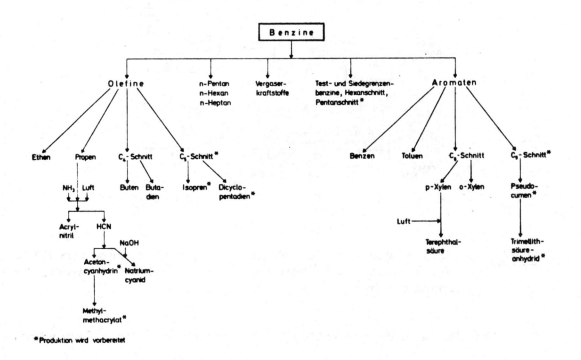

Realisierte bzw. zur Realisierung vorgesehene Hochveredlung von Benzinen im PCK Schwedt

Quelle: Dieter Bohlmann und Karl-Heinz Weiß: Zur Veredlung des Erdöls. .., a.a.O., S. 64.

Zur Erzeugung von Aromaten wurden 1982 folgende Produktionsverfahren eingesetzt[196]:

Abbildung I 13

Technologie der Aromatenerzeugung

des VEB PCK Schwedt 1982

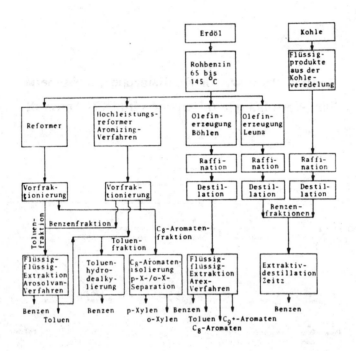

Quelle: Dieter Bohlmann: Fortschritte bei der Erzeugung von BTX-Aromaten im VEB Petrolchemisches Kombinat Schwedt. In: Chemische Technik. Heft 5/1981, S. 226.

Unterlagen zu einigen wichtigen Anlagetypen mit ihren Parametern sind in der Anlage beigefügt, so z.B. Informationen zum Desus-Verfahren (Anlage 2), zu den selektiven Hydrierprozessen und zur Aromatengewinnung[197] (Anlage 3: Leuna-Lizenzverfahren zur Erdölverarbeitung).

Die Bedeutung der Inbetriebnahme des sogenannten Aromatenkomplexes in Schwedt läßt sich an der (teilweise prognostizierten) Entwicklung des Bedarfs und der Produktion von Benzen ablesen (in 1 000 t)[198]:

	1970	1981	1982	1983
Benzenbedarf	84	153	154	158
Benzenproduktion	54	108	189	262

Wie schon im Falle der Leuna-Werke (vgl. 4.1.2.1.) sollen auch für die Betriebe des Petrolchemischen Kombinats in Schwedt die wichtigsten Anlagen der Mineralölindustrie vorgestellt werden.

4.1.5.1. Petrolchemisches Kombinat Schwedt, Stammbetrieb

Der V. Parteitag der SED hatte Ende der 50er Jahre beschlossen, ein Erdölverarbeitungswerk zu erbauen, auf der darauf folgenden Chemiekonferenz wurde Schwedt als Standort in Aussicht genommen. Die Lage am Wasser und der Verlauf der sowjetischen Erdölleitung durch Polen waren dabei ausschlaggebend[199]. Am 1. April 1964 wurde der Probebetrieb aufgenommen (Durchsatz 2 Mill. t), 1979 waren es dann 9,5 Mill. t, 1983 nur noch 8,5 Mill. t[200]. Außerdem werden in Schwedt aus Raffineriegasen, die früher abgefackelt wurden, über 130 000 t Kalkammonsalpeter hergestellt. Mit dieser Anlage gab es bis 1981 Probleme, weil nach der alten Prilltechnologie täglich 15 bis 20 t Kalkammonsalpeter in die Atmosphäre entwichen. Diese Schadstoffquelle wurde durch eine moderne Granulieranlage beseitigt[201]. Die Produktpalette wird ergänzt durch 30 000 Jahrestonnen Acrylnitril, ein aus Propylen gewonnener Faserrohstoff und Terephthalsäure aus para-Xylol, ein weiterer Faserstoff. Nach dem Parex-Molekülsiebverfahren werden seit 1971 jährlich gut 100 000 t Normalparaffin extrahiert, das z.B. als Waschmittelrohstoff verwendet werden kann[202]. Im September 1982 begann in Schwedt der Probetrieb einer Anlage zur Erzeugung von Hexanschnitt mit einer Jahreskapazität von 10 000 t. Hauptbestandteile dieser Fraktion sind n-Hexan, iso-Hexan und Methylcylopentan. Die Anlage wurde von der französischen Firma Litwin errichtet (Parameter vgl. Anlage 4). Industriegase, die in den 70er Jahren nutzlos abgefackelt wurden, werden seit 1980 im werkseigenen Kraftwerk zur Elektroenergie- und Dampferzeugung eingesetzt und substituieren rund 64 000 t Heizöl im Jahr[203].

Schon 1969 wurde in Schwedt die erste Anlage zur destillativen und extraktiven Gewinnung von Aromaten in Betrieb genommen, am 1. Juli 1981 nahm in Schwedt der sogenannte Aromatenkomplex seinen Betrieb auf[204]. In ihm wurden Komponenten DDR-eigener Verfahren zur Vakuumdestillation und zur Hydroraffination von Vakuumdestillaten (DESUS-Verfahren vgl. Anlage 2) und die neuen und vorhandenen Aromatenextraktionsanlagen (Extraktionsanlage nach dem Lurgi-Aerosolvanverfahren und eine o- Xylensuperfraktionierung) mit einem Spalter nach dem FCC-Verfahren verbunden. Lizenzgeber und Lieferant der Neuanlagen des Gesamtkomplexes war die Toyo Engineering Corporation, Japan[205]. In den Spalter können jährlich 1,2 Mill. t Vakuumdestillat eingesetzt werden. Damit erhöht sich die Hydrospaltkapazität der DDR in Schwedt und Leuna auf 2 Mill. t. In Schwedt werden damit jährlich 750 000 t Vergaserkraftstoff, 51 000 t Propylen und 230 000 t Dieselkraftstoff zusätzlich produziert. Durch den Aromatenkomplex können gegenwärtig rund 250 000 t Benzen sowie C_8-Aromatengemisch zu Lasten von Vergaserkraftstoff erzeugt werden.

Weitere Verfahren gestatten die Verarbeitung destillativ gewonnener C_8-Aromatenfraktionen. In Schwedt wird dabei das sogenannte Aris-Verfahren benutzt. Wichtige Parameter dieses Verfahrens lassen sich dem Lizenzangebot der Leuna-Werke (vgl. Anlage 3) entnehmen[206].

Acrylnitril wird in Schwedt nach dem Sohio-Verfahren hergestellt (30 000 t/Jahr). Dabei werden Propylen, Ammoniak und Luftsauerstoff in einem Wirbelschichtreaktor zu Acrylnitril umgesetzt. Das Verfahren ist detailliert dokumentiert[207].

Abbildung I 14

Schema der Acrylnitrilerzeugung

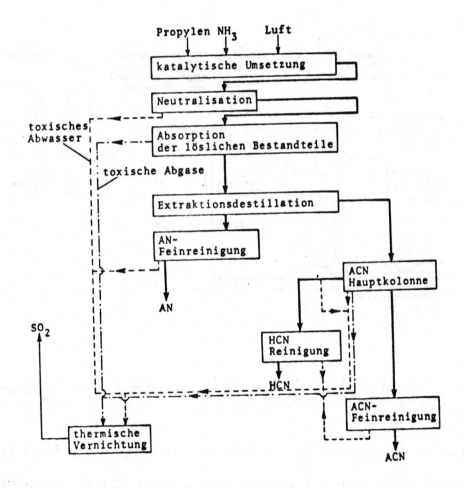

Quelle: Erhard Kaufmann, Lothar Eremit, Herbert Mohry: Lufthygienische Probleme ..., a.a.O., S. 93.

Sämtliche anfallenden Abgase werden wegen ihrer zum Teil sehr hohen Giftigkeit in drei getrennten Abgassammelsystemen erfaßt und thermisch vernichtet bzw. in einer Höhe von 60 m in die Atmosphäre abgeleitet. Die Gasströme enthalten Wasserstoffcyanid und Inertgase.

Abbildung I 15

Schema der thermischen Vernichtung toxischer Abgase und Abwässer der Acrylnitrilherstellung

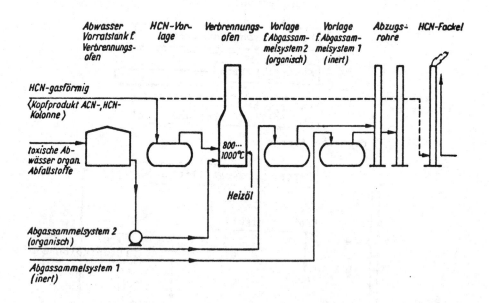

Quelle: Erhard Kaufmann, Lothar Eremit, Herbert Mohry: Lufthygienische Probleme ..., a.a.O., S. 95.

Die anfallenden Abwässer enthalten Stoffe so hoher Giftigkeit (z.B. Polymere, Cyanhydrine), daß sie nicht einer normalen Reinigung zugeführt werden können. Sie werden in einem sogenannten John-Zinkofen bei 800 bis 1 000° C vollständig verdampft; dabei zersetzen sich die organischen, giftigen Bestandteile. Die maximale Cyanid-Konzentration im Abgas liegt bei etwa 5 ppm.

Durch Oxydation von p-Xylol mit Luft in Essigsäure, unter Verwendung von Cobalt- und Manganacetat als Katalysatoren, wird seit 1973 in Schwedt Terephthalsäure gewonnen. Als Inhibitor wird Natriumbromid zugegeben. Problematisch scheint besonders die Rückstandsverbrennung der schwer siedenden organischen Nebenprodukte und der Schwermetallkatalysatoren zu sein. "Bei der Verbrennung zersetzen sich zwar die organischen Bestandteile, aber sie verflüchtigen sich als Cobaltoxid- und Manganoxid-Staub sowie als Natriumbromiddampf"[208]. Allerdings könnte diese Schadstoffquelle inzwischen durch eine Rückstandsaufbereitungsanlage behoben sein. Die Terephthalsäureerzeugung in Schwedt verläuft nach folgendem Schema:

Abbildung I 16

Schema der Terephthalsäureerzeugung

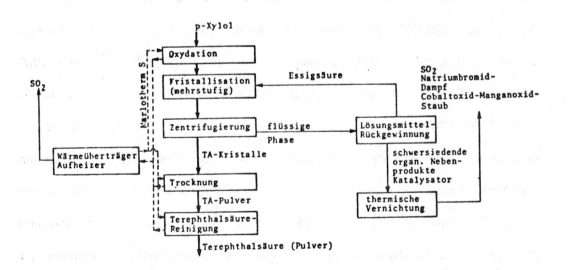

Quelle: Erhard Kaufmann, Lothar Eremit, Herbert Mohry: Lufthygienische Probleme .., a.a.O., S. 97.

Nach 1982 wurden in Schwedt wie in Leuna die Schwerölverarbeitungskapazitäten weiter ausgebaut, um zusätzlich helle Produkte zu erzielen[209]. Dies geschieht durch die Kopplung eines Visbreakers mit einer spaltenden Vakuum-Hydroentschwefelung nach dem (weiterentwickelten) DESUS II-Verfahren und einer Wasserstoffanlage. Damit gewinnt man in Schwedt zusätzlich aus weiteren 780 000 t Heizöl, 611 000 t Diesel, 96 000 t Vergaserkraftstoff und 17 000 t elementaren Schwefel[210]. Daraus folgt, daß das hierfür verwendete Heizöl mindestens 2,2 vH Schwefel enthalten hat. Inzwischen erfolgt in Schwedt der Neubau einer weiteren spaltenden Hydroraffinationsanlage (DESUS III).

4.1.5.2. Betriebe des Petrolchemischen Kombinats im Raum Halle/Leipzig: Böhlen, Zeitz und Lützkendorf

Zentrum der Olefinproduktion in der DDR ist der VEB "Otto Grotewohl" in Böhlen. Dieser Betrieb verfügt seit Mitte der 70er Jahre über eine moderne Raffinerie (Jahreskapazität 3,5 Mill. t) und einen Industriekomplex zur Erzeugung von Olefinen mit einer Kapazität von knapp 300 000 t Äthylen und 150 000 t Propylen. Zwischen diesem Betrieb und den Chemiewerken in Litvinov (CSSR) besteht eine Produkten-Pipeline[211]. Bis 1980 lieferte die DDR-Chemie nahezu 600 000 t Äthylen - bis 100 000 t/Jahr - und 240 000 t Propylen in die CSSR. Inzwischen hat sich der Produktenstrom umgekehrt. Eine weitere Äthylenleitung führt von Böhlen nach Buna, Leuna und Bad Lauchstädt. Hier befindet sich ein Untergrundspeicher für diesen Rohstoff. Böhlen erhält seit 1973 auch Erdgas aus der Sowjetunion und erzeugt daraus Stadtgas und Synthesegas. Neben den modernen Anlagen ist Böhlen auch ein Zentrum der Carbochemie, besonders die Betriebsteile in Rositz und Espenhain (vgl. 4.1.1.).

Der Olefinkomplex schaffte die Voraussetzung, die Erzeugung von Plastwerkstoffen in der DDR von gut 0,5 Mill. t (1974) auf knapp 1 Mill. t 1982 zu steigern, die Produktion von synthetischen Fasern stieg im gleichen Zeitraum von 27 000 auf 301 000 t. Die Benzenfraktion als Ergebnis des Olefinkomplexes wird als Rohstoff der Extraktivdestillations-Anlage in Zeitz zugeführt. In Zusammenhang mit der Errichtung der Olefinanlagen wurde in Böhlen eine Anlage zur selektiven Hydrierung von C_2minus-Fraktionen auf der Basis von Leuna-Katalysatoren errichtet. Auch in Böhlen werden seit 1979 BTX-Aromaten produziert. Dies geschieht nach dem AREX-Verfahren. Die Anlage in Böhlen hat eine Jahresverarbeitungskapazität von 180 000 t Pyrolysebenzin zu BTX-Aromaten[212]. Zu den einzelnen Parameter vgl. das Lizenzangebot der Leuna-Werke im Anhang (Anlage 3).

In Böhlen werden seit 1983 verstärkt Verdünner für Öl- und Alkydharzfarben hergestellt[213]. 875 000 Flaschen "Böhlan-Spezial" lassen auch "Fenster glänzen". Insgesamt sollten 1983 300 t dieses Verdünners hergestellt werden[214].

Der VEB Hydrierwerk Zeitz ist bis heute der wichtigste Produzent von Schmierölen und Paraffinen auf Basis von Braunkohlenschwelteer, war nach dem Krieg der erste Kraftstoffproduzent (Dezember 1945: 18 000 t) der DDR. Erst im Zeitraum des Fünfjahrplanes 1971 bis 1975 wurden hohe Investitionsmittel eingesetzt, um diesen Betrieb auf Erdöl und Petrochemie umzuprofilieren. Die Kapazität von über 3 Mill. t Erdöl kann zu Beginn der achtziger Jahre offenbar nicht mehr voll ausgelastet werden. Das dabei anfallende Rohbenzin wird nach Böhlen gepumpt und deckt dort zu einem großen Teil den Bedarf der Pyrolyse[215]. Benzen kommt aus Böhlen zurück.

Im September 1974 wurde die Verarbeitungskapazität der Distex-Anlage zur Aromatengewinnung deutlich erhöht. Dies war die erste Aromatenisolierungsanlage im Kombinat und verarbeitete vorhydrierte Rohstoffe auf Kohlebasis, dann verstärkt Pyrolysebenzin und bis zur Inbetriebnahme der Flüssig-Flüssig-Extraktionsanlage in Schwedt einen Benzenschnitt auf Reformatbasis[216]. Die Kapazität der Anlage wurde u.a. durch den Wechsel des Lösungsmittels - von Phenol zu Dimethylformamid - möglich. Die Parameter des heutigen Distex-Verfahrens sind der Anlage 3 zu entnehmen. Die Kapazitätserweiterung läßt sich deutlich an der Benzenproduktion der DDR verfolgen. Betrug die Kapazität 1974 noch 57 000 t, stieg sie im nächsten Jahr auf 78 000 t und steigerte sich bis zur Inbetriebnahme des Aromatenkomplexes auf gut 105 000 t (ab 1978), 1982 dann schon auf 189 000 t.

Nach 1982 wurde auch in Zeitz eine schon vorhandene (alte) Hydrierkammer zur Spaltung von Vakuumdestillaten umgerüstet und die dazu notwendige neue Wasserstoffproduktionsanlage und eine Additivstation gebaut. Damit wird auch am Standort Zeitz die destillative Ausbeute an Dieselkraftstoff erhöht[217].

Eigentliches Zentrum der Schmiermittelproduktion in der DDR ist der Betriebsteil <u>Mineralölwerk Lützkendorf</u> des VEB Hydrierwerk Zeitz. 1964 wurde dort mit sowjetischer Hilfe eine neue Schmierölfabrik auf Erdölbasis in Betrieb genommen, 1977 wurde der Betrieb an das Erdöl-Pipeline-Netz der DDR angeschlossen. Der Bedarf an Schmierölen in der DDR, mehr als 300 000 t jährlich, wird zu 80 vH vom Mineralölwerk Lützkendorf gedeckt. Zum Sortiment gehören 200 verschiedene Öle und Fette[218]. In Lützkendorf gibt es zwei Phenol-Raffinationen (Phenol-Ost, Phenol-Süd). Leider ist darüber kaum etwas bekannt[219]. Zu Zeitz gehören noch weitere Spezialbetriebe: Dem <u>Mineralölwerk Klaffenbach</u> (Erzgebirge) fällt die volkswirtschaftlich wichtige Aufgabe zu, die in der DDR anfallenden Altöle wieder aufzuarbeiten[220]. 1982 wurden gut 60 000 t Altöl erfaßt. Minol zahlte 1981 dem Autobesitzer 0,72 Mark für den Liter Öl. Auch die Betriebe der DDR sind gehalten, Industrie- und Motorenöle zurückzugeben. Dies dürften nochmals deutlich über 60 000 t sein[221]. Aufgrund der Verunreinigungen im Altöl ist in Klaffenbach in erheblichem Umfang mit zusätzlichen Emissionen von Schwermetallen und polyzyklischen Aromaten zu rechnen[222]. Klaffenbach verarbeitete 1982 mindestens 100 000 t Altöl[223].

Andere Altöle, überwiegend Ölschlamm und Industrie-Altölgemische mit produktionsbedingten Verunreinigungen, Heizöltanklagerrückstände oder Altfette werden in der Ölschlammverbrennung Brandenburg-Kirchmöser versuchsweise verbrannt. Ziel ist, auch diese Rückstände soweit aufzuarbeiten, daß sie z.B. zur Energieerzeugung in Kraftwerken dienen können. Vorgesehen ist offenbar das nahegelegene Kraftwerk Brandenburg[224].

Weitere Betriebsteile des Hydrierwerkes in Zeitz seien nur kurz benannt:
Die Montanwachsfabrik Völpke wurde schon im Zusammenhang mit der Carbochemie erwähnt, das Paraffinwerk "Vorwärts" in Webau erzeugt neben Paraffinen vor allem Bitumen, Bautenschutzstoffe und Elektrodenkoks, das CERITOL-Werk in Mieste ist der größte Produzent technischer Fette in der DDR. Dieser Betrieb liegt im Kreis Gardelegen und erzeugt Getriebefette[225] und auch Zusätze, z.B. Korrosionsschutzmittel für technische Großgeräte des Bauwesens und der Kohleförderung.

4.2. Die Emissionen der Metallurgie

Die metallurgische Industrie, besonders der Industriezweig Schwarzmetallurgie, steht auf Grund ihrer Produktionstechnologie in der Belastung von Luft und Wasser nicht wesentlich hinter der Energiewirtschaft und der chemischen Industrie zurück. Ursachen sind der hohe Stoffeinsatz z.B. beim Sintern und im Hochofenprozeß sowie die Energieintensität bei der Roheisen- und Stahlerzeugung. Nach DDR-Angaben ist zur Erzeugung einer Tonne Walzstahl ein Roh- und Hilfsstoffeinsatz von 5 bis 6 t erforderlich[226]. Dies führt auch zu erheblichen Staubemissionen. Die Quellhöhen liegen nur beim Sintern über 100 m, betragen beim Hochofen etwa 50, beim Siemens-Martin-Verfahren 70 und bei Lichtbogenöfen und Stahlkonvertern unter 25 m Höhe[227]. Die Staubemissionen wurden offenbar in den 70er Jahren drastisch reduziert, z.B. im ältesten schwarzmetallurgischen Betrieb der DDR, der Maxhütte in Unterwellenborn. Hier wurde 1979 gegenüber 1974 nur noch rund 30 vH der Staubmenge emittiert[228].

4.2.1. Die Schwarzmetallurgie

In den 80er Jahren kommt es in der Schwarzmetallurgie zu deutlichen Änderungen der Erzeugnisstruktur. In diesem Bereich ist erheblich investiert worden. Weitere Großprojekte sind im Probebetrieb oder im Bau. Investitionen erweitern besonders die Kapazitäten im Bereich der Walzwerke. Das neue Konverterstahlwerk (LD-Verfahren/Voest-Alpine) soll die Produktion der Siemens-Martin-Stahlwerke teilweise ersetzen[229]. Die Produktion soll auf eine moderne technologische Basis gestellt werden, ein Prozeß, der in der Bundesrepublik schon abgeschlossen ist. Bis 1985 können an den Standorten Thale - ein Ofen wurde bereits außer Betrieb gesetzt - und Riesa überalterte S + M-Kapazitäten stillgelegt werden. Ab 1985 werden in Riesa nur noch zwei von derzeit 8 Siemens-Martin-Öfen betrieben. Auch diese sollen 1990 stillgelegt werden. Auf die SM-Öfen in Brandenburg und Hennigsdorf scheint die DDR allerdings in den 80er Jahren noch angewiesen zu sein[230].

Der Verbrauch von Stahl, damit auch Erzeugung und Import, sollen sich in den 80er Jahren nicht wesentlich erhöhen[231]. Die DDR hat die Alternative, entweder Koks und Erz oder direkt Roheisen zu importieren. Lieferant für Steinkohlenkoks ist die Sowjetunion (inzwischen mehr als 50 vH der importierten Menge), die CSSR (30 vH) und Polen (10 vH). Lieferant für Erz ist ebenfalls die Sowjetunion (80 vH der importierten Menge) und Indien (20 vH). Lieferant für Roheisen scheint fast ausschließlich die Sowjetunion zu sein. Bisher zeichnete sich die Tendenz ab, mehr Roheisen und weniger Koks und Erz zu importieren. Die Roheisenerzeugung der DDR lag zuletzt nur bei 2,2 Mill. t, früher über 2,4 Mill. t (1981). Sie wird - dies ist zahlreichen Quellen zu entnehmen - aber tendenziell wieder zunehmen[232]. Mit der Inbetriebnahme des Konverterstahlwerkes in Eisenhüttenstadt (geplante Kapazität 2,2 Mill. t) wird mehr Roheisen benötigt.

Tabelle I 5

Daten zur Schwarzmetallurgie
in Mill. t

	1970	1980	1982	1984[1]	1990[1]
Produktion					
Roheisen[2]	2,0	2,5	2,1	2,4	2,6
Rohstahl[3]	5,1	7,3	7,1	7,4	7,8
dar.: S+M-Stahl	.	4,4	4,3	4,0	2,4
Konverterstahl	.	0,6	0,6	1,0	3,1
Elektrostahl	.	2,2	2,2	2,2	2,3

1) Geschätzt.- 2) Einschließlich Hochofenlegierungen.- 3) Einschließlich Flüssigstahl für Formguß.

Quellen: Statistische Jahrbücher der DDR, Industriearchiv (DDR) des DIW, zur Struktur bis 1990 vgl. Fußnote 231.

Im Bezugsjahr dieser Studie (1982) herrschte die Siemens-Martin-Stahlproduktion mit 60 vH noch eindeutig vor. Obwohl auch Schrott in der DDR relativ knapp ist (die DDR muß Schrott importieren), wird dieses Verfahren in der DDR trotz seiner hohen Umweltbelastung von Bedeutung bleiben. Mit ihm werden überwiegend einheimische Sekundärrohstoffe genutzt[233]. Auch sind Versuche, heimisches niedercalorisches Erdgas für die Beheizung zu verwenden, erfolgreich gewesen. Bisher überwiegt noch die Beheizung mit sowjetischem Erdgas.

Noch 1970 wurde in der DDR kaum Elektrostahl produziert. Inzwischen wurde in Brandenburg, Hennigsdorf, Gröditz, Freital, Unterwellenborn und Thale die Elektrostahlerzeugung ausgebaut. 1980 ging in Brandenburg das modernste und größte Elektrostahlwerk der DDR in Betrieb, mit einer projektierten Kapazität von 590 000 t. Diese Elektroöfen, wie auch die 1980 nochmals erweiterten Anlagen in Hennigsdorf, sind mit modernen Stranggußanlagen ausgerüstet. Wenn bisher offenbar kein weiterer Ausbau der Elektrostahlerzeugung geplant ist, dürfte dies zum einen in der allgemeinen Knappheit der Investitionsmittel begründet sein. Zum anderen besteht bei der Elektrostahlproduktion der Einsatz zu 90 vH aus Schrott. Die Zusammensetzung des Schrottaufkommens in der DDR hat sich aber durch die Intensivierung, die Wirtschaftsstrategie der 80er Jahre, in kurzer Zeit erheblich verändert[234]:

Der Anteil des Altschrottes ist von 1979 bis 1982 von 37 vH auf 28 vH gesunken, d.h. die Verringerung der Aussonderung bei Maschinen und Anlagen verknappt das Schrottaufkommen. Die Bemühungen um ökonomische Verwendung des Walzstahls in der metallverarbeitenden Industrie der DDR lassen auch beim Neuschrott (Abfälle und Verschnitt) eher rückläufige Schrottaufkommen erwarten.

Abbildung I 17

Zusammensetzung des Schrottaufkommens in der DDR-Volkswirtschaft

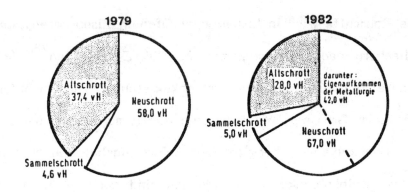

Quelle: Handbuch DDR-Wirtschaft. DIW (Hrsg.). Reinbek 1984, S. 160.

Der Rohstoffbedarf der Metallurgie der DDR wurde 1982 zu über 70 vH aus dem Schrottaufkommen (einschließlich Import) bestritten, 1,9 Mill. t Eisenerz wurden importiert (die DDR verfügt über kein nennenswertes eigenes Eisenerzaufkommen), 820 000 t Rohstahl und gut 1,9 Mill. t sonstige metallurgische Erzeugnisse (Formstahl, Schienen, Stabstahl, Rohre, Fein- und Grobbleche) wurden außerdem eingeführt[235].

4.2.1.1. Roheisen

Die Roheisenproduktion der DDR verteilt sich auf die Standorte Eisenhüttenstadt (6 Hochöfen - Baujahr 1950 bis 1954) und Unterwellenborn (4 Hochöfen - aus der Vorkriegszeit). In Unterwellenborn beträgt die Kapazität etwa 650 000 Jahrestonnen, in Eisenhüttenstadt sollen es 1984 schon 2 Mill. Jahrestonnen sein. 1982 waren die Kapazitäten nicht voll ausgelastet, denn es wurden nur 2,1 Mill. t Roheisen produziert. Grundlage der Produktion sind sowjetische Erze (überwiegend), polnischer und sowjetischer Steinkohlenkoks (Eisenhüttenstadt), auch Steinkohlenkoks aus dem

Großgaswerk Magdeburg (Unterwellenborn). Offenbar wird Heizöl im Hochofenprozeß nicht mehr nennenswert eingesetzt. Der Steinkohlenkokseinsatz liegt heute bei 600 kg pro t Roheisen - er wurde in den letzten Jahren offenbar deutlich gesenkt. Im Zuge der Substitution von Importen durch heimische Rohstoffe wird in bisher zwei Öfen in Eisenhüttenstadt und in Unterwellenborn nach dem sogenannten KOSTE-Verfahren[236] (KOSTE = Kohlenstaubeinblasverfahren) Braunkohlenkoksstaub in die Hochöfen eingeblasen. Basis ist Grus aus BHT-Koks; ein relativ schwefelarmer Koks (vgl. Abschnitt Braunkohlenveredlung), dessen Schwefelgehalt jedoch höher liegt als der von Steinkohlenkoks. Die Mengen sind noch gering und können deshalb zur Berechnung der SO_2-Emission außer Ansatz bleiben. Ohnehin sind die Emissionen des Hochofenprozesses selbst relativ niedrig im Vergleich zu denen der Erzaufbereitung.

In Eisenhüttenstadt fallen stündlich 600 000 Nm^3 Gichtgas an, das 36 t Staub enthält. Dieses Gas wird bis auf einen Restgehalt von 15 g Staub pro 1 000 m^3 Gas gereinigt. Die Gichtgase enthalten noch etwa 50 vH des Heizwertes vom eingesetzten Koks. Ihr Heizwert wird mit 3 100 bis 4 200 kJ/m^3 (N) angegeben[237]. 41 vH werden unmittelbar im Produktionsprozeß der Hütte für die Wärmeversorgung genutzt, 57 vH werden im betriebseigenen Kraftwerk verfeuert, 2 vH heizen die Drehrohröfen im benachbarten Zementwerk. Angaben über die spezifischen Emissionen fehlen. So sollen die Emissionsfaktoren für SO_2, CO und NO_x bei der Roheisengewinnung in der Bundesrepublik (1979) angenommen werden, also 0,05 kg SO_2, 1,2 kg NO_x und 1,1 kg CO je t Roheisen[238]. Verteilt auf die beiden Produktionsstandorte für 1982:

Standort	Produktionsmenge in Mill. t	NO_x	CO in t	SO_2
Eisenhüttenstadt	1,6	1 920	1 760	80
Unterwellenborn	0,5	600	550	25
DDR gesamt	2,1	2 520	2 310	105

Offenbar bereitet insbesondere die CO-Belastung Sorge. Darauf deutet folgende Aussage, die Maxhütte betreffend, hin: "Die bereits begonnene Rekonstruktion der Gichtgasreinigungsanlage wird in den nächsten Jahren zu einer weiteren deutlichen Senkung der Staub- aber auch der Kohlenmonoxidemission aus dem Bereich der Roheisenproduktion führen und damit die immer noch recht hohe Belastung des Territoriums weiter vermindern"[239].

Im Sinterprozeß werden erhebliche Mengen SO_2, NO_x, CO, aber auch HCl und HF emittiert. Für SO_2 und CO lassen sich Emissionsfaktoren aus der DDR ermitteln, für die anderen Stoffe muß ersatzweise auf die für die Bundesrepublik angegebenen Werte zurückgegriffen werden[240]. Die Sintermenge ist nicht bekannt und ist zu schätzen. Neben Erzen (knapp 2 Mill. t Fe) und Koks (1,3 Mill. t) für die gesamte Roheisenproduktion der DDR werden dem Sintermöller in Eisenhüttenstadt 18 vH Produktionsrückstände aus dem eigenen Werk und aus anderen Betrieben zugesetzt. Dazu gehören unter anderem Schwefelkiesabbrände aus der Schwefelsäureproduktion, Feinkalk aus der Gummisynthese, Siemens-Martin-Schlacke aus den Stahlwerken, Eisenkonzentrat aus der Schwerspatverarbeitung, Eisenschlacke aus Gießereibetrieben, Glühzunder, Schleifstaub und eisenhaltige Schlacken aus Schlackenverarbeitungsanlagen in Brandenburg. Damit dürfte der Sintereinsatz sich wie folgt überschlägig erreichen lassen:

Roheisenerzeugung 1982	=	2,1	Millionen Tonnen:
Erze mit ca. 50 vH Eisen		4	Millionen Tonnen
Koks	+	1,3	Millionen Tonnen
Zwischensumme	=	5,3	Millionen Tonnen
Zuschläge 18 vH	+	1,0	Millionen Tonnen
Einsatzstoffe, gesamt	=	6,3	Millionen Tonnen

Roheisen-Sinterbänder haben eine Abgasemission von 2 273 m^3/t Sinter mit 1,5 Vol.-% CO und 0,15 Vol.-% SO_2. Das sind 41 kg CO/t und 10 kg SO_2/t Sinter.

Auf dieser Basis ergeben sich für die Roheisen-Sinteranlagen der DDR 260 850 t CO und 62 945 t SO_2. Der SO_2-Wert liegt etwa zehnmal so hoch wie die Obergrenze, die sich aus den maximalen Werten für die Bundesrepublik errechnen lassen, der CO-Wert immerhin noch sechsmal so hoch. Doch besteht kein Anlaß, an den Werten für die DDR zu zweifeln. Mit größerer Vorsicht sind die Emissionen von NO_x zu behandeln, weil hier in Ermangelung entsprechender Daten auf die Emissionsfaktoren der Bundesrepublik zurückgegriffen wird[241]: 0,4 kg pro Tonne Roheisen = 840 t NO_x jährlich, außerdem 0,026 kg HCl = 54,6 t und 0,004 kg HF = 8,4 t pro Jahr. Verteilt auf die Standorte Eisenhüttenstadt und Unterwellenborn ergibt sich für den Roheisenprozeß insgesamt:

Standort	Produktionsmenge in Mill. t	Emission in t				
		SO_2	(NO_x)	CO	(HCl)	(HF)
Eisenhüttenstadt	1,6	48 030	2 560	200 503	41,6	6,4
Unterwellenborn	0,5	15 030	800	62 657	13,0	2,0
DDR gesamt	2,1	63 060	3 360	263 160	54,6	8,4

( ) errechnet mit Emissionsfaktoren aus der Bundesrepublik.

4.2.1.2. Rohstahl

Nach dem material- und energieaufwendigen sowie umweltschädlichen Siemens-Martin-Verfahren werden zu Beginn der 80er Jahre noch 60 vH des Rohstahls, 1982 waren dies 4,3 Mill. t, erzeugt. Diese Produktion wird zumindest in Brandenburg (12 Öfen mit einer Kapazität von 2,2 Mill. Jahrestonnen) und Hennigsdorf (noch 6 Öfen mit 800 000 Jahrestonnen) weitergeführt werden.

Das moderne Konverterstahlwerk in Eisenhüttenstadt versorgt ab 1984 zunehmend die Stahlwerke in Riesa, Freital und Gröditz mit Stahl. Hier kann die Rohstahlproduktion entsprechend zurückgenommen werden. Investitionen mit erheblicher Kapazitätswirkung gibt es in den 80er Jahren auch im

Bereich der Walzwerke. Es gibt kaum eine Anlage in der DDR, die nicht grundlegend überholt und erweitert wird; dies sowohl in quantitativer als auch in qualitativer Hinsicht. Walzwerke mit einer Kapazität deutlich über 1 Mill. Jahrestonnen befinden sich in Hennigsdorf, Brandenburg und Riesa. Weitere Großwalzwerke befinden sich in Unterwellenborn (ca. 600 000 t) und Ilsenburg (300 000 t). Kleinere Walzwerke gibt es in Thale, Olbernhau, Salzungen und Porschdorf.

Über die Emission der Elektroöfen liegen zu wenig Informationen vor, um sinnvolle Emissionsrechnungen anzustellen. Schwerpunkte der Elektrostahlerzeugung sind Hennigsdorf (ca. 700 000 t), Brandenburg (ca. 600 000 t) und Riesa (ca. 400 000 t). 1982 verteilten sich dann noch einmal etwa 500 000 t auf verschiedene Standorte, z.B. Gröditz, Unterwellenborn und Freital.

Recht genau lassen sich die Emissionen für Siemens-Martin-Stahl errechnen, denn Produktionsmengen und Emissionsfaktoren sind gut dokumentiert. Die Übersichten zeigen die Produktionsstandorte, deren Produktionsmengen für 1982 und eine Schätzung für 1990. Allerdings hat die DDR auch in der Vergangenheit in Abhängigkeit von der jeweiligen außenwirtschaftlichen Lage ihre Stahlerzeugung angepaßt. 1990 kann also durchaus noch mehr Siemens-Martin-Stahl hergestellt werden, wahrscheinlich aber wohl etwas weniger. Die Emissionsfaktoren für CO und SO_2 lassen sich aus

Emission der Siemens-Martin-Stahlproduktion 1982

Standort	Mengen in Mill. t	SO_2	(NO_x) in t	CO
Brandenburg	2,1	84 000	10 500	147 000
Riesa/Gröditz	1,1	44 000	5 500	77 000
Hennigsdorf	0,9	36 000	4 500	63 000
Thale	0,2	8 000	1 000	14 000
Gesamt	4,3	172 000	21 500	301 000

() Emissionsfaktoren in Anlehnung an die Verhältnisse in der Bundesrepublik.

einer DDR-Quelle entnehmen: Danach werden pro Tonne Stahl 40 kg SO_2 und 70 kg CO emittiert. Bei NO_x muß auf den Emissionfaktor der Bundesrepublik, 5 kg pro Tonne Stahl, zurückgegriffen werden[242].

Die Emissionsfaktoren sind sehr hoch. Die DDR-Quelle sagt dazu: "Die nach den Schrott-Roheisen-Verfahren ohne Sauerstoffgasbehandlung der Schmelze betriebenen SM-Öfen emittieren hohe Abgasmengen mit verhältnismäßig niedriger Staubbeladung. Die SM-Öfen arbeiten ohne Gasreinigung. Die staubbeladenen Abgase werden mittels Saugstrahl im Kamin erfaßt und aus einer durch Blaswirkung erreichten Effektivhöhe um 90 m in die Atmosphäre ausgestoßen"[243]. Für 1990 sind an den Standorten Brandenburg und Hennigsdorf folgende Mengen wahrscheinlich:

	Produktionsmenge in Mill. t	SO_2	NO_x in t	CO
Brandenburg	1,7	68 000	8 500	119 000
Hennigsdorf	0,7	28 000	3 500	49 000
Gesamt	2,4	96 000	12 000	168 000

Die Konverterstahlproduktion in der Maxhütte Unterwellenborn dürfte 1982 bei 600 000 t Stahl und einem Emissionsfaktor von 0,6 kg/t ("Materialien" zum 2. Immissionsschutzbericht der Bundesregierung 1981) etwa 360 t NO_x emittieren. Die Walzwerke insgesamt haben 1982 bei gut 8 Mill. t Produktionsmenge und einem angenommenen Emissionsfaktor von 2 kg/t NO_x ("Materialien" zum 2. Immissionsschutzbericht der Bundesregierung 1981- bei Stoßöfen 0,143 bis 3,0 kg) insgesamt 16 000 t NO_x emittiert, überschlägig verteilt auf Riesa und Hennigsdorf je 3 000 t, Brandenburg und Unterwellenborn je 2 000 t sowie Ilsenburg, Olbernhau, Thale, Freital und Salzungen je 1 000 t.

Das Statistische Jahrbuch der DDR weist für 1982 eine Produktion von 422 000 t beschichtete Bleche und Bänder aus. Im Eisenhüttenkombinat werden davon gut 300 000 t mit Zink beschichtet[244], dabei werden

40 bis 45 kg Zink pro Tonne benötigt, der Verbrauch soll auf 40 kg abgesenkt werden. Im Bad-Salzunger Walzwerk wird ebenfalls Walzstahl beschichtet, wahrscheinlich gut 100 000 Jahrestonnen[245]. Hier werden die Bleche lackiert oder mit Aluminium bedampft. Die lackierten Bleche sind z.B. Ausgangsmaterial für Kronenkorken, aluminiumbedampfte Bleche ersetzen Weißblech in der Konservenindustrie.

4.2.1.3. Eisen- und Stahlguß

Anfang der 60er Jahre gab es in der DDR noch mehr als 500 Gießereien. Ebenso wie in der Bundesrepublik Deutschland hat die Zahl der Gießereien auch in der DDR abgenommen; im Zeitraum 1963 bis 1979 auf 63 vH. Gleichzeitig erhöhte sich die Gußmenge auf 180 vH[246]. Neben der Erweiterung bestehender Gießereien wurde dem internationalen Trend zu größeren Produktionseinheiten auch durch Neubauten entsprochen, so z.B. durch Errichtung der Gießereien für Werkzeugmaschinenguß in Meuselwitz und Karl-Marx-Stadt, der Stahlgießereien in Magdeburg-Rothensee und in Bösdorf bei Leipzig und der Fahrzeuggießerei, dem Metallgußwerk Leipzig. Diese neuen Anlagen können aber nicht darüber hinwegtäuschen, daß der Bestand der Gießereien in der DDR überwiegend überaltert ist. Kugelgraphiteisen hatte 1982 in der DDR erst einen Anteil von 1 vH, lediglich 2 vH der Gußproduktion von insgesamt 1 Million Jahrestonnen erfolgt auf der Basis von Elektroöfen (überwiegend Induktionstiegelöfen). 98 vH wird in Kupolöfen meist älterer Bauart geschmolzen, nur wenige Anlagen haben elektrisch beheizte Vorrinnen[247].

Zur Gußproduktion der DDR werden 5 Mill. t Formstoff bewegt. Die Kupolöfen haben sehr schlechte Wirkungsgrade, sind durch hohe Abwärmeverluste gekennzeichnet. Nennenswerte Fortschritte beim Abbau der Schadstofflasten sind zu Beginn der 80er Jahre nicht zu erwarten. Die Kupolöfen sind erst zu gut 50 vH mit Staubabscheidern ausgerüstet, gasförmige Schadstoffe werden voll emittiert[248].

Zwar sind die Gießereien nach DDR-Angaben nur mit gut 1 vH an den Gesamtemissionen der DDR beteiligt, doch sind offenbar auch die vorhandenen Staubabscheider unzureichend. Die Emissionen werden in nur geringer Auswurfhöhe ausgebracht, die Standorte liegen nicht selten in Nähe von Wohngebieten. Durch den vermehrten Einsatz des heimischen Braunkohlenhochtemperaturkoks und von Steinkohlenkoksgrus aus Magdeburg steigt die Belastung der Umwelt[249]. Neben Staub nehmen auch die SO_2-Emissionen zu.

Nach dem Entwurf zur Änderung der TA-Luft vom 15.2.1985 dürften die Kupolöfen bei Berücksichtigung der für die Bundesrepublik geforderten Grenzwerte und einer Produktion von 1 Mill. t nur 150 t Staub im Jahr emittieren. Ältere DDR-Quellen nennen 2 000 t Staub. Eine jüngere Quelle beziffert die spezifische Staubemission auf 8 kg pro t Guß; bezogen auf die Gußproduktion der DDR (1 Mill. t) lassen sich daraus 8 000 t errechnen, das ist mehr als das Fünfzigfache des in der Bundesrepublik erlaubten Grenzwertes[250].

Die Abgasemission liegt bei 1 500 bis 4 000 m^3 je t Produkt. Besonders hoch ist der Kohlenmonoxid-Ausstoß (CO). Bisher werden in der DDR über 35 vH des eingesetzten Kokses als "Wärmemüll" durch das Gichtgas ungenutzt abgeführt[251], nach anderen Quellen eher noch mehr. Nach DDR-Angaben (vgl. Fußnote 248) beträgt der CO-Gehalt im Gichtgas von Kupolöfen 5-21 Volumenprozente oder in anderer Quelle: "Bei Kupolöfen liegt der CO-Gehalt des Gichtgases zwischen 16 und 11%, bei älteren Kupolöfen mit nur einer Düsenebene bei 15 bis 16% und bei denen mit zwei Düsenebenen zwischen 11 und 12%, wodurch sich ein Verbrennungsverhältnis von 40 bis 60% einstellt"[252]. Da die Temperatur des Gichtgases oberhalb der Beschickungsöffnung etwa 300 bis 400° C beträgt, resultiert daraus insgesamt ein Wärmeverlust von 50 vH, 10 vH als fühlbare Wärme und 40 vH als chemisch gebundene Wärme. Das oben erwähnte Sekundärwindverfahren ermöglichte zur Jahreswende 1982/83 erstmals in der DDR, daß Kupolschmelzöfen ausschließlich mit einheimischen Braunkohlenhochtemperaturkoks betrieben werden konnten[253].

Aus älteren Quellen errechnet sich eine SO_2-Jahresemission aus Gießereibetrieben der DDR von insgesamt 1 500 bis 2 000 t[254]. Aus Veröffentlichungen neueren Datums lassen sich Maximalwerte über 8 500 t SO_2 berechnen (theoretische Obergrenze), der Anteil des Schadstoffes im Gichtgas beträgt danach 0,1 Vol.-%. Bei einer Abgasmenge von 3 000 m³ pro t Guß errechnet sich ein Emissionsfaktor von 8,5 kg SO_2 pro t Gußeisen[255]. Für 1982 ist dieser Wert allerdings sicher zu hoch, auch wenn man berücksichtigt, daß der steigende Anteil an SO_2 schon in den siebziger Jahren auf "die ständig schlechter werdende Kokssituation" zurückgeführt wurde[256]. Der breite Einsatz von BHT-Koks setzt erst nach 1982 ein. Mit 3 000 t SO_2 jährlich - dies wird dieser Studie zugrunde gelegt - ist für 1982 ein Wert an der Untergrenze angenommen worden, der im Verlauf der 80er Jahre korrekturbedürftig sein dürfte. Unter der Voraussetzung, daß in der DDR 1982 im Durchschnitt der Kupolöfen im Gichtgas mindestens 12 vH CO enthalten waren, ergibt sich bei einer Abgasmenge von 3 000 m³ pro t Guß ein Emissionsfaktor von 450 kg/t, beträgt die Gesamtemission der DDR-Gußproduktion also 450 000 t CO. Dies ist das 150fache dessen, was für die Bundesrepublik als Grenzwert vorgesehen ist (1,0 g/m³)[257].

Im Zuge einer weiteren Konzentration und Modernisierung der Gießereien in der DDR werden die CO-Emissionen sinken, die SO_2-Emissionen aber eher zunehmen. Die DDR sieht selbst in der Verwertung der Kupolofen-Abwärme und der besseren Nutzung der chemischen Wärme (CO) eine noch zu erschließende Sekundärenergiereserve.

Moderne Gießereien in der DDR sind "freundlich und hell", arbeiten mit Lichtbogenöfen[258], sind "aber teilweise toxisch geworden"[259]. In den neuen, z.T. automatisierten Formereien werden verstärkt Kunstharzbinder eingesetzt. Dabei entstehen freie Formaldehyde. Viele dieser neuartigen Probleme sind - auch im Westen - noch ungenügend oder gar nicht gelöst. Die Daten über Produktionsmengen und Art der Formereien reichen nicht aus, um eine Verteilung dieser Emissionen sinnvoll durchführen zu können. Die Gesamtemissionen für Phenole lassen sich aus DDR-Angaben errechnen. Eine Quelle erwähnt die Emissionen von Pyrolyseprodukten aus Bindern, die bei der Aufbereitung des Formmaterials verwendet werden, Emissionen von Aldehyden, Ammoniak und Phenolen in der Formerei auch von Kresol und Formaldehyd[260]. Die Phenolemissionen in der DDR betragen etwa 4 mg je kg Guß, das sind etwa 4 t im Jahr.

Die Emissionen von Schwefeldioxid und Kohlenmonoxid lassen sich unter Berücksichtigung des Anteils der Bezirke an der Produktion der metallverarbeitenden Industrie unter besonderer Berücksichtigung auch der wichtigsten Standorte des Maschinen- und Fahrzeugbaus überschlägig verteilen. Der jeweilige Anteil der Bezirkshauptstadt ist geschätzt worden. Im einzelnen erfolgt die Verteilung nach folgendem Schlüssel (in Klammern der jeweilige Anteil der Bezirkshauptstadt): Karl-Marx-Stadt 15 vH (50 vH), Dresden 15 vH (40 vH), Leipzig 10 vH (70 vH), Magdeburg 10 vH (80 vH), Halle 10 vH (30 vH), Erfurt 10 vH (50 vH), Potsdam 5 vH (30 vH) und Berlin 7,5 vH. Auf die übrigen 7 Bezirke werden je 2,5 vH verteilt (Bezirkshauptstadt davon: 50 vH). Daraus ergibt sich folgende Aufteilung der SO_2 und CO-Emissionen für Eisen- und Stahlguß:

Eisen- und Stahlguß:
Emissionen von SO_2 und CO in t

Bezirk:	SO_2	CO	davon in der Bezirkshauptstadt SO_2	CO
Berlin	225	33 750	225	33 750
Cottbus	75	11 250	40	6 000
Dresden	450	67 500	180	27 000
Erfurt	300	45 000	150	22 500
Frankfurt	75	11 250	40	6 000
Gera	75	11 250	40	6 000
Halle	300	45 000	90	13 500
Karl-Marx-Stadt	450	67 500	225	33 750
Leipzig	300	45 000	210	31 500
Magdeburg	300	45 000	240	36 000
Neubrandenburg	75	11 250	40	6 000
Potsdam	150	22 500	45	6 750
Rostock	75	11 250	40	6 000
Schwerin	75	11 250	40	6 000
Suhl	75	11 250	40	6 000
DDR insgesamt	3 000	450 000		

4.2.2. Die NE-Metall-Industrie

Die DDR förderte 1982 ca. 2 Mill. t Erze, bereitete sie auf und führte sie der Verhüttung zu, darunter 1 Mill. t Kupfererz aus dem Mansfelder und Sangerhäuser Revier[261] und über 800 000 t Zinnerz aus Altenberg und Ehrenfriedersdorf. Bei Zinn verfügt die DDR über eine heimische Rohstoffbasis, die sie ab 1985 von Importen unabhängig macht (Förderziel 1 Mill. t)[262]. Zinn bildet jedoch die Ausnahme. Bei Aluminium fehlt die Rohstoffbasis, auch Kupfer muß überwiegend importiert werden. Hauptlieferant ist die Sowjetunion. Für die Volkswirtschaft der DDR haben die Sekundärrohstoffe (Schrott) in der ersten Hälfte der 80er Jahre eine noch größere Bedeutung erlangt.

Wie ein Staatsgeheimnis werden die Produktionszahlen der NE-Metalle gehütet. Im Gegensatz zur Schwarzmetallurgie liefert die amtliche Statistik nichts. Es gibt jedoch ältere Quellen und vage Angaben über den Bedarf. Das NE-Metall-Schrottaufkommen incl. Legierungsbestandteilen und Importen wird im Statistischen Jahrbuch ("Sekundärrohstoffe") veröffentlicht, für 1981 und 1983 liegen Angaben über die Bedeutung des NE-Metall-Schrottes für den Bedarf an Nichteisenmetallen für die Volkswirtschaft der DDR vor[263]. Dies erlaubt eine überschlägige Schätzung des Bedarfs. Leider läßt sich die heimische Produktion nicht errechnen. Die DDR macht keine Angaben über Exporte und Importe, auch die Sowjetunion gibt ihre NE-Metallexporte in die DDR nicht bekannt. Der Bedarf kann wie folgt geschätzt werden:

DDR-Bedarf an NE-Metallen 1982

Produkt	Menge in t	dar. auf Schrottbasis in vH
Kupfer	125 000	35
Zinn	1 900	.
Aluminium	280 000	20
Blei	80 000	45
Zink	60 000	28

Bei dieser groben Schätzung wurde berücksichtigt, daß beim Einsatz von Schrott Metallverluste auftreten und Legierungsbestandteile enthalten sind. Bei Kupfer liegen genauere Informationen vor[264]:

	Kupferschrott		Kupferschrott incl.
	Verladetonnen	Metallgehalt	Legierungen und Import
		in 1 000 t	
1975	68,0	44,9	48,5
1980	69,7	41,9	55,3
1982	69,2	42,8	47,3

Produktionszahlen Mitte der 70er Jahre sind bekannt, so z.B. für Raffinade und Elektrolytkupfer (60 000 t) und Blei (40 000 t)[265]. Die Erzeugung von Aluminium aus Bauxit und Aluminiumoxid in den Elektrolyseöfen von Bitterfeld und Lauta lag 1975 um mindestens 50 vH über der Erzeugung von 1982. Lediglich die Zinnproduktion zeigt deutlich steigende Tendenz, wohl auch die Herstellung von Blei.

4.2.2.1. Kupfer

Die Kupfergewinnung konzentriert sich traditionell am Rande des Harzes, im Mansfeldischen und heute auch in Ilsenburg bei Bad Harzburg. Der Kupferschiefer des südöstlichen Harzrandes ist durch eine geringe Flözmächtigkeit (Durchschnitt unter 25 cm) und abnehmende Kupfergehalte gekennzeichnet. Mitte der 70er Jahre sollen noch 3 vH Kupfer im Erz gewesen sein, 1982 waren es bestenfalls noch 2 vH. Aus den beiden verbliebenen Schächten in Niederröblingen und Sangerhausen müssen gegenwärtig 60 t kupferhaltiges Gestein abgebaut werden, um eine Tonne Kupfer zu gewinnen[266].

Ohne vorherigen Anreicherungsprozeß wird der sulfidische und bitumenhaltige Mansfelder Kupferschiefer in Helbra direkt verhüttet. Vorgeschaltet ist lediglich eine Klassierung, Trocknung und Brikettierung des Feinerzes. Diese Briketts und die Groberzbestandteile bilden unter Zusatz von Koks das Vorlaufmaterial für die neun Schachtöfen. In diesen Öfen entstehen 38 bis 45 vH Kupferstein, der in der Feinhütte (Hettstedt) weiterverarbeitet wird. Aus dem Gichtgas der Schachtöfen werden zunächst die besonders zahlreichen Begleitelemente des Kupferschiefers herausgewaschen. Diese Wäsche scheint überlastet zu sein[267]. Ist sie abgeschaltet, gelangt das Gichtgas zur weiteren Verwendung in das werkseigene Kraftwerk. Bei der Wäsche entsteht Schlamm, der in Absetzteichen eingedickt wird. Er enthält neben Blei, Zink und anderen Metallen das Bitumen. Es wird durch einen Schwelprozeß im Drehrohrofen entfernt; Bleistaub aus diesem Prozeß bildet das Vorlaufmaterial für die Bleihütten, insbesondere in Hettstedt. Das Abgas der Drehrohröfen gelangt "ohne besondere Feinreinigung" in die Atmosphäre[268]. Die Rohhütte in Helbra hatte 1983 eine Schmelzleistung von 750 000 t (Brikett und Groberz) und benötigte dafür 105 000 t Koks[269]. Offenbar wird in Helbra keine Schwefelsäure erzeugt - wie sonst üblich. Somit wird bei der Kupfersteinerzeugung Schwefeldioxid in großem Umfang frei (sulfidische Erze, Bitumenverbrennung).

Bei der Trocknung, Klassierung und Brikettierung von Kupfererz ist von anderen Kennzahlen auszugehen als bei Sinterprozessen der Roheisenerzeugung (vgl. 4.2.1.1.). Der Schwefeldioxidgehalt der Abgase von Kupfersinteranlagen (2 bis 7 Vol.-% oder mehr)[270] ist hoch gegenüber dem von Roheisensinterbändern (0,15 Vol.-%), allerdings sind die Abgasmengen deutlich geringer. Unter diesem Aspekt wird in dieser Studie angenommen, daß die Abgase der Trommelöfen absolut die vierfache Menge SO_2 enthalten als Sinterbänder bei der Roheisenproduktion, d.h. 40 kg SO_2/t Durchsatz. Bei einem Mischungsverhältnis von 2:1 (Feinerz:Groberz) beträgt der Jahresdurchsatz 0,5 Mill. t Kupfersinter. Dabei werden allein in dieser Prozeßstufe 20 000 t SO_2 emittiert.

Die nächste Prozeßstufe ist die Kupfersteinerzeugung in den Schachtöfen von Helbra. Die Schwefelbilanz ist beim Schachtofen durch eine hohe Schwefelbindung im Schmelzgut gekennzeichnet, so daß sich der SO_2-Gehalt im Abgas im Rahmen von Werten anderer Feuerungsanlagen hält, d.h. bei 100 000 t Koks und 0,5 vH Verbrennungsschwefel maximal 1 000 t SO_2. Da das Gichtgas nach Reinigung im Kraftwerk verwendet wird, ist diese Emission bei der Berechnung des Schadstoffauswurfs der Industriekraftwerke schon mit erfaßt worden.

Die Belastungen der näheren Umwelt der Hütte sind erheblich, auch wenn die Wohngebiete nur selten betroffen sind, da sie nicht in der

Hauptwindrichtung liegen; für die benachbarte LPG werden bindende Fruchtfolgen festgelegt, "im Interesse der volkswirtschaftlich effektivsten Lösung"[271].

Der Kupferstein aus Helbra (ca. 40 000 t) gelangt nun zur gut 10 km entfernten Feinhütte in Hettstedt und wird dort in Konvertern zusammen mit Kupferkonzentraten zu Schwarzkupfer, dieser wird dann zusammen mit Kupferschrott in Herdflammöfen zum Einsatzprodukt für die Kupferelektrolyse verarbeitet. Beim Verblasen des Rohsteins in den Konvertern werden die dabei anfallenden SO_2-haltigen Gase (3 bis 7 vH SO_2) feingereinigt und in einer Kontaktanlage zu Schwefelsäure verarbeitet. Parallel zu dieser Erzeugungslinie erfolgt in Hettstedt die Verarbeitung von Sekundärrohstoffen in Schachtöfen und Schrottkonvertern zu Schwarzkupfer. Darauf scheint sich folgendes Zitat zu beziehen: "Ein besonderes Problem stellt im Konverterbetrieb die Erfassung der SO_2-haltigen Gase dar. Durch eine Reihe von Faktoren bedingt, treten die Gase zum Teil unter den Hauben hervor und verlassen die Halle über die Dachreiter. Diese Gase stellen einen wesentlichen Teil der SO_2-Belastung im Raum Hettstedt dar. An der Verbesserung der Erfassungsbedingungen wird gearbeitet"[272].

Allerdings ist uns bis heute nicht bekannt, inwieweit diese Bemühungen Erfolg hatten. Deshalb muß am Standort Hettstedt davon ausgegangen werden, daß hier deutlich über 15 000 t SO_2 emittiert werden. Eine weitere Kupferhütte befindet sich nicht weit entfernt in Ilsenburg. Hier wird etwa ein Viertel allen Kupfers des Mansfeld-Kombinates aus schwerverhüttbaren Sekundärrohstoffen gewonnen. Der zu verarbeitende Schrott enthält offenbar auch hier viele andere Stoffe (Legierungsbestandteile, Reste von Kabelummantelungen etc.). Über die Ausstattung dieser Hütte mit einer Schwefelsäure-Gewinnungsanlage ist nichts bekannt. Die SO_2-Emissionen dürften an diesem Standort mit mindestens 5 000 Jahrestonnen anzusetzen sein[273]. In Hettstedt wird aus dem von der Rohhütte Helbra angelieferten Schwelgut in einer Bleihütte Werkblei und Zinkoxid hergestellt (zur Berechnung der Emissionen vgl. 4.2.2.2.).

Leider gibt es kaum Anhaltspunkte für die NO_x-Emissionen der Kupferproduktion. Für die Schachtöfen in Helbra wird die NO_x-Emission bei einem Schmelzgutdurchsatz von 750 000 t mit 1 kg pro t angenommen, ergibt also 750 t. Die Konverter der Feinhütte in Hettstedt und die nachgeschalteten Herdflammöfen (1 300° C) werden zusammen auf 4 kg NO_x je t Produkt veranschlagt. Unter der Annahme, daß dort maximal 50 000 t Kupfer erzeugt werden, ergibt sich hier eine NO_x-Emission von 200 t.

In Hettstedt befinden sich auch große Weiterverarbeitungskapazitäten, so z.B. ein Rohr- und Stangenzug mit einer Leistung von über 5 000 Jahrestonnen und eine Schwermetall-Bolzengießerei, die jährlich 26 000 t Bolzen herstellt[274].

4.2.2.2. Zinn und Blei

Das Zinnerz aus Altenburg und Ehrenfriedersdorf hat einen Metallgehalt von 0,3 vH. Das Erz wird in den Grubenbetrieben auf 6 vH angereichert[275]. Da für 1 t Zinn etwa 500 t Erz benötigt wird, geht in allen Verarbeitungsprozessen Metall verloren. Über die 1. Stufe der Erzanreicherung liegen keine näheren Informationen vor, so daß auch über die Emissionen nichts ausgesagt werden kann. In Ehrenfriedersdorf wird auch Wolframkonzentrat gewonnen.

Im Stammbetrieb des VEB Berg- und Hüttenkombinats "Albert Funk" in Freiberg dürften etwa 30-35 000 t des angereicherten Erzes zusammen mit anderen zinnhaltigen Produkten, dem Reduktionsmittel und schlackebildenden Zuschlägen den Verblaseöfen (Fuming-Ofen) zugeführt werden. Die Anlage stammt aus dem Jahr 1976. Das Einschmelzen erfolgt bei 1 300° C und dauert zwei Stunden. Durch Zugabe von Schwefel wird das Zinn verflüchtigt, Endprodukt dieses Prozesses ist ein Flugstaub mit einem Zinngehalt von 60 bis 70 vH. Der Verblasestaub wird mit Reichkonzentrat (40 bis 45 vH, ebenfalls in Altenburg und Ehrenfriedersdorf angereichert) im Röstofen bei 1 000° C weiterverarbeitet. Dabei soll das Röstgut agglomerieren, Schwefel und Arsen entweichen. Beim Schmelzen im Drehrohrofen entsteht dann Rohzinn, das anschließend zu Reinzinn raffiniert wird. Dabei werden Eisen, Kupfer, Wismut, Blei und restliches Arsen vom Zinn getrennt[276].

Die relativ neue Zinnhütte - die Vakuumdestillationsanlage wurde 1978 fertiggestellt - emittiert aus einem Schornstein von 140 m Höhe neben den genannten Schadstoffen (Arsen, SO_2) auch große Mengen Fluor[277]. Ab 1985 soll eine rekonstruierte Naßgasreinigung diesen Schadstoff entfernen. Seit 1981 wurden systematisch auch die Halden vergangener Jahrzehnte aufgearbeitet, um daraus zusätzlich Buntmetall zu gewinnen. 1981 wurden auf diese Weise 80 t Zinn zusätzlich produziert[278].

Die Schadstoffemissionen des Standortes Freiberg und Umgebung haben sich nicht nur durch den Neubau der Zinnhütte in den 70er Jahren fast halbiert, sondern auch dadurch, daß die alte Bleihütte in Halsbrücke stillgelegt wurde[279]. Dennoch bleibt Freiberg das Zentrum der Bleiproduktion, präziser der Betrieb Muldenhütten bei Freiberg. 1981 wurden Drehrohröfen in Betrieb genommen, die ebenfalls bisher unverhüttbare Bleiflugstäube, d.h. jahrzehntelang aufgetürmte Halden, aufbereiten. Dadurch sollte 1982 die Bleiproduktion um 6 500 t steigen. In einem weiteren Drehrohrofen wird seit 1983 Akkumulatorenschrott aufbereitet[280]. Die Schornsteine in Muldenhütten erreichen 200 m. In dem schon 1982 vorhandenen Drehrohrofen wurden innerhalb von 24 Stunden 80 bis 110 t Bleiflugstaubschlämme zu 40 bis 60 t Bleizink verarbeitet[281]. 1982 wurden die Bleischachtöfen von Heizöl auf heimische Energieträger umgestellt.

Obwohl bei der Bleiproduktion auch Schwefelsäure gewonnen wird, reichen die Kapazitäten offenbar nicht aus, Armgase mit weniger als 1 Vol.-% SO_2 zu entfernen. Seit 1975 dürften sich die Schwefeldioxidemissionen nicht verringert haben (wohl aber zwischen 1969 und 1975). Auch 1982 dürften knapp 0,5 vH der SO_2-Emissionen der DDR auf Freiberg entfallen. Das sind bei vorsichtiger Schätzung rund 20 000 t SO_2[282]. Trotz weiterer Produktionssteigerungen ist im Verlaufe der 80er Jahre mit einem absoluten Rückgang der Emissionen zu rechnen. Die propagierte Veredlungsmetallurgie, zu der auch die Nutzung von Abprodukten gehört, bringt auf diese Weise einen positiven Effekt für die Umwelt.

4.2.2.3. Aluminium

Die Aluminiumgewinnung der DDR basiert auf importiertem Bauxit und auf Aluminiumoxid. Die Produktion ist in der DDR zu Beginn der achtziger Jahre rückläufig gewesen. Die Bauxiteinfuhr wurde stark reduziert (in 1 000 t):

1970:	256
1981:	67
1980:	121
1982:	110

1981 wurden die Verarbeitungsanlagen in Lauta generalüberholt. Es ist deshalb damit zu rechnen, daß im Verlaufe der achtziger Jahre wieder mehr Bauxit verarbeitet wird.

Zugenommen haben in den 70er Jahren die Bezüge von Aluminiumoxid aus der Bundesrepublik Deutschland (in 1 000 t):

1970: 39

1980: 73

1981: 71

1982: 75

Hieraus konnten 1982 ca. 14 vH des Aluminiumbedarfs der DDR hergestellt werden. Leider ist nicht bekannt, ob und in welchem Umfang die DDR aus anderen Ländern Aluminiumoxide bezieht. Dennoch dürfte feststehen, daß die sehr energieintensive Aluminiumerzeugung in den Elektrolyseöfen Bitterfelds (75 vH) und Lautas (25 vH) das Produktionsniveau der siebziger Jahre nicht wieder erreicht. Dagegen ist die Aluminiumgewinnung auf Schrottbasis (Rackwitz) bedeutsam geworden. Aluminium soll jedoch in steigendem Umfang Kupfer substituieren, besonders in der Kabelindustrie. Deshalb steigen die Bemühungen der DDR, auf der Grundlage heimischer Tonerde Rohstoffe für die Aluminiumverhüttung zu gewinnen[283].

In Lauta wird bisher der staubfrei gemahlene Bauxit nach dem Bayer-Verfahren in dampfbeheizten Rückwerksautoklaven unter Druck bei 160 bis 300° C mit konzentrierter Natronlauge aufgeschlossen. Dabei entstehen Natriumaluminat und Rotschlamm, der in Spülteichen deponiert wird. Aus Natriumaluminat wird Aluminiumhydroxid gewonnen, das in Rohrohröfen bei 1 300° C kalziniert wird. Dieses wird dann zusammen mit den importierten Aluminiumoxiden bei der Schmelzflußelektrolyse eingesetzt: "Bei dem Elektrolyseprozeß entstehen Abgase, die Staub und fluorhaltige Verbindungen in gasförmiger und fester Form sowie im Falle der Verwendung von Söderberg-Elektroden auch teerhaltige Produkte enthalten. Technologisch bedingt kann nur ein Teil der Abgase direkt über die Abzugshauben durch das Abgasleitungssystem erfaßt werden; der andere Teil wird durch die Hallenentlüftung über Dach abgeführt"[284] (vgl. Abbildung I 18).

SO_2 entsteht bei der Bauxittrocknung, bei der Kalzination und bei der Elektrolyse, ganz wesentlich aber bei der Erzeugung der zur Elektrolyse notwendigen Energie. Die 70 Öfen in Lauta benötigen 35 MW-Leistung, die Öfen in Bitterfeld deutlich über 100 MW. Diese Emissionen werden unter Abschnitt 4.1.2.3. (Chemiekombinat Bitterfeld) erfaßt.

In der DDR werden mindestens 60 000 t Aluminium in Söderberg-Elektrolyseöfen hergestellt (15 000 t in Lauta, der Rest in Bitterfeld). Diese Anlagen sind schon recht betagt, sogenannte Anodeneffekte sind offenbar häufig[285]. Nach Angaben aus der Bundesrepublik muß mit folgenden Emissionen gerechnet werden: CO: mindestens 250 kg/t, SO_2: 6,5 kg/t und Fluor: 0,8 bis 1 kg/t[286]. Der gesamte Fluor-Wert wird in den Anlagen der DDR wohl deutlich überschritten, denn maximal sind 18 kg/t möglich[287]. Die folgende Tabelle rechnet damit, daß gut ein Viertel der Abgase nicht durch das Abgasleitungssystem erfaßt wird, also 5 kg Fluor/t Aluminium entweichen (Angaben in Jahrestonnen):

Emission	Bitterfeld	Lauta	Gesamt
CO	11 250	3 750	15 000
SO_2	300	100	400
Fluor	225	75	300

Die tatsächlichen Emissionen können erheblich höher sein. Zum einen ist die Produktion vorsichtig geschätzt worden, zum anderen laufen die Anlagen nicht störungsfrei.

Abbildung I 18

Emissionen in den Verfahrensstufen der Aluminiumhütten

Verfahrensstufe Apparat	Verfahrenstechnische Maßnahme	Rohgas-konzentration in g/m³	Reinigungs-anlage	Minimale Reingas-konzentration in mg/m³	Volumen in m³(N)/t Abgastemperatur in °C Abl.-Höhe in m	Spezifische Emission in kg/t
Bauxitgrobzerkleinerung Backen- oder Kreisel-brecher	Grobzerkleinerung des grubenfeuchten Bauxits	5 ... 10 Bx-Staub	Zyklon, Gewebe-abscheider	150 Bx-Staub	1000 ... 1500 25 ... 35 30	
Bauxittrocknung und Glühung Drehrohröfen	Vorbereitung auf die Feinmahlung und Strukturumwand-lungen	7 ... 15 Bx-Staub	Zyklon, Trocken-EGR	150 Bx-Staub 20 CO 40 CO_2 10 SO_2	2000 ... 2500 120 ... 150 30	60 ... 90 (bezogen auf Kalzinat)
Bauxitfeinmahlung Lösche bzw. Windsichtmühlen	Vorbereitung des Bauxits auf den Lauge-Aufschluß-Prozeß	20 ... 25 Bx-Staub (nach Sichtung)	Zyklon, Gewebe-abscheider	150 Bx-Staub	3000 ... 3500 30 ... 40 35	
Kalzination des Feuchthydroxids zu Aluminiumoxid Drehrohrofen	Umwandlung des Al-Hydroxids in Al-Oxid bei 1250 ... 1300 °C	50 ... 100 Al_2O_3-Staub	Zyklon, Multizyklon, Trocken-EGR	150 Al_2O_3-Staub 20 CO 40 CO_2 10 SO_2	5000 ... 6000 150 50	20 Al_2O_3-Staub (bezogen auf Kalzinat)
Aluminiumschmelzfluß-elektrolyse mit Söderberg-Anoden oder vorgebrannten Anoden Elektrolysewanne	Reduktion des Al_2O_3 zu Al mittels Gleich-strom in der Kryolith-Schmelze bei 950 °C	stark schwankend und abhängig von angewandter Technologie	Naßskrubber, Naß- oder Trocken-EGR	100 Al_2O_3-Staub 50 gas- und staub-förmige Fluoride 100 Teer-Aerosol 20 CO 40 CO_2 10 SO_2	250000 40 ... 60 120	20 Fluoride, als F berechnet davon 90% gasf. und 10% staubf. 20 Al_2O_3 (auf Al bezogen)

Quelle: Herbert Mohry und Hans-Günter Riedel, a.a.O., S. 146.

4.2.2.4. NE-Schmelzbetriebe und Verarbeitungskapazitäten

Es wurde bereits darauf hingewiesen, daß in Hettstedt und Ilsenburg in Schmelzbetrieben Kupfer gewonnen wird und insbesondere auch Hettstedt über Verarbeitungskapazitäten verfügt.

Das Formmaterial für alle Aluminiumgießereien und 89 vH des in der DDR anfallenden Aluminiumschrotts, also rund 60 000 t, werden im Leichtmetallwerk Rackwitz erzeugt bzw. verarbeitet[288]. Seit 1981 wird die Trommelofenbatterie mit "Heizmaterial minderer Qualität" befeuert und durch verbesserte Energieökonomie 215 000 t fester Brennstoffe eingespart[289]. Einer der größten Schmelzbetriebe der DDR liegt in Berlin. Die Berliner Metallhütten- und Halbzeugwerke mit 23 000 Beschäftigten schmelzen in einer Kupferhütte Legierungen aus Kupfer, Zinn und Zink für den Maschinen- und Schiffbau der DDR, produzieren Gleitlager aus Bronze und erzeugen jährlich 25 000 t Aluminiumdraht in einer relativ modernen Drahtgießwalzanlage[290]. Das Aluminium wird in Trommelöfen bei 700° C geschmolzen, die Metallverluste betragen 13,5 kg pro t Aluminium. Die Anlage wurde 1967 installiert und war zunächst auf 17 000 t eingerichtet[291].

Weitere wichtige Betriebe der NE-Metall-Industrie sind die Halbzeugwerke Auerhammer und die Nickelhütte in Aue. Über beide Betriebe wird wenig berichtet[292]. Aluminiumbreitband, Aluminiumbleche, Lackband usw. werden im Leichtmetallwerk Nachterstedt erzeugt[293]. Der Kreislauf schließt sich wieder im Betrieb Liebenwalde des Kombinats Metallaufbereitung, das Zentrum für Kabelaufbereitung in der DDR. 12 500 t Kabelschrott können hier nach verschiedenen Verfahren aufbereitet werden. Problematisch ist die Verbrennung von Erdkabeln aus Kupfer und Aluminium, mit Eisenarmierungen und Gummiisolierung[294]. Aus Messungen ergeben sich 1974 Emissionen von CO, HCl, Ruß, Phenol- und Pyridinabkömmlingen, polyzyklischen Aromaten und Aldehyden um 1 500 Jahrestonnen. Ein neuer Kabelabbrennofen mit Nachverbrennung zeigt vom Einsatzstoff abhängige Schwankungen, insbesondere der HCl-Konzentration. Die Schornsteinhöhe wurde wegen der im Abgas zu erwartenden HCl-Konzentration (Grenzwert 23 kg/h) auf 60 m festgelegt. Zwei weitere Anlagen in Liebenwalde verursachen weniger Probleme. Auf einer Pilotanlage wird Aluminium großtechnisch aufbereitet. Altkabel werden durch flüssigen Stickstoff bei -196° C versprödet, Aluminium von der Ummantelung getrennt. Auf diese Weise können aus 10 000 t Kabelschrott 4 500 t Aluminium zurückgewonnen werden[295]. In einer Elektroscheideanlage kann gehäckselter und granulierter Kabelschrott verarbeitet werden. Dabei können aus 4 800 t Altkabeln 1 700 t Kupfer gewonnen werden, aus Industrieabfällen und Ausschuß auch Aluminium[296]. Das Aluminium geht dann von Liebenwalde ins Leichtmetallwerk Rackwitz.

4.3. Die Emissionen der Bindebaustoffindustrie und der Ziegelwerke (Grobkeramik)

Diese beiden Bereiche waren schon 1982 Schwerpunkt der Substitution von Erdöl, Erdgas und Steinkohlenkoks durch heimische Brennstoffe. Die Standorte der Bindebaustoffindustrie sind auf wenige Regionen konzentriert, Ziegeleien - auch private - findet man überalll in der DDR; allerdings mit Schwerpunkten in der Lausitz (Lausitzer Klinker) und im Bezirk Halle. Die Baumaterialienindustrie trägt ganz erheblich zur Schadstoffbelastung bei. Hauptschadstoffe sind SO_2, NO_x und Fluorwasserstoffe und Staub.

4.3.1. Bindebaustoffe: Gips, Kalk und Zement

Die DDR produzierte laut Statistischem Jahrbuch 309 700 t Gips im Jahre 1982. Der Schwerpunkt der Produktion liegt in Rottleberode (Bezirk

Halle) am Südrand des Unterharzes. Das gebrochene Gestein wird zu 80 vH in Drehrohröfen verarbeitet. Außerdem werden noch das Gipskochverfahren, Schachtofenproduktion, Erzeugung in Kammeröfen und Autoklaven angewandt. Nach eigenen Angaben beträgt die spezifische Emission der Drehrohröfen 1,4 bis 4,5 kg SO_2 je Tonne Produkt[297]. Auch in diesen Öfen wird vermutlich vermehrt heimischer Braunkohlenstaub (früher: Steinkohle) eingesetzt. Deshalb wird der obere Wert den Verhältnissen für 1982 besser entsprechen. Damit belaufen sich die Emissionen durch Gipsproduktion für 1982 auf reichlich 1 000 t SO_2, und zwar überwiegend am Standort Rottleberode.

Die Kalksteinförderung der DDR läßt sich für 1982 mit ca. 32 Mill. Jahrestonnen errechnen: Für 1 Tonne Zement werden 1,6 t Kalkstein benötigt. 1982 stellte die DDR 11,7 Mill. t Zement her, 58 vH der Kalksteinförderung gehen in die Zementindustrie.

Exakte Angaben über die sonstige Verbrauchsstruktur liegen vor[298]:

Zementindustrie	58 vH
Baukalk	6 vH
Landwirtschaft	5 vH
Metallurgie, Chemie- und Zuckerindustrie	31 vH.

Wie auch in der Bundesrepublik versorgen sich die großen Zementfabriken aus eigenen Kalkgruben bzw. -brüchen. Zentrum der Kalksteinverarbeitung für die übrige Industrie und das Bauwesen sind die VEB Harzer Kalk- und Zementwerke Rübeland im Zementkombinat Dessau. Sie versorgen die Carbidindustrie der DDR mit weit über 1 Mill. t/a die metallurgische Industrie und die Bauindustrie. Der Kalkstein wird in koksbeheizten Schachtöfen gebrannt. Dabei gelangt über 50 vH des eingebrachten Schwefels aus dem Koks, zum kleineren Teil auch aus dem Rohstein in den Kalk, 14 vH entweichen mit dem Rauchgas in die Luft[299]. Die gleiche Quelle stellt fest, daß bei koksbeheizten Schachtöfen auf 1 kg Branntkalk 0,3 g Schwefel im Rauchgas emittiert worden. Bei einer Jahresproduktion von 3,5 Mill. t Branntkalk (1982) entspricht dies einer SO_2-Emission von 2 000 t im Jahr, ganz überwiegend konzentriert auf den Standort Rübeland. In den letzten Jahren wird verstärkt Braunkohlenhochtemperaturkoks statt Steinkohlenkoks eingesetzt. Der Einsatz von 40 vH BHT-Koks macht eine jährliche Ersparnis von 130 bis 150 000 t Steinkohlenkoks aus. Wegen des höheren Schwefelgehaltes des BHT-Kokses gibt es offenbar Probleme[300]. Vermutlich aber wird versucht, die Substitution von Steinkohlen- durch Braunkohlenkoks weiter voranzutreiben. Für den Standort Rübeland dürften damit die SO_2-Emissionen steigen. Hinsichtlich der NO_x-Emissionen beim Brennen von Kalk gibt es kaum Anhaltspunkte. Zur Erzeugung von Baukalk wird Kalkstein in Schacht-, Ring- und/oder Drehrohröfen bei Temperaturen von 800 bis 1200° C gebrannt. Nimmt man den für diese Temperaturen etwas zu hoch scheinenden Emissionsfaktor für Stickoxide im Bereich der Zementproduktion als Obergrenze, errechnet sich für NO_x eine Emission von 7 300 Jahrestonnen überwiegend für den Standort Rübeland. Angemerkt sei noch, daß das Zementwerk Rüdersdorf größere Mengen Düngemergel herstellt, und zwar aus Kalkstein, der für die Zementproduktion nicht mehr zu verwenden ist.

Für die <u>Zementproduktion</u> der DDR sind Produktionsmenge, Verfahren und Standort bekannt. Die Rohstoffe werden in Drehrohröfen zu Klinker gesintert und anschließend vermahlen. In der DDR werden systematisch alle Zementanlagen auf den Betrieb mit Braunkohlenbrennstaub (Brikettabrieb) umgestellt. Dabei gibt es Hinweise über die verbrauchten Energiemengen. Im Dauerbetrieb des Zementwerkes Deuna wurden 1982 zur Herstellung von

513 500 t Zementklinker 96 800 t Braunkohlenstaub (Brikettabrieb) und 2 700 t Heizöl eingesetzt[301]. Bei der Berechnung des Schadstoffgehaltes im Abgas kommt es entscheidend darauf an, ob Braunkohlenstaub aus der Lausitz oder aus der näherliegenden Region Halle/Leipzig verwendet werden. Die Schwefelgehalte differieren bekanntlich erheblich. In jedem Falle ist die Einbindung des Schwefels im Herstellungsprozeß durch die Kalkkomponenten sehr hoch.

Die Berechnung der Emissionen setzt plausible Annahmen voraus. Veröffentlichungen von hüben und drüben sind etwas unterschiedliche Angaben über die zu reinigende Abgasmenge zu entnehmen. In der Bundesrepublik werden 6 bis 12 m^3 je kg Produkt angegeben[302]. DDR-Quellen nennen eine Spanne von 7 bis 10 m^3 je kg[303]. Nach dem Entwurf der TA Luft vom 15. 2. 1985 beträgt die Obergrenze bei Zementanlagen in der Bundesrepublik 400 mg SO_2 pro m^3. Auf dieser Basis läßt sich für 1982 ein theoretischer Maximalwert für die Zementproduktion der DDR errechnen:

400 mg SO_2/m^3 x 9 m^3 Abgas x 11,7 Mill. t Zement = 42 120 t Schwefeldioxid. Dieser Wert dürfte indes zu hoch sein.

In einer früheren Studie des DIW für den Senator für Stadtentwicklung und Umweltschutz in Berlin wurde die Gesamtemission der Zementindustrie der DDR mit 23 100 Jahrestonnen (1982) errechnet[304]. Basis war der spezifische Brennstoffverbrauch. Darüber gibt es jetzt neuere Daten (vgl. Fußnote 301). Aus der Literatur ist auch bekannt, daß schon der Rohkalkstein Schwefel enthält, allerdings im Vergleich zum eingesetzten Brennstoff eine 10er-Potenz weniger. Dies soll im folgenden nicht weiter verfolgt werden. Entscheidend sind dagegen die Annahmen über den Schwefelgehalt des eingesetzten Brennstoffs und die Schwefelbindung (Asche und Zement). 1980 wurden von den Zementöfen der DDR knapp 60 vH mit Kohlenstaub gefahren. Inzwischen wurden im Zuge der Substitution importierter Rohstoffe durch heimische Braunkohle weitere 400 000 t Heizöl je zur Hälfte in den Zementwerken Deuna und Karsdorf ersetzt. Überschlägig kann davon ausgegangen werden, daß 1982 kaum noch Heizöl (Schwefelgehalt bis 3 vH) verbraucht wurde, sondern Braunkohlenstaub aus der Lausitz und stärker noch aus dem standortnäheren Halle-Leipziger Braunkohlenrevier. Braunkohlenbriketts aus der Lausitz enthalten nach DDR-Angaben im Durchschnitt 1 vH Schwefel, Briketts aus Halle/Leipzig 3,4 vH[305]. Möglicherweise liegt der Schwefelgehalt des bei der Brikettproduktion anfallenden Staubes noch ein wenig höher, denn der Staub dürfte weniger Wasser enthalten als die Briketts. Der Energieinhalt des Staubes beträgt knapp die Hälfte des Heizöls. Da der Wirkungsgrad der Staubfeuerung niedriger liegt, müssen ca. 5 vH mehr Staub eingesetzt werden, als es der theoretischen Relation entspricht. Setzt man den durchschnittlichen Gesamtschwefelgehalt des heute verwendeten Brennstoffs mit 2,5 vH an (35 vH Lausitz, 55 vH Halle/Leipzig, 10 vH Heizöl und sonstiges) und nimmt man an, daß bei Prozeßtemperaturen von 1400° C 80 vH des durch den Brennstoff eingebrachten Schwefels gebunden werden, so entweichen mit dem Rauchgas 10 kg SO_2 pro eingesetzter Tonne Brennstoff. Näherungsweise läßt sich die SO_2-Gesamtemission der DDR-Zementindustrie für 1982 wie folgt errechnen:

Endprodukt Zement	11,7 Mill. t
Zementklinker-Einsatz (0,8 t Klinker pro Tonne Zement)	9,4 Mill. t
Einsatz Braunkohlenstaub (BKS) (0,189 t BK/t Zementklinker)	1,8 Mill. t
SO_2-Emission (10 kg SO_2/t BKS)	18 000 t

Dieser Wert bestimmt die Verteilung auf die Produktionsstandorte.

Bei der Zementproduktion der DDR herrscht das Trockenverfahren vor. Es ist gerechtfertigt, die für die Bundesrepublik errechneten Emissionswerte für Stickoxide (2,1 kg NO_x pro Tonne Produkt) zu verwenden[306]. Die NO_x-Emission beträgt dann 22 000 Tonnen im Jahr 1982. Die Verteilung sieht wie folgt aus:

Zementproduktion der DDR 1982

Standort	Mengen in Mill. t	in vH vom gesamt	Emissionen in t SO_2	NO_x
Karsdorf	4,7	40	7 200	8 800
Rüdersdorf	2,8	24	4 300	5 300
Bernburg	2,3	20	3 600	4 400
Deuna	1,9	16	2 900	3 500

Einige kleine Zementwerke wurden nicht aufgenommen, so die den Hüttenwerken zugeordneten Zementwerke in Unterwellenborn (Maxhütte) und Eisenhüttenstadt. Deuna ist die modernste Zementfabrik der DDR und erreichte 1984 bereits eine Produktion von 2,8 Mill. t, die älteren Anlagen z.B. in Rüdersdorf wurden entsprechend zurückgefahren. Über Schwierigkeiten bei der Substitution von Heizöl durch heimischen Braunkohlenstaub wird berichtet. Dennoch waren die Zementwerke Karsdorf und Deuna im Verlauf des Jahres 1982 weitgehend umgerüstet worden, der Heizöleinsatz auch für Stützfeuer ist dort rückläufig. In Rüdersdorf werden Kohle und Zuschlagstoffe durch Braunkohlenschlacken mit geringem Heizwert z.T. substituiert. 1981 sollten davon 125 000 t eingesetzt werden. Dadurch können 25 000 t Feinsteinkohle eingespart werden[307]. In Deuna und Rüdersdorf laufen Versuche mit Schrottreifen - offenbar mit gutem Erfolg. Von den jährlich 65 000 t Altreifen, die in der DDR anfallen und nicht mehr runderneuerbar sind, sollen an diesen beiden Standorten je 10 000 t als Brennstoffersatz eingesetzt werden[308]. Da die Einsatzmenge weiter gesteigert werden soll, werden die übrigen Reifen - soweit sie nicht im Straßenbau als Rohstoff eingesetzt werden - auf Halden zwischengelagert.

4.3.2. Ziegelwerke

Zwar hat sich die Produktion der Ziegeleien gegenüber 1960 halbiert, doch werden immer noch 30 - 40 vH aller Gebäude in der DDR aufgemauert. Das Statistische Jahrbuch der DDR gibt die Produktion in Stück Ziegel bzw. Klinker an. Unter der Annahme, daß ein Durchschnittsstein 3,3 kg wiegt, errechnen sich für 1982 3,9 Mill. t . Es gibt mindestens 30 Ziegelwerke in der DDR; diese haben in der Regel 5 - 12 Betriebe. Auch gibt es noch den privaten Kleinbetrieb. Großbetriebe sind die Ausnahme. Die Emissionen dieses Sektors sind im Vergleich zu anderen Branchen schwieriger zu ermitteln, da sich die Einflüsse aus dem Brenngut, der Brennstoffqualität und der Art der Technologie überlagern. "Die tatsächlichen Schadstoffkonzentrationen können nur durch Emissionsmessungen ermittelt werden"[309].

Ton fällt vor allem in der südlichen DDR, z.B. auch in Braunkohlengebieten reichlich an. Der Gesamtschwefelgehalt der Tonrohstoffe kann bis 2,5 vH betragen. Analysen von Tonen aus mehr als 60 Gruben enthielten zu über 50 vH Schwefelwerte zwischen 0,02 und 0,16 vH Masse-Prozent, 30 vH brachten es auf 0,16 bis 0,55 vH und 10 vH auf Werte zwischen 0,55 und 1,3 vH[310]. Der im Brenngut (BG) gebundene Schwefel hängt von der Prozeßtemperatur ab, aber auch von der Art der Brennstoffzuführung.

Bis 1981 wurden viele Ziegeleien mit Heizöl betrieben. Bei modernen Anlagen dürfte dies die Regel gewesen sein. Durch Beschluß vom 14.5.1981 bekamen alle Ziegelwerke der DDR den Auftrag, den Energieträger Heizöl durch heimische Braunkohle zu ersetzen, und zwar möglichst binnen Jahresfrist. Von 30 Tunnelöfen der DDR (Kapazität maximal 300 Mill. Ziegel oder gut 25 vH der DDR-Produktion) wurde schon Mitte 1982 Vollzug gemeldet[311]. Aus dieser Quelle ergibt sich auch die Möglichkeit, den

Brennstoffverbrauch der Ziegeleien hochzurechnen: Er belief sich - bei gleichem spezifischen Verbrauch - auf 450 000 t Rohbraunkohle. Damit kann auch eine überschlägige Schätzung der SO_2-Gesamtemission durchgeführt werden. Bei einem Schwefelgehalt von 1,5 vH <u>ohne</u> Aschebindung maximal 13 500 t SO_2. Dieser Wert dürfte realistisch sein, denn Aschebindung und Schwefelfreisetzung halten sich oft die Waage. Wenn Asche dem Brenngut zugeführt wird, könnte die Emission theoretisch noch höher sein:

Abbildung I 19

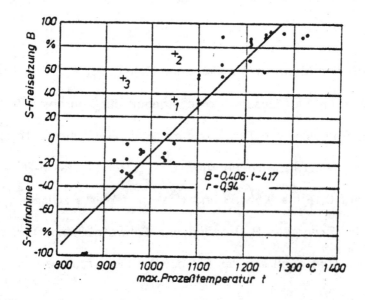

Schwefelfreisetzung aus dem Brenngut bzw. Schwefelaufnahme des Brenngutes in Abhängigkeit von der maximalen Prozeßtemperatur

<u>Quelle:</u> Wolfgang Müller, Harald Meyer, Frank Arnold: Einfluß der Energieträger auf die Schadstoffemissionen bau- und grobkeramischer Betriebe. In: Silikattechnik. Heft 5/1982, S. 143.

In obiger Grafik kennzeichnet Punkt 1 die Schwefelfreisetzung im Versuch ohne Kohlezumischung; Punkt 2 Schwefelfreisetzung mit Kohlezumischung (1,7 Masse-Prozent C im Versatz). Die zusätzliche Schwefelfreisetzung aus dem Brenngut beträgt 75 vH statt 35 vH; diese Werte sind dem Schwefelgehalt des Brennstoffes hinzuzurechnen. Punkt 3 betrifft einen Ofen mit der traditionellen Kohleschüttfeuerung. Man sollte wohl davon ausgehen, daß die 30 modernen Tunnelöfen schon mit Einblasefeuerungen versehen sind. Bei den meist älteren Ringöfen wird Schüttfeuerung noch die Regel sein. Diese technologische Unterscheidung ist deshalb so wichtig, weil sie hinsichtlich der Emissionen von SO_2 und Fluor zu entgegengesetzten Emissionsergebnissen führt:

Abgas-Durchschnittswerte $\qquad\qquad$ SO_2- und gF^--Konzentration

Feuerungsart:	Brennstoff:	gS/kg BG	gF^-/kg BG
Schüttfeuerung	Braunkohlen-brikett-Abfall	1,173	0,028
Einblasefeuerung	Braunkohlen-brikett-Grus	0,179	0,162

Diese Resultate ergeben sich ohne Zusatz von Asche im Brenngut (BG). Messungen zeigen, daß sich diese Werte verdoppeln können, wenn bis zu 6,5 Masse-Prozent C, also Asche, zugesetzt wird. Die DDR-Wissenschaftler zogen folgendes Resumee: "Diese Ergebnisse zeigen, daß Kohleeinpressen in den Rohstoff im Sinne der Minimierung des Ascheanfalls weitestgehend anzustreben ist, doch muß mit einer beträchtlich erhöhten Emission von Fluor- und Schwefelverbindungen gerechnet werden"[312].

Bei der Annahme, daß 25 vH der Öfen der DDR schon die moderne Einblasefeuerung haben, 75 vH entsprechend Schüttfeuerung, lassen sich die Emissionen wie folgt aus den Meßwerten errechnen:

Feuerungsart	Einsatzmenge BG in 1000 t	Emission in t SO_2	F^-
Schüttfeuerung	2 900	6 800	81
Einblasefeuerung	1 000	360	162
Ziegeleien gesamt	3 900	7 160	243

Für ein Verhältnis 25 : 75, keinesfalls ein besseres, spricht, daß erst nach 1980 häufiger über neuere Anlagen berichtet wird[313]. Bei Zugabe von Braunkohlenasche in das Brenngut, dies dürfte in der DDR inzwischen regelmäßig praktiziert werden, können sich die Werte verdoppeln.

4.4. Die Emissionen der Glas- und Feinkeramikindustrie

Die Glas- und Feinkeramikindustrie ist sehr energieintensiv. In der DDR verbrauchte sie zusammen mit der Zellstoff- und Verpackungsindustrie, mit denen sie in einem Ministerium vereint ist, 1979 fast 57 000 Terajoule, die umgerechnet knapp 6 Mill. t Braunkohle entsprechen[314]. Über die Hälfte, also 3 bis 4 Mill. t sind der Glas- und Feinkeramikindustrie anzurechnen. Allerdings werden dort relativ saubere Energieträger, also Heizöl, Erdgas und Elektroenergie, eingesetzt. Der Bereich entzieht sich weitgehend einer Substitution durch Braunkohle. 70 bis 80 vH der Gebrauchsenergie werden für die technologischen Prozesse eingesetzt, vor allem für das Brennen und Trocknen keramischen Gutes und für die Glasschmelze. Die Bemühungen um Energieeinsparung konzentrieren sich auf die Anwendung energiesparender, vollelektrischer Glasschmelzen und auf eine bessere Nutzung der Abwärme[315].

Die Rohstoffe für Glas und Feinkeramik liegen mit wenigen Ausnahmen in der südlichen Hälfte der DDR - dort sind auch die Verarbeitungsbetriebe entstanden[316]. Ein Rohstoffkombinat mit 14 Tagebauen und vier Schächten fördert jährlich rund 3 Mill. t Glassande, Kaoline und Tone. Dabei wächst der Gehalt an Schadstoffen, die auch negativ auf die Qualität der Erzeugnisse wirken[317].

Der Bezirk Cottbus hat einen erheblichen Anteil am Rohstoffaufkommen. 1981 waren es bei Glassand ca. 40 vH, bei Tonen 50 vH und bei

Kiesen und Sanden 35 vH[318]. Auf dieser Basis wurden hier 86 vH des Wirtschaftsglases und fast die Hälfte aller Haushalts- und Verpackungsgläser hergestellt.

Der Maschinenpark der Glas- und Feinkeramikindustrie wurde zwar in den letzten Jahren an einigen Standorten erneuert, die Anlagen sind im Durchschnitt dennoch um 20 Jahre alt, zum Teil stammen sie noch aus der Gründerzeit[319].

Abbildung I 20

Rohstoffe für die Glasherstellung

Rohstoffe			Eigenschaften	Luft-schadstoffe
Quarzsand	Siliziumdioxid	SiO_2	geringe Staubentwicklung, da 3 ... 9% Wasser, Verunreinigung durch Fe_2O_3 und F	F^-
Kalkstein	Kalziumkarbonat	$CaCO_3$	verunreinigt durch Fluoride und Chlorid	F^-; Cl^-
Soda	Natriumkarbonat	Na_2CO_3	Restchloridionen aus NaCl	Cl^-
Feldspat	Natronfeldspat	$Na_2O \cdot Al_2O_3 \cdot 6\,SiO_2$	je nach Lagerstätte und Art Fluoride und Chloride	F^-; Cl^-
Dolomit		$MgCO_3 \cdot CaCO_3$	Verunreinigung durch Fluoride und Chloride	
Witherit	Bariumkarbonat	$BaCO_3$	Verunreinigung durch Sulfationen	
Tonerdehydrat	Aluminiumhydroxid	$Al(OH)_3$	weißes Pulver mit wenig Verunreinigungen	—
Antimonoxid	Antimontrioxid	Sb_2O_3	Läuterungsmittel, etwa 4 kg/t Glas, wenn im sulfidischen Erz	SO_4^{2-}
Arsenik	Arsentrioxid	As_2O_3	Läuterungsmittel, wenn im sulfidischen Eisen, dann	SO_4^{2-}
	Bariumfluorid	BaF_2	Läuterungsmittel, mit SiO_2 bildet sich SiF_4	SiF_4
	Berylliumkarbonat	$BeCO_3$	Rohstoff für hohe Ritzhärte	
Mennige	Blei(II)orthoplumbat	$Pb_2(PbO_4)$	Rohstoff für Bleiglas	PbO
Flußspat	Kalziumfluorid	CaF_2	Läuterungsmittel, Trübungsmittel, es bildet sich flüchtiges SiF_4	SiF_4
Glaubersalz	Natriumsulfat	Na_2SO_4	Läuterungsmittel, Abspaltung von SO_4-Ionen	SO_4^{2-}
Borax	Natriummetaborat	$(Na_2B_4O_7 \cdot 10\,H_2O)$ $Na_2O \cdot 2\,B_2O_3 \cdot 10\,H_2O$	Rohstoff und Schmelzbeschleuniger	
Natronsalpeter	Natriumnitrat	$NaNO_3$	Läuterungsmittel	NO_x
Kryolith	Natriumhexafluoroaluminat	$Na_3[AlF_6]$	Trübungsmittel, Verflüchtigung von SiF_4	SiF_4
Kieselfluornatrium	Natriumhexafluorosilikat	Na_2SiF_6	Läuterungs- und Trübungsmittel, Verflüchtigung von SiF_4	SiF_4
Eisenoxide	Eisen(III)oxid/ Eisen(II)oxid	Fe_2O_3/FeO	Färbungsmittel	
Braunstein	Mangan(IV)oxid	MnO_2	Rohstoff und Färbungsmittel (violett) Entfärbungsmittel	
	Nickeloxid	NiO	Färbungsmittel (violett)	
	Natriumselenit	Na_2SeO_3	Färbungs- und Entfärbungsmittel (orange bis rot)	
	Kobaltoxid	CoO	Färbungsmittel (blau)	
Kadmiumsulfid	Kadmiumsulfid	CdS	Färbungsmittel (gelb) 40% können verdampfen	Cd

Quelle: Herbert Mohry und Hans-Günter Riedel, a.a.O., S. 169.

4.4.1. Die Glasindustrie

Die Glasindustrie der DDR ist in vier Kombinaten konzentriert - Flachglaskombinat in Torgau, Kombinat Behälter- und Verpackungsglas Bermsdorf, Kombinat Lausitzer Glas Weißwasser und Technisches Glas Ilmenau. Über die Gesamtproduktion widersprechen sich die Angaben. 1983 wurden nach Angaben des Ministers für Glas und Keramik 190 000 t Glasbruch eingesetzt[320].

Der Anteil von Glasbruch bei der Glasherstellung betrug 1982 22 vH und soll in den nächsten Jahren auf bis zu 40 vH gesteigert werden[321]. Durch die Zugabe von Glasbruch werden 157 000 t Glassand, 47 000 t Soda und 34 000 t Kalk eingespart.

Auf der Grundlage dieser Angaben errechnet sich für 1982 eine DDR-Glasproduktion von 864 000 t. Die Verteilung der Menge auf die verschiedenen Verarbeitungszweige ist nur überschlägig auf der Grundlage von Einzelangaben möglich und wird für 1982 wie folgt geschätzt:

Flachglas	225 000 t
Flaschen und Gläser	360 000 t
Wirtschaftsglas, Technisches Glas	280 000 t

Die Begrenzung der Fluoremissionen bei der Glasherstellung beträgt in der Bundesrepublik Deutschland 15 mg F^-/m^3 Abgas, auch in der DDR beträgt die Fluoridemission[322] bis zu 15 mg/m^3. Wegen dieser hohen Übereinstimmung werden in dieser Studie auch für SO_2, NO_x und Chlor Werte aus der Bundesrepublik Deutschland übernommen, wegen des hohen Durchschnittsalters der Anlagen in der DDR die Werte des Jahres 1977. Dann ergeben sich folgende Emissionen für 1982:

SO_2	14,5 kg/t	12 500 t
NO_x	15,0 kg/t	13 500 t
F^-	0,09 kg/t	78 t
Cl	0,2 kg/t	173 t

Die SO_2-Werte könnten in Zukunft steigen; denn zunehmend wird in einigen Glasschmelzen statt mit Heizöl, Erdgas oder Elektroenergie auch mit aus Braunkohlen gewonnenem Generatorgas gearbeitet[323]. Im gleichen Zussammenhang ergibt sich für NO_x eine fallende Tendenz: Generatorgasanlagen, gekoppelt mit modernen Anlagen der Sekundärenergienutzung, dürften weniger NO_x emittieren als erdgasbeheizte Öfen.

Die Emissionen der Glasindustrie lassen sich zu etwa 50 vH Punktquellen zurechnen, der Rest muß flächig auf die Bezirke Cottbus, Dresden, Suhl und Leipzig verteilt werden. Zentrum der Flachglasindustrie ist Torgau. Dort werden 60 vH der Glasscheiben der DDR, täglich 370 t Tafelglas in drei Schmelzwannen hergestellt[324]. Die modernste Wanne faßt 1 800 t Glasschmelze, ist 78 m lang und 8 m breit und wird ebenso wie die älteren Wannen regenerativ mit Erdgas beheizt[325]. Die Temperaturen liegen bei 1 450° C[326]. Neben Torgau stellen die zum Kombinat gehörenden Betriebe in Radeburg und Aken jeweils 10 vH der DDR Flachglasproduktion her, jeweils gut 20 000 t/Jahr.

Im Kombinat Behälter und Verpackungsglas waren 1980 in 10 Betrieben 45 Glasschmelzaggregate eingesetzt, um jährlich ca. 1,3 Mrd. Flaschen und Gläser aller Größen herzustellen[327]. Inzwischen wurden offenbar einige Aggregate ersetzt, weitere stillgelegt, denn Ende 1983 wurden nur noch 38 Glasschmelzaggregate mit mehr als 80 Formgebungsmaschinen erwähnt[328].

Der Anteil von Glasbruch betrug 1980 24 bis 30 vH, dadurch wurden je t Glas 204 kg Soda, 183 kg Kalk und 723 kg Glassand gespart[329]. Doch nicht nur Glasbruch kommt aus den Haushalten der DDR zurück. Ca. 50 vH aller Flaschen und Gläser werden jährlich wieder verwendet, 1983 waren es 1,12 Mrd. Flaschen und Gläser[330].

Die größten Herstellungsbetriebe für Verpackungsglas sind das Glaswerk Freital mit gut 100 000 t Jahresproduktion[331], das Glaswerk Schleusingen mit knapp 100 000 t[332] und der einzige Grünglasproduzent der DDR, das Glaswerk in Berlin-Stralau mit 60 000 t[333]. In Stralau werden Stadtgas und Elektroenergie eingesetzt, die beiden Schmelzwannen fassen je 100 t und arbeiten mit 1 480° C[334]. Um eine höhere Festigkeit des Glases zu erhalten und auch das Aussehen zu verbessern, werden die Flaschen in Stralau mit Zinntetrachlorid bedampft[335].

Über die Produktionsmengen des Kombinats Lausitzer Glas ist ebensowenig bekannt wie über die modernste Glashütte der DDR, Technisches Glaswerk in Ilmenau, Stammbetrieb des gleichnamigen Kombinats. Einer der größten Wirtschaftsglasproduzenten, der VEB Sachsenglas Schwepnitz, produziert über 25 Mill. Biergläser pro Jahr, das sind bei 0,3 kg pro Glas etwa 7 500 t[336].

Das Kombinat Technisches Glas, besonders sein moderner Stammbetrieb in Ilmenau, spielt eine zunehmende Rolle. Hier werden Spezialgläser, Glasrohre (Markenname Rasotherm), Fieberthermometer - im Kombinat über 40 000 Erzeugnisse - hergestellt[337]. Zum Kombinat Technisches Glas gehört auch der VEB Thüringer Glas in Lauscha (spezialisiert auf Christbaumkugeln) und das Fernsehkolbenwerk Friedrichshain Krs. Spremberg, das 1982 über 1 Mill. Fernsehkolben produzierte[338].

Zusammenfassend ergeben sich für wichtige Standorte der Glasindustrie folgende Emissionen:

Standort	Produktionsmenge in 1 000 t	Emissionen in t			
		SO_2	NO_x	Cl	F
Torgau	135	1 960	2 025	27	12
Radeburg	20	290	300	4	2
Aken	20	290	300	4	2
Freital	100	1 450	1 500	20	14
Schleusingen	100	1 450	1 500	20	14
Stralau	60	870	900	12	5

Abschließend sei auf weitere Produktionsstandorte hingewiesen. Fünf Glasschmelzen produzieren in Oschatz 9 000 t Glasseide und verbrauchen dazu gut 20 000 t Braunkohle[339]. Mehr als 100 000 t "flüssiges Glas", also Wasserglas, werden aus Quarzsand und Soda in Wurzen produziert[340]. Die Jenaer Glaswerke mit 4 000 Beschäftigten produzierten Hauswirtschaftsglas sowie technisches Glas und sind der Alleinhersteller von optischem Glas.

4.4.2 Feinkeramik

Dieser Abschnitt umfaßt hier neben der Feinkeramik, vertreten durch das gleichnamige Kombinat in Kahla, auch die Sanitärkeramik und den wichtigsten Betrieb der Fliesenindustrie in Boizenburg. 1982 betrug die Produktion dieser Bereiche deutlich über 100 000 t und verteilte sich wie folgt:

Feinkeramik	40 000 t
Sanitärkeramik	22 000 t
Fliesenwerke Boizenburg	60 000 t (geschätzt)

Die Produktion von Haushalts- und Hotelporzellan ist mit einer prominenten Ausnahme (Porzellanmanufaktur Meißen) im Kombinat Feinkeramik in Kahla zusammengefaßt. 14 Betriebe, Großbetriebe für Massenware in Kahla, Ilmenau und Colditz, aber auch Zusammenschlüsse von Porzellan-

Abbildung I 21

Verfahrensstufen in der keramischen Industrie

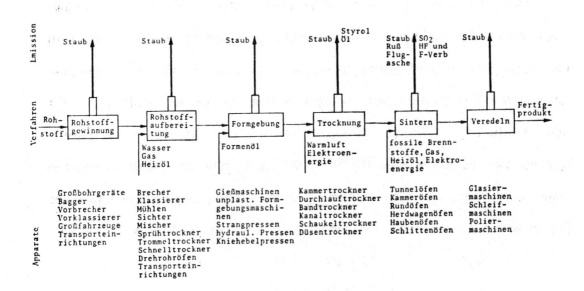

Quelle: Herbert Mohry und Hans-Günter Riedel, a.a.O., S. 163.

manufakturen, z.B. in und um Lichte, kennzeichnen die Breite der Produktion[341]. Gerade bei den "Zierporzellinern" hat der gasbeheizte Herdwagenofen die Rundöfen noch nicht ganz ersetzt[342]. In den Großbetrieben herrschen jedoch Tunnelöfen vor, die ersten wurden 1959 bzw. 1961 in Betrieb genommen[343]. Auch bei diesen Öfen steht seit einigen Jahren die Abwärmenutzung im Mittelpunkt der Bemühungen um rationellen Energieeinsatz[344]. Heizöl und Erdgas werden überwiegend als Energie eingesetzt. Die hohe Energieintensität beim Porzellanbrand ist auch darauf zurückzuführen, daß das Porzellan dreimal durchs Feuer muß: zum Glüh-, Glatt- und Dekorbrand. Diese Prozesse spielen sich zwischen 900 und 1 400° C ab[345].

Auch für den Porzellanbrand findet der Zusammenhang zur Umweltbelastung zunehmend Beachtung, obwohl "quantitative Ergebnisse über spürbare ökologische Beeinträchtigungen noch unzureichend sind"[346]. Offenbar wird in der DDR das Chemiesorptionsverfahren zur HF-Abscheidung noch nicht angewendet[347].

Über die Standorte der Sanitärkeramik, aber auch über die Produktionsmengen der Elektrokeramik - wichtigster Standort ist in diesem Fall Hermsdorf - ist nichts bekannt. In Boizenburg ist die industrielle Fliesenproduktion der DDR konzentriert. An diesem Standort werden jährlich 85 000 t Ton verarbeitet[348]. Daraus können mindestens 60 000 t Fliesen hergestellt werden. Um die Emissionen für NO_x, SO_2 und Fluor an diesen Standorten grob zu schätzen, wurde in Anlehnung an die Ziegeleiindustrie und auch die Glasindustrie von folgenden Emissionsfaktoren je t Produkt ausgegegangen:

SO_2: 12 kg/t

NO_x: 15 kg/t

F^-: 0,3 kg/t

Daraus ergeben sich folgende Emissionen für die hier behandelten Produktionen der Feinkeramik:

Art des Produktes	Emissionen in t		
	SO_2	NO_x	F^-
Feinkeramik	480	600	12
Sanitärkeramik	260	330	7
Fliesenwerke Boizenburg	720	900	18
Insgesamt	1 460	1 830	37

Die Hauptstandorte für Haushalts- und Hotelporzellan waren 1982 Kahla mit über 10 000 t jährlich, Ilmenau mit exakt 10 000 t jährlich und Colditz mit 7 000 t. Entsprechend lassen sich die Emissionen weiter zurechnen. Sie betrugen z.B. für Ilmenau 120 t SO_2, 150 t NO_x und 3 t Fluor jährlich.

4.5. Zusammenfassung und Perspektiven

Für 1982 ergeben die Berechnungen für die Emissionen aus industriellen Einzelquellen der DDR folgende Werte:

	SO_2	NO_x	SO_2	NO_x
	in 1000 t		Anteile in vH	
Bereich:				
Chemische Industrie (Prozeßemission)	502,0	37,4	59,1	29,7
Metallurgie	298,6	43,7	35,2	34,8
Baustoffe incl. Glas- und Keramik	48,4	44,6	5,7	35,5
alle Einzelquellen	849,0	125,7	100,0	100,0
aus Flächenquellen ca.	215,0	31,0	.	.
außerdem: Kraftwerke der Industrie 1)	699,8	52,3	.	.
Insgesamt	1 763,8	209,0	.	.

1) Enthalten im Abschnitt Kraftwerke, vgl. Tabellen KHW 22, 24, 25 und 26.

Die erfaßten Einzelemittenten repräsentieren alle wichtigen schadstoffverursachenden Prozesse. Überschlägige Schätzungen über den Energieverbrauch zeigen, daß die hier dargestellten Quellen drei Viertel bis vier Fünftel der industriellen Gesamtemission verursachen. Von den 21 000 Industrieöfen der DDR sind 30 vH (gut 6 000) in den Einzelquellen enthalten. Insgesamt werden heute in den übrigen Industrieöfen rund 10 Mill. t Rohbraunkohlenäquivalent eingesetzt (Rohkohle, Brikett, Heizöl). Nimmt man an, daß weiter noch 2 Mill. t Rohbraunkohlenäquivalent in Gliederkesseln der Industrie eingesetzt werden, dann emittieren diese Anlagen zusammen theoretisch etwa 215 000 t SO_2 im Jahr (Verbrennungsschwefel 0,9 vH; 12 Mill.t). Ein Teil dieser Kessel und Industrieöfen basierte 1982 noch auf Schweröl. Eine Umstellung auf Braunkohle dürfte die Emissionen aber nicht erhöhen, weil auch das Schweröl, z.T. Rückstandsöle, einen beachtlichen Schwefelgehalt hat. Die zahlreichen kleinen Emittenten werden wegen ihres geringen Schadstoffausstoßes nur als Flächenquelle erfaßt. Ebenso wie beim Kleinverbrauch (vgl. 5.2.) wurde für die Verteilung der Flächenquellen angenommen, daß die Standorte der Kleinemittenten mit der Bevölkerung korrelieren.

Die SO_2-Emissionen der DDR-Industrie übertreffen inzwischen die der Industrie der Bundesrepublik. Bei den NO_x-Emissionen schneidet die DDR-Industrie besser ab, sie erreicht etwa 35 vH des Wertes der Bundesrepublik. Beiden Relationen entspricht die größere Grundstoffnähe der DDR-Industrie, die Tatsache, daß relativ schwefelreiche Braunkohle als Rohstoff und als Energieträger benutzt wird, offenbar aber auch, daß die Anlagen oft alt, ihre Technologie überholt und der Zustand der Aggregate nicht der beste ist. In allen Bereichen, Ausnahme ist fast nur die Mineralölindustrie, herrschen Anlagen vor, die älter als 15 Jahre sind. Hohes Alter und schlechte Wirkungsgrade gibt es besonders bei den Anlagen der Braunkohlenschwelung, den Winkler-Generatoren in Leuna, den Schwefelsäurefabriken, Kali- und Zellstoffwerken. In der gesamten chemischen Industrie gibt es außerdem Anlagen mit diffusen Emissionsquellen. Hier hat die Angabe der Schornsteinhöhe keine große Bedeutung mehr, denn die Aggregate emittieren den Schadstoff in Bodennähe.

Künftig werden allerdings die Bemühungen um Verbesserungen der Wirkungsgrade einigen Erfolg bringen. Die Anfang der 80er Jahre begonnenen Anstrengungen zur sparsameren Verwendung der Rohstoffe werden fortgesetzt, die neuen Möglichkeiten der Prozeßführung durch den Einsatz mikroelektronischer Steuerungsgeräte werden positive Wirkungen zeigen. Die chemische Industrie soll im nächsten Fünfjahrplan ein Investitionsschwerpunkt sein. Inwieweit allerdings die für Generalüberholungen und

Investitionen insgesamt zur Verfügung stehenden Mittel für Maßnahmen des Umweltschutzes ausreichen, bleibt abzuwarten.

In der Metallurgie ist deutlicher mit einer Abnahme der Emissionen zu rechnen. Dies betrifft beide Schadstoffe. 1983 wurde damit begonnen, die ersten Siemens-Martin-Öfen auszusondern (zuerst in Thale, dann auch in Riesa). Diese Produktion ist für die Hälfte aller Schadstoffe dieses Industriezweiges verantwortlich. Ab 1985 fallen über 50 000 t SO_2 und 6 500 t NO_x in Riesa und Thale weg. Die Großemittenten in Brandenburg und Hennigsdorf bei Berlin werden vermutlich noch bis weit in die neunziger Jahre Siemens-Martin-Stahl produzieren.

Die Emissionen aus den Sinterprozessen in Eisenhüttenstadt und Unterwellenborn sind ebenfalls erheblich und könnten eher noch zunehmen. Die Konverter der moderneren Stahlwerke brauchen zusätzlich Roheisen; dies kann allerdings alternativ auch aus der Sowjetunion bezogen werden.

Die NE-Metallhütten im Mansfelder Raum und in Freiberg sind alt und unwirtschaftlich. Auch diese Komplexe emittieren überwiegend aus diffusen Quellen. Solange die DDR auf ihren Bergbau nicht verzichten will, werden diese Werke die unmittelbare Umgebung weiter stark belasten.

Die Ziegeleien fallen im Bereich der Baustoffe durch ihre hohen SO_2-Emissionen auf. Die kleinen Betriebsgrößen, die niedrigen Schornsteinhöhen und die weiträumige Verteilung der Zielgelwerke machen diese Emissionen zu einem regionalen Problem. Im gesamten Bereich Baustoffe/Glas/Keramik sind weniger die Schwefeldioxidemissionen, als die NO_x-Emissionen zu beachten, die auf die durchweg hohen Temperaturen der Prozesse zurückzuführen sind. Sie lassen sich nur durch hohe Investitionen vermeiden. Ebenso wie in der Bundesrepublik Deutschland können auch in der DDR die hochwertigen Energieträger Erdgas, Erdöl und Elektroenergie nur schwer ersetzt werden. Dies gilt mit Ausnahme einiger Generatorgasanlagen auch für die achtziger Jahre.

Die regionale Verteilung zeigt für die industriellen Emissionen starke Ballungen im Raum Halle/Leipzig, daneben Konzentrationen an den Standorten der Metallurgie. Insgesamt fällt ein Drittel der SO_2-Emissionen (bereinigt um die Emissionen der Kraft- und Heizkraftwerke) auf den Raum Halle/Leipzig (Rasterfelder E 13 - 15), also auf die Standorte, in denen schwefelreiche Kohle traditionell Grundlage der Industrie ist. Die NO_x-Emissionen sind zwar in diesem Raum auch erheblich, doch gibt es bei diesem Schadstoff auch an den Standorten der Baustoffindustrie Konzentrationen.

Im Prinzip ist in den achtziger Jahren im Bereich der Industrie mit sinkenden spezifischen Schadstoffemissionen zu rechnen. Bei weiter steigender Produktion ist aber ein absoluter Rückgang nicht wahrscheinlich.

Tabelle I 6

Standorte und Emissionen im Bereich der Chemie*

Bereich / Standort	Baujahr der Anlagen überwieg. vor 1970	Baujahr der Anlagen überwieg. nach 1970	Schornsteinhöhe, m (z.T. geschätzt)	Überwiegend diffuse Quellen	Emissionen in t SO_2	Emissionen in t NO_x
Schwelereien						
Espenhain	x		50	x	85 000	1 280
Böhlen	x		100	x	33 000	480
Deuben	x		50	x	27 000	400
BHT-Verkokung						
Lauchhammer	x		50	x	7 000	1 040
Schwarze Pumpe		x	50	x	7 000	1 040
Vergasung						
Lauchhammer	x		30	x	20 000	750
Schwarze Pumpe	x		30	x	59 000	3 141
Grundstoffchemie (soweit nicht an anderer Stelle genannt)						
Leuna		x	150		169 300	12 001
(dar.: Synthese)	x		50	x	(40 500)	(4 500)
Buna		x	150		115 500	10 786
(dar.: Carbid)	x		25	x	(.)	(4 000)
Bitterfeld	x		150	x	103 000	6 255
Piesteritz		x	160		25 200	5 200
(dar.: Carbid)	x		25	x	(.)	(700)
Schwefelsäure						
Coswig	x		100	x	12 000	.
Salzwedel	x		100	x	4 000	.
Bitterfeld	x		100	x	3 750	.
Nünchritz	x		80	x	750	.
Magdeburg		x	120	x	700	.
Kalichemie						
Zielitz		x	120		700	.
Südharz	x		100		3 800	.
Werra	x		100		2 300	.
Berlin	x		100		.	2 500
Mineralölindustrie						
Schwedt		x	)		10 625	4 500
Leuna		x	)60		4 375	1 855
Böhlen		x	)bis		3 125	1 330
Zeitz		x	)100		3 125	1 330
Zellstoff und Papier					66 560	
darunter:						
Rosenthal		x	150	x	18 850	.
Pirna	x		100	x	13 000	.
Gröditz	x		100	x	9 750	.
Merseburg	x		80	x	5 850	.
Coswig	x		80	x	4 550	.
Guben	x		80	x	2 600	.
Chemie, gesamt*					766 810	53 898

*Chemie im weitesten Sinne. - **Einschl. der Emissionen der Industriekraftwerke, die in Tabelle KHW 22 genannt sind.

Quelle: Berechnungen und Schätzungen anhand von Angaben aus dem DDR-Industriearchiv des DIW.

Tabelle I 7

Standorte und Emissionen im Bereich Metallurgie

Bereich / Standort	Baujahr der Anlagen überwieg. vor 1970	Baujahr der Anlagen überwieg. nach 1970	Schornsteinhöhe, m (z.T. geschätzt)	Überwiegend diffuse Quellen	Emissionen in t SO_2	Emissionen in t NO_x
Sinterei						
Eisenhüttenstadt	x		140	x	48 030	2 560
Unterwellenborn	x		90	x	15 030	800
Roheisen						
Eisenhüttenstadt	x		50		80	1 920
Unterwellenborn	x		50		25	600
Rohstahl Siemens-Martin-Verf.						
Brandenburg	x		70		84 000	10 500
Riesa	x		70		44 000	5 500
Hennigsdorf	x		70		36 000	4 500
Thale	x		70		8 000	1 000
Konverterstahl						
Unterwellenborn	x		17		.	360
Walzwerke						
Brandenburg		x	25		.	2 000
Riesa		x	25		.	3 000
Hennigsdorf		x	25		.	3 000
Unterwellenborn	x		25		.	2 000
Ilsenburg		x	25		.	1 000
Olbernhau		x	25		.	1 000
Thale	x		25		.	1 000
Freital	x		25		.	1 000
Salzungen		x	25		.	1 000
Eisen- und Stahlgießereien					2 975	
NE-Metall Kupfer						
Helbra	x		40	x	20 000	750
Hettstedt	x		40	x	15 000	200
Ilsenburg	x		30	x	5 000	.
Zinn und Blei						
Freiberg	x		150	x	20 000	.
Aluminium						
Bitterfeld	x		30	x	300	.
Lauta	x		30	x	100	.
Metallurgie, gesamt					298 540	43 690

Quelle: Berechnungen und Schätzungen anhand von Angaben aus dem DDR-Industriearchiv des DIW.

Tabelle I 8

Standorte und Emissionen im Bereich Baustoffe, Glas und Keramik

Bereich Standort	Baujahr der Anlagen überwieg.		Schorn-steinhöhe, m (z.T.geschätzt)	Überwiegend diffuse Quellen	Emissionen in t	
	vor 1970	nach 1970			SO_2	NO_x
Bindebaustoffindustrie						
Gips						
Rottleberode	x		50		1 000	.
Kalk						
Rübeland	x		60		2 000	7 300
Zement						
Karsdorf		x	70		7 200	8 800
Rüdersdorf	x		70		4 300	5 300
Bernburg	x		70		3 600	4 400
Deuna		x	70		2 900	3 500
Ziegelwerke	x		60		13 500	.
Glas					12 500	13 500
darunter:						
Torgau		x	30		1 960	2 025
Radeburg	x		30		290	300
Aken	x		30		290	300
Freital	x		60	x	1 450	1 500
Schleusingen	x		60	x	1 450	1 500
Berlin-Stralau	x		60	x	870	900
Keramik					1 460	1 830
Baustoffe, Glas, Keramik, gesamt					48 460	44 630
Tabellen I 6 bis I 8, insgesamt					1 113 810	142 218
zusätzlich aus Flächenquellen ca.					215 000	31 000
Industrie, insgesamt					1 328 810	173 218
Quelle: Berechnungen und Schätzungen anhand von Angaben aus dem DDR-Industriearchiv des DIW.						

Tabelle I 9

Regionale SO_2-Emissionen aus der gesamten Industrie[*] der DDR 1982

in t

	A	B	C	D	E	F	G	H	I	K
1								331		
2						278	1634			
3				278	5872	141	1704	843		
4			582	1068	1186	286	410	456		
5			1859	1117	50	1037	1387	25	612	
6		990	355	871	40	25	1193	551	378	
7			1200	376	315	339	50	338	13923	
8			4585	803	267	630	314	1291	70	
9			395	1417	1055	312	48878	4987	350	
10			558	1709	912	85995	8033	14617	1192	1685
11			485	8626	100	40	666	260	100	49251
12		8316	1746	1872	20449	26656	346	194	1770	3450
13		2075	9496	40204	110844	875	2209	660	384346	1230
14	768	7424	1101	3092	311473	4663	56769	29008	2593	1972
15	1070	570	2185	8941	203036	74952	1134	12678	1973	2751
16	3968	3210	4889	3702	5637	7263	26598	21116	754	1192
17	636	3086	17273	769	4362	5789	1640			
18		1778	1067	19868	2899	741				
19										
20	6442	27449	47776	93713	668497	210022	152965	87355	408061	61531

SUMME DDR 1763811

*) EINSCHLIESSLICH DER INDUSTRIEKRAFTWERKE, DIE IN DEN TABELLEN KHW 22,24-26 GENANNT SIND.
QUELLE: BERECHNUNGEN DES DIW.

Tabelle I 10

Regionale NO$_x$-Emissionen aus der gesamten Industrie* der DDR 1982

in t

	A	B	C	D	E	F	G	H	I	K
1								48		
2						40	236			
3				40	827	16	241	122		
4			80	145	159	38	56	66		
5			249	148		146	184		85	
6		939	44	118			163	76	51	
7				47	40	43	13	44	4704	
8			73	101	33	84	38	172		
9			43	184	140	38	9348	699	36	
10			78	131	117	12791	1224	9950	155	225
11			55	1072			87	29		4637
12		8475	244	263	789	5374	41	16	242	115
13		152	2165	5556	6766	68	2046	108	32813	386
14	96	3575	108	395	26891	2040	8933	2518	852	710
15	140	53	286	9000	8776	4417	120	2211	241	371
16	1230	473	714	1225	784	957	680	3263	39	172
17	101	1348	4688	94	446	705	1410			
18		1590	538		401	55				
19										
20	1567	16605	9365	18519	46169	26812	24820	19322	39218	6616

SUMME DDR 209013

QUELLE: BERECHNUNGEN DES DIW.

Kombinat VEB Chemische Werke Buna, Schkopau

1. <u>VEB Chemische Werke Buna (Stammbetrieb), Schkopau</u>

   1 Mill. t Carbid, Carbidkalkhydrat, 400 000 t Chlor, 450 000 t Natronlauge, 385 000 t Aldehyd, 300 000 t Vinylchlorid, 41 000 t Vinylacetat, 300 000 t PVC, rd. 550 000 t Styrobutadien-Synthesekautschuk, Acrylnitrilbutadien-Synthesekautschuk, 25 000 t Niederdruck-Polyäthylen, Äthylalkohol, Perchloräthylen, Äthylenoxyd, -glykol, rd. 30 000 t Glykolverbindungen, Essigsäure, Salzsäure, Emulgatoren, Dispergatoren, chlorierte Kohlenwasserstoffe, Konservierungsstoffe, Katalysatoren, Wasch- u. Reinigungsmittel (auch f. chem. Reinigung), Thermo- und Duroplaste, Gieß-, Lack- und Kunstharze, 17 000 t Polyesterharze, Lackbindemittel u. -rohstoffe, Lösungsmittel, Klebharze

2. <u>VEB Orbitaplast, Weißandt-Gölzau</u>

   Polyäthylen- und PVC-Folien, Tafeln und Säcke aus Polyäthylen

   Betriebsteil Karl-Marx-Stadt

   (Profile u. Wasserschläuche aus Weich-PVC)

   Betriebsteil Osternienburg

   (PVC-Profile; Blöcke, Platten und Formteile aus Polystyrolschaum)

3. VEB Eilenburger Chemie-Werk

   Tafeln aus Polystrol, Polyäthylen, Polypropylen und Celluloseacetat;
   PVC-Halbzeuge und -Granulate;
   Kalium- und Ammoniumpersulfat, Wasserstoffperoxid, Carbamidperhydrat, Collodiumwolle

4. VEB Ammendorfer Plastwerk, Halle

   Schweißpulver f. aluminothermische Schweißungen, Massenartikel aus Kunststoff (Dachrinnen, Diaboxen, Plastsandaletten, 1/3 der DDR-Fußbodenbelag-Produktion)

5. VEB Chemiewerk Greiz-Dölau

   Thioplast, Plastadditive

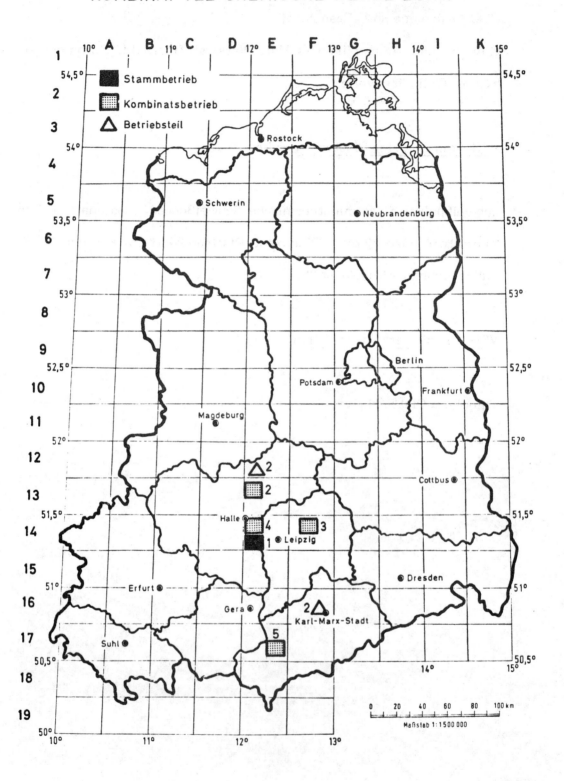

Kombinat VEB Leuna-Werke "Walter Ulbricht"

1. <u>VEB Leuna-Werke "Walter Ulbricht" (Stammbetrieb)</u>

   500 000 t hochoktanige Vergaserkraftstoffe, 240 000 t Methanol, 40 000 t Äthylen, 143 000 t Hochdruck-Polyäthylen, 45 000 t Methyltertiärbutyläther, 330 000 t Ammoniak, 840 000 t Ammonsulfat (21 % Stickst.), 10 500 t Hydroxylammonsulfat, Ammoniumchlorid, 47 000 t Kaprolaktam (Alleinhersteller); Methyl-, Äthyl-und n-Butylamine; Emulgatoren, Katalysatoren, Äthylen-Vinylacetat-Copolymerisate, Polyäthylenwachs, Ketonharze, Lösungsmittel, Dimethylharnstoff, Paraformaldehyd, Harnstoff-Formaldehydharz-Leime, Salizylsäure

2. <u>VEB Technische Gase Leipzig</u>

   Azetylen, Reinstgase

3. <u>VEB Vereinigte Klebstoffwerke Pirna</u>

   (Leitbetrieb der Gemeinschaft Klebstoffe und Kitte der DDR)

   Kitte, Klebstoffe, Isoliermaterial für die Elektronik, Bitumen

   Betriebsteil Karl-Marx-Stadt

   Betriebsteil Hirschfelde

4. <u>VEB Gipswerk Niedersachswerfen</u>

   größte Anhydrit-Lagerstätte

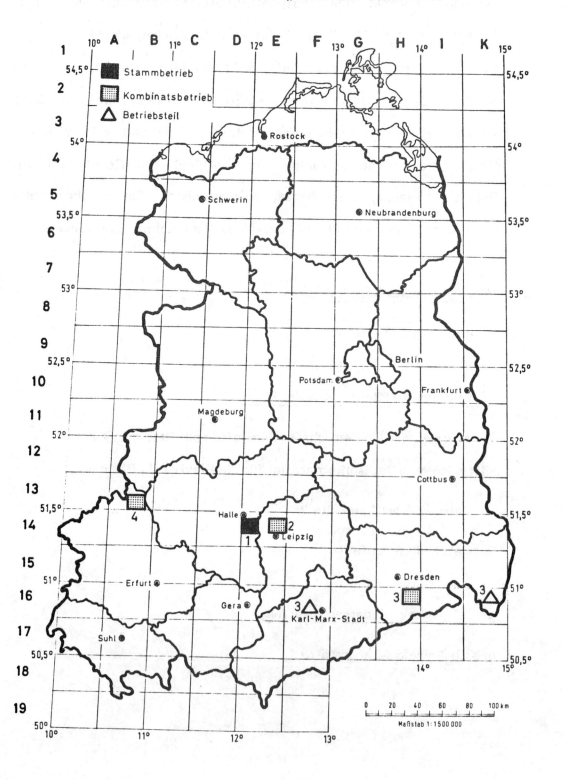

VEB Chemiekombinat Bitterfeld

1. <u>VEB Chemiewerk Bitterfeld</u> (Stammbetrieb)

   125 000 t Schwefelsäure, Salzsäure, 150 000 t Natronlauge, 150 000 t Chlor, Kalium- und Natriumchlorat, Kalzium- und Mangankarbonat, Kaliumpermanganat, 10 000 t Chlorat, 25 000 t Tetrachlorkohlenstoff (Treibmittel in Spraydosen), Ätzkali und -natron, 25 000 t Phosphor, Oxalsäure, Chloroform, Kieselgel, Manganit, Sulfonamide, Vanadinkontaktmassen, 45 ooo t Aluminium, (Alleinhersteller von) Methylenchlorid, Fotochemikalien, Insektenbekämpfungsmittel (60 vH der DDR-Produktion), Desinfektionsmittel, Hexachlorzyclohexan (Lindan), Natriummetasilikat und and. Waschmittelroh- und -hilfsstoffe, div. Farben und Farbstoffe (u.a. 4 800 t organ. Farbstoffe)

2. <u>VEB Chemiwerk Nünchritz</u>

   125 000 t Schwefelsäure, Polytetrafluoräthylen, Kältemittel, Silikone (Fette, Öle, Imprägniermittel, Spray, Emulsionen, Kautschuke, Entschäumer, Schweißhilfsmittel, Lacke, Anstrichstoffe, Bindemittel usw.)

   Betriebsteil Dohna

   (Natrium- und Aluminiumflorid, Fluorwasserstoffsäure, Holzschutzmittel auf Fluorbasis, Kältemittel, Kryolith)

3. <u>VEB Vereinigte Sodawerke "Karl Marx" Bernburg-Staßfurt</u>

   Soda, schwer (100 000 t) und calc. Soda, leicht

4. VEB Chemiewerk Bad Köstritz

   Kieselsol und -gel, Fotochemikalien (insbes. Salze), Magnesiumkarbonat, -oxid, -phosphat (60 000 t), Natriumbi- und Natriumthiosulfat

5. VEB Elektrokohle Lichtenberg, Berlin

   Kohle- und Graphitringe (u.a. Dichtungs- und Kupplungsringe aus techn. Kohle), Graphitelektroden (ca. 40 000 t)

6. VEB Fettchemie, Karl-Marx-Stadt

   Insektizide, Fette und Öle für die Leder- und Textilindustrie, Flockmittel, Desinfektionsmittel, Metallreinigungsmittel

7. veb domal stadtilm

   chem. Grundstoffe und Hilfsmittel, insbesondere Reinigungs- und Pflegemittel (f. Wäche, Möbel, Fußböden, Glas, Metall)

VEB CHEMIEKOMBINAT BITTERFELD

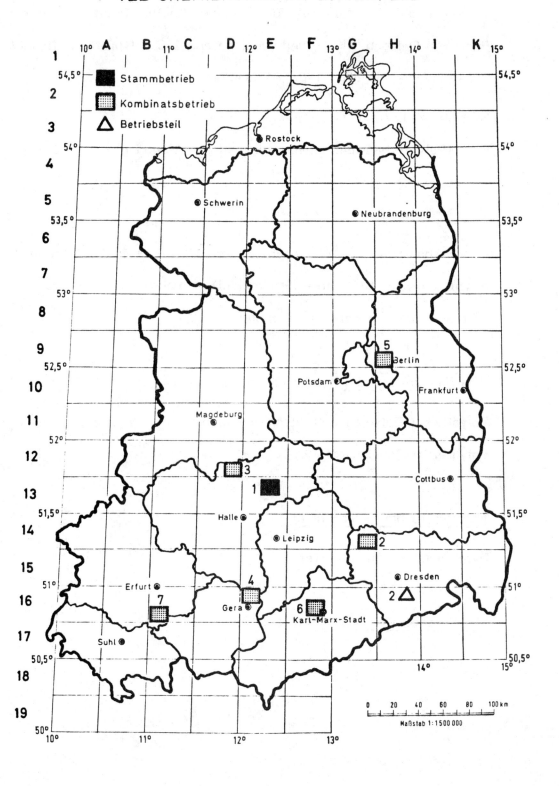

VEB Kombinat Synthesewerk Schwarzheide (SYS)

1. <u>VEB Synthesewerk Schwarzheide</u> (Stammbetrieb)

   Polyester und Polyäther für Polyurethane, Anilin, Herbizide (auf der Basis von Dalapon, MCAP und Propionaten), 140 Polyurethane für div. Verwendung - 115 000 t 1982 (Alleinhersteller)

   Betriebsteil Bernsdorf

   (Polyurethanweichschaum für mediz. Anwendung)

2. <u>VEB Sprengstoffwerk Schönebeck</u>

   Polyurethan-Sohlen, Dinitrobenzoesäure, Dinitrotoluol, Mononitrobenzol, Lachgas f. Narkose (Stickoxidul), Ammonsalpetersprengstoffe, Nitroaromaten für Farbenherstellung

3. <u>VEB Schaum-Chemie, Burkhardtsdorf</u>

   Polyäther u. Polyester in Platten u. Rollen, Polyurethan-Schaumstoff

4. <u>VEB Pyrotechnik Silberhütte</u>

   Pyrotechnische Signalmittel

5. <u>VEB Sprengstoff Gnaschwitz, Bautzen</u>

VEB KOMBINAT SYNTHESEWERK SCHWARZHEIDE (SYS)

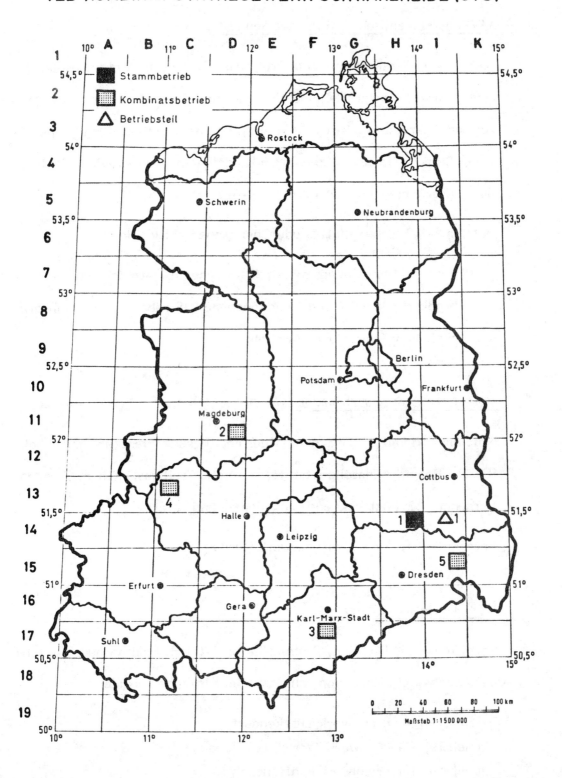

VEB Petrolchemisches Kombinat Schwedt

1. <u>VEB Petrolchemisches Kombinat Schwedt</u>

    petrolchem. Grundstoffe und Produkte (Benzin, Benzol, Dieselkraftstoff, Heizöl, techn. Benzine), Plaste- und Faserrohstoffe (z.B. Azeton- und Akrylnitril, Terephtalsäure), Bitumen, Roh- und Spezialparaffine, Stickstoffdünger (z.B.-granul. Kalkammonsalpeter), Salpetersäure, Natriumcyanid, Schwefel, BTX-Aromaten

    Betriebsteil Teerdestillation und Chemische Fabrik Erkner

    (Naphthalin, Lösungsmittel; Reinstbenzol-, -tolnol- und -zylolprodukte; Weich- und Elektronenpech, Straßen- und Stahlwerkteer, Imprägnier- und Waschöle)

2. <u>VEB "Otto Grotewohl" Böhlen</u>

    Natriumsulfidlauge, Bitumen, Teeröle, Braunkohlenteer und -koks (BHT), Benzin, Dieselkraftstoff, Heizöl, Treibgas, Ethen, Propen, Verdünner für lufttrocknende Alkydharz- und Ölfarben.

    Betriebsteil Teerverarbeitungswerk Rositz

3. <u>VEB Hydrierwerk Zeitz</u>

    Paraffine, Öle, Bitumen, Schmieröle und -fette, Montansäure, -wachs und -wachspech, Korrosionsschutzstoffe, Chromgerbstoffe

    Betriebsteil Mineralölwerk Lützkendorf
    Betriebsteil Paraffinwerk "Vorwärts" Webau
    Betriebsteil Mineralölwerk Klaffenbach

Betriebsteil Montanwachsfabrik Völpke
Betriebsteil Ceritolwerk Mieste

4. <u>VEB Wittol Wittenberg</u>

einer der größten Kerzenproduzenten Europas, außerdem: Lederpflegemittel, Autowaschmittel, Fußbodenpflegemittel, Weichmacher und Füllmittel für die Gummi- und Kabelindustrie

Betriebsteil Schuhpflegemittel Dresden
Betriebsteil Autopflegemittel Leipzig
Betriebsteil Kerzenfabrik Salzwedel
Betriebsteil Kerzenfabrik Ebersbach
Betriebsteil Kerzenfabrik Dresden
Betriebsteil Kerzenfabrik Leipzig
Betriebsteil Chemische Fabrik Gotha

VEB PETROLCHEMISCHES KOMBINAT SCHWEDT

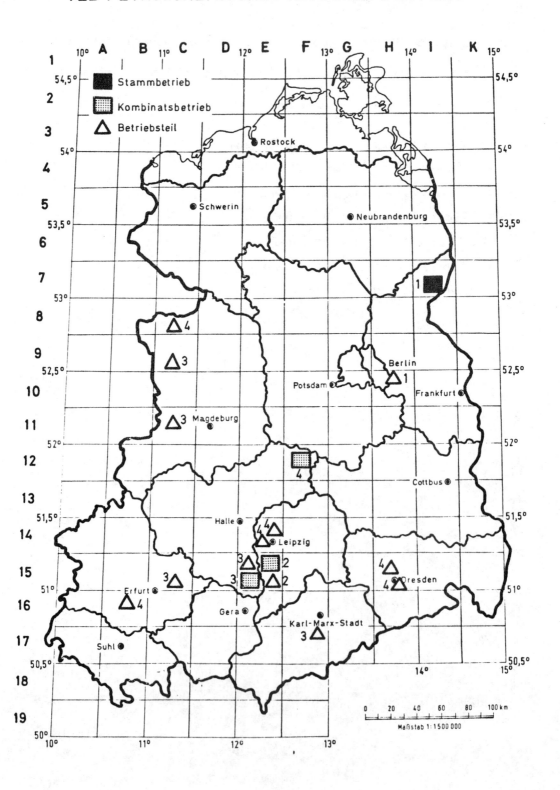

VEB Kombinat Agrochemie Piesteritz, Wittenberg

1. <u>VEB Stickstoffwerk Piesteritz</u> (Stammbetrieb), Wittenberg

   ca. 40 000 t hochkonzentrierte Salpetersäure für die Polyurethanherstellung, mehr als 60 % aller Düngemittel der DDR (1 Mill. t Stickstoffdünger, rund 200 000 t Phosphatdüngemittel), rd. 350 000 t Ammoniak, rd. 16 000 t Azetylenruß auf Karbidbasis für die Gummiindustrie, 1 Mill. t Harnstoff, Kalkstickstoff zur Herstellung und Veredlung von Hsarzen, Lacken, Meladur und Farbsalzen; Schweißkarbid, Melamin u. -harze, organ. Glas. Hauptproduktionslinien: Phosphor - Phosphorsäure - Phosphorsalze sowie Kalziumkarbid - Kalkstickstoff

2. <u>VEB Chemiwerk Coswig</u>

   ca. 400 000 t Phosphatdüngemittel, Superphosphatdünger (durch Aufschluß von Kalziumphosphat mit Schwefelsäure), Herst. von Schwefelsäure und Zement (270 000 t/a) aus Anhydrit; Aluminiumfluorid, Natriumsilikonfluorid

   Betriebsteil Salzwedel

   (bis April 1983 Schwefelsäure; Superphosphat)

   Betriebsteil Rüdersdorf

   (Futterphosphor)

   Betriebsteil Steudnitz

   ((Aufbereitung von Plastabfällen)

   Betriebsteil Draschwitz

   (Flüssigdünger, Schnellkompostierer, Stickstoff-Magnesium-Dünger)

3. VEB Fahlberg - List Magdeburg

   Pflanzenschutz- und Schädlingsbekämpfungsmittel (u.a. Polychloramphen), Düngemittel (Superphosphat), 100 000 t Schwefelsäure, eine von zwei Lindan-Produktionsstätten in der DDR, außerdem Herz-, Kreislaufmedikamente sowie Saccharin

   Betriebsteil Schönebeck

   (Keimstoff-Fumigant)

4. VEB Gärungschemie Dessau

   Alleinherst. von Bariumsalzen aus einheim. Schwerspat; Tierernährungsmittel, Ethanol, Äthylalkohol, Kohlensäure, Strontiumverbindungen, Fuselöl

5. VEB Waschmittelwerk Genthin

   Betriebsteil Berlin

   Betriebsteil Leipzig

   Betriebsteil Prettin

6. VEB Kalkwerke Ostrau

7. VEB Düngemittelwerk Rostock (Betriebsbeginn 1983)

   geplant 1 Mill. t/a Kalkammonsalpeter, Ammonnitrat

VEB KOMBINAT AGROCHEMIE PIESTERITZ, WITTENBERG

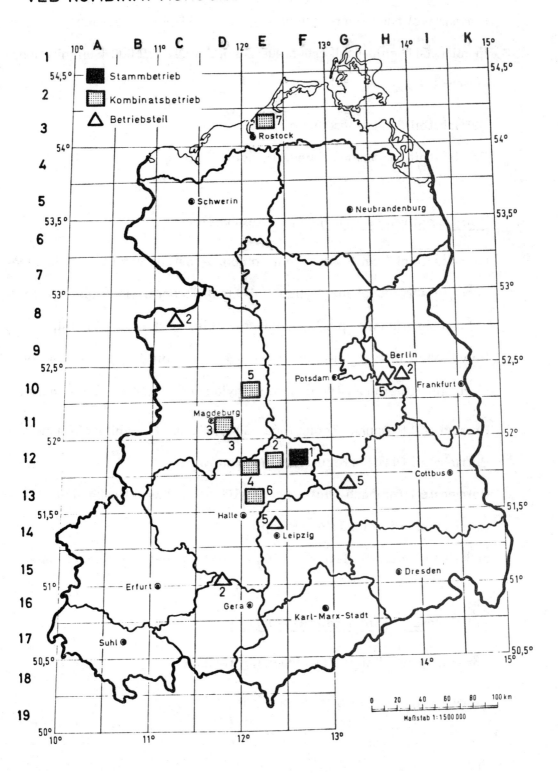

Kombinat Plast- und Elastverarbeitung, Berlin

1. **VEB Gummiwerke Berlin (Stammbetrieb)**

   Formartikel aus Gummi, Dichtungen (z.B. 30 Mill. Dichtungsringe p.a. in allen Größen), Hohlkörper aus Gummi (u.a. 320 000 Gummiwärmeflaschen p.a.)

   Betriebsteil Sondermaschinen Halle

   Betriebsteil Sondermaschinen FB Plema Leipzig

2. **VEB Gummiwerke Thüringen, Waltershausen**

   Gummiartikel (u.a. Dichtungen, Sohlen, Absätze, Behälter, Walzenbezüge), Fahrraddecken, Vollgummi- und Rennreifen (u.a. 3,5 Mill. Fahrradbereifungen p.a.), Schläuche aller Art aus Gummi, PVC, Polyäthylen (u.a. 3 Mill. m Wasserschläuche p.a.), Artikel aus PVC-Hartfolie, Thermoplasten und Polyäthylen (z.B. 90 Mill. Flaschen p.a.)

   Betriebsteil Rotpunkt Zeulenroda (Gummifäden, Gummihandschuhe)

   Betriebsteil Plastina Erfurt (Weichgummiwaren)

   Betriebsteil Tambach-Dietharz (u.a. 100 Mill. Plastikflaschen p.a.)

   Betriebsteil Hörselgau (Porokrepp)

   außerdem weitere 4 Betriebsteile in Waltershausen, Gotha und Tabarz

3. **VEB Transportgummi Bad Blankenburg**

   Förderbänder, Minieralölschläuche, Keilriemen

   Betriebsteil Gummiwerke Ballenstedt

4. **VEB Gummmiwerke Elbe, Wittenberg-Piesteritz**

   Freihand- und Formartikel aus Gummi, Hartzell-Besohlmaterial, Artikel aus Polyvinylchlorid-Granulat

   Betriebsteil Gummiwerk Ortrand (Wasserkissen, Luftringe)

5. **VEB Elguwa Leipzig**

   185 000 Luftmatrazen, 17 000 Motorradhelme, sanitäre Gummiwaren

   Betriebsteil Gummiwerke Colditz (Gummiform- u. -stanzartikel)
   Betriebsteil Gummiwerke Meuselwitz (Gummisohlenplatten, Gummifüllstoffe und -regenerate)
   Betriebsteil Keilriemenwerk Leipzig (3 Mill. m Keilriemen p.a.)

6. **VEB Cosid-Kautasit-Werke, Coswig**

   Dichtungen, Dichtungsmassen, Bremsbänder, Brems- und Kupplungsbeläge, Asbestwaren

   Betriebsteil Beilrode
   Betriebsteil Liegau-Augustusbad (Dichtgummi f.d. Getränkeindustrie)

7. **VEB Preßwerk Ottendorf-Okrilla**

   Grundmaterialeinsatz p.a. 18 500 t Polyäthylen u. Propylen (u.a. für 70 Mill. Plastikflaschen a 30 g, 1,7 Mill. Essigflaschen), Glasfaser-Laminate f. Plast-Ski, 5 vH des Materials stammt aus Wiederverwertung

   Betriebsteil Radeburg (Profile aus glasfaserverstärktem Polyester)

Betriebsteil Großdubrau	) Kunststoff-
Betriebsteil Galfütex Schmölln	) massenartikel
Betriebsteil Kunststofferzeugnisse Wilthen	) u. Halbzeuge
Betriebsteil Formplast Sohland	) aus Thermo-
Betriebsteil Zittau und weitere	) plasten

4 Betriebsteile

8. <u>VEB Plasta-Werke Sonneberg</u>

   Techn. Formteile aus Duro-, Thermoplasten, Meladur, Hartpapier-, Hartgewebe-und Wärmeschutztafeln

   Betriebsteil Asfil, Asbest- und Filterplattenwerk Kleinreinsdorf

   Betriebsteil Meuselbach (Polyäthylenflaschen)

   Betriebsteil Plastaform Gräfenthal

9. <u>VEB Sprela-Werke Spremberg</u>

   Polyester-Laminat, Phenolplastleime, techn. Formteile und Halbzeuge aus Duroplasten, Hartgewebeplatten u. -rohre

   Betriebsteil Plastverarbeitungswerk Motzen (Thermoplast-Spritzteile)

   Betriebsteil Plasta-Kunstharz- u. Preßmassenfabrik Espenhain (Kunstharze, Phenolharzpreßstoffe u. -schaumstoff)

10. <u>VEB Plastunion Triptis</u>

    Techn. Formteile aus Duro- und Thermoplasten

11. <u>VEB Plastverarbeitungswerk Schwerin</u>

    Geblasene Hohlkörper aus Duro- und Thermoplasten (u.a. Flaschenkästen -370 Stück/Schicht-, Tetrakästen, ca. 8,5 Mill. Plastikeimer p.a.)

12. <u>VEB Plastverarbeitungswerk Staaken</u>

    Techn. Form- und Spritzgußteile aus Thermoplasten

13. <u>VEB Chemische Fabrik Fährbrücke, Langenbach</u>

    Aluminiumsulfat, Kieselsäure, Lackhilfsmittel, aktive Füllstoffe

KOMBINAT PLAST- UND ELASTVERARBEITUNG, BERLIN

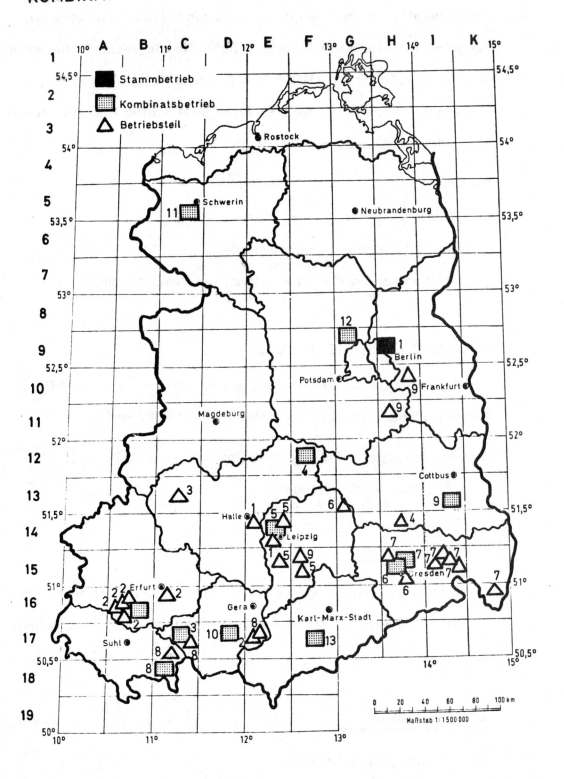

VEB Kombinat Lacke und Farben, Berlin

1. <u>VEB Kali-Chemie, Berlin</u>

   Anstrichstoffe auf der Basis von chloriertem Polyäthylen, Polyacrylat-Feuchtraumfarben, Acrylat-Fassadenfarbe, Bleichromate, Bleimennige auf Öl- und Alkydbasis, Herst. von Eisenoxydgelb, Umwandlung von Gelb- in Rotkali, weitere nennenswerte Einsatzstoffe: Blausäure sowie rd. 1 200 t p.a. Eisensulfat

   Betriebsteil Lithoponewerk Fürstenwalde

   (Polyacrylat-Dispersionsfarben)

   Betriebsteil Lithoponewerk Wünschendorf

   (Lithopone, Zinkchlorid zur Herst. von Rostschutzpigm.)

2. <u>VEB Farben- und Lackfabrik Leipzig</u>

   Latex-Anstrichfarben, Rostschutzfarben, Auto-, Boots-, Effekt-, Einbrenn-, Konservendosenlacke, säurebeständige Farben

   Betriebsteil Farben- und Lackfabrik Coswig

   (Speziallacke für Metalle)

3. <u>VEB Lackfabrik Berlin</u>

   Alleinhersteller von Elektroisolierlacken (z.T. auf Polyester- und Polyesterimidbasis, Vinoflexfarben, Rostschutzfarben, Antifouling-Schiffs-Farben

4. <u>VEB Lackfabrik Köthen</u>

   Anstrichstoffe, Kunstharzlacke

5. **VEB Lackharz Zwickau**

   Lackbindemittel, Lackharze u. -kunstharze

6. **VEB Druckfarben- und Lederfarbenfabrik Halle**

   Alleinhersteller von Leder-, Tapeten- und Fußbodenbelagfarben; bezieht techn. Sprit aus Buna

7. **VEB Kunstharze Mattstedt**

   Hersteller von Kunstharzen für die Lack- und Farbenindustrie

8. **VEB Lackfabrik Oberlichtenau**

   Lacke für Holzoberflächenbehandlung (Zulieferer der Möbelindustrie), säurehärtende Lacke, NC-Schleifgründe, NC-Matt-, Glanz-, Polier-und Schwabbellacke

9. **VEB Lackfabrik Zeitz**

   Holz- und Möbellacke, Polyesterlacke, Reaktionslacke, UP-Mattlacke

10. **VEB Spezialfarben Oranienburg**

    Leuchtfarben, fluoreszierende Folien

11. **VEB Varia Chemische Fabrik, Mügeln**

    Modelliermassen, Farbstifte, -kreiden, Signierstifte, Aquarell- und Deckfarben.

12. **VEB Korrosionsschutz Eisleben "Hermann Heyne"**

VEB KOMBINAT LACKE UND FARBEN BERLIN

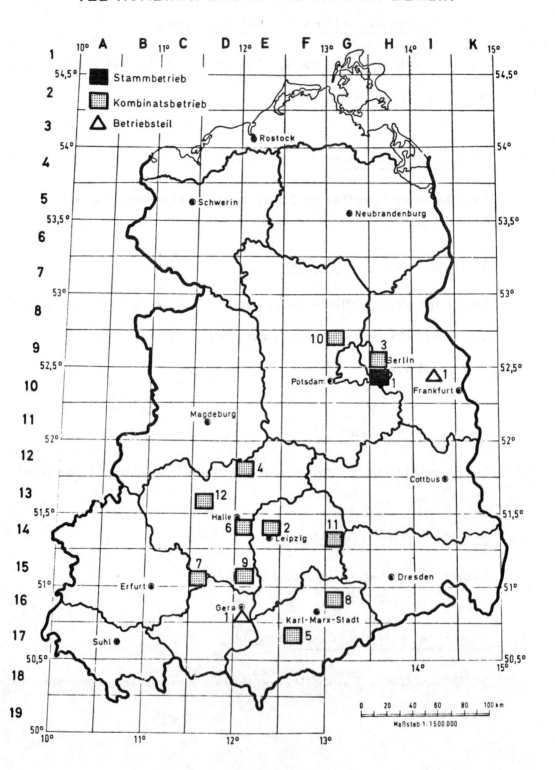

Fußnoten zu Kapitel 4.

1 E. Klose, H. Brandt: Technischer Stand und Entwicklungstendenzen der Kohleveredlung in der Deutschen Demokratischen Republik. Vortrag auf dem Internationalen Messekongreß zur Braunkohlenveredlung in Leipzig, Frühjahr 1985, auf Mikrofilm vervielfältigt.

2 Braunkohlenerzeugnisse aus der DDR. Hrsg.: VE Kombinat Kohleversorgung. 1983, S. 6.

3 Cord Schwartau: Die chemische Industrie in der DDR. Renaissance einheimischer Rohstoffe durch Beschränkung der Erdölimporte. Wochenbericht des DIW. Nr. 47/1980.

4 Vgl. dazu ausführlich E. Klose, M. Born: Möglichkeiten der komplexen Nutzung der Weichbraunkohle in der Deutschen Demokratischen Republik. In: Komplexnutzung der Kohle. Freiberger Forschungshefte. Reihe A, Nr. 577. Leipzig 1977, S. 7 ff.

5 Cord Schwartau: Umweltschutz in der DDR. In: Umwelt, Zeitschrift des Vereins Deutscher Ingenieure. Nr. 4/1983, S. 286 ff.

6 E. Klose, W. Toufar: Aufarbeitung der Flüssigprodukte aus der klassischen Kohleveredlung durch Destillation und Hydrierung. Freiberger Forschungshefte. Reihe A, Nr. 656. Leipzig 1982, S. 102.

7 Rudolf Salzmann: Hydrierwerker vor Aufgaben, die der Strategie der 80er Jahre gerecht werden. In: Freiheit vom 5. März 1981, S. 3.

8 Vgl. z.B. Herbert Richter: Aufgaben und Anforderungen zur weiteren Entwicklung der Braunkohlenveredlung im Gaskombinat Schwarze Pumpe. In: Energietechnik. Heft 8/1983, S. 281 ff.

9 Vgl. z.B. Jörg Walitzek: Ehrwürdige Dame wird aufgemöbelt. In: Leipziger Volkszeitung vom 4. März 1980 und Thomas Biskupe: "Kammer" überwindet ideologische Barrieren. In: Leipziger Volkszeitung vom 24. Januar 1984, S. 3.

10 Eva Maria Palmer: Lufthygienische Probleme bei der Rekonstruktion von Schwelereien. In: Stand zur Reinhaltung der Luft. Reihe Technik und Umweltschutz. Band 29. Leipzig 1984, S. 44 ff.

11 Vgl. Gottfried Klepel, Joachim Wilsdorf, Herbert Mohry: Auswirkungen der Primärenergieträgerstruktur und der Umwandlungstechnologien auf die Umwelt. In: Energietechnik. Heft 1/1976, S. 37 ff.

12 Eva Maria Palmer: Lufthygienische Probleme..., a.a.O., S. 51 ff.

13 Vgl. Gottfried Klepel u.a.: Auswirkungen..., a.a.O., S. 39.

14 Vgl. E. Klose, M. Born: Möglichkeiten der komplexen Nutzung..., a.a.O., S. 17.

15 Vgl. Materialien zum 2. Immissionsschutzbericht der Bundesregierung. Berlin 1981 (im folgenden zitiert als Lufreinhaltung 1981, Materialien), S. 25.

16 Vgl. Gottfried Klepel u.a.: Auswirkungen..., a.a.O., S. 40.

17 M. Süss: Rohstoffliche Grundlagen der Hochtemperaturverkokung von Weichbraunkohlen. In: Zeitschrift für angewandte Geologie. Heft 2/1980, S. 73 ff.

18 I.Heimbucher: Wärmetechnische Untersuchungen an BHT-Verkokungsanlagen mit Schlußfolgerungen für optimale Betriebsbedingungen und für die Auslegung der Anlagen. In: Beiträge zu Problemen der Braunkohlenentgasung. Freiberger Forschungshefte, Reihe A, Nr. 706. Leipzig 1984, S. 73 ff.

19 Herbert Mohry und Hans-Günter Riedel, a.a.O., S. 93.

20 Luftreinhaltung 1981, Materialien, a.a.O., S. 25 + 28.

21 berechnet nach E. Klose, M. Born: Möglichkeiten..., a.a.O., S. 17.

22 Herbert Richter: Aufgaben und Anforderungen..., a.a.O., S. 282 f.

23 Todor Wuntschoff, u.a.: Einige Ergebnisse von groß- und kleintechnischen Untersuchungen zur Optimierung des Prozesses der Kohledruckvergasung. Freiberger Forschungshefte. Reihe A, Nr. 666. Leipzig 1982, S. 43 ff. und Gottfried Klepel, Joachim Wilsdorf, Herbert Mohry: Auswirkungen ..., a.a.O., S. 41 f.

24 Vgl. ohne Verfasser: Übersicht zu Verfahren der Kohleveredlung in der DDR. Hrsg.: VEB Gaskombinat Schwarze Pumpe und VEB Chemieanlagenbaukombinat. Leipzig/Grimma 1984.

25 Vgl. dazu ausführlich: B. Wolf, B. Möller: Schwachgaserzeugung für die Energieträgerumstellung auf feste Brennstoffe. Vortrag auf dem Internationalen Messekongreß zur Braunkohlenveredlung in Leipzig, Frühjahr 1985, auf Mikrofilm vervielfältigt. - Peter Wirt: Braunkohlenstaub als Brennstoff? In: Berliner Zeitung vom 19. Juli 1984.

26 Herbert Mohry und Hans-Günter Riedel, a.a.O., S. 96.

27 Luftreinhaltung 1981, Materialien, a.a.O., S. 432 f.

28 Gottfried Klepel, Joachim Wilsdorf, Herbert Mohry: Auswirkungen ..., a.a.O., S. 41.

29 Günter Scholz, Werner Hauptmann: Kohlevergasung von Braunkohle im Festbett, ein leistungsfähiges und effektives Verfahren zur Erzeugung von Stadt- und Synthesegas sowie Flüssigprodukten. Vortrag auf dem Internationalen Messekongreß zur Braunkohlenveredlung in Leipzig, Frühjahr 1985, auf Mikrofilm vervielfältigt.

30 Berechnet nach E. Klose, M. Born: Möglichkeiten ..., a.a.O., S. 18.

31 Günter Scholz, Werner Hauptmann: Kohlevergasung ..., a.a.O.

32 Herbert Richter: Höhere Veredlung der Braunkohle ..., a.a.O., S. 145 ff.

33 Herbert Richter: Aufgaben und Anforderungen ..., a.a.O., S. 285.

34 E. Klose, W. Toufar: Aufarbeitung der Flüssigprodukte ..., a.a.O., S. 94.

35 Vgl. J. Teubel, B. Buttker, E. Prott, G. Wrobel: Untersuchungen zur Verbesserung der Ausbeute phenolischer Kohlewertstoffe bei der gemeinsamen Aufarbeitung von Leicht- und Mittelölen aus der BHT-Verkokung und der Sauerstoff-Druckvergasung von Braunkohlen-Briketts. In: Beiträge zu Problemen der Braunkohlenentgasung, a.a.O., S. 119 ff.

36 Herbert Richter, Dieter Kalkreuth: Rolle und Bedeutung des Rohstoffes Braunkohle für die Entwicklung der Energiewirtschaft und der chemischen Industrie - Erfahrungen und Perspektiven der Kohleveredlung. In: Chemische Technik. Heft 2/1980, S. 61 ff.

37 E. Klose, W. Toufar: Aufarbeitung der Flüssigprodukte ..., a.a.O., S. 92 f.

38 E. Klose, H. Brandt: Technischer Stand ..., a.a.O.

39 Rudolf Salzmann: Vor Ort im großen Maschinensaal. In: Freiheit vom 5. März 1981, S. 3.- Der Prozeß läuft unter Zugabe von Wasserstoffgas bei 400° C und 320 Atmosphären.

40 E. Klose, W. Toufar: Aufarbeitung der Flüssigprodukte ..., a.a.O., S. 102.

41 Autoren-Team: Rohstoff Kohle, Eigenschaften - Gewinnung - Veredlung. Weinheim/New York 1978, S. 263.

42 Vgl. Luftreinhaltung 1981, Materialien, a.a.O., S. 432 f.

43 Vgl. z.B. Richard Mahrwald: Kohle "flüssig" für Benzin und Öle. In: Leipziger Volkszeitung vom 19./20. Juni 1982.

44 Ohne Verfasser: Keine leichte Aufgabe für Kumpel am Alten Mann. In: Tribüne vom 20. Februar 1985, S. 1.

45 Institut für Braunkohlenbergbau: Energieträger Braunkohle. Großräschen 1980, S. 29.

46 Aus weniger Rohstoff mehr begehrtes Wachs. In: Volksstimme vom 22. Oktober 1982, S. 2 und Dunkle Schmiere verschönt Lippen und Möbel - Veredlung heißt das Zauberwort. In: Volksstimme vom 23. Juni 1983, S. 4.

47 Vgl. G.F. Müller: Die Situation der Luftverunreinigungen durch industrielle Quellen im Bezirk Halle. In: Luftreinhaltung in der Industrie. Reihe Technik und Umweltschutz. Band 15. Leipzig 1977, S. 25 ff.

48 Vgl. auch: Cord Schwartau unter Mitarbeit von Wolfgang Steinbeck: Industrielle Standorte in der DDR ..., a.a.O., S. 30 ff.

49 Vgl. G.F. Müller: Die Situation..., a.a.O., S. 28.

50 Helmut Rieck im Gespräch mit dem Generaldirektor Erich Müller: Leunas Rechnung geht auf: Mehr produzieren mit weniger Energie. In: Neues Deutschland vom 25. Mai 1982, S. 3.

51 Jörn Kalkbrenner: Rudi - der Dampfmacher. In: Neues Deutschland vom 23./24. Oktober 1982, S. 9.

52 Vgl. Freiheit-Gespräch mit Erich Müller: Leuna setzt energisch auf die Intensivierung. In: Freiheit vom 4. August 1983, S. 3.

53 Heinz Schmidt: Elektronik für einen Oldtimer. In: Freiheit vom 4. Mai 1981, S. 3. und Gespräch mit dem Generaldirektor Müller: Einheimische Rohstoffe. In: Radio DDR vom 10. November 1983, Magazin am Nachmittag.

54 Reinhard Bauerschmidt: Verjüngungskur für Generatoren. In: Neues Deutschland vom 29. Juli 1982, S. 3.

55 Jörn Kalkbrenner: Höhere Veredelung der Rohstoffe - unsere Chemie vor neuen Aufgaben. In: Neues Deutschland vom 30. März 1981, S. 3.

56 Viel Engagement bei der Anlagen-Rekonstruktion. In: Liberal-Demokratische Zeitung vom 13. November 1982, S. 5.

57 Wissenschaft und Technik, Leuna: Braunkohle wird intensiv genutzt. In: Neues Deutschland vom 30. November 1982.

58 Autoren-Team: Rohstoff Kohle..., a.a.O., S. 94.

59 Rudolf Jeschke: Warum politischen Einfluß auf die Arbeit mit Veredelungskonzeptionen nehmen? In: Neuer Weg. Heft 1/1985, S. 43 ff. und Sonja Heinze: Die neuen Maßstäbe prägen den Inhalt des Kampfprogramms. In: Freiheit vom 2. Februar 1984, S. 3.

60 Vgl. auch zum folgenden: Harald Gebhardt, Wolfgang Nette, Erika Onderka: Die Erdölverareitung im VEB Leuna-Werke "Walter Ulbricht". In: Chemische Technik. Heft 8/1979, S. 390 ff.

61 Sieben Milliarden Mark Warenproduktion im Jahr. Interview mit dem Genossen Erich Müller. In: Chemische Technik. Heft 5/1980.

62 Vgl. Anmerkung 52 (Freiheit-Gespräch).

63 ADN-Meldung vom 8. Dezember 1981: Vertrag mit VOEST-Alpine. In: Berliner Zeitung vom 8. Dezember 1981, S. 2.

64 Vgl. ausführlicher Werner Frohn: Mehr Kraft- und Chemierohstoffe aus Erdöl und Kohle. In: wissenschaft und fortschritt. Heft 9/1982, S. 337 ff.

65 Kombinate vorgestellt: Leuna - Chemieriese mit langer Tradition. In: Der Demokrat vom 24. März 1981, S. 3.

66 Luftreinhaltung 1981, Materialien, a.a.O., S. 422.

67 Herbert Mohry und Hans-Günter Riedel, a.a.O., S. 111 f.

68 Claus Büttner: Düngemittel aus den Leuna-Werken. In: Chemie in der Schule. Heft 10/1980, S. 445 f.

69 Fritz Karl: Anhydrit für die Chemie und das Bauwesen von Bedeutung. In: Presse-Informationen. Nr. 134 vom 19. November 1981, S. 4 f. und ders.: Für Chemie und Bau von hoher Bedeutung. In: Neue Zeit vom 23. Dezember 1981, S. 5.

70 Ulrich Büttner: Chemiewerker nutzen wichtige Fonds wirksam für zusätzliche Produkte. In: Tribüne vom 8. März 1982, S. 3.

71 Vgl. z.B. Harry Voigt: Das letztlich Wichtigste, Entscheidende. In: Freiheit vom 6. April 1983, S. 3. Was uns bewegt - was wir bewegen. In: Freiheit vom 21. Dezember 1983, S. 5. Reinhard Bauerschmidt und Dietmar Rietz: Die projektierte Anlagenleistung wird um 20 000 t überboten. In: Neues Deutschland vom 24. Mai 1984, S. 3 und Zum Verfahren vom Erfinder: M. Rätzsch. Integrationsobjekt "Polymir 60". In: Urania. Heft 1/1980, S. 32 ff.

72 Vgl. Eberhard Stief: Luftreinhaltung - Fakten, Daten und Verfahren für die Industrie. 2. Auflage. Berlin(Ost) 1978, S. 131.

73 Manfred Rätzsch: Polymir 60 - konkretes Ergebnis der Freundschaftsbeziehung DDR-UdSSR. In: Chemie in der Schule. Heft 1/1985, S. 49 ff.

74 Reinhard Bauerschmidt: Heinzelmännchen der Chemie, die viel können. In: Neues Deutschland vom 7./8. April 1984, S. 3.

75 Effektivität durch neue Technologien und Erzeugnisse. In: Neues Deutschland vom 31. Dezember 1983, S. 3.

76 Vgl. Systematische Erfassung emissionsrelevanter Anlagen in der Bundesrepublik Deutschland. Forschungsvorhaben Nr. 10404108. TÜV-Rheinland. 1982.

77 MTB-Anlage in Leuna: In: Erdöl und Kohle - Erdgas - Petrochemie vereinigt mit Brennstoffchemie. Heft 5/1983, S. 204.

78 Heinz Singer: Ein Greizer Volltreffer bei der Rohstoffveredlung. In: Neues Deutschland vom 2. August 1983, S. 3 und Klaus Bleyl: Klug investieren heißt rationalisieren. In: Volkswacht vom 26. Februar 1980, S. 3.

79 Hans-Joachim Kozyk: Energiegroßverbraucher Buna senkt Energiebedarf. In: Presse-Informationen. Nr. 55 vom 12. Mai 1983, S. 3.

80 Erich Honecker: Steigerung der Wirtschaftskraft der DDR dient dem Frieden und dem Wohl des Volkes. In: Freiheit vom 14. März 1980, S. 3.

81 Reinhard Bauerschmidt: Arbeiter von Buna erhöhen Tempo der Intensivierung. In: Neues Deutschland vom 19./20. März 1983, S. 3.

82 Vgl. Zwei Tagesproduktionen zusätzlich aus Buna-Werk. In: Liberal-Demokratische Zeitung vom 14. März 1980, S. 2.

83 Vgl.Z.B. Rosmarie Johannes: Die Carbidproduktion im Kombinat VEB Chemische Werke Buna. In: Chemie in der Schule. Heft 10/1984, S. 459 ff.; Hans-Dieter Voigt, Wolfgang Kiele: Carbid aus einheimischen Rohstoffen. In: Urania. Heft 10/1984, S. 12 ff.; zum Einsatz von BHT-Koks: Klaus Budde u.a.: Zu einigen Aspekten der Entwicklung und des erreichten Standes des Einsatzes von BHT-Koks im Carbidprozeß. Vortrag auf dem Internationalen Messekongreß zur Braunkohlenveredlung in Leipzig, Frühjahr 1985, auf Mikrofilm vervielfältigt und Wolfgang Rieger: Energieträgerrückgewinnung beim Karbidprozeß. In: Umweltschutz durch rationelle Energieanwendung. Reihe Technik und Umweltschutz. Band 27. Leipzig 1983, S. 71 ff.

84 Vgl. VDI-Richtlinie zur Reinhaltung der Luft, Nr. 2111 vom Dezember 1965. Staubauswurfbegrenzung bei der Herstellung von Calciumcarbid, S. 4 und zur Steigerung der Produktion: Horst Nebel: Karbid veredeln heißt, für uns alle wird mehr gewonnen. In: Freiheit vom 30. Juni 1981, S. 3.

85 Vgl. "Zweites Buna" in Dauerbetrieb. In: Freiheit vom 14. März 1980.

86 Dressler: Plaste und Elaste spielen weiterhin die "erste Geige". In: blick vom 28. August 1981, S. 10.

87 Jörn Kalkbrenner im Gespräch mit dem Generaldirektor: Wie können wir wertvolle Rohstoffe noch bedeutend höher veredeln? In: Neues Deutschland vom 27. Oktober 1980, S. 3.

88 Vgl. dazu VDI-Richtlinie zur Reinhaltung der Luft Nr. 2446 vom April 1982, S. 8 ff.

89 Ebenda, S. 3.

90 Vgl. Luftreinhaltung 1981, Materialien, a.a.O., S. 441 f. und VDI-Richtlinie, Nr. 2446, . S. 24.

91 Herbert Mohry und Hans-Günter Riedel, a.a.O., S. 98.

92 Kumpel sichern Qualitätskette. In: Liberal-Demokratische Zeitung vom 12. Februar 1980, S. 4.

93 Neue Technik nach Maß für hohen Zuwachs an Arbeitsproduktivität. In: Neues Deutschland vom 25. Februar 1983, S. 1.

94 Umschaltautomatik für Bunaer Großanlagen. In: Neues Deutschland vom 15. August 1983, S. 3.

95 Reifen sollen länger rollen. In: Thüringische Landeszeitung vom 8. Mai 1984.

96 Fußbodenbelag in 15 Dessins. In: Sächsische Volkszeitung vom 15. Juli 1983, S. 3.

97 Mehr Alkohol für Farben und Leime. In: Liberal-Demokratische Zeitung vom 13. März 1982, S. 3.

98 Erwin Müller: Neue Plaste aus der Buna-Retorte. In: Neues Deutschland vom 7. Januar 1975, S. 3; Gespräch mit Harald Maiwald: Erfahrungen bei der Zusammenarbeit mit kapitalistischen Unternehmen. Fernsehen der DDR. 2. Programm vom 29. April 1980. Entdeckungen im Alltag.

99 Kostengünstige Rationalisierung im Buna-Kombinat. In: Neue Zeit vom 30. Dezember 1981, S. 1.

100 Presse-Informationen des VEB Chemische Werke Buna. Leipziger Frühjahrsmesse 1985: Vom Melcus-Sportwagen zum Blüthner-Flügel - Einsatzgebiete Schkopauer Polyesterharze.

101 Oswald Wienecke: "Begleitmusik" für mehr Produkt ohne mehr Material. In: Freiheit vom 18. Februar 1983, S. 3; Luftreinhaltung 1981, Materialien, a.a.O., S. 441.

102 Per Solepipeline in die Bitterfelder Chlorfabrik. In: Neues Deutschland vom 1. November 1982, S. 3.

103 Klaus Binder, Reinhard Rietig: Sozialistische Intensivierung durch sozialistische Rationalisierung - Hauptweg zur weiteren Entwicklung des Reproduktionsprozesses. In: Chemische Technik. Heft 7/1974, S. 429 f.

104 Aus der gleichen Quelle errechnet sich eine SO_2-Emission für die gesamte DDR von 4,32 Mill. t: Karl-Ludwig Enters und Peter Peklo: Entwicklung der Staubsedimentation im Raum Bitterfeld. In: Chemische Technik. Heft 7/1974, S. 424 f.

105 Camillo Schneider: Ein neuer Rekord im CKB. In: Der Neue Weg/Die Union vom 28. Dezember 1983, S. 3.

106 Gerhard Ulrich ohne Titel. In: Tribüne vom 13. Juli 1982, S. 3 und Jörn Kalkbrenner: Wie ein Chemie-Reise die Energieverluste bekämpft. In: Neues Deutschland vom 1. Juli 1980, S. 3.

107 Eberhard Grahn, Hans Possin: Probleme der verfahrenstechnischen Entwicklungsarbeit bei der Intensivierung der Produktion hochveredelter chemischer Produkte. In: Chemische Technik. Heft 7/1974, S. 386 ff.

108 Veredlung à la Bitterfeld. In: Der Neue Weg/Die Union vom 19. Mai 1982, S. 3.

109 Neue Chloranlage. In: Neue Zeit vom 20./21. Februar 1982, S. 5.

110 Ein Großchlorierer produziert mehr als 13 alte zusammen. Wolfgang Schurig: Das Beste zum Alltag machen. In: Freiheit vom 30. April 1981, S. 3.

111 Wolfgang Schurig: Wertvolle Rohstoffe werden höher veredelt. In: Tribüne vom 18. Februar 1981, S. 3; Marianne Günthner: Aus einer Mark Rohstoff 97 Mark hochwertiges Produkt. In: Freiheit vom 16. August 1982, S. 2.

112 Dieter Polch: Stunde der Wahrheit schlägt bei uns an der Problembank. In: Freiheit vom 15. Juli 1982, S. 3.

113 Ewald Borufka im Gespräch mit Wilhelm Nicolin: Sie sind in der Arbeit und der Haltung Vorbild im Kollektiv. In: Freiheit vom 24. April 1980, S. 3.

114 Vgl. Hinweise: Elke Wichterey: Produkte aus PVC mit neuem Profil. In: Technische Gemeinschaft. Heft 2/1982, S. 17.

115 Reinhard Bauerschmidt, Jörn Kalkbrenner: Eine einfache Rechnung war das beste Argument für Modernisierung. In: Neues Deutschland vom 27. Juli 1982, S. 3.

116 Planvorsprung wurde weiter ausgebaut. In: Freiheit vom 30. März 1983, S. 2.

117 Ein Tag Gewinn bei einer Großreparatur. In: Volkswacht vom 4. März 1980, S. 1.

118 Werner Fieber: Hemd und Rock - zwei Gesichter? In: Sächsische Zeitung vom 12. Dezember 1979, S. 3; ohne Titel. In: Neues Deutschland vom 23. Februar 1983, S. 1; Kollektive des CKB produzieren mehr und senken Kosten. In: Freiheit vom 5. April 1980, S. 1.

119 Vgl. dazu ausführlich: Herbert Mohry und Hans-Günter Riedel, a..a.O., S. 100 f.

120 Ebenda, S. 103.

121 Vgl. Kollektiv Schwersoda/Natron: Traumgrenze ist künftig nur eine Zwischenstation. In: Volksstimme vom 6. Dezember 1983, S. 3 und Bernhard Schwarz: Die Soda-Geschichte. In: heute. Wochenendbeilage der Volksstimme vom 16. September 1983.

122 Meldung: Umweltbelastung stark vermindert. In: Berliner Zeitung vom 25. März 1983, S. 1 und Heiner Pachmann: Neuer Filter sammelt Staub. In: Berliner Zeitung vom 2. April 1984, S. 3 und Luftreinhaltung 1981, Materialien, a.a.O., S. 434.

123 Joachim Eckert: Mehr Gewinn für 1983 ist geplant. In: Berliner Zeitung vom 29. November 1982, S. 3.

124 Gino Heinze: Männer am Vertikalofen sorgten für beste Qualität. In: Neues Deutschland vom 2. Januar 1984, S. 3.

125 Reinhard Bauerschmidt, Manfred Jäger: Wie bei steigender Produktion der Energieaufwand sinken kann. In: Neues Deutschland vom 3. April 1985, S. 3.

126 Vgl. z.B. Presseinformation des VEB Kombinat Agrochemie Piesteritz. Leipziger Herbstmesse 1984, S. 2 ff.

127 Diskussion im Kombinat Agrochemie mit dem Generaldirektor Dr. Otto König: Warum der "General" dann zum Telefon griff. In: Freiheit vom 26. Februar 1980, S. 3.

128 Peter Demann: Wer weiß, warum das Beste nötig ist, gibt sein Bestes. In: Freiheit vom 16. April 1982, S. 3 und Jürgen W. Böhme: Besessen und engagiert auf einheimische Kohle gesetzt. In: Freiheit vom 11. Oktober 1983, S. 3.

129 Klaus Budde: Zu Problemen der Intensivierung der Karbidproduktion. In: Chemie in der Schule. Heft 1/1979, S. 8-17.

130 Vgl. z.B. Liberal-Demokratische Zeitung vom 24. April 1982, S. 3.

131 Willi Kübler, Herbert Schneider, Ute Schulz, Marita Opitz: Hohe Leistungen 1983 - Marx ehren - uns nützen. In: Freiheit vom 24. Januar 1983, S. 3 und Willi Kübler: Plus zum Plan stieg bei uns auf 5,9 Tage. In: Freiheit vom 28. Dezember 1983, S. 3.

132 Piesteritzer Chemiewerker rationalisieren ihre Anlagen. In: Neues Deutschland vom 7./8. August 1982, S. 2.

133 Lother Zipfel: Technologen erleichtern Arbeit für "schwarze Teufel" von Piesteritz. In: Freiheit vom 19. März 1981, S. 3.

134 Herbert Mohry und Hans-Günter Riedel, a.a.O., S. 108 f.

135 Hans-Joachim Stigler: Vorschlag zur Direktive: Pro Jahr 10 000 t Ammoniak über den Plan. In: Freiheit vom 11. Mai 1981, S. 3; ohne Verfasser: Wir stellen Betriebe der VVB Agrochemie und Zwischenprodukte vor. In: Chemische Technik. Heft 5/1976, S. 301 und Dieter Graichen: Die Entwicklung der Düngemittelproduktion in der DDR. In: Chemie in der Schule. Heft 7/1979, S. 273-274, mit zahlreichen Quellenangaben.

136 Brigitta Höhne: In diesem Jahr erstmals die "Traumgrenze" als Ziel. In: Freiheit vom 26. November 1980, S. 3.

137 Stickstoffwerker sparen Energie für 12 500 t Ammoniak. In: Liberal-Demokratische Zeitung vom 24. September 1984, S. 1.

138 Herbert Mohry und Hans-Günter Riedel, a.a.O., S. 112.

139 Luftreinhaltung 1981, Materialien, a.a.O., S. 422.

140 Lutz Hartung: Erfahrungen des Generalauftragnehmers VEB CMK Leipzig bei der technischen Koordinierung des Investitionskomplexes im Düngemittelkombinat VEB Stickstoffwerk Piesteritz. In: Chemische Technik. Heft 11/1975, S. 652 ff., mit genauer Beschreibung aller Anlagen - Kapazitäten, Lieferanten, Verfahrensgeber.

141 Bernd Henkel: Weniger aufwenden, aber mehr erreichen. In: Freiheit vom 18. Januar 1980, S. 3; U.K.: Produktion in Piesteritz für die Reproduktion des Lebens. In: Liberal-Demokratische Zeitung vom 24. April 1982, S. 3 und Ingeborg Schöbel: Mit Hilfe der Chips werden die Waggons besser beladen. In: Freiheit vom 15. Juli 1981, S. 3.

142 Herbert Mohry und Hans-Günter Riedel, a.a.O., S. 115.

143 Luftreinhaltung 1981, Materialien, a.a.O., S. 425.

144 Vgl. Mit sinkendem Aufwand zusätzliches Endprodukt. In: Neues Deutschland vom 29. Juni 1982, S. 1.

145 Klaus Patschke: Chemiearbeiter helfen mit guten Produktionsleistungen agrotechnische Termine sichern. In: Presse-Informationen. Nr. 43 vom 14. April 1981, S. 2 f.

146 Vgl. Chemiewerker von Coswig vergrößern den Planvorlauf. In: Freiheit vom 5. Oktober 1983, S. 2; Horst Howald: Am neuen Arbeitsplatz schon gut eingewöhnt. In: Tribüne vom 3. Oktober 1983, S. 3; Harald Tauscher: Mal 'ne Fuffzehn würde teuer. In: Volksstimme vom 9. April 1983, S. 3.

147 Herbert Mohry und Hans-Günter Riedel, a.a.O., S. 116.

148 Ulrich Kluge: Aus Rohstoffen wird '82 noch mehr gemacht. In: Volkswacht vom 2. Januar 1982, S. 3.

149 Aktuelles aus dem VEB Chemiewerk Coswig. In: Chemie in der Schule. Heft 10/1978, S. 416. Ohne Titel: Chemiewerk bringt aus vier Anlagen fünfte Ofenleistung. In: Freiheit vom 2. August 1980, S. 1.

150 Werner Fieber: Hemd und Rock - zwei Gesichter. In: Sächsische Zeitung vom 12. Dezember 1979, S. 3; ohne Titel. In: Neues Deutschland vom 23. Februar 1983, S. 1.

151 Ohne Titel: Kollektive des CKB produzieren mehr und senken Kosten. In: Freiheit vom 5. April 1980, S. 1.

152 Thomas Rauwald: Die Quelle des Blutes der Chemie. In: heute. Wochenendebeilage der Volksstimme vom 16. Juli 1982.

153 Presseinformation der VVB Agrochemie und Zwischenprodukte. Leipziger Herbstmesse 1977.

154 Vgl. Eberhard Stief: Luftreinhaltung ..., a.a.O., S. 131.

155 Cord Schwartau unter Mitarbeit von Wolfgang Steinbeck: Industrielle Standorte ..., a.a.O., S. 23 f.

156 Herbert Mohry und Hans-Günter Riedel, a.a.O., S. 98.

157 Margot Zielinski: Betinas erstes Jahr. In: Wochenpost. Nr. 7/1982, S. 4 f.

158 Alexander Reddig: Im Zeichen der Dreiecke. In: Volksstimme vom 28. Oktober 1979, S. 3.

159 Durch Eigenbau von Ratiomitteln mehr Herbizide auch für den Export. In: Volksstimme vom 19. März 1981, S. 2.

160 Manfred Bork: Die "Arbeiterstafette" läuft - gefragt sind gute Wechsel. In: Lausitzer Rundschau vom 21. September 1982, S. 6; Lilo Gressler: Wo spärliches Riedgas wuchs, ragen Entladearme. In: Ostsee-Zeitung vom 18. Februar 1983, S. 3; Manfred Bork im Gespräch mit Direktor Siegmar Seidel: Stabile Produktion schon jetzt allseitig vorbereiten. In: Ostsee-Zeitung vom 6. Januar 1981, S. 3 und dieselben: Auf einen guten Start in dem neuen Betrieb richtig vorbereitet? In: Ostsee-Zeitung vom 21. Dezember 1982, S. 3 und Stickstoffwerker bis zum 14. Juni mit 1,7 Tagen Planvorsprung. In: National-Zeitung vom 20. Mai 1981, S. 2.

161 Luftreinhaltung 1981, Materialien, a.a.O., S. 378.

162 Der Natur getrotzt: 6 000 t Kalidünger mehr als im Vorjahr. In: Volksstimme vom 9. April 1983, S. 1.

163 Manfred Hering: Ein Senior wird zum Junior - Vom ältesten produzierenden Kaliwerk der Welt zum wichtigen Betrieb des künftigen Kalichemischen Kombinats. In: Das Volk vom 2. Juli 1982.

164 Otto Luck, Arno Oberländer: Nur wer zielstrebig intensiviert, wird auf der Höhe der Zeit bleiben. In: Neues Deutschland vom 13. Dezember 1982, S. 3.

165 H.H.Emons: Kalisalze. Neuere Aspekte beim Gewinnen und Verarbeiten. In: wissenschaft und fortschritt. Nr. 5/1980, S. 193 ff. und Veredlung ist die Trumpfkarte der Kalikumpel. In: Das Volk vom 10. Dezember 1981, S. 1.

166 Heinrich Taubert: Begleitelemente der Kaliproduktion besser genutzt. In: Presse-Informationen. Nr. 11 vom 27. Januar 1983, S. 4; Bernhard Breiter: Der Mann, der niemals langsam läuft. In: Gewerkschaftsleben. Heft 11/1982, S. 10 f. und Renate Wicher: Hustentropfen kommen auch aus dem Kalibergbau. In: Berliner Zeitung vom 31. März 1983, S. 3.

167 Mannesmann will Kooperation mit der DDR. In: Frankfurter Rundschau vom 14. März 1983.

168 Jörg Riesmeyer: Aus bisherigem Abfall neues Produkt gewonnen. In: Das Volk vom 14. Dezember 1982, S. 3.

169 Kurt Singhuber: Einheimische Rohstoffe rationeller gewinnen. In: Presse-Informationen. Nr.2 vom 8. Januar 1981, S. 2.

170 Errechnet nach: Herbert Mohry und Hans-Günter Riedel, a.a.O., S. 119.

171 Jörg Riesmeyer: Neues Verfahren in alten Schächten. In: Das Volk vom 3. Dezember 1981, S. 3.

172 Joachim Eckert: Auf die richtigen Maßstäbe kommt es an. In: Berliner Zeitung vom 3./4. April 1982, S. 3 und Josef Bulawa: Tag für Tag den Plan 1983 erfüllen. In: Neues Deutschland vom 15. Februar 1983, S. 3.

173 Kurt Schwinkowski, Horst Dietz: Verminderung von Stickstoffoxiden im Abgas von Kleinemittenten der chemischen und metallverarbeitenden Industrie. In: Technologische und technische Lösungen zu landeskulturellen Aufgaben. Reihe Technik und Umweltschutz. Band 19. Leipzig 1978, S. 94.

174 VEB Kombinat Zellstoff und Papier. In: Presse-Informationen. Nr. 144 vom 11. Dezember 1979, S. 6 und "Schlankes" Papier schont die Wälder. In: Wochenpost. Nr. 34/1982, S. 5.

175 Joachim Vogel: Neue Papiersorten aus alten Zeitungen. In: Volksstimme vom 7. August 1981, Beilage S. 4.

176 Vgl. Statistisches Jahrbuch der DDR 1984, S. 146, 244 und 255.

177 Vgl. E. Wurdinger: Ergebnisse und Aufgaben bei der weiteren Vertiefung der Intensivierungsprozesse im Kombinat. In: Zellstoff und Papier. Heft 1/1983, S. 1 ff.; VEB Kombinat Zellstoff und Papier. A.a.O., S. 6 und Wolfgang Konetzki: Ob Mantel, Hose oder Bikini. In: Thüringische Landeszeitung vom 2. Januar 1981, S. 3.

178 Ernst Wurdinger: Leichtes Papier wiegt schwerer. In: Freie Presse vom 10. März 1981, S. 3.

179 P.I.Grennfelt: Forestry Products, Pulp and Paper Industries. Gothenburg, Sweden, als Manuskript vervielfältigt, S. 23.

180 Luftreinhaltung 1981, Materialien, a.a.O., S. 459.

181 Dietrich Arnhold: Abprodukte werden zu Rohstoffen. In: Presse-Informationen. Nr. 88 vom 31. Juli 1981, S. 5 f.; derselbe: Abprodukte der Papierindustrie werden zu wertvollen Rohstoffen. In: Freie Presse vom 5. September 1981, S. 6; Ernst Wurdinger: Nicht nur beim Altpapiereinsatz geht es um Spitzenwerte. In: Sächsische Zeitung vom 25./26. Juli 1981, S. 3 und ohne Verfasser: Zellstoffe aus Pirna für 2,7 Mill. Mark zusätzlich. In: Sächsische Zeitung vom 10./11. Oktober 19 , S. 1.

182 Meldung im Neuen Deutschland vom 11. März 1981, S. 1.

183 Vom "Fluch" der guten Tat. In: Freie Erde vom 28. Januar 1981, S. 3.

184 Wellpappe-Verpackungen für mehrfachen Einsatz geeignet. In: National-Zeitung vom 5. Juni 1981, S. 6.

185 Vgl. VEB Kombinat Zellstoff und Papier. A.a.O., S. 6 und Leistungssteigerung mit neuer Anlage. In: Freie Presse vom 25. April 1981, S. 3.

186 Hans-Georg Völkel: Auch hochwertiges aus Altpapier. In: Radio DDR II am 17. März 1982, "Studio 80".

187 Joachim Vogel: Neue Papiersorten ..., a.a.O.

188 Ernst Wurdinger: Einheimische Reserven noch besser nutzen. In: Presse-Informationen. Nr. 101 vom 27. August 1982, S. 2 f.

189 Fritz Turek, Klaus Budde: Zur Intensivierung der Erdölverarbeitung in der DDR. In: Chemie in der Schule. Heft 11/1982, S. 449 ff.

190 Werner Frohn: Mehr Kraft- und Chemierohstoffe ..., a.a.O., S. 339.

191 Vgl. auch: Doris Cornelsen, Horst Lambrecht, Heinrich Machowski, Manfred Melzer, Cord Schwartau: Stand und Entwicklung der DDR-Wirtschaft in den 80er Jahren unter Berücksichtigung der RGW-Integration und der Auswirkungen auf den Innerdeutschen Handel. Forschungsauftrag des Bundesministers für Wirtschaft. Berlin 1983, S. 87 ff., als Manuskript vervielfältigt.

192 Erhard Kaufmann, Lothar Eremit und Herbert Mohry: Lufthygienische Probleme in petrolchemischen Anlagen. In: Verminderung der Luftverunreinigung und medizinische Aspekte. Reihe Technik und Umweltschutz. Band 10. Leipzig 1975, S. 71-102.

193 Werte entnommen aus: Luftreinhaltung 1981, Materialien, a..a.O. Abbildung 4/44 und S. 434 f.

194 Vgl. Cord Schwartau unter Mitarbeit von Wolfgang Steinbeck: Industrielle Standorte ..., a.a.O., S. 19 ff.

195 Entnommen aus: Dieter Bohlmann und Karl-Heinz Weiß: Zur Veredlung des Erdöls im VEB Petrolchemisches Kombinat Schwedt. In: Chemie in der Schule. Heft 2-3/1985, S. 64.

196 Entnommen aus: Dieter Bohlmann: Fortschritte bei der Erzeugung von BTX-Aromaten im VEB Petrolchemisches Kombinat Schwedt. In: Chemische Technik. Heft 5/1981, S. 226.

197 Quellen: Angebotsinformationen für Lizenzen der Leuna-Werke und des Petrolchemischen Kombinats Schwedt.

198 Dieter Bohlmann: Fortschritte ..., a.a.O., S. 223.

199 Rolf Liebold: Saubere Chemie aus Erdöl und Kohle. Hrsg. VEB Petrolchemisches Kombinat Schwedt. 3. Auflage. 1979, S. 10 ff.

200 Hans Walther im Gespräch mit Werner Frohn, VEB PCK Schwedt: Kontinuierlich, zuverlässig, dynamisch. In: Neuer Tag vom 4. Februar 1984, S. 3.

201 Werner Frohn: Höhere Veredlung des Erdöls ist eine Aufgabe ersten Ranges. In: Neuer Tag vom 20. Juli 1981, S. 3.

202 Bei jungen Chemiearbeitern, die projektierte Leistungen überbieten. In: Neues Deutschland vom 14. Oktober 1981, S. 3.

203 Meldung: Raffineriegase. In: Tribüne vom 28. November 1980, S. 7.

204 Almut Prokof: Warum legen wir solchen Wert auf die Einsparung von Heizöl? In: Presse-Informationen. Nr. 20 vom 19. Februar 1981, S. 4.

205 "FCC-Verfahren (Fluid Catalytic Cracking) ist ein modernes Wirbelschicht-Verfahren zur Spaltung von Kohlenwasserstoff-Fraktionen; der mit Koks beladene, verbrauchte Katalysator wird kontinuierlich abgezogen. Im Regenerator wird der Koks mit Luft abgebrannt, so daß sich der Katalysator auf etwa 600°C erhitzt". Vgl. Werner Frohn: Mehr Kraft- und Chemierohstoffe ..., a.a.O., S. 339, Fußnote 9.

206 Vgl. auch Dieter Bohlmann: Fortschritte ..., a.a.O., S. 225 f.

207 Erhard Kaufmann, Lothar Eremit, Herbert Mohry: Lufthygienische Probleme ..., a.a.O., S. 93 ff.

208 Ebenda, S. 96.

209 Der Auftrag ging an zwei japanische Firmen. Vgl. Notiz: DDR-Großauftrag an Japan. In: Frankfurter Rundschau vom 4. Dezember 1981.

210 Vgl. Werner Frohn: Mehr Kraft- und Chemierohstoffe ..., a.a.O., S. 340.

211 Künftig Äthylen aus der CSSR. In: Neues Deutschland vom 29./30. November 1980, S. 8.

212 Vgl. Dieter Bohlmann: Fortschritte ..., a.a.O., S. 226.

213 Traudel Thalheim: Böhlan-Spezialausführung läßt auch Fenster glänzen. In: Leipziger Volkszeitung vom 28. März 1983, S. 5.

214 Notiz: Neuer Verdünner für Öl- und Alkydharzfarben. In: Neues Deutschland vom 21. März 1983, S. 3.

215 Vgl. Rolf Liebold: Saubere Chemie ..., a.a.O., S. 22.

216 Dieter Bohlmann: Fortschritte ..., a.a.O., S. 223 f.

217 Werner Frohn: Mehr Kraft- und Chemierohstoffe ..., a.a.O., S. 340.

218 Rolf Liebold: Schmierstoffe materialökonomischer anwenden. In: Presse-Informationen. Nr. 14 vom 5. Februar 1981, S. 5 und ohne Verfasser: Neue Erzeugnisse aus Lützkendorf. In: Freiheit vom 17. Oktober 1979, S. 1.

219 Elvira Schlegel: Nicht nötige Unterschiede brennen uns auf den Nägeln. In: Freiheit vom 28. November 1980, S. 3.

220 Rolf Liebold: Saubere Chemie ..., a.a.O., S. 24.

221 Ursula Reinert im Gespräch mit Hans Joachim Thienelt: Altöl ist ein wichtiger Rohstoff. In: Berliner Zeitung vom 12. August 1981.

222 So: Luftreinhaltung 1981, Materialien, a.a.O., S. 436.

223 Kurt Kutzschbauch: Ökonomische Aspekte stoff- und energiewirtschaftlich effektiverer Technologien und einer verstärkten wirtschaftlichen Nutzung von Abprodukten als Sekundärrohstoffe. In: Wirtschaftswissenschaft. Heft 6/1981, S. 656 ff., hier S. 664.

224 Ohne Verfasser: So wird noch mehr aus dem Altöl geholt. In: Tribüne vom 27. Februar 1980, S. 3.

225 Notiz: Vorfristige Produktion neuer Spezialfette. In: Neues Deutschland vom 23./24. Juli 1983, S. 3.

226 Vgl. Karl Homfeldt, Norbert Meusel und Jörg Lotze: Überwachungsarten für Imission und Emission im Hinblick auf eine Emissionssenkung in einem metallurgischen Großbetrieb. Reihe Technik und Umweltschutz. Band 29. Leipzig 1984, S. 55ff.

227 Vgl. Herbert Mohry und Hans-Günter Riedel, a.a.O., S. 131 ff.

228 Vgl. Karl Homfeldt u.a.: Überwachungsarten..., a.a.O., S. 59.

229 Stahlwerk Riesa stellt bis 1990 die gesamte Produktion an Siemens-Martin-Öfen ein. In: Stimme der DDR am 20. Dezember 1984, Informationen und Musik.

230 Holger Haase: Abstich unter freiem Himmel. In: Berliner Zeitung vom 15. Februar 1985, S. 3.

231 Vgl. Der Beitrag der Fachorgane der Montanwissenschaftlichen Gesellschaft der DDR bei der höheren Veredlung der Roh- und Werkstoffe zur würdigen Vorbereitung des 35. Jahrestages der DDR - Auszüge aus dem Bericht des Vorstandes anläßlich der Tagung am 3.10.1984. In: Gießereitechnik. Heft 1/1985, S. 1-10 und H. Jahn, K. Werner: 4. Bilaterale Konferenz der Stahlwerker der DDR und der CSSR "Fortschritt in der Technologie der Stahlerzeugung". In: Neue Hütte. Heft 1/1985, S. 38 f.

232 Vgl. Christa Drechsel: In unserem Werk haben alle eine sichere Zukunft. In: Neues Deutschland vom 7. August 1984, S. 3.

233 Karl-Heinz Albrecht: Konverter heißt billigerer Stahl. In: Tribüne vom 13. Dezember 1984, S. 5.

234 Handbuch DDR-Wirtschaft. Hrsg. DIW. Reinbek bei Hamnburg 1984, S. 160 f.

235 Rohstoffe - von uns - für uns. In: Sächsische Neueste Nachrichten vom 19. November 1981, S. 3 und Statistisches Jahrbuch der DDR 1984, S. 243 ff.

236 Vgl. zum Verfahren: K.Scheidig, M.Schingnitz: Das KOSTE-Verfahren - eine neue Generation von Technologien zum Einblasen von Brennstäuben in Hochöfen. Vortrag auf dem Internationalen Messekongreß zur Braunkohlenveredlung in Leipzig, Frühjahr 1985, auf Mikrofilm vervielfältigt. Vgl. zum Umfang des Einsatzes: Unsere Tat der Republik - weil der Einsatz lohnt. In: Neuer Tag vom 26. Januar 1984, S. 3; Interview mit dem Generaldirektor des Bandstahlkombinats in Eisenhüttenstadt: Durch höhere Materialveredlung zu sinkendem Produktionsverbrauch. In: Neues Deutschland vom 19./20.Juli 1980, S. 3.

237 Vgl. Herbert Bluhm: Wo Stäube sich nicht aus dem Staube machen können. In: Tribüne vom 29. September 1980, S. 4. und Herbert Mohry und Hans-Günter Riedel, a.a.O., S. 133.

238 Luftreinhaltung 1981, Materialien, a.a.O., S. 393.

239 Vgl. Karl Homfeldt u.a.: Überwachungsarten..., a.a.O., S. 59.

240 Vgl. Herbert Mohry und Hans-Günter Riedel, a.a.O., S. 134 und Luftreinhaltung 1981, Materialien, a.a.O., S. 393.

241 Vgl. Luftreinhaltung 1981, Materialien, a.a.O., S. 393.

242 Emissionsfaktor nach: Hans-Joachim Löblich: Forschungsvorhaben überregionales fortschreibbares Kataster der Emissionsursachen und Emissionen für SO_2 und NO_x. Hamburg 1985, Tab. 5.2.2.2.

243 Vgl. Herbert Mohry und Hans-Günter Riedel, a.a.O., S. 136 f.

244 Statistisches Jahrbuch der DDR 1984, S. 144 und Dietmar Müller: Veredeln oder Verschenken? In: Junge Welt vom 24. April 1981, S. 3.

245 Hans Schübel: Bandlackieranlage läuft jetzt auch am Sonnabend und Sonntag. In: Freies Wort vom 12. April 1984, S. 3.

246 Vgl. Günter Pistol: Gießereiprozeßtechnik - Anforderungen an den praktischen Gießereibetrieb. In: Gießereitechnik. Heft 6/1982, S. 163 ff. und Ulf Stockhauser: Elektrische Schmelzbetriebe in Eisengießereien - Notwendigkeiten, Möglichkeiten und Probleme. In: Gießereitechnik. Heft 5/1983, S. 140 ff.

247 Eberhard Stief, Klaus Silex: Situationsanalyse sowie Hauptrichtungen und Entwicklungstendenzen der Forschung zur Reinhaltung der Luft in der Arbeitsumwelt, dargestellt am Beispiel der Gießereiindustrie. In: Gießereitechnik. Heft 3/1983, S. 67 ff.

248 Vgl. Herbert Mohry und Hans-Günter Riedel, a.a.O., S. 139 und Wolf Friedel: Wege zur Gestaltung eines umweltfreundlichen Kupolofenschmelzprozesses. In: Gießereitechnologie und ihre Einflüsse auf die Umwelt. Freiberger Forschungshefte, Reihe IB, Nr. 187. Leipzig 1976, S. 73 ff.

249 Gerhard Ernst u.a.: Verwendung von Gießereischmelzkoksgrus im Kupolschmelzprozeß. In: Gießereitechnik. Heft 4/1983, S. 76.

250 Eberhard Stief: Situationsanalyse sowie Hauptrichtungen und Entwicklungstendenzen der Forschung zur Reinhaltung der Luft in der Arbeitsumwelt, dargestellt am Beispiel der Gießereiindustrie. In: Stand zur Reinhaltung der Luft. Reihe Technik und Umweltschutz. Band 29. Leipzig 1984, S. 33 ff., insbes. S. 39.

251 Dietrich Meletzky: Rationelle Energieanwendung - Ergebnisse und zukünftige Zielstellungen. In: Gießereitechnik. Heft 12/1984, S. 363 ff.

252 János Altneđerer, Bela Wenzel, Dietrich Meletzky: Notwendigkeit und Grenzen der primären und sekundären Anfallenergienutzung des Kupolofen-Gichtgases. In: Gießereitechnik. Heft 7/1984, S. 212 ff.

253 Notiz: Rekonstruierte Gießerei. In: Neues Deutschland vom 4. Januar 1983, S. 3.

254 Vgl. z.B. Rolf Friedel: Wege zur Gestaltung ..., a.a.O., S. 73 und Herbert Mohry und Hans-Günter Riedel, a.a.O., S. 139.

255 Eberhard Stief: Situationsanalyse ..., a.a.O., S. 39.

256 Karl Stölzel: Probleme der Gießereiproduktion unter den Aspekten des Umweltschutzes und der Arbeitshygiene. In: Gießereitechnologie und ihre Einflüsse ..., a.a.O., S. 7.

257 Vgl. Entwurf zur Änderung der TA Luft vom 15.2.1985, S. 57.

258 Vgl. z.B. Moderne Stahlgießerei ist in Betrieb genommen. In: Leipziger Volkszeitung vom 28./29. Januar 1984, S. 2.

259 Karl Stölzel: Probleme der Gießereiproduktion ..., a.a.O., S. 8.

260 Eberhard Stief: Situationsanalyse ..., a.a.O., S. 39.

261 Vgl. Martin Schroeter: Wer ins Mark der Erde dringt... In: Leipziger Volkszeitung vom 10./11. Juli 1982, S. 9.

262 Rainer Schmid: Rund ums Freiberger Zinn. In: Deine Welt. Volkswacht-Beilage vom 4. September 1981, S. 1.

263 Vgl. Antwort auf Fragen zur Sekundärrohstoffwirtschaft. In: Presse-Informationen. Nr. 128 vom 5. November 1981, S. 2; Zahlen und Fakten, Metallische Sekundärrohstoffe von großem volkswirtschaftlichen Wert. In: Presse-Informationen. Nr. 107 vom 13. September 1983, S. 6 und Bernd Spindler: Die Verwertung von Sekundärrohstoffen in der DDR. Bonn im März 1985, als Manuskript vervielfältigt, S. 9 f.

264 Vgl. Statistisches Jahrbuch der DDR 1984, S. 156 und Neue Hütte. Heft 12/1983, S. 451.

265 Vgl. Autorenkollektiv: Ökonomische Geographie der DDR. Band 1. 3. Auflage. Berlin (Ost) 1976, S. 211 f.

266 Antwort auf die Leserfrage: Welche Bedeutung hat Kupfer für unsere Volkswirtschaft...? In: Freiheit vom 30. März 1983, S. 5.

267 Vgl. ausführlich Kurt Altnickel: Lufthygienische Probleme und Möglichkeiten zur Summierung von Emissionsquellen in den Buntmetallbetrieben des VEB Mansfeld Kombinat "Wilhelm Pieck" unter besonderer Beachtung des Rohhüttenprozesses. In: Luftreinhaltung in der Industrie. Reihe Technik und Umweltschutz. Band 15. Leipzig 1977, S. 38 ff.

268 Herbert Mohry und Hans-Günter Riedel, a.a.O., S. 142.

269 Hans-Ulrich Köhler: Schmelzöfen schlacken nun weniger Koks. In: Freiheit vom 13. Januar 1984, S. 3.

270 Vgl. VDI-Handbuch: Reinhaltung der Luft. Richtlinie 2101 zur Auswurfbegrenzung von Kupfererzhütten, S. 11.

271 Kurt Altnickel: Lufthygienische Probleme ..., a.a.O., S. 49.

272 Ebenda, S. 56.

273 Ilsenburger Hütte liefert 300 t Schwarzkupfer mehr. In: Volksstimme vom 7. Juni 1982, S. 2.

274 Vgl. Walzwerker veredeln höher. In: blick. Wochenendbeilage der Freiheit vom 3. April 1981, S. 3. und Werner Felfe besuchte Gießerei in Hettstedt. In: Der Neue Weg vom 3. April 1981, S. 1.

275 Andreas Richter: Sächsisches Zinnerz - mit Köpfchen aufbereitet; Rohstoffe aus eigener Quelle. In: Sächsische Volkszeitung vom 12./13. Februar 1983, S. 3 und Gerd Severin, Karl-Heinz Brandt, Hans-Peter Behrendt: Technologische Entwicklungen bei der Verarbeitung von Zinnerzen aus primären Lagerstätten. In: Neue Hütte. Heft 12/1975, S. 752 ff.

276 Vgl. Herbert Mohry und Hans-Günter Riedel, a.a.O., S. 150 ff.

277 Zinn verlangt mehr als nur heiße Öfen. In: Thüringische Länderzeitung vom 17. Juli 1981, S. 3.

278 Vgl. auch Meldung in der National-Zeitung vom 3. Juli 1981, S. 1.

279 Manfred Meyer: SO_2-Immissionsmessungen in der Umgebung des VEB Bergbau-und Hüttenkombinats "Albert Funk". In: Luftreinhaltung in der Industrie. A.a.O., S. 72 ff.

280 Gerd Krug: Gutes wird weitergegeben. In: Freie Presse vom 1. März 1982, S. 1 und derselbe: Wie uns der richtige Dreh am Drehrohrofen gelang. In: Freie Presse vom 14. Februar 1981, S. 7.

281 Vgl. Freiberger Bergbau und Hüttenkumpel setzen alles daran, aus dem Vorhandenen Bestmögliches zu machen. In: Freie Presse vom 26. Oktober 1982, S. 3.

282 Manfred Meyer: SO_2-Immissionsmessungen ..., a.a.O., S. 72 f.

283 Irene Tüngler: Suche nach Säure für Aluminium. In: Junge Welt vom 6. November 1981, S. 6 und Moderne Technologien schnell in die Praxis überführen. In: Liberal-Demokratische Zeitung vom 17. März 1983, S. 4.

284 Herbert Mohry und Hans-Günter Riedel, a.a.O., S. 143 f.

285 Aluminiumwerker halten nicht viel von den alten Gewohnheiten. In: Freiheit vom 18. November 1980, S. 3 und Wolfgang Greß: Effektivität, die über 250 Partnern zugute kommt. In: Neues Deutschland vom 3. Januar 1984, S. 3.

286 Vgl. Luftreinhaltung 1981, Materialien, a.a.O., S. 401 f.

287 Vgl. VDI-Handbuch : Reinhaltung der Luft. Richtlinie Nr. 2286, Aluminiumschmelzflußelektrolyse, S. 9.

288 Günter Pohle: 89 Arbeitskräfte werden im eigenen Betrieb gewonnen. In: Neues Deutschland vom 16. Februar 1983, S. 3.

289 Neue Brennsysteme zum Schmelzen von Aluminiumschrott. In: Leipziger Volkszeitung vom 12./13. Dezember 1981, S. 3.

290 Heinz Jakubowski: Eine Parteigruppe der Berliner Metallhütten- und Halbzeugwerke diskutierte und legte Beitrag zum höheren Leistungswachstum fest. In: Neues Deutschland vom 2. Oktober 1980, S. 3; K.H.Bergmann, BMHW: Zusatzproduktion für 6,6 Mill. Mark. In: Berliner Zeitung vom 14. Juni 1982 und Erika Assmuth: Arbeitszeit ist Leistungszeit. In: Tribüne vom 29. Dezember 1983, S. 3.

291 Karl-Heinz Bergmann: Es geht nicht nur um Zahlen und Produkte. In: Berliner Zeitung vom 29. Februar 1984, S. 3.

292 Jochen Burghardt: Weniger Produktionsverbrauch durch höheren Ideengebrauch. In: Freie Presse vom 3. Februar 1981, S. 3.

293 Vgl. Fritz Schröder: Wie die Aluminiumwerker im Komplex intensivieren. In: Neues Deutschland vom 16. März 1983, S. 3.

294 Vgl. R. Andrae, G. Dietrich: Inhalt und Umfang der Luftverschmutzung durch den VEB Kombinat Metallaufbereitung - Maßnahmen zur planmäßigen Reduzierung der emittierenden Schadstoffe. In: Luftreinhaltung in der Industrie. A.a.O., S. 65 ff.

295 Aus Kabelschrott wird Aluminium. In: National-Zeitung vom 10./11. Januar 1981, S. 5; Rainer Schmid: Mit Kälteschock gegen Metallberge. In: Berliner Zeitung vom 2./3. Januar 1982, S. 3.

296 Axel Schomburg: Die Kollegen aus der Aufbereitung sind echte Partner der Metallurgen. In: Der Morgen vom 14./15. November 1981, S. 4.

297 Vgl. dazu Herbert Mohry und Hans-Günter Riedel, a.a.O., S. 160 f.

298 Dieter Knabe: Ein gesparter Sack Zement. In: Berliner Zeitung vom 16. März 1982, S. 3 und Gerhard Marle: Kalk: ein einheimischer Rohstoff von hohem Wert. In: Volksarmee. Nr. 47/1981, S. 10.

299 G. Neuhof: Ergebnisse von Reaktionsfähigkeits- und Strukturuntersuchungen an Stahlwerkskalk. In: Technologische Fragen der Erzeugung von Stahl. Freiberger Forschungshefte, Reihe B, Nr. 229. Leipzig 1982, S. 97 ff.

300 Bernhard Schwarz: Position der Harzer Kalk- und Zementwerker in der Plandiskussion: Volkswirtschaftlich rechnen gehört für uns einfach dazu. In: Volksstimme vom 6. Juli 1982, S. 3.

301 Werner Wolfram: Einsatz von Braunkohlenstaub an den Ofenlinien 1/2 im VEB Eichsfelder Zementwerke Deuna. In: Silikattechnik. Heft 7/1983, S. 203 ff.

302 Vgl. Luftreinhaltung 1981, Materialien, a.a.O., S. 383

303 Vgl. Herbert Mohry und Hans-Günter Riedel, a.a.O., S. 155

304 Cord Schwartau unter Mitarbeit von Wolfgang Steinbeck: Industrielle Standorte ..., a.a.O., S. 28 f. und Tabelle 9 im Anhang

305 Vgl. Herbert Mohry und Hans-Günter Riedel, a.a.O., S. 76

306 Emissionsfaktor nach: Hans-Joachim Löblich: Forschungsvorhaben ..., a.a.O.

307 Brief der Werktätigen des VEB Zementwerke Rüdersdorf an den Generalsekretär des ZK der SED Erich Honecker. In: Tribüne vom 8. Januar 1981, S. 3 und Jürgen Zweigert: Er überzeugt weil seine Arbeit täglich stimmt. In: Tribüne vom 2. Oktober 1981, S. 9

308 Karl-Heinz Bergmann: Sie heizen besser als Steinkohle, Schrottreifen als Brennmaterial getestet. In: Berliner Zeitung vom 20. Mai 1981, S. 3.

309 Vgl. auch VDI-Handbuch: Reinhaltung der Luft. Richtlinie Nr. 2585: Auswurfbegrenzung Grobkeramische Industrie.

310 Wolfgang Müller, Harald Meyer, Frank Arnold: Einfluß der Energieträger auf die Schadstoffemissionen bau- und grobkeramischer Betriebe. In: Silikattechnik. Heft 5/1982, S. 142 f.

311 Bärbel Krüger: Brennen muß auch das Herz, damit Ziegel entstehen. In: Sächsische Volkszeitung vom 18. Mai 1982, S. 3.

312 Tabelle und Zitat aus Wolfgang Müller, Harald Meyer, Werner Gottschalk: Auswirkungen der Energieträgerumstellung auf die Emissionen grobkeramischer Betriebe. In: Umweltschutz durch rationelle Energieanwendung. Reihe Technik und Umweltschutz. Band 27. Leipzig 1984, S. 80 ff.

313 Vgl. z.B. Gert Spilker: Ein Roboter nahm den Zieglern die Ziegel aus der Hand. In: Ostsee-Zeitung vom 6. März 1984, S. 3.

314 Dieter Wehner: Normen sind Grundlagen für rationellen Energieeinsatz. In: Presse-Informationen. Nr. 37 vom 27. März 1980, S. 3 f.

315 Werner Greiner-Petter: Mit weniger Energie mehr produzieren. In: Presse-Informationen. Nr. 55 vom 15. März 1981, S. 2 und Klaus-Rainer Marschner: Steigende Produktion bei sinkendem Energieaufwand. In: Presse-Informationen. Nr. 68 vom 11. Juni 1982, S. 2.

316 Walter Ilschner: Gewinnung und Aufbereitung silikatischer Rohstoffe für die Glas- und keramische Industrie. Vortrag auf dem Internationalen Messekongreß zur Braunkohlenveredlung in Leipzig, Frühjahrsmesse 1985, auf Mikrofilm vervielfältigt.

317 Heinz Müller: Wie nutzen und veredeln wir heimische Rohstoffe? In: National-Zeitung vom 4./5. Juni 1983, S. 5.

318 Irma Uschkamp: Neues aus dem Energiebezirk. In: Berliner Zeitung vom 2. Juli 1982.

319 Werner Greiner-Petter: Zur notwendigen Erhöhung der Grundfondsauslastung in der Industrie. Berliner Rundfunk am 23. Oktober 1982, "Also wenn Sie mich fragen".

320 Karl Grünheid: Wachsender Stellenwert sekundärer Rohstoffe. In: Presse-Informationen. Nr. 40 vom 3. April 1984, S. 2. Minister Grünheid nennt 190 000 t Glasbruch, eine andere Quelle rund 350 000 t. Vgl. Antwort durch Fakten. In: Neuer Tag vom 21. Juli 1983, S. 3.

321 Scherben bringen nicht nur Glück. In: Thüringer Neueste Nachrichten vom 14. Januar 1982, S. 3.

322 Luftreinhaltung 1981, Materialien, a.a.O., S. 380 und Herbert Mohry und Hans-Günter Riedel, a.a.O., S. 170.

323 Udo Zaunick: Schmelztechnologien und Energieträgereinsatz in der Glasindustrie - Einflüsse auf die Umwelt. In: Umweltschutz durch rationelle Energieanwendung. Reihe Technik und Umweltschutz. Band 27. Leipzig 1984, S. 89 ff.

324 Jürgen Mäder: Sekundärenergie in größerem Umfang einsetzen. In: Presse-Informationen. Nr. 36 vom 26. März 1985, S. 2 f.; Hertha Lösche: Plus von Torgauer Tafelglas wird an der Größe eines Fußballfeldes gemessen. In: Leipziger Volkszeitung vom 20. Juli 1983, S. 2 und Jürgen Mäder: Arbeitskräfte für Investitionen aus den eigenen Reihen gewinnen. In: Presse-Informationen. Nr. 85 vom 18. Juli 1980, S. 3 f.

325 Joachim Militzer: Auch zur Urlaubszeit steigt die Leistungskurve kräftig an. In: Leipziger Volkszeitung vom 15. August 1980, S. 3; Martin Schroeter: Jede Stunde zählt an Glaswanne C. In: Leipziger Volkszeitung vom 21./22. April 1984, S. 3.

326 Helga Steike: Silberfüchse. In: Jugend und Technik. Heft 8/1978, S. 633 ff.; Wolfgang Raudnitschka: In Spiegeln werden sich Leistungen der Glasmacher widerspiegeln. In: Leipziger Volkszeitung vom 2. Januar 1981, S. 3.

327 Hans-Hermann Krönert: Bernsdorf: Rechner steuert und überwacht Schmelzprozeß. In: Neues Deutschland vom 15. September 1982, S. 3 und Werner Greimer-Petter: Grundmittel besser nutzen. In: Presse-Informationen. Nr. 4 vom 10. Januar 1980, S. 2.

328 Heinrich Meier: Grundmittel höher auslasten. In: Presse-Informationen. Nr.152 vom 29. Dezember 1983 und derselbe: Rund um die Uhr bringt den höchsten Leistungszuwachs. In: Arbeit und Arbeitsrecht. Heft 3/1984, S. 58.

329 Christiane Lochner: Antwort auf Fragen. Wie wertvoll ist Glasbruch? In: Presse-Informationen. Nr. 57 vom 17. Mai 1983, S. 5.

330 Vgl. z.B. Sekundär aber nicht zweitrangig. In: Neues Deutschland vom 28./29. Juli 1984, S. 3 und Glas - vorteilhaftes Verpackungsmaterial. In: Freies Wort vom 24. Januar 1981, S. 3.

331 Glaswerker mit hohen Leistungen in der rollenden Schicht. In: Sächsische Zeitung vom 29. Oktober 1981, S. 2.

332 R. Kraus: Die Wanne 1 ist voll "eingestiegen". In: Freies Wort vom 30. Mai 1981, S. 5.

333 Jutta Rubisch: Bruchglas, Zusatzstoffe und rationeller Energieeinsatz. In: Neues Deutschland vom 18. August 1981, S. 3.

334 Annette Herzig: An der Spree drehen sich die Flaschenkarussels. In: Neues Deutschland vom 10. November 1982, S. 8.

335 Reinhard Düsterhöft: Damit Glas auch glänzt. In: Berliner Zeitung vom 8. April 1982, S. 3 und Notiz: Verbesserte Eigenschaften für Behälterglas. In: Ostsee-Zeitung vom 27. Juli 1982, S. 3.

336 Dieter Patzig: Glas, das einen Stoß verträgt. In: Lausitzer Rundschau vom 30. Juni 1983, S. 6 und Biergläser aus Schwepnitz haltbarer und leichter. In: Sächsische Zeitung vom 4. September 1980, S. 5.

337 Wolfgang Zülch: Glas ist heute mehr als nur Sand, Soda und Kalk. In: Thüringische Landeszeitung vom 6. Oktober 1982; Komplizierte Formen aus Glas, ilmavit machts möglich. In: Thüringische Landeszeitung vom 7. Dezember 1983; Rolf Hofmann: Werkstoff voller Wunder. In: Wochenpost. Nr. 39/1981, S. 16.

338 Lothar Hamann: Schmuckes aus Lauscha. In: Gewerkschaftsleben. Heft 6/1980, S. 10 f. und ohne Titel. In: Neues Deutschland vom 13. Mai 1981, S. 1.

339 Christa Pehlivanian: Seide, die nahezu unzerreißbar ist. In: Neues Deutschland vom 6. April 1982, S. 3; Hartmut Petersohn: Seide aus Glas gesponnen und vielfach gewebt. In: Tribüne vom 19. März 1982, S. 3.

340 Notiz: Flüssiges Glas. In: Thüringische Neueste Nachrichten vom 24. November 1983, S. 3.

341 Zahlen und Fakten, VEB Kombinat Feinkeramik Kahla. In: Presse-Informationen. Nr. 3 vom 8. Januar 1980, S. 5 f.

342 Klaus Freudenberg: Mehr und besser - aber leichter. In: Freies Vort vom 19. Februar 1981, S. 5 und ohne Verfasser: Von ehrwürdiger Technologie mit Verjüngungskur zur Fließfertigung. In: Volkswacht vom 2. Juli 1982, S. 3.

343 Vgl. Wolfgang Staudte: Beitrag zur rationellen Energieanwendung beim keramischen Brand, insb. S. 6 ff.: Stand und energetische Probleme des Porzellanbrandes im Tunnelofen. Freiberger Forschungshefte. Reihe A, Nr. 675. Leipzig 1983.

344 Triptis: Abwärme aus Tunnelöfen für Produktion genutzt. In: Volkswacht vom 11. März 1980, S. 1.

345 Heiko Faber: Neuerer schicken die Abwärme in die Trockner. In: Neue Zeit vom 8. Februar 1980, S. 5.

346 So Wolfgang Staudte: Beitrag ..., a.a.O., S. 96.

347 Vgl. Luftreinhaltung 1981, Materialien, a.a.O., S. 388 f.

348 Jürgen Hamann: Gebrauchskeramik aus Boizenburg. In: Sächsische Volkszeitung vom 27. September 1983, S. 3.

5. Hausbrand und Kleinverbrauch

Eine große Zahl von meist kleinen Feuerstätten kennzeichnet die aus geringen Höhen resultierende Emissionsbelastung (Schornsteinhöhe bis 20 m). Hierzu gehören insbesondere Feuerungsanlagen zur Gebäudebeheizung und zur Warmwasserbereitung. In Regionen mit hohem Altbaubestand sind es viele recht kleine Einzelfeuerstätten. In Neubaugebieten hingegen, die meist mit modernen Zentralheizungssystemen ausgerüstet sind, handelt es sich bei Fernheizung und Fernwärme um große Feuerstätten (z.B. in zentralen Heizkraftwerken mit höheren Schornsteinen) bzw. bei Block-, Haus- oder Etagenheizungen wieder um kleinere Anlagen. Beim Kleingewerbe gibt es recht unterschiedliche Feuerstätten, z.B. in Bäckereien, Fleischereien (etwa Räucheranlagen), Wäschereien, Holzbearbeitungsbetrieben und auch in Restaurants, Hotels, Krankenhäusern.

Als Exkurs zu diesem Abschnitt werden ausgewählte verbrauchsbedingte Emissionen behandelt.

5.1. Hausbrand

5.1.1. Methode der Ermittlung der Emissionsdaten

In der DDR ist offensichtlich ein Emissionskataster auf der Basis von 1 km^2-Teilflächen für Emittenten bis 20 m Schornsteinhöhe aufgestellt worden[1]. Weder diese Daten noch jegliche Angaben über regionale Total- oder Teilerhebungen der Feuerstätten nach Brenn- und Heizungsart sowie über deren jährlichen Brennstoffverbrauch sind verfügbar. Deshalb mußte versucht werden, vom errechneten gesamten Brennstoffbedarf der Haushalte auszugehen und die eingesetzten Brennstoffarten zugrundezulegen. Mit Hilfe von Emissionsfaktoren ließ sich daraus die Gesamtemission von Hausbrand an SO_2 und NO_x ermitteln.

Bei der Ermittlung der regionalen Emissionen des Hausbrandes erfolgte die geographische Verteilung entsprechend der Regionalstruktur des DDR-Wohnungsbestandes unter Berücksichtigung der unterschiedlichen Heizungssysteme. Dabei wurde versucht, neben einer Wärmebedarfsrechnung auch eine wahrscheinliche regionale Verbrauchszuordnung nach eingesetzten Brennstoffarten durchzuführen und die jeweils dafür geltenden unterschiedlichen Emissionsfaktoren anzusetzen.

5.1.2. Der DDR-Wohnungsbestand von 1982 nach Heizungsarten

Zum Jahresende 1982 gab es in der DDR einen gesamten Wohnungsbestand von 6,89 Mill. Wohnungen[2]. Von ihm verfügten immerhin noch 4,78 Mill. Wohnungen (69,3 vH) über Ofenheizung mit festen Brennstoffen (1971: 89,2 vH; 1980: 74,3 vH) und 2,11 Mill. Wohnungen (30,7 vH) über Zentralheizung[3]. Von diesen wurden 1,2 Mill. Wohnungen mit Fernheizung beheizt - das sind 17,4 vH des Bestandes-, 0,92 Mill. Wohnungen waren mit sonstigen Zentralheizungen ausgerüstet. Dieses Bild ist ganz erheblich besser geworden gegenüber etwa den sechziger Jahren. Damals hatte eine repräsentative Stichprobenerhebung ergeben, daß 92,6 vH aller damaligen Wohnräume Einzelöfen für feste Brennstoffe aufwiesen, 4,8 vH waren fernbeheizt. Weitere 1,2 vH hatten Gebäude- oder Etagenzentralheizung, 0,9 vH waren mit Gas- sowie 0,5 vH mit Elektroheizung ausgestattet[4].

Zur Bestimmung der regionalen Verteilung des Bestandes von 1982 konnte zunächst auf früher vom DIW nach den 219 Stadt- und Landkreisen der DDR zum Jahresanfang 1981 ermittelte Daten zurückgegriffen werden[5]. Sie wurden anhand der regionalen Neubauleistung für 1981 und 1982[6] sowie der durchgeführten Modernisierungen vorhandener Wohnungen - bei Berücksichtigung der Umrüstung von Ofen- zu Zentralheizung - unter

Absetzung des abgerissenen Wohnraums zum Jahresende 1982 fortgeschrieben. Da die statistischen Angaben über die Neubau- und Modernisierungsleistungen lediglich für die 15 Bezirke der DDR ausgewiesen werden, war für das nach Kreisen differenzierte Bild eine intensive Auswertung der DDR-Bezirkspresse und sonstiger DDR-Veröffentlichungen nach Einzelangaben vorzunehmen, die teilweise durch Schätzungen ergänzt werden mußten.

Bei der Fortschreibung nach Heizungsarten war zu berücksichtigen, daß über die planmäßig durch den Staat geförderten Modernisierungen hinaus in begrenztem Maße auch durch private Eigeninitiative ein Umbau zu modernen Heizungsarten erfolgt ist (z.B. durch Einbau von Etagenheizungen oder durch Umrüstung von Einfamilienhäusern)[7]. Zudem wurde ebenfalls der Baufortschritt größerer Neubauwohnkomplexe gesondert erfaßt, da sie zum großen Teil mit Fernheizung und Fernwärme über Heizkraftwerke aber auch über Abwärme aus Industriebetrieben versorgt werden[8]. Bei ihnen hat man in den letzten Jahren verstärkt versucht, Öl als Energieträger durch Kohle bzw. auch Kohle - soweit möglich - durch Erdgas abzulösen.

Mit Hilfe der so ermittelten Daten gelang es - zunächst nach den 219 Kreisen der DDR - die regionale Verteilung sowohl der über Hausbrand mit festen Brennstoffen als auch über Zentralheizung verfügenden Wohnungen zu gewinnen. Bei den mit Fernheizung versehenen Wohnungen erfolgt die Schadstoffemission am Standort der entsprechenden Heiz- und Industriekraftwerke. Bei den übrigen Zentralheizungen, die meist mit festen Brennstoffen betrieben werden, ist die Vielzahl der betriebenen Feuerstellen nach dem Standort der Wohnungen verteilt.

Die obigen Regionaldaten wurden je nach geographischer Lage der Kreise und dem Standort größerer und kleinerer Siedlungen (berücksichtigt wurden Ortschaften über 10 000 Einwohner) den vorgegebenen Rasterflä-

Tabelle HUK 1

Der DDR-Wohnungsbestand am Jahresende 1982 nach Heizarten je Rasterfläche[1)]

A) Ofenheizung

	A	B	C	D	E	F	G	H	I	K
1							2785	3925		
2					355	9005	24005	3795		
3			315	11955	39365	12720	14405	6325		
4		2130	18880	21355	20180	10930	17590	23180	7165	
5		930	21155	16950	9920	17880	13890	10645	13035	
6		6955	13205	19015	9785	8535	16195	16590	11020	
7		100	4935	13000	11165	10115	8325	10335	10130	
8		1470	7845	19235	12455	16210	20535	28220	4940	
9		755	15085	24880	18820	17305	216005	52475	18745	2170
10			17030	23955	12900	6680	84395	80870	24480	9935
11		3630	27385	94420	18680	41315	22965	23100	9800	8430
12		27485	49645	52715	48835	30665	15125	13425	23775	7975
13	1685	26485	37715	50585	73435	26280	17275	26665	42260	17130
14	23865	30930	34145	63960	231255	69505	47575	42340	27960	33840
15	26760	26545	44030	47735	101300	58055	57965	186190	62990	78770
16	43765	61635	67150	53245	96880	151280	111440	108660	23240	44795
17	25585	46270	43955	32750	95085	148320	62775	5910		
18	1250	16410	24140	9710	73220	29755	2660			
19		385			765					
20	123110	252115	426615	555465	874400	664555	755910	642650	279535	203045

SUMME DDR 4777400

1) ZAHLEN GERUNDET.
QUELLE: BERECHNUNGEN DES DIW AUFGRUND EINER FORTSCHREIBUNG DER ERGEBNISSE DER WOHNUNGSZAEHLUNGEN VON 1971 UND 1981.

Noch Tabelle HUK 1

B) Individuelle Zentralheizung[2)]

	A	B	C	D	E	F	G	H	I	K
1							205	1305		
2					40	2110	4400	280		
3			25	1190	17370	3495	7255	1515		
4		255	3310	7490	4735	3645	2175	5065	675	
5		175	5685	4560	1240	5690	3835	1665	2605	
6		2195	3290	5695	1685	1970	4735	3700	4315	
7		15	775	3185	2290	2135	2010	2085	2905	
8		320	5680	6270	3430	4235	4735	3200	675	
9		225	5480	5390	6985	3740	24955	10085	3470	410
10			4075	8315	5385	7745	17860	30150	3920	2970
11		550	5025	38615	2895	2910	5090	4565	2195	2295
12		5240	7540	9855	11670	4045	3370	3105	6460	2165
13	450	6155	4745	9000	9130	5120	3830	3790	9170	1395
14	8360	7005	4770	8440	19965	10380	3255	4505	10035	3695
15	5665	5355	8580	9355	8685	9455	7595	32800	6495	4240
16	9805	15895	18870	20585	13865	20370	20440	13155	2580	5875
17	8475	17930	9465	6155	13895	22860	12500	775		
18	400	3965	6975	2320	10550	4735	455			
19		70			150					
20	33155	65340	94290	146420	133965	114640	128700	121745	55500	23045
									SUMME DDR	916800

ZENTRAL-,ETAGENHEIZUNG,OFENHEIZUNG FUER OEL-STROM-GAS(OHNE FERNHEIZUNG).

QUELLE: BERECHNUNGEN DES DIW AUFGRUND EINER FORTSCHREIBUNG DER ERGEBNISSE DER WOHNUNGSZAEHLUNGEN VON 1971 UND 1981.

Noch Tabelle HUK 1

C) Fernheizung

	A	B	C	D	E	F	G	H	I	K
1								1500		
2						400	16500			
3				1000	51100		9900	2100		
4			1500	4000	5000			1000		
5			15700	9300		4000	15000		1000	
6				2000	1000		6000		2000	
7				950	1000	2000			18500	
8			2000	2050		2000	1000	8000		
9			500	9000	5000		38000	58550	1100	
10			500	5500	2000	7000	46500	81000	7400	18000
11		200	2400	37900	500	500	1500	500	1700	13300
12		5200	6600	5500	16500	8000	1000		14000	9000
13		4000	8000	4800	22700	2000	500		31000	4000
14	4000		8000	54200	69850	10750	11000	4000	18000	8500
15	1000		10900	1500	16550	3000	1000	61300	8000	11000
16	7000	10700	24400	21000	30000	34000	32500	20000		1000
17	1500	10000	4500	500	2000	16500	1000			
18		1000		500	9000	1500				
19										
20	13500	31100	85000	159700	232200	91650	181400	237950	102700	64800
									SUMME DDR	1200000

QUELLE: BERECHNUNGEN DES DIW AUFGRUND EINER FORTSCHREIBUNG DER ERGEBNISSE DER WOHNUNGSZAEHLUNGEN VON 1971 UND 1981.

chen zugeordnet (vgl. Abbildung auf S. 18). Dabei ergab sich die Schwierigkeit, daß bestimmte Großstädte mehreren Rasterfeldern zuzurechnen waren (z.B. Berlin(Ost), Brandenburg, Dresden, Frankfurt, Halle, Karl-Marx-Stadt, Leipzig, Neubrandenburg, Schwerin). Hier erfolgte die Zuordnung anhand von Stadtplänen und einigen Einzelangaben. Das Ergebnis ist - getrennt nach den Heizungsarten Hausbrand, individuelle Zentralheizung und Fernheizung - in Tabelle HUK 1 dargestellt.

Die Wohnungen mit Ofenheizung sowie mit individuellen Zentralheizungssystemen weisen Schwerpunkte auf im Raum um Berlin, in Magdeburg sowie vor allem in den Ballungsgebieten, das sind die Bezirke Halle, Leipzig, Dresden und Karl-Marx-Stadt. Aber auch die Städte Erfurt und Gera sind zu erwähnen. In allen genannten Regionen sind die Altbestände noch immer recht hoch (um 50 vH der jeweiligen Wohnungsbestände). Die fernbeheizten Wohnungen konzentrieren sich auf städtische Neubaugebiete. Im Norden ist es Rostock, im mittleren DDR-Raum sind es Berlin und Magdeburg. Mehr im Süden sind es die Großstädte der Ballungsgebiete sowie ebenfalls Cottbus.

Bei dieser Rechnung konnten allerdings die Ein- und Zweifamilienhäuser, die durch einen deutlich höheren Wärmebedarf als Wohnungen in größeren Wohngebäuden gekennzeichnet sind, nicht gesondert ausgewiesen werden. Insgesamt läßt sich grob abschätzen, daß der Anteil derartiger Gebäudetypen an den Wohnungen etwa 33 vH (an den Wohngebäuden rund 65 vH) beträgt. Regional weisen die Bezirke Suhl, Potsdam, Erfurt, Frankfurt, Schwerin und Cottbus überdurchschnittlich viele Ein- und Zweifamilienhäuser auf - Berlin (Ost), Karl-Marx-Stadt und Leipzig hingegen relativ weniger. Um die dadurch bedingten Verbrauchsunterschiede wenigstens überschlägig zu berücksichtigen, wurden bei der Wärmebedarfsrechnung und damit bei der Zurechnung der regionalen Emissionsbelastung entsprechende Korrekturen in Ansatz gebracht.

5.1.3. Art der Feuerstätten der Haushalte

Vom Energieverbrauch des durchschnittlichen DDR-Haushalts für Wärmeprozesse von 55 bis 66 GJ/a entfallen auf Heizen 80 vH, auf Warmwasserbereitung 14 vH und auf Garen von Speisen 6 vH. Hinsichtlich der Ausstattung der Haushalte mit Feuerstätten für diese Wärmeprozesse sind Angaben nur für 1976 verfügbar (vgl. Tabelle HUK 2). Daran läßt sich erkennen, daß von den damals rund 23 Mill. Einzelfeuerstätten der Haushalte der DDR 45 vH für Heizen, 36 vH für Garen und 19 vH für Warmwasserbereitung verwendet wurden. Diese Struktur dürfte 1982 - bei etwas geminderter Zahl der Einzelfeuerstätten[9] - auch noch gegolten haben. Beim Heizen spielen feste Brennstoffe eine überragende Rolle. Über die Hälfte aller von Haushalten mit festen Brennstoffen betriebenen Heizungsfeuerstätten sind ortsfeste und gut ein Fünftel transportable Kachelöfen. Bei der nicht-elektrischen Warmwasserbereitung überwiegen ebenfalls Geräte mit festen Brennstoffen. Hingegen dominieren bei den Kochprozessen die umweltfreundlicheren Gasherde und Gaskocher.

Die Schadstoffemission ist nicht nur von der Art der Feuerstätten, sondern ebenfalls von ihrem Zustand, ihrer Betriebsweise sowie von Art und Menge des eingesetzten Brennstoffs abhängig. So spielt eine wichtige Rolle, ob unsachgemäße Bedienung, schlechte Wartung, häufiges Anheizen, übermäßige Wärmeverluste durch überdimensionierte Leitungssysteme gegeben sind, oder optimalere Betriebsbedingungen vorliegen. Dies gilt für alle Heizarten gleichermaßen. Bei Ofenheizung ist zudem die Verwendung raucharmer Brennstoffe mit höheren Heizwerten kaum möglich, während Zentralheizungssysteme gerade dafür konstruiert sind und in der Regel einen höheren Wirkungsgrad der Öfen aufweisen.

Tabelle HUK 2

Ausstattung der Haushalte der DDR mit Feuerstätten für feste und gasförmige Brennstoffe
(Stand 1976)

Wärmeprozeß	Feuerstättenarten für feste Brennstoffe		Feuerstättenarten für gasförmige Brennstoffe	
Heizen	Kachelofen-Luftheizungen	840 000	Gasaußenwandöfen	46 500
	Kachelöfen ortsfest	5 421 000	Gaskaminheizöfen	22 000
	Kachelöfen transportabel	2 114 000	Gaskleinraumheizer	243 500
	gußeiserne Öfen	1 395 000	Etagenheizungen etwa	11 000
	Etagenheizungen	175 000	Hauszentralheizungen etwa	14 000
	Hauszentralheizungen	262 000		
		10 207 500		337 000
Garen	Haushaltskohleherde einschließlich Beistellherde	2 891 000	Gasherde	2 900 000
	Elt-Kohle-Herde	131 500	Gaskocher	1 750 000
	Gas-Kohle-Herde	667 500		
		3 690 000		4 650 000
Warmwasser-bereitung	Kohlebadeöfen	1 912 000	Gasdurchlaufwasserheizer 8,7 kW	364 000
	Waschkessel	1 022 000	Gasdurchlaufwasserheizer 17,5 bzw. 22,7 kW	950 000
			Waschkessel	24 000
		2 934 000		1 338 000

Quelle: Herbert Mohry und Hans-Günter Riedel, a.a.O., S. 208.

In einer DDR-Stichprobenuntersuchung innerhalb einer Ortschaft mit 16 000 Einwohnern wurde ermittelt, welche Emissionsminderung bei Brennstoffumstellung und veränderter Heizart möglicherweise erreichbar wäre[10]. Dabei wurden folgende drei Wohn- bzw. Gebäudetypen zugrundegelegt und deren Wärme- bzw. Brennstoffbedarf festgestellt:

	Wärmebedarf in kcal/h	Brennstoffverbrauch in t/a	
		Braunkohlenbriketts	BHT-Koks
Kleines Einfamilienhaus	20 000	9,2	5,3
Mehrgeschoßhaus mittlerer Größe	50 000	23,0	13,3
Mittlere Etagenwohnungen (mit 200 bis 300 m³ umbauten Raum)	13 000	4,5	3,5

Die DDR-Autoren haben dabei angenommen, daß der Heizwert westelbischer Braunkohlenbriketts 4 700 kcal/kg und der des BHT-Koks (Lauchhammer/Schwarze Pumpe) 7 000 kcal/kg beträgt.

Als Ergebnis zeigt sich, daß die SO_2-Emission bei vorhandenen Zentralheizungen durch Übergang von Briketts zu Koks sowie bei Kachelofenheizung (mit Brikettfeuerung) durch Umrüstung zu Zentralheizung mit BHT-Koks erheblich gemindert werden kann (vgl. Tabellen HUK 3 und HUK 4).

Auch wenn diese Stichprobe nicht repräsentativ sein kann für die DDR insgesamt, so zeigt sie tendenziell immerhin Möglichkeiten zur Verminderung der Luftverunreinigung in vorhandenen Wohnkomplexen. Allerdings ist zu beachten, daß derartige Umstellungen größeren Ausmaßes schon an der Bereitstellung hochwertiger Brennstoffe scheitern. Denn gerade in den letzten Jahren wird von den DDR-Behörden versucht, den Koksverbrauch der Haushalte zugunsten des Einsatzes in der Industrie nach Möglichkeit einzuschränken.

Tabelle HUK 3

Auswirkungen der Brennstoffumstellung in vorhandenen Zentralheizungen

in t/a

Umstellung	Brennstoff		Differenz
	Briketts	BHT-Koks	
310 Zentralheizungen in Einzelhäusern			
Brennstoffbedarf	2 852	1 643	1 209
SO_2-Emission	121,6	22,6	99,0
30 Zentralheizungen in mehrgeschossigen Häusern			
Brennstoffbedarf	690	399	291
SO_2-Emission	30,5	5,6	24,9
Quelle: Herbert Mohry und Joachim Wilsdorf: Herabsetzung der Emissionen in Wohngebieten..., a.a.O., S. 87.			

Tabelle HUK 4

Auswirkung der Brennstoff- und Heizungsumstellung in 428 Etagenwohnungen

in t/a

Umstellung	Brennstoff		Differenz
	Briketts	BHT-Koks	
Brennstoffbedarf	1 926	1 398	528
SO_2-Emission	42,6	9,8	32,8
Quelle: Herbert Mohry und Joachim Wilsdorf: Herabsetzung der Emissionen in Wohngebieten..., a.a.O., S. 89.			

5.1.4. Klimatische regionale Unterschiede

Auf die Länge der jährlichen Betriebsdauer der Heizungen und die Intensität der Wärmeprozesse der Einzelfeuerstätten - Häufigkeit des Anheizens, Ausmaß des Heizprozesses - haben auch klimatische Bedingungen Einfluß. Ihre Unterschiede in den Einzelregionen konnten bei der regionalen Emissionsverteilung nicht völlig unberücksichtigt bleiben. Deshalb wurden für 1982 die Abweichungen der monatlichen mittleren Lufttemperatur der Bezirke vom Durchschnitt aller Bezirke ermittelt. Dabei konnten unter Berücksichtigung der monatlichen Meßdaten an siebzehn Meßstellen in den Bezirken 9 Regionen mit divergierenden Temperaturverhältnissen und somit jeweils verschiedenen Temperaturabweichungen gebildet werden (vgl. Abbildung HUK 1). Unter der Voraussetzung, daß nur bei mittleren Tageslufttemperaturen unterhalb von + $15°$ C geheizt wird, ergaben sich für die Länge der Heizperiode in den Regionen kaum Unterschiede[11].

Durch Umrechnung der so gefundenen Werte der Temperaturabweichungen gegenüber dem DDR-Durchschnitt in relative Abweichungen (in vH) konnte für die Regionen der DDR ein rechnerischer Maßstab bestimmt werden, der die regionalen Wärmeverbrauchsabweichungen infolge unterschiedlicher metereologischer Temperaturverhältnisse widerspiegelt. Sie wurden bei den Berechnungen der Regionalverteilung der Emissionen des Hausbrandes berücksichtigt.

Abbildung HUK 1

Abweichung der mittleren Lufttemperatur in den Einzelregionen vom DDR-Durchschnitt*

In Grad Celsius

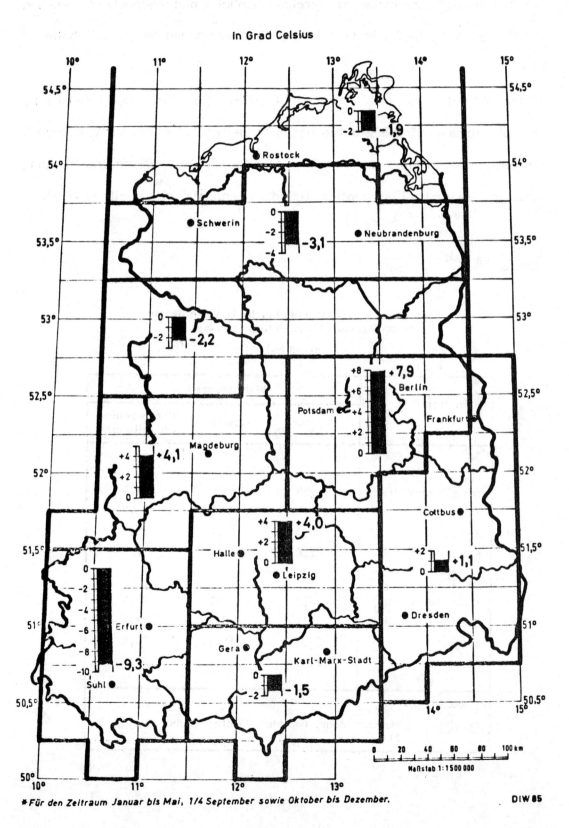

*Für den Zeitraum Januar bis Mai, 1/4 September sowie Oktober bis Dezember.

DIW 85

5.1.5. Emissionsfaktoren

Unter Berücksichtigung der in der DDR vorliegenden Verhältnisse bezüglich Qualität der verwendeten Brennstoffe sowie Art und Wirkungsgrad der gegebenen Feuerstätten im Bereich Haushalte und Kleingewerbe werden für SO_2 und NO_x die folgenden Emissionsfaktoren angegeben (vgl. Tabelle HUK 5).

Dabei handelt es sich um Richtwerte, die für durchschnittliche Praxisbedingungen in Haushalten der DDR gelten[12]. Hierzu in Widerspruch stehen die Daten einer anderen DDR-Quelle. Für Nutzwärme werden ganz erheblich niedrigere Emissionskoeffizienten genannt (vgl. Tabelle HUK 6).

Tabelle HUK 5

Spezifische Schadstoffemission der Wärmeprozesse an SO_2 und NO_x nach Brennstoffart in mg/MJ

Brennstoff	Wärmeprozeß		
	Heizen	Garen	Warmwasserbereitung
$\underline{SO_2}$:			
feste Brennstoffe	1 959	1 580	1 473
Stadtgas	43	43	43
Erdgas	4,2	4,2	4,2
Flüssiggas	1,6	1,6	1,6
$\underline{NO_x}$:[1)]			
feste Brennstoffe	23,1	42	28,5
Stadtgas	25,1	8,0	14,9
Erdgas	22,1	15,6	28,1
Flüssiggas	21,4	15,5	21,5

1) $NO \cdot 1,5 + NO_2$.
Quelle: Herbert Mohry und Hans-Günter Riedel, a.a.O., S. 211.

Berücksichtigt man einen Wirkungsgrad der Anlagen von 60 bis 70 vH, so läßt sich aus Tab. HUK 6 für Braunkohlenbriketts ein Emissionsfaktor von 330 bis 385 mg/MJ errechnen. Tabelle HUK 5 weist dagegen 1 959 mg/MJ für feste Brennstoffe aus. Kritisch ist bei der zweiten Quelle, daß keinerlei Angaben über den für die Berechnungen zugrundegelegten Schwefelgehalt und die Aschebindung sowie die Kohlesorte gemacht worden sind. Wahrscheinlich ist allerdings, daß ausschließlich Lausitzer Briketts zugrundegelegt worden sind. Wegen der aufgezeigten Abweichungen erfolgt hier eine eigene Berechnung.

Tabelle HUK 6

Emission als Folge des Hausbrandes bei Einzelofenheizung

Brennstoff	Emission in kg/GJ (Nutzwärme)	
	NO_x	SO_2
Erdgas	0,095	0,005
Leichtes Heizöl	0,072	0,263
Braunkohlenbrikett	0,119	0,549
Steinkohlenbrikett	0,119	1,170
Quelle: R. Scheibe u.a., a.a.O., S. 136.		

Die Menge der SO_2-Emission wird in der Regel nach der in Abschnitt 2.2. erläuterten Formel durchgeführt:

$$E_{SO_2} = 2 \times B \times S \times V$$

Danach läßt sich bei einem Schwefelgehalt von 2,7 vH und einer Aschebindung von 25 vH - diese Kennziffern liegen den Richtwerten in

Tabelle HUK 5 zugrunde - für Braunkohlenbriketts eine SO_2-Emission von 4,05 vH der eingesetzten Menge ermitteln. Da die Wärmeerzeugung eines kg Briketts mit 19,3 MJ zu veranschlagen ist, ergibt sich als Emissionsfaktor für Heizen 2098 mg/MJ. Der von Mohry und Riedel für feste Brennstoffe angegebene Wert 1959 mg/MJ ist etwas niedriger; hierbei ist allerdings zu berücksichtigen, daß dieser Durchschnittswert auch einen Verbrauchsanteil des emissionsärmeren Koks einbezieht.

Eine eigene Berechnung soll auch die Unterschiede bei den Brikettsorten und bei Koks hinsichtlich Heizwert, Schwefelgehalt und Ascheeinbindung berücksichtigen. Denn hiervon hängt die Emission entscheidend ab. Braunkohlenbriketts aus dem Leipziger Raum weisen den höchsten energiespezifischen SO_2-Emissionsfaktor auf. Die Emission an Schwefeldioxid liegt um

Tabelle HUK 7

SO_2-Emissionsfaktoren fester Brennstoffe

Brennstoff	Heizwert MJ/kg	Schwefelgehalt (in vH)	Schwefeleinbindungsgrad in der Asche (in vH)	SO_2Emission in vH der eingesetzten Menge	Emissionsfaktor mg/MJ
Leipziger Briketts	19,5	3,5 [1]	33 [2]	4,69	2 405
Lausitzer Briketts	18,6	1,0	62	0,76	409
Leipziger Koks	) 23,6	3,7	) 70	) 1,84 [3]	) 778 [3]
Lausitzer Koks		1,12			

1) Durchschnittswert; für Leipziger Briketts werden in der Literatur unterschiedliche Schwefelgehalte (zwischen 2,14 und 4,3 vH) genannt.- 2) Die Aschebindung variiert zwischen 26 und 39,5 vH.- 3) Hierbei wurde unterstellt, daß bei den Haushalten drei Viertel Leipziger und ein Viertel Lausitzer Koks verwendet werden.
Quelle: Berechnungen des DIW, siehe auch Abschnitt 2.2.

das Sechsfache über der energetisch gleichen Menge Lausitzer Briketts. Als Ergebnis lassen sich die vorseitigen Emissionsfaktoren (vgl. Tabelle HUK 7) ableiten[13].

Bezüglich NO_x sind nur spärliche Angaben verfügbar. Die in Tabelle HUK 5 genannten DDR-Daten dürften generell zu niedrig veranschlagt sein. In jüngster Zeit sind auch in westlichen Veröffentlichungen die diesbezüglichen NO_x-Emissionsfaktoren heraufgesetzt worden. Zieht man die in der jüngeren DDR-Quelle genannten Faktoren heran (vgl. Tabelle HUK 6), so würde dem bei Braunkohlenbriketts angegebenen Wert von 0,119 kg/GJ bei einem Wirkungsgrad der Feuerungsanlagen von 60 bis 70 vH - bezogen auf die Brennstoffwärmemenge - ein Wert von 0,071 bis 0,083 kg/GJ (= 71 bis 83 mg/MJ) entsprechen.

In einer neueren westlichen Studie[14] werden für NO_x (NO_2) folgende mittlere Emissionsfaktoren in kg/TJ Brennstoffwärme (Stand 1983) für Haushalte und Kleinverbrauch genannt:

Koks (Steinkohle)	100
Braunkohle	70
Stadtgas	50
Erdgas	50

Für Braunkohlenkoks ist allerdings keine Angabe verfügbar.

Es erschien zweckmäßig, sich an diesen Werten zu orientieren. Für den in der DDR eingesetzten Braunkohlenkoks mußte allerdings ein deutlich niedrigerer Wert als für Steinkohlenkoks angenommen werden. Die auf die Brennstoffwärme bezogene NO_x-Emission wurde mit 75 kg/TJ (= 75 mg/MJ) nur ganz leicht über der von Braunkohlenbriketts angesetzt.

5.1.6. Brennstoffverbrauch und Wärmebedarf der Haushalte

Insgesamt erhielten die privaten Haushalte im Jahre 1982 folgende Brennstoffmengen (in 1000 t)[15]:

- 15 665   Briketts
- 1 244   Braunkohlenkoks
- 171   Rohbraunkohle.

Bei den Braunkohlenbriketts wird unterstellt, daß ein Viertel der Verbrauchsmenge (3,92 Mill. t) den Senftenberger (Lausitz) und drei Viertel (11,74 Mill. t) den Bitterfelder (Leipzig) Briketts zuzurechnen sind.

Die mit den oben genannten Brennstoffen erzeugte Wärmemenge entspricht 333 PJ, davon entfallen 302 PJ auf Briketts, 29 auf Koks und 2 auf Rohbraunkohle. Je ofen- bzw. individuell zentralbeheizte Wohnung läßt sich als durchschnittlicher Wärmebedarf pro Jahr ein Wert von 58,5 GJ ansetzen[16]. Hiervon werden 7,5 GJ für Warmwasserbereitung mit festen Brennstoffen benötigt. Unterstellt man, daß nur bei den ofenbeheizten älteren Beständen Kochprozesse mit festen Brennstoffen durchgeführt werden, so können für diese Teilmenge an Wohnungen je etwa 6 GJ Wärmebedarf angenommen werden. Bezogen auf alle ofen- und individuell zentralbeheizten Wohnungen entspräche das 2 GJ. Damit verblieben für reines Heizen 49 GJ.

Ausgangspunkt für die Ermittlung des regionalen <u>Wärmebedarfs für Heizung</u> (ohne Fernheizung) waren die durch Multiplikation obigen Wertes mit der jeweiligen Anzahl der Wohnungen je Rasterfläche errechneten Ergebnisse. Korrigierend mußte allerdings zweierlei in Ansatz gebracht werden:

1) Um den gegenüber Etagenwohnungen relativ höheren Wärmebedarf von Ein-und Zweifamilienhäusern wenigstens in Annäherung zu berücksichtigen, wurden für Regionen mit vergleichsweise hohem Bestand derartiger Wohngebäude[17] global Bedarfszuschläge angesetzt. Bei Gebieten mit einem niedrigen Anteil derartiger Wohneinheiten hingegen sind die Bedarfswerte leicht nach unten verändert worden[18].

2) Da die regionalen Witterungsunterschiede den Wärmebedarf der Wohneinheiten deutlich beeinflussen, erschien es geboten, den durchschnittlichen Wärmebedarf bei kälteren Regionen heraufzusetzen und bei Gebieten mit überdurchschnittlichen Außentemperaturen zu mindern. Als Korrekturfaktoren wurden die oben ermittelten relativen Temperaturabweichungen vom DDR-Durchschnitt verwendet[19]. Dadurch ist der Wärmebedarf des nördlichen und südwestlichen DDR-Gebietes angehoben worden zu Lasten insbesondere der mittleren Regionen und der Ballungsgebiete.

Neben diesen bei der Ermittlung des regionalen Wärmebedarfs berücksichtigten Faktoren ist noch auf einen vernachlässigten Umstand hinzuweisen: Bei der Zentralheizung dürften etwa 30 000 bis 35 000 Wohnungen mit gasbetriebenen Heizungssystemen ausgestattet sein. Ebenfalls 25 000 bis 30 000 Wohnungen, die nach der DDR-Statistik zur Zentralheizung gerechnet werden, verfügen über Ofenheizung mit Gas[20]. Es erschien vertretbar, für diese relativ kleine Zahl - nicht mit festen Brennstoffen betriebenen - umweltfreundlichen Anlagen keine getrennte Rechnung durchzuführen. Sie wurden zur Vereinfachung der Berechnungen genauso behandelt wie Heizungen mit festen Brennstoffen. Um die dadurch etwas überhöht ermittelte Emission auszugleichen, ist dafür allerdings auf die Berücksichtigung gasbetriebener Kleinheizanlagen verzichtet worden[21]. Da sie meist nur unregelmäßig betrieben werden, läßt sich ihr Wärmeverbrauch kaum einschätzen.

Unter Berücksichtigung obiger Korrekturen konnte der Wärmebedarf für Heizung (ohne Fernheizung) der Einzelregionen ermittelt werden (vgl. Tabelle HUK 8).

Der durchschnittliche Wärmebedarf für Warmwasserbereitung läßt sich auf 8,7 GJ je Wohnung (ohne Fernheizung) beziffern. Davon werden gut 7,4 GJ mit 3,7 Mill. Kohlebadeöfen und Waschkesseln mit festen Brennstoffen erzeugt[22]. Knapp 1,3 GJ entfallen auf erheblich umweltfreundlichere, mit Gas betriebene Anlagen. Ende 1982 dürfte es rund 1,6 Mill. Warmwasserbereitungsanlagen auf Gasbasis gegeben haben[23]. Rechnet man pro Anlage mit einem durchschnittlichen Verbrauch an Stadtgas von 285 m^3 pro Jahr[24], so ergibt das einen Gesamtverbrauch von 456 Mill. m^3. Bei einem Heizwert von 15,7 MJ/m^3 entspräche dies ingesamt 7,16 PJ bzw. 1,3 GJ je Wohnung. Die regionale Verteilung des zur Warmwasserbereitung erforderlichen Wärmebedarfs (8,7 GJ je Wohnung) ist in Tabelle HUK 9 dargestellt.

Tabelle HUK 8

Regionaler Wärmebedarf für Heizung ohne Fernheizung 1982 in Terajoule

A) Ofenheizung

	A	B	C	D	E	F	G	H	I	K
1							140	198		
2					18	456	1214	192		
3			16	604	1991	643	729	320		
4		110	954	1080	1087	589	946	1212	375	
5		51	1138	913	534	961	748	573	702	
6		374	710	1024	526	459	872	893	593	
7		5	261	685	597	542	445	534	539	
8		77	413	1014	667	867	1100	1503	263	
9		40	795	1311	876	746	9064	2043	804	107
10			780	1097	600	288	3558	3147	1050	491
11		166	1254	4304	855	1781	990	996	483	416
12		1258	2274	2414	2206	1283	652	655	1161	389
13	78	1233	1703	2289	3307	1189	792	1303	2064	828
14	1537	1995	2139	2893	10211	3017	2111	2068	1365	1598
15	1738	1712	2837	2159	4561	2532	2528	8751	2975	3703
16	2882	3954	4308	2721	4926	7417	5464	5106	1097	2116
17	1685	3033	2751	1674	4836	7273	3075	275		
18	83	1080	1590	496	3590	1465	131			
19		25			37					
20	8003	15113	23923	26678	41425	31508	34559	29769	13471	9648

SUMME DDR 234097

QUELLE: BERECHNUNGEN DES DIW.

Noch Tabelle HUK 8

B) Individuelle Zentralheizung[1]

	A	B	C	D	E	F	G	H	I	K
1							9	66		
2					2	106	223	15		
3			1	60	858	177	367	76		
4		13	168	370	254	196	117	265	36	
5		10	306	245	67	306	207	91	140	
6		119	177	306	92	107	254	198	232	
7		1	41	168	122	115	108	110	154	
8		17	299	330	184	227	253	171	36	
9		12	289	284	301	161	1044	391	149	21
10			173	353	232	334	766	1201	168	147
11		24	213	1619	123	126	219	183	109	112
12		223	319	408	476	169	145	152	316	106
13	20	266	199	397	404	232	176	185	436	67
14	517	440	299	373	865	442	144	220	478	174
15	366	344	540	423	383	403	331	1511	306	201
16	629	1000	1187	1026	690	980	984	607	121	278
17	544	1152	578	296	692	1100	601	36		
18	27	260	449	119	507	234	22			
19		4			7					
20	2103	3885	5238	6777	6259	5415	5970	5478	2681	1106
								SUMME DDR		44912

1) OHNE FERNHEIZUNG.
QUELLE: BERECHNUNGEN DES DIW.

Tabelle HUK 9

Regionaler Wärmebedarf für Warmwasserbereitungsanlagen 1982
in Terajoule
(feste Brennstoffe und Gas)

A) Ofenheizung

	A	B	C	D	E	F	G	H	I	K
1							24	34		
2					3	78	209	33		
3			3	104	342	111	125	55		
4		19	164	186	176	95	153	202	62	
5		8	184	147	86	156	121	93	113	
6		61	115	165	85	74	141	144	96	
7		1	43	113	97	88	72	90	88	
8		13	68	167	108	141	179	246	43	
9		7	131	216	164	151	1880	457	163	19
10			148	208	112	58	734	703	213	86
11		32	238	821	163	359	200	201	85	73
12		239	432	459	425	267	132	117	207	69
13	15	230	328	440	639	229	150	232	368	149
14	208	269	297	556	2012	605	414	368	243	294
15	235	231	383	415	881	505	504	1620	548	685
16	381	536	584	463	843	1316	970	945	202	390
17	223	403	382	285	827	1290	546	51		
18	11	143	210	84	637	259	23			
19		3			7					
20	1071	2193	3712	4833	7607	5782	6577	5591	2432	1766

SUMME DDR 41564

QUELLE: BERECHNUNGEN DES DIW.

Noch Tabelle HUK 9

B) Individuelle Zentralheizung[1]

	A	B	C	D	E	F	G	H	I	K
1								2	11	
2						18	38	2		
3				10	151	30	63	13		
4		2	29	65	41	32	19	44	6	
5		2	49	40	11	50	33	14	23	
6		19	29	50	15	17	41	32	38	
7			7	28	20	19	17	18	25	
8		3	49	55	30	37	41	28	6	
9		2	48	47	61	33	217	88	30	4
10			35	72	47	67	155	263	34	26
11		5	44	336	25	25	44	40	19	20
12		46	66	86	102	35	29	27	56	19
13	4	54	41	78	79	45	33	33	80	12
14	73	61	41	73	174	90	28	39	87	32
15	49	47	75	81	76	82	66	285	57	37
16	85	138	164	179	121	177	178	114	22	51
17	74	156	82	54	121	199	109	7		
18	3	34	61	20	92	41	4			
19		1			1					
20	288	568	820	1274	1165	997	1117	1058	483	200

SUMME DDR 7976

1) OHNE FERNHEIZUNG.
QUELLE: BERECHNUNGEN DES DIW.

Um den ungefähren Wärmebedarf für Kochen mit festen Brennstoffen und mit Gas zu ermitteln, ist zunächst vom Bestand von rund 2,8 Mill. Herden für feste Brennstoffe in rund 2 Mill. Wohnungen[25] sowie von etwa 4,5 Mill. Gasherden bzw. -kochern auszugehen[26]. Setzt man pro Kohleherd-Wohnung eine Wärmeerzeugung von knapp 6 GJ/a an, so entspricht das insgesamt rund 12 PJ. Bezieht man diesen Wert auf 50vH des vor 1919 gebauten Altbestandes (das sind 1,6 Mill. Wohnungen) zuzüglich rund 30 vH des in den Jahren von 1919 bis 1945 gebauten Bestandes (das sind 0,40 Mill. Wohnungen), so entspricht das dem angesetzten Wärmevolumen je Wohnung (6 GJ/a). Regional ließ sich deshalb der Wärmebedarf nach der Verteilung der genannten Baubestandsgruppen den einzelnen Rasterflächen zuordnen. Bei den Gasherden wurde ein durchschnittlicher jährlicher Gasverbrauch an Stadtgas von 160 m^3/a unterstellt[27], das entspricht einer Jahres-Gesamtmenge von 720 Mill. m^3. Bei einem Heizwert von 15,7 MJ/m^3 wären das 11,3 PJ[28]. Dieser Wert wurde regional auf alle Wohnungen (einschließlich jener mit Fernheizung) verteilt, da Gasherde bei allen Wohnungsarten aller Altersgruppen vertreten sind. Je Wohnung entspricht das 1,6 GJ/a. Rechnet man den Wärmebedarf für Kochen der genannten Brennstoffarten zusammen, so erhält man die in Tabelle HUK 10 ausgewiesene regionale Verteilung des Wärmebedarfs.

5.1.7. Die Bestimmung der SO$_2$-Emission

Für die Höhe der Emission ist entscheidend, welcher Brennstoff verwendet wurde. Deshalb war bei den getrennten Rechnungen für die Verbrauchsarten Heizen, Warmwasserbereitung und Kochen auch eine Brennstoffaufteilung durchzuführen.

Beim Heizen konnte angenommen werden, daß der für Haushalte gelieferte Koks ausschließlich hierbei Verwendung findet. So wurde unterstellt, daß im Jahre 1982

Tabelle HUK 10

Regionaler Wärmebedarf für Kochprozesse 1982

(mit festen Brennstoffen und Gas)

in Terajoule

	A	B	C	D	E	F	G	H	I	K
1							9	20		
2					2	34	133	13		
3			1	41	319	48	93	29		
4		7	70	97	98	44	60	88	24	
5		4	140	102	36	83	99	37	50	
6		30	54	88	40	31	81	61	52	
7			19	56	47	46	33	37	91	
8		6	54	96	52	73	85	114	16	
9		4	74	137	101	69	906	284	67	7
10			75	132	70	69	582	308	103	89
11		15	121	597	77	146	96	92	39	69
12		132	224	238	257	143	64	48	128	55
13	8	125	169	216	352	119	62	88	238	65
14	124	130	157	424	1141	322	220	147	162	163
15	115	109	218	200	423	251	236	996	275	334
16	208	303	378	323	479	747	598	505	92	183
17	122	255	199	135	403	682	277	23		
18	6	73	106	43	337	131	11			
19		2			4					
20	583	1195	2058	2922	4235	3038	3646	2890	1338	966

SUMME DDR 22871

QUELLE: BERECHNUNGEN DES DIW.

850 000 t Koks für individuelle Zentralheizung und

394 000 t Koks für Ofenheizung

eingesetzt worden sind. Für ihre regionale Aufteilung wurden Schwerpunkte im Produktionsbezirk Cottbus[28] sowie im Berliner Raum gebildet, der übrige Teil wurde proportional zum Wärmebedarf für Heizen (vgl. Tabelle HUK 8) verteilt. Durch Hochrechnung des durch Koks abgedeckten Wärmebedarfs von insgesamt 29,36 PJ mit dem Emissionsfaktor für Koks von 778 mg/MJ (vgl. Tabelle HUK 7) ergibt sich eine gesamte SO_2-Emission der Monate September bis April von 22 800 t.

Nach Abzug des regionalen mit Koks befriedigten Wärmebedarfs konnte der durch Briketts und Rohbraunkohle gedeckte regionale Wärmebedarf für Heizen bestimmt werden in Höhe von 249,7 PJ. Hierfür wurden 12,87 Mill. t Briketts sowie 171 000 t Rohbraunkohle eingesetzt. Bei den Briketts mußte allerdings - wegen der sehr unterschiedlichen Emissionsfaktoren - eine Trennung in 9,63 Mill. t Leipziger und 3,24 Mill. t Lausitzer Briketts erfolgen (vgl. Tabelle HUK 11). Ihre regionale Verteilung erfolgte unter der hypothetischen Annahme der Optimierung der Transportwege. Deshalb wurde der Einsatz der Lausitzer Briketts (und Rohbraunkohle) auf den Raum etwa der Bezirke Cottbus, Dresden, Frankfurt sowie Berlin (Ost) konzentriert, für alle übrigen Gebiete der DDR konnte von einer Versorgung mit Leipziger Briketts (bzw. Rohbraunkohle) ausgegangen werden. Durch Hochrechnung des Wärmebedarfs der jeweiligen Regionen mit den entsprechenden Emissionsfaktoren ließ sich die SO_2-Emission bestimmen: Bei Wohnungen mit Ofenheizung wurden im Jahre 1982 171,0 PJ mit Leipziger Briketts (einschl. Rohbraunkohle) abgedeckt, das entspricht bei einem Emissionsfaktor von 2 405 mg/MJ (vgl. Tabelle HUK 7) 411 300 t SO_2. 57,2 PJ wurden mit Lausitzer Kohle erbracht; bei einem Emissionsfaktor von 409

Tabelle HUK 11

Brennstoffbilanz für Hausbrand mit festen Brennstoffen

Verbrauchsarten	Brennstoffeinsatz in 1 000 t					Wärmebedarf in PJ
	Koks	Braunkohle				
		Sorte Lausitz		Sorte Leipzig		
		Briketts	Roh-braunkohle	Briketts	Roh-braunkohle	
Heizen, gesamt[1]	1 244	3 236,5	43,0	9 633,0	128,0	279,0
davon in Wohnungen mit:						
Ofenheizung	349	3 052,6	40,6	8 713,5	115,8	228,2
individueller Zentralheizung	850	183,9	2,4	919,5	12,2	21,5
Warmwasserbereitung, gesamt	-	540,2	-	1 656,0	-	42,4
davon in Wohnungen mit:						
Ofenheizung	-	465,7	-	1 377,5	-	35,6
individueller Zentralheizung	-	74,5	-	278,5	-	6,8
Garen, gesamt	-	135,5	-	463,8	-	11,6
Hausbrand, insgesamt	1 244	3 912,2	43,0	11 752,8	128,0	333,0

1) Ohne Fernheizung.
Quelle: Berechnungen des DIW.

mg/MJ sind das rund 23 400 t SO_2. Die entsprechende Rechnung für individuelle Zentralheizung ergibt bei einem Wärmebedarf von 21,5 PJ[29] eine gesamte SO_2-Emission von 44 800 t.

Fügt man die Daten der regionalen SO_2-Emission für Koks sowie für Briketts (einschließlich Rohbraunkohle) zusammen, so lassen sich die regionalen SO_2-Emissionen für Heizung ableiten (vgl. Tabelle HUK 12). Sie werden getrennt für Ofenheizung (439 300 t SO_2) sowie für individuelle Zentralheizung (63 000 t SO_2) ausgewiesen.

Für die <u>Warmwasserbereitung</u> wurden im Jahre 1982 insgesamt knapp 2,2 Mill. t Briketts eingesetzt, und zwar 1,8 Mill. t in ofenbeheizten sowie knapp 0,4 Mill. t in zentralbeheizten Wohnungen (ohne Fernwärme). Bei der ersten Wohnungsgruppe ist ein Wärmebedarf von 26,9 PJ durch Leipziger und von 8,7 PJ durch Lausitzer Briketts abgedeckt worden. Unter Berücksichtigung der nach Kohlearten unterschiedlichen Emissionsfaktoren (vgl. Tabelle HUK 7)[30] ergibt sich eine SO_2-Emission von 68 100 t. Bei den Wohnungen mit individueller Zentralheizung ist der Wärmebedarf von 5,4 PJ bzw. von 1,4 PJ durch Leipziger bzw. Lausitzer Briketts erzeugt worden. Das entspricht für beide Kohlearten zusammen einer SO_2-Emission von 13 600 t. Weiterhin kommt hierzu noch der durch Gas befriedigte Wärmebedarf von 7,16 PJ hinzu. Setzt man für Stadtgas einen SO_2-Emissionsfaktor von 43 mg/MJ sowie für Erdgas von 4,2 mg/MJ an (vgl. Tabelle HUK 5), so entspricht dies bei Annahme eines Erdgasanteils von 15 vH am Wärmebedarf einer SO_2-Emission von lediglich 270 t. Die aufgezeigten Emissionen der eingesetzten Brennstoffarten wurden regional nach dem jeweiligen Wärmebedarf und bei Briketts nach den bereits bei der Heizung getroffenen Annahmen zur räumlichen Verteilung von Leipziger und Lausitzer Kohle den Einzelgebieten zugeordnet. Ergebnis ist die in Tabelle HUK 13 dargestellte SO_2-Emissionsverteilung für Warmwasserbereitung.

Tabelle HUK 12

Regionale SO_2-Emissionen aus Heizungen 1982

in t

A) Ofenheizung

	A	B	C	D	E	F	G	H	I	K
1							337	476		
2					43	1097	2920	462		
3			38	1453	4788	1546	1753	770		
4		265	2294	2597	2614	1417	2275	2915	580	
5		123	2737	2196	1284	2311	1799	886	1085	
6		899	1708	2463	1265	1104	2097	1380	916	
7		12	628	1647	1436	1304	1070	825	220	
8		185	993	2439	1604	2085	1700	615	108	
9		96	1912	3153	2107	1794	3707	836	329	44
10			1876	2638	1443	693	1455	1297	429	201
11		399	3016	10351	2056	4283	2381	407	198	170
12		3025	5469	5806	5305	3086	1568	268	475	159
13	188	2965	4096	5505	7953	2860	1905	533	844	339
14	3696	4798	5144	6958	24557	7256	5077	846	558	654
15	4180	4117	6823	5192	10969	6089	6080	3579	1217	1515
16	6931	9509	10361	6544	11847	17838	13141	2088	449	865
17	4052	7294	6616	4026	11631	17492	7395	112		
18	200	2597	3824	1193	8636	3523	315			
19		60			89					
	19247	36344	57535	64161	99625	75778	56975	18285	7408	3947
								SUMME		439307

QUELLE: BERECHNUNGEN DES DIW.

Noch Tabelle HUK 12

B) Individuelle Zentralheizung[1]

	A	B	C	D	E	F	G	H	I	K
1							12	85		
2					4	138	288	19		
3			3	103	1463	229	474	98		
4		23	286	631	434	254	151	342	47	
5		17	522	419	114	395	267	118	181	
6		203	302	522	156	138	329	256	109	
7		3	70	286	209	177	140	51	72	
8		29	511	563	314	349	119	81	17	
9		21	494	484	514	248	753	282	70	10
10			295	603	395	513	553	866	79	69
11		40	364	2764	210	193	283	86	51	53
12		381	545	697	813	260	188	89	186	62
13	34	454	339	677	689	395	134	109	259	39
14	882	750	511	637	1477	754	245	129	285	82
15	624	587	922	722	654	697	564	711	144	95
16	1073	1706	2025	1751	1178	1672	1679	286	57	131
17	928	1966	986	505	1181	1877	1025	17		
18	46	444	767	203	865	399	37			
19		7			12					
20	3587	6630	8941	11567	10684	8676	7242	3626	1558	540

| | | | | | | | | SUMME DDR | 63051 |

1) OHNE FERNHEIZUNG.
QUELLE: BERECHNUNGEN DES DIW.

Tabelle HUK 13

Regionale SO_2-Emissionen aus der Warmwasserbereitung 1982

in t

A) Wohnungen mit Ofenheizung

	A	B	C	D	E	F	G	H	I	K
1							50	71		
2					6	162	434	68		
3			6	216	710	230	259	114		
4		39	340	386	365	197	317	420	68	
5		17	382	305	178	324	251	193	125	
6		127	239	342	176	154	293	299	106	
7		2	89	234	201	183	79	99	35	
8		27	141	347	224	155	197	271	17	
9		15	272	448	340	166	752	183	65	8
10			307	432	232	64	294	281	85	34
11		66	494	1704	338	396	220	80	34	29
12		496	896	952	882	294	145	47	83	28
13	31	477	681	913	1326	475	165	93	147	60
14	432	558	616	1154	4175	1255	456	147	97	118
15	489	479	795	861	1828	1048	555	1785	604	755
16	791	1112	1212	961	1749	2731	2016	1965	223	430
17	463	836	793	591	1716	2677	1133	106		
18	23	297	436	174	1322	537	48			
19		6			15					
20	2228	4554	7699	10020	15783	11048	7664	6222	1689	1462
									SUMME DDR	68369

QUELLE: BERECHNUNGEN DES DIW.

Noch Tabelle HUK 13

B) Wohnungen mit individueller Zentralheizung[1]

	A	B	C	D	E	F	G	H	I	K
1							4	23		
2					2	38	81	4		
3				21	322	64	134	26		
4		4	62	138	87	68	40	94	7	
5		4	104	85	23	107	70	30	25	
6		40	62	107	32	36	87	68	42	
7			15	60	43	40	19	20	10	
8		6	104	117	64	41	45	31	2	
9		4	102	100	130	36	87	35	12	2
10			75	153	100	74	62	105	14	10
11		11	94	716	53	28	49	16	8	8
12		98	141	183	217	39	32	11	22	8
13	9	115	87	166	168	96	36	13	32	5
14	155	130	87	155	371	192	31	16	35	13
15	104	100	160	173	162	175	73	315	63	41
16	181	294	349	381	258	379	378	243	24	56
17	158	332	175	115	258	426	232	15		
18	6	72	130	43	196	87	9			
19		2			2					
20	613	1212	1747	2713	2488	1926	1469	1067	296	143
									SUMME DDR	13674

1) OHNE FERNHEIZUNG.
QUELLE: BERECHNUNGEN DES DIW.

Tabelle HUK 14

Regionale SO$_2$-Emissionen aus Kochprozessen 1982

(feste Brennstoffe und Gas)

in t

	A	B	C	D	E	F	G	H	I	K
1							14	31		
2					3	53	207	20		
3			2	64	144	75	145	45		
4		11	109	151	152	68	93	137	6	
5		6	218	159	56	129	154	58	13	
6		47	84	137	62	48	126	15	13	
7			30	87	73	12	8	9	23	
8		9	84	149	81	18	21	29	8	
9		6	115	213	157	17	108	34	35	4
10			117	205	109	17	70	37	54	46
11		23	188	269	120	37	24	23	20	36
12		205	348	370	400	222	16	12	67	29
13	12	194	263	336	547	185	96	22	124	34
14	192	202	244	191	513	501	342	229	41	41
15	179	170	339	311	190	390	367	448	69	84
16	324	471	588	502	745	336	930	785	23	46
17	190	397	310	210	627	1061	431	36		
18	9	114	165	67	524	204	17			
19		3			6					
20	906	1858	3204	3421	4509	3373	3169	1970	496	320
								SUMME DDR		23226

QUELLE: BERECHNUNGEN DES DIW.

Für Kochprozesse wurden 1982 an festen Brennstoffen knapp 600 000 t Briketts eingesetzt, das entspricht einem Wärmebedarf von 11,6 PJ. Hiervon wurden 9,1 PJ durch Leipziger und 2,5 PJ durch Lausitzer Briketts abgedeckt. Regional wurde auch hier von der Annahme ausgegangen, daß die Bezirke Cottbus, Dresden, Frankfurt und Berlin mit Lausitzer Briketts versorgt worden sind. Unter Berücksichtigung der unterschiedlichen Emissionsfaktoren beider Kohlearten (vgl. Tabelle HUK 7) ergibt sich für die Kochprozesse mit Kohle eine SO_2-Emission von 22 800 t. Hinzukommt ein mit Gas abgedeckter Wärmebedarf von 11,3 PJ. Unterstellt man auch hieran einen Erdgasanteil von 15 vH und an Stadtgas von 85 vH, so entspricht das bei Verwendung der entsprechenden Emissionsfaktoren (vgl. Tabelle HUK 5) einer SO_2-Emission von 420 t. Regional dürfte die Gasversorgung besonders hoch sein in Berlin, anderen Großstädten und östlichen Industriegebieten (z.B. Schwedt, Schwarze Pumpe). Fügt man die Emissionen von Kohle und Gas zusammen, so ergibt sich die regionale SO_2-Emissionsverteilung für Kochprozesse (Tabelle HUK 14).

5.1.8. Die Bestimmung der NO_x-Emission

Die NO_x-Emission konnte in getrennten Berechnungen für die Verbrauchsarten Heizen, Warmwasserbereitung und Kochen unter Berücksichtigung der bereits bei der Ermittlung der SO_2-Emission angegebenen Brennstoffaufteilung ermittelt werden.

Beim Heizen ergibt sich für den durch Koks abgedeckten Wärmebedarf von 29,36 PJ unter Berücksichtigung des Emissionsfaktors von 75 kg/TJ eine NO_x-Emission von rund 2 200 t. Dem durch Braunkohlenbriketts (bzw. Rohbraunkohle) befriedigten Wärmebedarf von 249,7 PJ entspricht bei Zugrundelegung des Emissionsfaktors von 70 kg/TJ eine NO_x-Emission von knapp 17 500 t. Insgesamt sind das für alle Kohlemengen zusammen 19 700 t NO_x.

Tabelle HUK 15

Regionale NO_x-Emissionen aus Heizungen 1982

in t

A) Ofenheizung

	A	B	C	D	E	F	G	H	I	K
1							10	14		
2					1	32	86	13		
3			1	43	140	45	51	22		
4		8	67	75	76	42	66	85	27	
5		4	80	64	38	67	52	40	49	
6		27	50	71	37	33	61	62	42	
7		0	18	48	42	38	32	38	38	
8		5	29	71	47	61	77	105	18	
9		3	56	92	61	52	636	143	56	7
10			55	76	42	20	249	220	73	35
11		11	88	302	60	125	69	70	34	30
12		89	159	169	155	90	46	46	82	27
13	5	87	116	160	232	84	56	91	146	58
14	108	140	150	203	716	211	148	146	96	112
15	121	120	199	151	320	177	177	614	209	260
16	202	278	302	191	345	520	383	358	76	149
17	118	213	193	117	339	510	215	19		
18	6	75	111	35	252	103	9			
19		2			3					
20	560	1062	1674	1868	2906	2210	2423	2086	946	678
									SUMME DDR	16413

QUELLE: BERECHNUNGEN DES DIW.

Noch Tabelle HUK 15

B) Individuelle Zentralheizung

	A	B	C	D	E	F	G	H	I	K
1								4		
2						8	16	2		
3				4	62	12	26	6		
4			12	27	18	14	8	20	2	
5			22	18	4	22	15	6	10	
6		8	12	22	6	8	18	14	16	
7			3	12	8	8	8	8	12	
8		2	22	24	14	16	18	12	2	
9		2	21	20	22	12	76	29	10	2
10			12	26	16	24	55	90	12	10
11		2	16	117	9	10	16	14	8	8
12		16	23	30	34	12	10	11	24	8
13	2	20	14	28	30	16	13	13	33	5
14	38	32	22	27	63	32	10	17	36	12
15	26	25	39	30	28	29	24	109	22	14
16	46	72	86	74	50	71	71	44	8	20
17	40	83	42	22	50	80	44	2		
18	2	18	32	8	36	17	2			
19										
20	154	280	378	489	450	391	430	401	195	79

SUMME DDR 3247

QUELLE: BERECHNUNGEN DES DIW.

Tabelle HUK 16

Regionale NO$_x$-Emissionen aus der Warmwasserbereitung 1982

(feste Brennstoffe und Gas)

in t

A) Wohnungen mit Ofenheizung

	A	B	C	D	E	F	G	H	I	K
1							2	2		
2						5	14	2		
3				7	23	7	8	4		
4		1	11	12	12	6	10	14	4	
5		1	12	10	6	10	8	6	8	
6		4	8	11	6	5	9	10	6	
7			3	8	7	6	5	6	6	
8		1	5	11	7	9	12	16	3	
9			9	15	11	10	126	31	11	1
10			10	14	8	4	49	47	14	6
11		2	16	55	11	24	13	13	6	5
12		16	29	31	29	18	9	8	14	5
13	1	15	22	30	43	15	10	16	25	10
14	14	18	20	37	135	41	28	25	16	20
15	16	15	26	28	59	34	34	109	37	46
16	26	36	39	31	57	88	65	63	14	26
17	15	27	26	19	56	87	37	3		
18	1	10	14	6	43	17	2			
19										
20	72	147	249	324	510	388	441	375	163	119
								SUMME DDR		2788

QUELLE: BERECHNUNGEN DES DIW.

Noch Tabelle HUK 16

B) Wohnungen mit individueller Zentralheizung

	A	B	C	D	E	F	G	H	I	K
1								1		
2						1	3			
3				1	10	2	4	1		
4			2	4	3	2	1	3		
5			3	3	1	3	2	1	2	
6		1	2	3	1	1	3	2	3	
7				2	1	1	1	1	2	
8			3	4	2	2	3	2		
9			3	3	4	2	15	6	2	
10			2	5	3	5	11	17	2	2
11			3	23	2	2	3	3	1	1
12		3	4	6	7	2	2	2	4	1
13		4	3	5	5	3	2	2	5	1
14	5	4	3	5	12	6	2	3	6	2
15	3	3	5	5	5	6	4	19	4	2
16	6	9	1	12	8	12	12	8	2	3
17	5	10	6	4	8	13	7			
18		2	4	1	6	3				
19										
20	19	38	55	85	78	67	75	71	32	13
								SUMME DDR		533

QUELLE: BERECHNUNGEN DES DIW.

Tabelle HUK 17

Regionale NO_x-Emissionen aus Kochprozessen 1982

(feste Brennstoffe und Gas)

in t

	A	B	C	D	E	F	G	H	I	K
1								2		
2						2	8			
3			2	19	2	6	2			
4			4	6	5	2	4	5	2	
5			8	7	2	5	6	2	3	
6		2	3	5	2	2	5	4	3	
7			1	3	3	3	3	3	6	
8			3	6	3	5	5	6		
9			5	8	6	4	53	16	4	
10			5	8	5	4	35	18	6	6
11		1	7	36	5	9	5	5	2	4
12		8	13	15	15	9	4	2	8	4
13		8	10	13	22	7	4	5	14	4
14	8	8	10	25	69	19	13	8	10	10
15	7	7	13	12	25	15	14	61	16	21
16	13	18	23	20	29	46	36	31	5	11
17	7	15	12	8	24	41	17	2		
18		5	7	3	21	8				
19										
20	35	72	124	177	255	183	218	172	79	60
								SUMME DDR		1375

QUELLE: BERECHNUNGEN DES DIW.

Mit Hilfe des regionalen Wärmebedarfs für Heizung (vgl. Tabelle HUK 8), der getrennt für Koks und Briketts (einschl. Rohbraunkohle) erstellt worden ist, konnten die genannten Emissionen auf die Rasterflächen verteilt werden. Damit entstand die für Ofenheizung (16 400 t NO_x) sowie für individuelle Zentralheizung (3 300 t NO_x) getrennte regionale NO_x-Emissionsverteilung für Heizung (vgl. Tabelle HUK 15).

Bei der Warmwasserbereitung wurde im Jahre 1982 ein Wärmebedarf von 42,4 PJ über Braunkohlenbriketts abgedeckt. Mit Hilfe des Emissionsfaktors von 70 kg/TJ errechnet sich daraus eine NO_x-Emission von knapp 2 970 t. Hinzu kommt der durch Stadtgas und Erdgas befriedigte Wärmebedarf von 7,16 PJ, er entspricht bei einem Emissionsfaktor von 50 kg/TJ einer Menge an NO_x von 355 t. Die regionale Verteilung des Wärmebedarfs für Warmwasserbereitung (vgl. Tabelle HUK 9) ermöglichte es, die regionale Zuordnung der NO_x-Emission zu bestimmen. Ergebnis ist die regionale Verteilung der NO_x-Emissionen für Warmwasserbereitung (vgl. Tabelle HUK 16), die getrennt für Wohnungen mit Ofen- und mit Zentralheizung (ohne Fernheizung) erstellt worden ist.

Für Kochprozesse in allen Wohnungen beziffert sich der mit Braunkohlenbriketts erzeugte Wärmebedarf auf 11,6 PJ. Hier kommt der über Gas befriedigte Wärmebedarf von 11,3 PJ hinzu. Setzt man die für beide Brennstoffarten unterschiedlichen Emissionsfaktoren an (Briketts: 70 kg/TJ, Gas: 50 kg/TJ), so ergibt sich eine NO_x-Emission von gut 1 370 t. Ihre regionale Verteilung ist in Tabelle HUK 17 aufgezeigt.

5.2. Kleinverbrauch

Zum Kleingewerbe rechneten 1982 etwa 83 000 private Handwerksbetriebe mit rund 254 000 Beschäftigten sowie 2 750 Produktionsgenossenschaften des Handwerks mit knapp 160 000 Mitgliedern. Sie umfassen eine breite Palette unterschiedlicher Branchen, hervorzuheben sind Bauhandwerk und Dienstleistungsgewerbe. Hinzu kommen etwa 80 000 Einzelhandelsverkaufsstellen (einschließlich 900 Kaufhallen, 100 Kaufhäuser und 30 Warenhäuser) sowie 35 000 Gaststätten und rund 1 500 Hotels. Zu den öffentlichen Dienstleistungseinrichtungen zählen 180 Theater, 1 100 Kultur- und Klubhäuser, 800 Filmtheater und 640 Museen, 8 300 Bibliotheken, 5 900 Oberschulen sowie 1 000 Berufsschulen, 240 Fachschulen und 54 Universitäten, 550 Krankenhäuser sowie etwa 12 600 Kindergarteneinrichtungen. Daneben gehören auch die vielfältigen Einrichtungen der staatlichen und kommunalen Verwaltung in diesen Bereich.

Derartige Einrichtungen tragen vor allem mit ihren Feuerungsanlagen für die Gebäudebeheizung und Warmwasserbereitung (bei Gaststätten und Hotels aber auch über Kochprozesse) zur Luftverschmutzung bei. Hinzu kommen bei den Handwerksbetrieben aber auch vielfältige produktionsbedingte Feuerungsprozesse, z.B. bei Bäckereien, Fleischereien (einschließlich Räucheranlagen), Wäschereien, Holzbearbeitungsbetrieben und schließlich auch Schweißarbeiten bei metallbearbeitenden Betrieben.

Der Verbrauch an Brennstoffen in diesen Bereichen setzte sich 1982 aus folgenden Verbrauchsarten zusammen:

a) feste Brennstoffe (in 1000 t): 3 727 Rohbraunkohle
6 915 Braunkohlenbriketts
217   Braunkohlenkoks

b) Gas (in Mill. m^3):   1 030   Stadtgas

                                                 169   Erdgas

Bei dieser Verbrauchergruppe ist damit zu rechnen, daß der Anteil von Koks und Briketts künftig noch weiter fällt, da die Anstrengungen einem verstärkten Einsatz von Rohbraunkohle gelten[31].

Die erzeugte Wärmemenge des genannten Kohleinsatzes läßt sich auf 172 PJ beziffern, davon entfallen 134 PJ auf Briketts, 33 PJ auf die Rohbraunkohle sowie gut 5 PJ auf Koks. Rechnet man die Wärmemenge des Gaseinsatzes (21,8 PJ) hinzu, so ergeben sich für den gesamten Wärmebedarf des Kleinverbrauchs 193,8 PJ. Da eine regionale Aufteilung dieser Ziffer nicht nach dem Standort der Betriebe und Einrichtungen erfolgen konnte, wurde vereinfachend angenommen, daß die Standorte der kleingewerblichen Verbraucher mit der Bevölkerungsdichte korrelieren. Das Ergebnis dieser regionalen Zuordnung des Wärmebedarfs für Kleinverbrauch ist in Tabelle HUK 18 dargestellt.

Der durch Gas abgedeckte Wärmebedarf teilt sich in 16,2 PJ Stadtgas- und 5,6 PJ Erdgas-Wärme auf. Eine Hochrechnung mit den entsprechenden Emissionsfaktoren - 43 bzw. 4,2 mg/MJ (vgl. Tabelle HUK 5) - ergibt eine SO_2-Emission von 720 t. Dem mit Koks befriedigten Wärmebedarf von 5,1 PJ entspricht bei Verwendung des Emissionsfaktors von 778 mg/MJ (vgl. Tabelle HUK 7) eine SO_2-Emission von 3 970 t. Beim Braunkohleneinsatz wurde unterstellt, daß es sich dabei um rund 880 000 t Lausitzer und 2 850 000 t Halle/Leipziger Rohbraunkohle sowie 1,3 Mill. t Lausitzer und 5,6 Mill. t Leipziger Briketts handelt. Der damit erzeugte Wärmebedarf betrug 24,5 PJ bei den Lausitzer und 109,2 PJ bei den Leipziger Briketts, bei Rohbraunkohle sind es für die beiden Kohlesorten 7,1 bzw. 26,1 PJ. Bei der regionalen Zuordnung dieser Werte wurde angenommen, daß sich der Einsatz der Lausitzer Kohle auf die Bezirke

Tabelle HUK 18

Regionaler Wärmebedarf für Kleinverbrauch 1982

(feste Brennstoffe und Gas)

in Terajoule

	A	B	C	D	E	F	G	H	I	K
1							101	227		
2					13	364	1262	138		
3			11	447	3351	478	1191	682	13	
4		75	748	988	946	453	616	628	197	
5		34	1276	946	356	846	1078	397	534	
6		295	531	823	392	333	889	646	480	
7		4	181	500	420	405	243	409	952	
8		52	449	797	467	660	744	1176	163	
9		29	629	1033	866	614	7260	3283	687	74
10			627	1011	831	1527	4540	5011	1075	881
11		116	899	4410	412	444	860	862	420	759
12		1112	1760	1878	2215	1290	557	487	1327	563
13	67	1089	1497	1798	3073	1007	633	888	2374	590
14	1212	1144	1415	2645	9429	2316	1881	1462	1844	1179
15	1058	1006	1933	1715	3412	2016	1825	7295	2210	2465
16	1957	2577	3124	2474	3928	5272	3836	3666	677	1445
17	1091	2076	1730	1171	2988	4779	2112	187		
18	49	685	880	387	2329	1032	85			
19		15			23					
20	5435	10308	17690	23022	35452	23836	29713	27442	12953	7955

SUMME DDR 193805

QUELLE: BERECHNUNGEN DES DIW.

Tabelle HUK 19

Regionale SO$_2$-Emissionen aus Kleinverbrauch 1982

(feste Brennstoffe und Gas)

in t

	A	B	C	D	E	F	G	H	I	K
1							211	477		
2					27	762	2643	288		
3			23	936	7020	1002	2496	1429	26	
4		158	1568	2071	1982	950	1290	1315	413	
5		72	2672	1981	746	1773	2259	831	1118	
6		618	1112	1724	822	697	1864	1354	1007	
7		8	378	1048	880	848	510	154	359	
8		108	941	1669	979	1383	1558	442	62	
9		62	1317	2164	1815	1287	7590	3433	259	28
10			1314	2118	1740	3198	4746	5240	404	331
11		243	1884	9238	864	930	1802	324	158	284
12		2329	3687	3933	4640	2702	1167	1020	499	212
13	142	2280	3135	3767	6437	2109	1326	334	893	222
14	2539	2396	2963	5540	19752	4851	3941	550	694	444
15	2217	2107	4050	3592	7149	4223	3822	15282	832	928
16	4099	5398	6545	5183	8228	11045	8037	7680	255	544
17	2285	4349	3624	2453	6259	10012	4423	391		
18	102	1434	1844	811	4878	2161	177			
19		31			48					
20	11384	21593	37057	48228	74266	49933	49862	40544	6978	2993

SUMME DDR 342838

QUELLE: BERECHNUNGEN DES DIW.

Tabelle HUK 20

Regionale NO$_x$-Emissionen aus Kleinverbrauch 1982

(feste Brennstoffe und Gas)

in t

	A	B	C	D	E	F	G	H	I	K
1							7	16		
2					1	25	86	9		
3			1	30	227	33	81	46	1	
4		6	51	68	64	30	42	43	13	
5		2	87	64	24	57	73	27	36	
6		20	36	56	27	23	61	44	33	
7			12	34	28	27	17	28	64	
8		3	30	54	32	45	51	80	11	
9		2	43	70	59	42	492	223	46	5
10			43	69	56	104	308	340	73	60
11		8	61	300	28	30	59	59	28	52
12		75	119	127	150	88	38	33	90	36
13	5	74	101	122	208	69	43	61	161	40
14	82	78	96	179	640	158	127	99	125	80
15	72	69	132	116	232	136	124	495	150	168
16	133	175	212	168	267	358	260	249	46	98
17	74	141	117	80	203	324	143	12		
18	3	46	60	26	158	70	6			
19		1			1					
20	369	700	1201	1563	2405	1619	2018	1864	877	541

SUMME DDR 13157

QUELLE: BERECHNUNGEN DES DIW.

Cottbus, Dresden, Frankfurt und Berlin(Ost) erstreckt, während alle übrigen Gebiete mit Leipziger Braunkohle versorgt wurden. Für Braunkohle errechnet sich anhand der Emissionsfaktoren (vgl. Tabelle HUK 7) eine SO_2-Emission von 338 200 t.

Fügt man die Emissionen der einzelnen Brennstoffarten zusammen, so ergibt sich die regionale Verteilung der SO_2-Emissionen aus Kleinverbrauch (vgl. Tabelle HUK 19).

Hinsichtlich der Berechnung der NO_x-Emission kann von dem durch Briketts und Rohbraunkohle gedeckten Wärmebedarf von 166,9 PJ ausgegangen werden. Unter Zugrundelegung des Emissionsfaktors von 70 kg/TJ entspricht das einer Emissionsmenge an NO_x von 11 680 t. Hinzu kommt die über Koks und Gas abgedeckte Wärmemenge von 5,1 sowie von 21,8 PJ. Mit Hilfe der Emissionsfaktoren für Koks von 75 kg/TJ sowie für Gas von 50 kg/TJ entspricht das einer Menge an NO_x von knapp 1480 t. Insgesamt ist die NO_x-Emissionsmenge für alle Brennstoffarten somit auf knapp 13 160 t zu veranschlagen. Sie wurde zur Bestimmung der regionalen NO_x-Emissionen für Kleinverbrauch (vgl. Tabelle HUK 20) nach der Bevölkerung verteilt.

Zu bemerken ist, daß die durchgeführte Emissionsbestimmung von den Emissionfaktoren der Feuerstätten des Wohnbereichs ausging. Diese dürften für Gebäudeheizungen, Warmwasserbereitungsanlagen der Gebäude von Handel, Kultur und Kommunalbereich sowie für Kochprozesse von Restaurants ohne weiteres anwendbar sein. Auch bei einer Reihe von Handwerksbetrieben können prinzipiell ähnliche Feuerstätten unterstellt werden. Es gibt aber auch kleingewerbliche Produktionsstätten mit speziellen Technologien (z.B. Schweißarbeiten, Teerverarbeitung, Schmieden), deren Schadstoffemissionen erheblich differieren. Hier erbringt die obige Rechnung nur eine Näherungslösung.

5.3. Gesamtergebnis Hausbrand und Kleinverbrauch

Aus der Addition der Tabellen HUK 12, 13, 14 und 19 ergeben sich die regionalen SO_2-Emissionen aus Hausbrand und Kleinverbrauch (Tabelle HUK 21). Durch Zusammenfügen der Tabellen HUK 15, 16, 17 und 20 ergibt sich entsprechend die NO_x-Emission (vgl. Tabelle HUK 22).

Danach wurde für das Jahr 1982 - bei Quellhöhen bis zu 20 m - im Bereich Hausbrand und Kleinverbrauch eine SO_2-Emission von 950 000 t ermittelt. Das ist etwas weniger als in einer früheren Studie für das Jahr 1980 errechnet worden ist (1 006 000 t)[32]. Daraus darf allerdings nicht der Schluß gezogen werden, daß sich die Schwefeldioxid-Belastung im HUK-Bereich von 1980 auf 1982 merklich gemindert hätte. Vielmehr liegt der Grund für das niedrigere Ergebnis in der Anwendung genauerer Berechnungsmethoden und in der flächenmäßigen Berücksichtigung des Einsatzes unterschiedlicher Kohlensorten (bei Ansatz differenzierter Emissionsfaktoren).

Die Emissionsbelastung durch NO_x erreichte 1982 im Bereich des Hausbrandes und Kleinverbrauchs insgesamt 37 500 t. Für 1980 war in der Pilotstudie kein Wert ermittelt worden.

Versucht man, Tendenzen der künftigen Entwicklung aufzuzeigen, so muß vor allem in Betracht gezogen werden, daß die Fernheizungssysteme weiter ausgebaut werden. Im Zuge der Modernisierungsanstrengungen im Rahmen des Wohnungsbauprogramms bis 1990 ist mit einem deutlichen Rückgang der Ofenheizungen zu rechnen. Dabei sind - wo möglich - Anschlüsse ganzer Straßenzüge an Fernheizungen vorgesehen, wo dies nicht durchführbar ist, werden individuelle Zentalheizungssysteme entstehen. Bei etwas ansteigendem Wohnungsbestand ist mit einer Anteilserhöhung der

Tabelle HUK 21

Regionale SO$_2$-Emissionen aus Hausbrand und Kleinverbrauch 1982

in t

	A	B	C	D	E	F	G	H	I	K
1							628	1163		
2					85	2250	6573	861		
3			72	2793	14447	3146	5261	2484	26	
4		500	4659	5974	5634	2954	4166	5223	1121	
5		239	6635	5145	2401	5039	4800	2116	2547	
6		1934	3507	5295	2513	2177	4796	3372	2193	
7		25	1210	3362	2842	2564	1826	1158	718	
8		364	2774	5284	3266	4031	3640	1469	214	
9		204	4212	6562	5063	3548	12997	4803	770	96
10			3984	6149	4019	4559	7180	7816	1065	691
11		782	6040	25042	3641	5867	4759	936	469	580
12		6534	11086	11941	12257	6603	3116	1447	1332	498
13	416	6485	8601	11364	17120	6120	3662	1104	2299	699
14	7896	8834	9565	14635	50845	14809	10092	1917	1710	1352
15	7792	7560	13089	10851	20952	12612	11461	22120	2929	3418
16	13399	18490	21080	15322	24005	34001	26181	13047	1031	2072
17	8076	15174	12504	7900	21672	33545	14639	677		
18	386	4958	7166	2491	16421	6911	603			
19		109			172					
20	37965	72192	116184	140110	207355	150736	126380	71713	18424	9406

SUMME DDR 950465

QUELLE: BERECHNUNGEN DES DIW

Tabelle HUK 22

Regionale NO$_x$-Emissionen aus Hausbrand und Kleinverbrauch 1982

in t

	A	B	C	D	E	F	G	H	I	K
1							19	39		
2					2	73	213	26		
3			2	87	481	101	176	81	1	
4		15	147	192	178	96	131	170	48	
5		7	212	166	75	164	156	82	108	
6		62	111	168	79	72	157	136	103	
7			37	107	89	83	66	84	118	
8		11	92	170	105	138	166	221	34	
9		7	137	209	163	122	1399	449	129	15
10			127	198	130	161	708	733	180	119
11		24	191	833	115	200	165	164	79	100
12			207	347	378	390	219	109	102	222	83
13	13	208	266	358	540	194	128	188	384	118
14	255	280	301	476	1634	467	328	298	291	236
15	245	239	414	342	669	397	377	1407	438	511
16	426	588	673	496	756	1095	827	753	151	307
17	259	489	396	250	680	1055	463	38		
18	12	156	228	79	516	218	19			
19		3			4					
20	1210	2296	3681	4508	6606	4855	5607	4971	2286	1489

SUMME DDR 37509

QUELLE: BERECHNUNGEN DES DIW.

emissionsgünstigen Fernheizung zu rechnen, die Ofenheizungen nehmen absolut und relativ ab. Aus dieser Strukturveränderung dürfte künftig eine leichte Emissionsminderung des HUK-Bereichs resultieren. Hingegen kann kaum mit einer Änderung des Brennstoffeinsatzes in Richtung emissionsgünstigerer Brennstoffe gerechnet werden, eher dürfte Koks noch mehr abnehmen.

5.4. Exkurs: Ausgewählte verbrauchsbedingte Emissionen

Im Bereich des privaten Verbrauchs kommen Mensch und Tier, aber auch Pflanzen mit einer Vielzahl von Stoffen in Berührung, deren chemikalische Struktur umweltschädigende Bestandteile enthält. Hier sind einmal ätzende Putz- und Reinigungsmittel, Fleckentfernungsmittel, Waschmittel, Körperpflegemittel, Arzneimittel, Insektizide und Pflanzenschutzmittel zu nennen. Diese Stoffe gefährden das Wasser, die Nahrungsmittel oder den Menschen direkt. Außerdem gibt es eine Reihe von Schadstoffemissionen, die von konsumnahen Gütern ausgehen. Emissionen entstehen bei ihnen nicht nur während des Produktionsprozesses, sondern auch beim Verbrauch. Dies gilt besonders für im Haushaltsbereich verarbeitete Lacke und Farben sowie für dafür verwendete Verdünnungsmittel und für die Verwendung von Lösungsmitteln in bestimmten Gewerbezweigen (Druckereien, chemische Reinigungen). Ein besonderes Problem stellt schließlich das in verschiedenen Gütern enthaltene Formaldehyd dar, das permanent in unterschiedlichem Maße zur Luftbelastung beiträgt. Diesem komplexen und nur ganz grob absteckbaren Bereich sind die folgenden Ausführungen gewidmet.

5.4.1. Lacke und Farben

Der größte Hersteller von Lacken und Farben in der DDR ist das Kombinat Lacke und Farben mit jetzt 13 Betrieben und rund 8 000 Beschäftigten[33]. Hier werden vielfältige Grundstoffe zur Herstellung von Lacken und Farben erzeugt, insbesondere Pigmente (farbgebende Stoffe) sowie wasserverdünnbare, ölige und harzhaltige Bindemittel[34]. Zu den nahezu 10 000 Fertigerzeugnissen[35] rechnen Industrielacke und Anstrichstoffe, Korrosionsschutzfarben, Möbel- und Holzlacke (einschließlich Bootslacke), Druckfarben, Fassadenfarben, Lacke für Emballagen, Thermolacke (für

Heizkörper u.a.), Schiffslacke sowie spezielle Farben (z.B. Drahtisolierlacke, Leuchtfarben)[36]. Produzenten von Lösungsmitteln sind das Kombinat Chemische Werke Buna sowie die Leuna-Werke. Das Buna-Kombinat stellt auch Grundstoffe für Dispersionsfarben her. Zahlreiche Anstrichstoffe werden - wahrscheinlich in Kuppelproduktion - bei anderen chemischen Werken erzeugt[37]. So kommen z.B. spezielle Lackharze und Lackkunstharze aus dem Kombinat Agrochemie Piesteritz, das Kombinat Chemie und Plastverarbeitung Halle (Betrieb VEB Farb-Chemie Quedlinburg) stellt Farben auf der Basis von Venylazetat her, das Kombinat Elaskon in Dresden erzeugt bestimmte Farben. Das Chemiekombinat Bitterfeld produziert industriell zu verarbeitende Korrosionsschutzmittel. Es gibt aber auch eine Reihe kleiner (z.T. privater) Lackfabriken, die aus Grundstoffen Lacke und Farben produzieren[38].

Es erweist sich als recht schwierig, für die DDR über Produktion und Export bzw. Import zur inländischen Verwendung von Lacken und Farben zu gelangen, da nur widersprüchliche Zahlenangaben vorliegen[39]. Für die Bundesrepublik läßt sich aussagen, daß 1982 einer Produktion von 1 280 000 t Lacke und anderer Anstrichstoffe (einschließlich Verdünnungsmittel) ein Export von 171 000 t sowie eine Einfuhr von 57 000 t gegenüberstehen. Das entspricht einem inländischen Verbrauch von 1 165 000 t[40]. Nach Auskunft des Verbandes der Lackindustrie wurden davon je etwa die Hälfte in der Industrie und im privaten Sektor (Heimwerker- und Handwerksbereich) verbraucht. In der DDR belief sich die Warenbereitstellung an Anstrichstoffen für die Bevölkerung auf gut 66 000 t[41]. Dabei ist unklar, ob darin bereits der durch Handwerksbetriebe für Bautenanstriche für die Bevölkerung notwendige Materialeinsatz an Lacken und Farben enthalten ist oder nicht.

Wäre der inländische Verbrauch - je Einwohner gerechnet - gleich groß wie in Westdeutschland, so müßten in der DDR im Inland 1982 rund 315 000 t Lacke und Farben (einschließlich Verdünnungsmittel) eingesetzt worden sein. Da man aber annehmen kann, daß gerade in diesem Bereich in der DDR ein deutlicher Verbrauchsrückstand zu verzeichnen ist, kann man versuchsweise zwei Drittel des westdeutschen Pro-Kopf-Verbrauchs ansetzen. Das entspräche einer Menge von 210 000 t. Geht man weiterhin davon aus, daß die DDR-Industrie davon mehr als die Hälfte beansprucht (115 000 t), so blieben für den privaten Sektor (Heimwerker- und Handwerksbereich) rund 95 000 t. Verglichen mit der Warenbereitstellung von 66 000 t bedeutet das, daß etwa 29 000 t Anstrichstoffe als Materialeinsatz der vom Malerhandwerk direkt für die Bevölkerung erbrachten Leistungen verbraucht worden wären.

In der Bundesrepublik sind für den Anstrichmittelverbrauch im Selbststreicher- und Handwerksbereich von 0,6 Mill. t rund 120 000 t organische Lösemittel - durch Verdunsten in der Luft - freigesetzt worden[42]. Da Abluftreinigungen in diesem Bereich - im Gegensatz zu bestimmten Anlagen in der Industrie - kaum möglich sind, ist die Emission gerade im Heimwerker- und Handwerksbereich relativ hoch. Die Emission resultiert aus den Verdünnungsmitteln und den lösemittelhaltigen Lacken[43]. Legt man die obige Relation auch für die DDR zugrunde, so dürften dort im privaten Bereich (Heimwerker und Handwerk) etwa 20 000 t organischer Lösungsmittel freigesetzt werden.

Die generelle Schadwirkung der Lösemittel besteht darin, daß sie "photochemisch reaktiv" sind, das bedeutet, eine Umwandlung in die schädlichen Photooxidantien ist bei Sonneneinstrahlung im Zusammenhang mit anderen Luftverunreinigungen möglich. Wichtige Lösungsmittel sind in der Tabelle HUK 23 aufgeführt.

Tabelle HUK 23

Übersicht über wichtige Lösungsmittel

Gruppe	Stoff	Anwendungsgebiet
Aromatische Kohlenwasserstoffe	Benzol	als Verunreinigung in Toluol enthalten; ferner mit 1,5 bis 5 % Anteil im Fahrzeugbenzin enthalten
	Toluol, Xylol	wichtigste Lösungsmittel bei Lacken
Chlorierte Kohlenwasserstoffe	Methylenchlorid	Abbeizmittel
	Tetrachlorkohlenstoff	Chlorkautschuklacke
	1,1,2-Trichlorethylen	Entfettungsmittel, Abbeizpasten
Alkohole	Methanol	Abbeizer, Verdünner
	Butanol	viele Lacke
Ketone	Aceton	Nitrolacke, Klebstoffe
	Methylethylketon	Holzlacke u.a. Lacke
	Methylisobutylketon	viele Lacke
Ester	Ethylacetat	Nitrolacke, Klebstoffe, Imprägniermittel
	Butylacetat	viele Lacke
aliphatische Kohlenwasserstoffe	Testbenzin (Terpentinersatz)	viele Lacke, Verdünner

Quelle: Rainer Grießheimer: Chemie im Haushalt. Reinbek 1984, S. 227 f.

Betrachtet man die Lackarten, so lassen sich im wesentlichen drei Arten unterscheiden[44]: Öllacke, ölfreie Lacke und Kunststofflacke. Bei den Öllacken bringen die langsam trocknenden Naturharzlacke kaum Umweltgefahren, die gerade im Heimwerkerbereich angewendeten Kunstharzlacke zeichnen sich hingegen durch Lösungsmitteldämpfe aus. Bei den ölfreien Lacken sind die wasserverdünnbaren Dispersionsfarben für Wand- und Fassadenanstriche, die mengenmäßig immerhin rund 50 vH des Farbenverbrauchs ausmachen, kaum umweltgefährlich. Problematisch sind lediglich Beimengungen von Fungiziden - zur Vermeidung von Pilz- und Bakterienbefall - für Anstriche von Badezimmern, Speisekammern und Kellerräumen[45]. Schnelltrocknende Spirituslacke sind ebenfalls nur wenig gefährlich. Nitrolacke (für Holz- und Metallanstriche) sind hingegen wegen ihres hohen Lösungsmittelanteils besonders schädlich, sie enthalten Lösungsmittel wie Ketone, Xylol und Toluol. Aber auch die für Boots- und Schiffsanstriche verwendeten Chlorkautschuklacke sind umweltunfreundlich, da sie besonders giftige Lösungsmittel wie Tetrachlorkohlenstoff enthalten. Die Kunststofflacke gehören gleichfalls zu den umweltgefährdenden Lacken. Die mechanisch besonders widerstandsfähigen Polykondensationslacke, die für Parkettversiegelungen sowie für Möbel- und Laboreinrichtungen verwendet werden, sind durch einen hohen Lösungsmittelanteil gekennzeichnet. Gleiches gilt für die Polyurethanlacke (DD-Lacke) und die Epoxidharzlacke, die zudem noch das giftige Isocyanat enthalten. Schließlich sind die ebenfalls für die Holzbearbeitung verwendeten Polyesterlacke zu erwähnen, die gleichfalls einen hohen Lösungsmittelanteil aufweisen[46].

Bei den Verdünnungs- und Lösungsmitteln selbst ist insbesondere auf Terpentinersatz[47] hinzuweisen, das u.a. Toluol, Ethylbenzol, Xylol, Propylbenzol und Mesitylen enthält. Die für Nitro- und Chlorkautschuklacke verwendeten Nitro-Verdünner weisen meist Toluol, Xylol, Ketone, aber auch

Methanol und andere Alkohole auf. Abbeizmittel und Lackentferner enthalten häufig Methanol und Dichlormethan.

Schließlich gibt es noch die zum Korrosionsschutz bei Metallen zur Anwendung kommenden Grundanstriche[48], deren wichtigste Bestandteile neben Bindemitteln schwermetallhaltige Pigmente darstellen. Hier sind z.B. Bleimennige, Bleistaub, Zinkstaub oder Zinkchromat zu nennen. Diese Schwermetalle haben stark toxikologische Wirkungen. Blei wird im menschlichen Körper in Knochen und Zähnen abgelagert, Vergiftungserscheinungen betreffen insbesondere Nieren, Nervensysteme und die Immunabwehr, begünstigen aber auch Blutarmut. Chromhaltige Stäube bewirken Reizungen der Atemwege, lösen Kopfschmerzen und vielfältige Allergien aus.

In der Bundesrepublik wurde dem Innenminister von der Lackindustrie eine freiwillige Vereinbarung zur Minderung der Lösemittelemission aus Lacken und Farben von 20 bis 25 vH innerhalb der nächsten fünf Jahre vorgeschlagen[49]. Dabei sollen sowohl die Herstellung als auch die Verwendung stärker auf weniger umweltgefährdende Lacke ausgerichtet werden. Hierzu dient auch die Einstufung und Kennzeichnung bestimmter Produkte als "schadstoffarme Lacke" mit einem Umweltzeichen.

Von der DDR sind derartige Aktionen nicht bekannt. Vielmehr steht die Strategie, in stärkerem Umfang heimische Rohstoffe bei der Erzeugung von Lacken und Farben zu nutzen, im Vordergrund. Sicherlich berücksichtigen die diesbezüglichen Forschungen auch Umweltaspekte, durchgreifende Umstellungen der Anstrichstoffsortimente zu umweltfreundlichen Lacken sind jedoch nicht in Sicht. Allenfalls bemüht man sich darum, bei den für den privaten Bereich gelieferten Anstrichstoffen die Farbpalette um modische Farbtöne zu erweitern, um der Unsitte des zweckentfremdeten Einsatzes hochwertiger - und gleichzeitig umweltgefährdender - Auto- und Bootslacke entgegenzuwirken[50].

5.4.2. Druckereien

Es gibt in der DDR etwa 500 Druckereien[51], in der Bundesrepublik sind es rund 2 000[52] (einschließlich Vervielfältigung). Die DDR-Druckereien produzierten im Jahre 1982 26 verschiedene Tageszeitungen mit pro Jahr 3,26 Mrd. Exemplaren[53]. Hinzu kommen 521 Zeitschriften mit unterschiedlicher Erscheinensfolge (insgesamt 266 Mill. Exemplare) und schließlich 6 130 Buchtitel (etwa 100 Mill. Exemplare)[54]. Unter Berücksichtigung eines vergleichsweise geringeren Umfangs der Zeitungen und auch Zeitschriften als in westlichen Ländern läßt sich daraus ein Papierverbrauch von rund 210 000 bis 220 000 t schätzen. Das entspricht etwas mehr als einem Zehntel des westdeutschen Papierbedarfs für die gleichen Druckerzeugnisse[55].

Über die sonstigen Drucksachen liegen auch keine quantitativen Angaben für Westdeutschland vor.[56] Hier könnte man grob die Hälfte des Papierbedarfs für Zeitungen, Zeitschriften und Bücher ansetzen, das wären 1 Mill. t. Davon dürften allein 0,5 Mill. t für Kataloge und 0,1 Mill. t für Verpackungsetiketten, Werbedrucksachen und Ausstellungsdrucksachen sowie für Wandkalender zu veranschlagen sein. Da die DDR auf diesem Sektor bescheidener auftritt, kann man rund ein Zehntel an Papierbedarf (= 60 000 t) ansetzen. Beim Bereich der Geschäftspapiere, offizielle Formulare und Familiendrucksachen (Verbrauch Bundesrepublik: 350 000 bis 400 000 t) ragen hingegen in der DDR vielfältige für Anordnungen, Planungs- und Abrechnungsprozesse benötigte "Dokumente" heraus. Deshalb erschien es sinnvoll, den Papierbedarf auf rund ein Drittel des westdeutschen Wertes zu veranschlagen (= 130 000 t). Insgessamt wäre dann der im Jahre 1982 für Druckereierzeugnisse benötigte Papierbedarf auf 400 000 t zu veranschlagen.

Die Höhe der im Inland eingesetzten Menge an Druckfarben läßt sich für die Bundesrepublik mit 123 000 t bestimmen[57]. In Relation zum dortigen Papierverbrauch von 3 Mill. t läßt sich der Einsatz von Druckfarben für die DDR bei 0,4 Mill. t Papierverbrauch mit 16 000 t beziffern.

Gesundheitsgefährdungen entstehen direkt beim Druckprozeß neben der Papierstaubentwicklung durch die bei hohen Drehzahlen (Rotationsdruck) ausgeschleuderten Farbbestandteile, die in die Atemwege der Beschäftigten gelangen können. Hier handelt es sich um alle farbenspezifischen Schadstoffe, insbesondere aber um in den Farben enthaltene Lösungsmittel.

Gesundheitsbeeinträchtigungen gehen vor allem von den Lösungsmitteln aus[58]. Sie werden nicht nur zum Verdünnen der Druckfarben sondern auch zum Reinigen der Druckwalzen und Maschinenteile verwendet. Der Verbrauch ist besonders hoch beim Tiefdruck, wo die abzubildenden Teile vertieft in der Druckform eingeätzt sind. Dieses Verfahren dominiert bei Zeitschriften und Katalogen, aber auch bei bestimmten Verpackungen. Hoch- und Flachdruck sind hingegen bei Zeitungen und Büchern besonders ausgeprägt. Dem jährlichen Lösungsmittelverbrauch in der Bundesrepublik von gut 10 Mill. l[59] dürften in der DDR rund 1,3 Mill. l gegenüberstehen.

Zu den üblicherweise verwandten Lösungsmitteln gehören die aromatischen Kohlenwasserstoffe Toluol und Xylol (Benzolhomologe), die sich örtlich als haut- und schleimhautreizend erweisen sowie bei Inhalation auf das Nervenzentrum einwirken. Vergleicht man die maximal zulässigen Arbeitsplatzkonzentrationen zwischen beiden deutschen Staaten (vgl. Tabelle HUK 24), so zeigt die Bundesrepublik bei Toluol und Xylol eine weitaus höhere MAK-Dauerbelastung wie die DDR. Selbst der DDR-Kurzzeitwert liegt bei Toluol immer noch niedriger als der westdeutsche Dauerkonzentrationswert.

Tabelle HUK 24

Die MAK[1]-Werte im Druckgewerbe
in mg je m^3 Luft

Schadstoff	DDR		Bundesrepublik
	MAK$_D$[2]	MAK$_K$[3]	MAK$_D$
Toluol	200	600	750
Xylol	200	600	440

1) Maximal zulässige Arbeitsplatzkonzentration.- 2) MAK$_D$ ist die maximale Arbeitsplatzkonzentration bei einer Expositionszeit von 8,75 Std. (DDR) bzw. 8 Std. (Bundesrepublik) je Arbeitstag.- 3) MAK$_K$ ist die maximale Arbeitsplatzkonzentration für kurze Zeiten, 90 Minuten (DDR).

Quellen: Bundesrepublik: Gesundheitschädliche Arbeitsstoffe, Loseblattsammlung, 10. Lieferung. Weinheim 1984, Stichworte Xylol und Toluol. DDR: Autorenkollektiv: Arbeitshygienische Normen und MAK-Werte. Berlin (Ost) 1979, S. 488/489.

Nun darf nicht vergessen werden, daß ein erheblicher Teil der 1,3 Mill. l Lösungsmittel in der Luft über den Luftaustausch an die Bevölkerung abgegeben wird. Diese Emission dürfte insbesondere auf Berlin (Ost), die Bezirkshauptstädte sowie weitere Großstädte konzentriert sein, da sich dort die Hauptstandorte der Druckereien befinden. Ein Teil wird aber auch noch von den fertigen Druckerzeugnissen, wenn diese schon in den Händen der Verbraucher sind, laufend emittiert.

5.4.3. Chemische Reinigungen

In der DDR gibt es 16 Industriewäschereien und eine Vielzahl kleinerer Wäschereien. Sie haben im Jahre 1982 370 000 t Wäsche gewaschen[60], darunter für die private Bevölkerung 212 000 t (das entspricht pro Kopf 12,7 kg)[61]. Die Zahl der chemischen Reinigungen ist unbekannt, sie läßt sich grob auf 200 bis 250 schätzen[62]. Ihre Leistung belief sich im Jahre 1982 auf einen Wert von 143,6 Mill. Mark[63]. Der gesamte Bereich "Textilreinigung" hat 30 000 Beschäftigte[64], eine Reihe von Betrieben führt sowohl Wasch- als auch Chemiereinigungsleistungen durch.

Es erweist sich als problematisch, aus der Wertangabe zu einer ungefähren Mengenschätzung zu gelangen. Übliche Preise für Reinigungen betragen in der DDR: Hose: 3,-- M; Anzug: 7,20 M; Sammelwäsche pro Kilo: 4,50 M. Ein durchschnittlicher Kilopreis läßt sich etwa auf 8,50 M[65] veranschlagen. Unter dieser Annahme ergibt sich eine Gesamtmenge von 16 900 t gereinigtes Textilgut. Allein auf Berlin (Ost) entfallen davon 2 400 t, auf die unter starker Luftverschmutzung leidenden Ballungsgebiete (Halle, Karl-Marx-Stadt, Leipzig, Dresden) 7 100 t, auf Magdeburg 1 460 t sowie auf Erfurt 1 200 t[66].

Interessant ist, daß nach einer Befragung des Instituts für Marktforschung in Leipzig etwa 82 vH der befragten Haushalte chemische Reinigungen in Anspruch nehmen, davon 20 vH lediglich einmal im Jahr sowie 6 vH mehr als fünfmal[67]. Es ist zu vermuten, daß in den Ballungsgebieten eine höhere relative Inanspruchnahme der chemischen Reinigungen vorkommt, weil die Verschmutzung der Textilien stärker und das Netz der Filialen der Reinigungsanstalten dichter ist.

Beim Prozeß der chemischen Reinigung sind vor allem die Lösungsmittel schadstoffbelastend. Die Größenordnung der in der DDR eingesetzten

Menge läßt sich kaum abschätzen. Im Westen geht man davon aus, daß in der Regel bei jedem Reinigungsvorgang 3 bis 5 vH der eingesetzten Lösungsmittelmenge verloren gehen, d.h. bei 20 bis 30 Prozeßläufen wird sukzessiv die Gesamtmenge durch Zugaben erneuert.

Tabelle HUK 25

**Lösungsmitteleinsparung im Zeitraum
1981 bis 1983 im VEB Textilreinigung
Neubrandenburg**

	1981	1982	1983
Böwe			
Istverbrauch in Prozent zum Normverbrauch	91	97	95
Einsparung in kg	1 439	392	729
Spezima 25			
Istverbrauch in Prozent zum Normverbrauch	96	78	95
Einsparung in kg	1 087	6 592	609
Trimor			
Istverbrauch in Prozent zum Normverbrauch			85
Einsparung in kg			2 634
Gesamteinsparung in kg	2 526	6 984	3 972*

*Die Einsparung 1983 ist geringer, da zum Ergebnis 1982 die Verbrauchsnormen geändert wurden.

Quelle: Dienstleistungen. Heft 3/1984, S. 13.

Für die DDR gibt es Angaben über den VEB Textilreinigung Neubrandenburg[68], der im Jahre 1983 529 t Reinigungsleistungen erbrachte und die in Tabelle HUK 25 angegebene Lösungsmitteleinsparung erzielte. Der in der Tabelle angegebene Prozentsatz des Ist- bezogen auf den Normverbrauch zeigt die relative Einsparung an Lösungsmitteln des betrachteten Betriebes z.B. im Jahre 1983 an. Da die eingesparten Mengen - für alle drei angegebenen Textilreinigungsmaschinen zusammen 3 972 kg - der relativen Einsparung entsprechen, läßt sich daraus der gesamte Normverbrauch in Höhe von 44,3 t bestimmen. Bei einer Gesamtreinigungsleistung von 529 t entspricht dies - auf sie bezogen - einem Lösungsmitteleinsatz von 8,4 vH.

Da es ungewiß ist, ob der Neubrandenburger Betrieb als repräsentativ für die gesamte DDR angesehen werden kann, wurde von der Annahme eines Lösungsmitteleinsatzes von 6 bis 7 vH ausgegangen. Unter dieser Voraussetzung wurden in den chemischen Reinigungen der DDR 1982 etwa 1 100 t an Lösungsmitteln verbraucht.

Bei den Lösungsmitteln wird ein hoher Anteil unbrennbarer Chlorkohlenwasserstoffe zugesetzt, es handelt sich dabei insbesondere um Trichlorethan, Trichlorethylen, Perchlorethylen (Tetrachlorethylen). Sie besitzen die für die Textilreinigung wichtigen Eigenschaften des hohen Fettlösungsvermögens sowie der hohen Verflüchtigung (= schnelle Abtrocknung). Diese Chlorkohlenwasserstoffe gelangen trotz der Wiederverwendung in begrenzt geschlossenen Kreisläufen bei und auch nach den Textilreinigungsprozessen zu einem Teil in die Atemluft. Obwohl vorgeschrieben ist, alle Lösungsmittel zurückzudestillieren, läßt sich nicht vermeiden, daß ein geringer Teil auch in die Abwässer fließt. Die schädigenden Wirkungen der Chlorkohlenwasserstoffe für den Menschen beruhen auf ihrer Fettlösung im Zentralnervensystem sowie bei Leber und Nieren. Ebenfalls wird eine

Beeinträchtigung des Säureschutzmantels an den Oberflächen der inneren Organe (insbesondere Verdauungsorgane) beobachtet[69]. Als problematisch erweist sich, daß chlorierte Kohlenwasserstoffe (z.T. Tetrachlorethylen) nur recht langsam abgebaut werden und deshalb eine Tendenz zur Anreicherung der Umwelt haben.

Tabelle HUK 26

MAK-Werte[1] bezüglich des Lösungsmitteleinsatzes bei chemischen Reinigungen in mg je m³ Luft

	Bundesrepublik MAK_D[2]	DDR MAK_D	MAK_K[3]
Tetrachloräthen	345	300	900
Trichloräthen	260	250	750
Siedegrenzbenzine aller Fraktionen	x[4]	1 000	2 000
Trifluor-Arichloräthan	x[4]	5 000	10 000

1) Die MAK-Werte stellen maximal zulässige Konzentrationen gesundheitsgefährdender Stoffe in der Luft der Arbeitszone in mg/m³ Umgebungsluft dar.- 2) MAK_D ist die maximale Arbeitsplatzkonzentration bei einer Expositionszeit von 8,75 Std. (DDR) bzw. 8 Std. Bundesrepublik je Arbeitstag.- 3) MAK_K ist die maximale Arbeitsplatzkonzentration für kurze Zeit (90 Min.) in der DDR.- 4) Hierfür sind keine MAK-Werte angegeben.
Quellen: Bundesrepublik: Gesundheitsschädliche Arbeitsstoffe ..., a.a.O.; DDR: Autorenkollektiv: Arbeitshygienische Normen ..., a.a.O.

Für den in chemischen Reinigungen beschäftigten Personenkreis gelten die in Tabelle HUK 26 angegebenen maximal zulässigen Arbeitsplatzkonzentrationen verschiedener Chlorkohlenwasserstoffe. Zwar sind diese Werte in der DDR etwas geringer als in der Bundesrepublik, jedoch wird in der DDR über eine mangelnde Einhaltung der MAK-Werte geklagt. So ergab eine Kontrolluntersuchung in Berlin (Ost), daß nur bei 67 vH der Beschäftigten die Einhaltung der MAK-Werte festgestellt werden konnte, bei weiteren 25 vH lag eine Überschreitung bis zu 100% und schließlich wurden bei 7 vH der

Beschäftigten Werte zwischen dem Zwei- und Vierfachen der MAK-Werte registriert[70]. Ursache hierfür waren insbesondere undichte Anlagen (z.B. Mängel an den Flansch- und Rohrverbindungen, an der Beladetür sowie am Flusenfänger), aber auch das Fehlen geeigneter Belüftungsanlagen.

5.4.4. Formaldehyd

Formaldehyd ist ein wichtiger organischer Grundstoff der chemischen Industrie, der bei der Produktion vieler Produkte eingesetzt wird[71]. Er findet sich z.B. in Leimen, Klebstoffen, Lacken, in Desinfektions- und Reinigungsmitteln, Kosmetika, Seife, Papier und Schaumstoffen, Waschmitteln, Konservierungsstoffen, Medikamenten, Leder, Gummi, in Appreturen für Textilien, in Verpackungen, Kunststoffen, Teppichböden und schließlich in Formalin (vgl. Tabelle HUK 27). Formaldehyd wird auch bei unvollständigen Verbrennungsprozessen freigesetzt, das gilt z.B. auch für das Rauchen von Zigaretten. Es ist ein stark reaktionsfähiges Gas (HCHO) aus der Familie der Aldehyde, das mit relativ niedrigem Produktionsaufwand erzeugt werden kann. HCHO ist in Wasser löslich (z.B. Formalin). Formaldehydhaltige Produkte werden dann wieder bei vielen Erzeugnissen verwendet (Tab. HUK 28).

Aminoplaste (Harnstoff-Formaldehydharze und Melamin-Formaldehydharze) werden als Leimharz bei der Produktion von Spanplatten eingesetzt. Sie werden auch verwendet als Leim für Sperrholz, bei der Möbelproduktion, in der Papierherstellung, bei der Textilveredlung, beim Gerben von Leder und in der Lackindustrie. Phenoplaste (Phenol-Formaldehydharze) werden als Kleber bei der Erzeugung von feuchtebeständigen Spanplatten und Sperrholz, als Rohstoff für Lackbindemittel sowie als härtbare Formmassen für Kunststoffartikel eingesetzt. Auf Aminoplaste entfällt etwa die Hälfte des Formaldehyd-Verbrauchs, Phenolharze erreichen 8 vH und 30 vH dienen als Ausgangsprodukt für die Weiterverarbeitung in der chemischen Industrie.

Bei der Produktion der HCHO-haltigen Produkte kommt es insbesondere in der chemischen Industrie sowie in der Holzindustrie, aber auch bei Eisen- und NE-Metallgießereien, bei der Textilindustrie und bei der Erzeugung von Kunststoffartikeln zu HCHO-Emissionen. Da Formaldehyd in einer Vielzahl von Produkten enthalten ist (z.B. in Haushaltsgegenständen, Haushaltschemikalien, Nahrungsmitteln), kommt auch nach dem Produktionsprozeß jeder Mensch permanent damit in Berührung. Die entsprechenden Produkte geben laufend eine gewisse Emission von HCHO an die Luft ab. Deshalb kommt es zu Luftbelastungen in Innenräumen (z.B. in Schulen, Krankenhäusern und Wohnungen).

Die schädlichen Wirkungen von HCHO liegen einmal in den Reizungen von Augen, Nasenschleimhäuten und des Kehlkopfbereiches. Es bewirkt Kopfschmerzen, Müdigkeit, Konzentrationsschwäche und erhöht die Anfälligkeit für Infektionen. Bronchialasthma wird offensichtlich verstärkt, allergische Kontaktdermatitide sind häufig. Rötungen, Schwellungen und Bläschenbildungen treten auf, die in Knötchen und Ekzeme übergehen können. Dazu genügen bereits sehr niedrige Konzentrationen. Ein Zusammenhang mit der Bildung von Krebs ist nicht auszuschließen, bisher aber nicht eindeutig nachgewiesen.

Möbel und Wandverkleidungen aus Spanplatten werden wegen ihrer Formaldehyd-Emission besonders kritisch betrachtet. In der DDR betrug die Produktion von Spanplatten[72] 1982 812 000 m^3 zuzüglich 264 000 m^3 Faserplatten[73], das sind zusammen 1,08 Mill. m^3 [74]. Hinzu kamen an Importen aus der UdSSR 111 000 m^3 Spanplatten und 23 600 000 m^2 Faser-

Tabelle HUK 27

Ausgewählte Einsatzgebiete für Formaldehyd

FORMALDEHYD			
plus Harnstoff, Melamin u. a.	plus Phenol, Resorcin u. a.	plus Ammoniak	plus div. Stoffe
Aminoplaste[1]	Phenoplaste	Hexamethylentetramin	sonstige Produkte
- Klebstoffe - Papierharze - Lackharze - Preßmassen - Schaumstoffe - Textilhilfsmittel - Düngemittel - Konservierungsmittel - Formsandbinder - Ionenaustauscher	- Klebstoffe - Schichtpreßstoffe - Lackharze - Preßmassen - Schaumstoffe - Gießharze - Formsandbinder - Schleifmittelbinder - Gerbstoffe	- Härtezusätze - Vulkanisationszusatz - Füllungsmittel - Medikamente - Fungizide - Sprengstoffe - Konservierungsmittel	- Spezialklebstoffe - Lachkhilfsmittel - Schaumstoffe - Kunsthorn - Farbstoffe - Emulgatoren - Lösemittel - Lösungsvermittler

1) Aminoplaste werden in großem Maße bei der Verleimung von Spanplatten verwendet.

<u>Quelle:</u> Formaldehyd. Hrsg.: Bundesministerium für Jugend, Familie und Gesundheit. Schriftenreihe des Ministeriums, Band 149. Stuttgart 1984, S. 12.

Tabelle HUK 28

Verwendung formaldehydhaltiger Produkte
in wichtigen Erzeugungsbereichen

Bereich	Verwendung
Chemische und pharmazeutische Industrie	Zwischenprodukt bei der Herstellung von Farbstoffen, Vitaminen, Riechstoffen, Pflanzenschutzmitteln, Düngemitteln u. a.
Kosmetikindustrie	Konservierungsmittel in Seifen, Deodorants, Shampoos u. a.; Zusatz zu Nagelhärtern und Mundpflegemitteln
Zuckerindustrie	Infektionsinhibitor bei der Saftgewinnung
Medizin	Desinfektion, Sterilisation, Konservierung von Präparaten
Erdölindustrie	Biozid in Bohrflüssigkeiten; Hilfsmittel bei der Raffination
Landwirtschaft	Getreidekonservierung, Saatgutbeize, Bodenentseuchung, Fäulnisschutz für Tiernahrung
Gummiindustrie	Biozid in Latex, Klebrigmacher, Zusatz zu Antioxidantien auch in synthetischem Gummi
Lederindustrie	Zusatz zu Gerbungsflüssigkeiten
Nahrungsmittelindustrie	Konservierung getrockneter Nahrungsmittel, Desinfektion von Behältern, Konservierung von Fisch und bestimmter Öle und Fette, Modifikation der Stärke für Kaltquellung
Holzindustrie	Konservierungsmittel
Photoindustrie	Entwicklungsbeschleuniger, Härter für Gelatineschicht
Quelle: Formaldehyd. Hrsg.: Bundesministerium für Jugend, Familie und Gesundheit. A.a.O., S. 20	

platten. Geht man davon aus, daß die durchschnittliche Dicke der Faserplatten 10 mm beträgt, so entspräche das 236 000 m^3. Die Importe an Faserplatten aus Polen (2 500 m^3) und Finnland (5 300 m^3) erreichten zusammen 7 800 m^3, aus Rumänien kamen rund 1 800 m^3 Spanplatten. Da Importe aus anderen Ländern nicht bekannt sind und keine nennenswerten Exporte vorliegen, läßt sich der inländische Verbrauch von 1982 auf 1,44 Mill. m^3 beziffern[75]. Das entspricht knapp einem Viertel des westdeutschen Vergleichswertes von rund 6 Mill. m^3.

Die Ermittlung des bei der Span - und Faserplattenproduktion in der DDR benötigten Formaldehyds stößt auf große Schwierigkeiten, da entsprechende Angaben fehlen. Geht man davon aus, daß in der Bundesrepublik für eine Produktion von rund 5,5 Mill. m^3 Spanplatten etwa 170 000 t HCHO benötigt werden[76], so müßte man für die DDR-Produktion von über 1 Mill. m^3 rund 33 400 t ansetzen. Bei Berücksichtigung des Umstandes, daß Faserplatten einen geringeren Leim- und damit HCHO-Anteil aufweisen als Spanplatten[77], erscheint es gerechtfertigt, einen Formaldehyd-Einsatz von 32 000 t anzunehmen.

Über die Emission an HCHO, die beim Produktionsprozeß entsteht, lassen sich nur grobe Werte schätzen. In der Bundesrepublik werden mit unterschiedlichem Qualitätssiegel versehene Plattenarten erzeugt, bei denen der HCHO-Anteil jeweils stark voneinander abweicht. Derartige Güteklassen scheint es in der DDR offensichtlich nicht zu geben. Immerhin wird die Emission an HCHO bei der Spanplattenproduktion mit folgenden Werten angegeben[78]:

Leim 4540   4,7-6,8 g HCHO je m^2 Spanplatte (1,5 cm Dicke)
Leim 4542   3,7-4,7 g HCHO je m^2 Spanplatte (1,5 cm Dicke)
Leim 4543   2,1-3,2 g HCHO je m^2 Spanplatte (1,5 cm Dicke)

Aus diesen Werten läßt sich ein Durchschnitt der HCHO-Abgabe je m^2 Spanplatte von 6,3 g ermitteln. Allerdings müssen wir davon ausgehen, daß sich die Dicke der Platten in den letzten Jahren aus Materialeinsparungsgründen von früher 12 bis 14 mm auf gegenwärtig 10 mm vermindert hat[79]. Dann dürfte die HCHO-Emission ebenfalls um ein Drittel je m^2 Spanplatte niedriger anzusetzen sein. Legt man 4 g je m^2 zugrunde, so entspräche die DDR-Spanplattenproduktion von 812 000 m^3 (= 81,2 Mill. m^2) 325 t. Rechnet man bei den Faserplatten (264 000 m^3 = 26,4 Mill. m^2) 2 g HCHO je m^2, so ergäbe das 52 t. Insgesamt wäre die produktionsseitige Emission damit auf 377 t HCHO zu beziffern. In der Bundesrepublik wurden 1400 t/a in der Zeit vor 1980 emittiert; z.Z. sind es ca. 550 t/a[80].

Die Platten werden nahezu völlig in der Möbelindustrie verarbeitet. In der DDR gibt es 7 Möbelkombinate mit über 100 Betrieben und 75 000 Beschäftigten[81]. Die fünf größten sind das Möbelkombinat Zeulenroda mit 57 Betrieben[82], das Möbelkombinat Berlin mit 43 Betrieben und 12 400 Beschäftigten[83], das Möbelkombinat Dresden-Hellerau mit 16 Betrieben und 12 600 Beschäftigten[84], das Möbelkombinat Suhl mit 13 000 Beschäftigten sowie das Möbelkombinat Ribnitz-Damgarten mit 34 Betrieben und 7 200 Beschäftigten[85]. Die Möbelkombinate stellen rund 85 vH aller in der DDR produzierten Möbel- und Polsterwaren her[86]. Der Rest wird in produktionsmittelherstellenden Kombinaten (z.B. Petrolchemisches Kombinat Schwedt), in Betrieben der Forstwirtschaft sowie auch in Handwerksbetrieben erzeugt.

Der Umfang der DDR-Erzeugung von Möbeln und Polsterwaren erreichte 1982 einen Wert von 4,8 Mrd. Mark[87]. Davon wird ein beträchtlicher Anteil exportiert (z.B. in die UdSSR, in die Bundesrepublik). Als inländische Warenbereitstellung wird für 1982 ein Wert von 2,5 Mrd. M angegeben[88]. Aus diesem Wert läßt sich weder das Volumen der Möbelbereitstellung ermitteln, noch gibt es Angaben zur Menge[89]. Es ist allerdings darauf hinzuweisen, daß Polstermöbel wegen der darin verarbeiteten Schaumstoffe und Polsterbezüge ebenfalls erheblich zur Formaldehyd-Emission beitragen.

In Wohn- und anderen Innenräumen von Gebäuden gehen Formaldehyd-Emissionen hauptsächlich von den aus Spanplatten gefertigten Möbeln und Wandverkleidungen, von Dämmaterialien (insbesondere aus Mineralwolle)[90], von Deckenplatten aus Schaumkunststoffen, von PVC-Fußbodenplatten und anderen Kunststoffbelägen sowie von Teppichböden aus. Bei den Kunststoff-Fußbodenbelägen sind die Emissionen wahrscheinlich auf den verwendeten Kleber zurückzuführen. In der DDR wurde eine interessante Messung der HCHO-Konzentrationen während verschiedener Phasen des Innenausbaus und der Inbetriebnahme einer Schule durchgeführt[91]. Dabei zeigte sich, daß die Emissionen zunächst durch die sich überschneidenden Innenarbeiten wie z.B. Malerarbeiten, Anbringen von Fußbodenbelägen (2. und 3. Messung) deutlich anstiegen, aber schließlich mit der Möblierung und der Durchführung von Holzarbeiten (4. Messung) ihren Höhepunkt erreichten (vgl. Abbildung HUK 2). Es ergaben sich HCHO-Emissionen, die erheblich über den von DDR-Wissenschaftlern vorgeschlagenen MRK-Werten[92] (0,1 mg HCHO je m^3 Luft) lagen. Fünfeinhalb Monate nach Aufnahme des Schulbetriebes (5. Messung) waren die Emissionen allerdings wieder deutlich niedriger und lagen in der Nähe des vorgeschlagenen MRK-Wertes. Als wichtiges Ergebnis wurde von dem DDR-Autor herausgestellt, daß die gemessene HCHO-Belastung hauptsächlich auf Möbel und andere aus Spanplatten gefertigte Einrichtungsgegenstände (z.B. Vertäfelungen und Heizungsverkleidungen) zurückzuführen ist. Eine Einschränkung derartiger Mobilarien zugunsten solcher, die aus Metallen, Holz und Kunststoffen gefertigt sind, wird daher empfohlen.

Abbildung HUK 2

Gemessene HCHO-Konzentrationen in einer DDR-Schule während des Innenausbaus und nach Inbetriebnahme

HCHO in mg/m^3

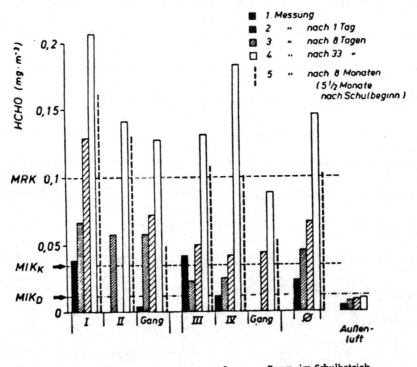

MIK = maximal zulässige Immissionskonzentration
MRK = maximale Raumluftkonzentration als Grenzwertempfehlung

I = Raum, im Schulbetrieb mit Zwangsentlüftung
IV = Raum, im Schulbetrieb mit regenerativer Wärmeübertragung
II, III = angrenzende Räume

Quelle: J. Witthauer: Zur Belastung der Raumluft in Schulen ..., a.a.O., S. 496.

Tabelle HUK 29

Die MAK[1]-Werte bei Produktionsvorgängen
mit Formaldehyd-haltigen Stoffen

in mg je m³ Luft

Schadstoff	DDR MAK_K [2)]	Bundesrepublik MAK_D [3)]
Formaldehyd	0,5	1,2

1) Maximal zulässige Arbeitsplatzkonzentration.- 2) MAK_K ist die maximale Arbeitsplatzkonnzentration für kurze Zeiten, 90 Min. (DDR).- 3) MAK_D ist die maximale Arbeitsplatzkonzentration bei einer Expositionszeit von 8 Std. (Bundesrepublik).

Quellen: DDR: Autorenkollektiv: Arbeitshygienische Normen ..., a.a.O., S. 483. Bundesrepublik: Formaldehyd. Hrsg.: Bundesminister für Jugend, Familie und Gesundheit. A.a.O., S. 140.

Als maximal zulässige Arbeitsplatzkonzentration sind in der DDR und in der Bundesrepublik für HCHO die in der Tabelle HUK 29 genannten Werte festgelegt worden. Der westdeutsche Wert ist erheblich höher als der der DDR, seine Minderung wird allerdings vom Bundesgesundheitsamt empfohlen. Für Innenräume von Wohn- und Gesellschaftsbauten gibt es in beiden deutschen Staaten hingegen noch keine Werte der maximalen Raumluftkonzentration. Da Kleinkinder und Kranke sowie ältere Menschen teilweise bis zu 24 Stunden täglich in Innenräumen zubringen, wird in beiden deutschen Gebieten dringend empfohlen, einen MRK-Wert in Höhe von 0,1 mg/m³ einzuführen[93]. Hinsichtlich des Vorschlags dieses niedrigen Wertes wird ausdrücklich betont, daß für Privatpersonen - im Gegensatz zu den mit formaldehydhaltigen Stoffen umgehenden Beschäftigten - keine laufenden arbeitsmedizinischen Messungen und Untersuchungen erfolgen.

Abschließend ist darauf hinzuweisen, daß zwischen der Festlegung der maximal zulässigen Raumluftkonzentration und ihrer Einhaltung deutlich zu differenzieren ist. Denn es gibt einige Bereiche, bei denen gegenwärtig Überschreitungen kaum zu vermeiden sind. Herausragendes Beispiel dafür sind Krankenhäuser, wo formaldehydhaltige Desinfektionsmittel (auch zur Instrumentendesinfektion) eingesetzt werden müssen[94]. Bei ordnungsgemäßer Flächen- und Instrumentendesinfektion wurden bei einer DDR-Untersuchung in Krankenhauseinrichtungen zeitweilige Konzentrationen von 12 mg/m^3 HCHO gemessen[95]. Eine nachhaltige Minderung ist gerade hier aber nur bei Vorliegen leistungsfähiger Absauganlagen möglich, die jedoch bei den meisten Einrichtungen des Gesundheitswesens der DDR gegenwärtig nicht zur Verfügung stehen.

5.4.5. Asbest

Ein besonders gefährlicher und stark krebsfördernder Stoff mit hoher Latenzzeit ist Asbest bzw. der aus der Asbestverarbeitung oder -nutzung entstehende Asbeststaub. Asbest ist eine mineralische Faser, die wegen ihrer besonderen Eigenschaften industriell genutzt wird und bislang nicht vollständig substituiert werden kann. Sie ist wärmebeständig, geschmeidig, verspinnbar, unbrennbar, eignet sich gut zur Isolierung und bindet sich gut mit zahlreichen organischen und anorganischen Bindemitteln[96]. Es werden im wesentlichen zwei Asbesttypen unterschieden, Serpentinasbeste und Amphibolasbeste.

Tabelle HUK 30

Wichtigste Asbesttypen

I.	Serpentinasbeste	$Mg_3(OH)_4 \ Si_2O_5$
	Chrysotil	
	(Ortho-, Klino-, Parachrysotil)	
II.	Amphibolasbeste	
	1. Alkalifreie oder alkaliarme Amphibolasbeste	
	a) kalkfrei:	
	Anthophyllitasbest	$(Mg, Fe^{2+})_7 (OH)_2 \ Si_8 O_{22}$
	Amositasbest	$(Fe^{2+}, Mg, Al)_7 (OH)_2 (Si,Al)_8 O_{22}$
	b) kalkhaltig:	
	Tremolitasbest	$Ca_2(Mg, Fe)_5(OH, F)_2(Si_8O_{22})$
	Aktinolithasbest	$(Ca, Na)_2(Fe, Mg, Al)_5(OH, F)_2((Si, Al)_8O_{22})$
	2. Alkalihaltige Amphibolasbeste	
	Krokydolithasbest	$Na_2 (Fe^{2+}, Mg)_3 Fe^{3+}(OH)_2 (Si_8O_{22})$
Quelle:	Walter Noll: Asbest. In: Ullmanns Encyclopädie der technischen Chemie. Weinheim/Bergstraße 1974, Bd. 8, S. 68.	

Industriell verwertet werden Chrysotil[97], Krokydolithasbest[98] und Amositasbest. Schätzungsweise 90 vH der Weltproduktion bestehen aus Chrysotil und ca 5-10 vH stellen Krokydolithasbeste dar. Krokydolithasbeste sind erheblich giftiger als Chrysotilasbest.

Asbestfasern bauen sich in der natürlichen Umwelt sehr schwer ab. Einige Wissenschaftler sind sogar der Ansicht, daß sich diese Faser überhaupt nicht abbaut. Faserstaub kann durch natürliche und anthropogene Einflüsse weit verbreitet werden. Die Emission wird beeinflußt durch

- Höhe und Stärke der Emissionsquellen,

- Stärke von Abgas-, Wasser- bzw. Abwasserströmen,

- Faserdurchmesser,

- Teilchenagglomerationen,

- Niederschlagsmenge und -häufigkeit,

- Verkehrsdichte auf Verkehrswegen mit asbesthaltigen Belägen[99].

In der Bundesrepublik wurden 1982 rund 150 000 t Asbest[100] zu mehr als 3 000 Produkten[101] verarbeitet, so z.B. zu Asbestzementprodukten, Brems- und Kupplungsbelägen, Textilien, Fußbodenbelägen, Pappen und Papieren, zu Filtermaterialien, Formmaterialien und zu bauchemischen und sonstigen Produkten. In der DDR dürfte der Asbesteinsatz 1982 bei 61 000 t gelegen haben. Eingeführt wurden Asbestfasern in Höhe von 61 200 t[102], im wesentlichen aus der Sowjetunion, aber auch aus Kanada. Über Ausfuhren ist - außer beim IDH[103] - nichts bekannt. Der inländische Verbrauch - je Kopf der Bevölkerung gerechnet - ist damit erheblich höher als in der Bundesrepublik. Grund dafür dürfte sein, daß in der DDR noch weniger Substitute verfügbar sind als in der Bundesrepublik, somit ist auch die Belastung der Bevölkerung, vor allem in den Ballungsgebieten, erheblich höher einzuschätzen.

Rund drei Viertel des gesamten Asbestverbauchs (etwa 115 000 t) fallen in der Bundesrepublik auf die Asbestzementproduktion - im wesentlichen sind das Eternitplatten, -rohre und -formstücke. Mit weitem Abstand folgen Fußbodenbeläge (z.B. Flex-Platten oder Cushion-Vinyl-Platten), Brems- und Kupplungsbeläge und Textilien. Asbesthaltige Fußbodenbeläge werden in der Bundesrepublik seit 1984 nicht mehr hergestellt.

Asbestfeinstaub[104] aus der Nachbearbeitung von Asbestzementprodukten bildet eine der größten Emissionsquellen. Asbestzementprodukte werden häufig beim Verbraucher - meist auf Baustellen und im Hobbybereich - in die richtige Form gebracht und so den örtlichen Gegebenheiten angepaßt. Vorwiegend mit Trennschneidemaschinen, die bei trockenen Produkten extrem hohe Asbeststaubbelastungen verursachen, erfolgt ein Zuschnitt der Teile. Die jährliche Emission in diesem Bereich wurde Anfang der 80er Jahre für die Bundesrepublik auf 23 t geschätzt[105], inzwischen dürfte sie mit der verstärkten Konfektionierung von Teilen in den verschiedensten Abmessungen merklich gesunken sein. Bedeutsam bleibt allerdings, daß nicht nur die entsprechenden Bauhandwerker, sondern auch die Bevölkerung allgemein durch Asbeststaubemissionen belastet ist (vgl. Abbildung HUK 3). Für die DDR kann man für 1982 überschlägig mit 9 t rechnen.

Eine andere wichtige Emissionsquelle ist der Verschleiß asbesthaltiger Kfz-Bremsbeläge. So macht sich der Abrieb von Asbeststaub besonders stark im Kreuzungsbereich von Straßen bemerkbar. Die im Kfz-Verkehr freiwerdenden Stäube werden auf ca. 90 vH des Gesamtabriebs der Bremsanlagen geschätzt. Der Rest tritt bei der Reparatur und Aufarbeitung von Bremsen in Kfz-Werkstätten auf. Belastungen treten aber auch bei der Produktion durch Schleifen, Sägen, Bohren usw. auf. Die Asbestemissionen aus Kraftfahrzeugen belasten die Umwelt in der Bundesrepublik mit ca. 13 t jährlich[106], in der DDR könnten es (einschließlich Transitverkehr) 3 bis 4 t sein.

Eine für Privathaushalte wichtige Emissionsquelle sind die Fußbodenbeläge und darunter besonders die Flex-Platten[107]. Sie hatten bis Anfang der 80er Jahre in Westdeutschland einen sehr hohen Marktanteil, sie werden heute aber durch andere Beläge ersetzt, z.B. durch die Cushion-Vinyl-

Abbildung HUK 3

Baustellenhandwerker im Grenzbereich zwischen Arbeitswelt und Umwelt

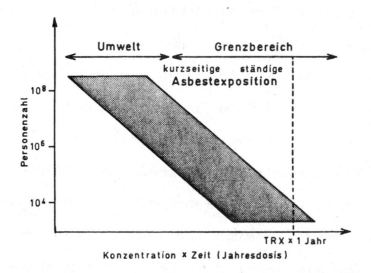

Die aufgenommene Asbest-Jahresdosis liegt zwischen derjenigen der Allgemeinbevölkerung und von Arbeitnehmern in den im engeren Sinne asbestverarbeitenden Industrien. Personenzahl und aufgenommene Asbestfaserdosis stehen im umgekehrten Verhältnis zueinander.

Quelle: Manfred Fischer, Eckart Meyer: Zur Beurteilung der Krebsgefahr durch Asbest. In: bga-Schriften des Bundesgesundheitsamtes. München 1984, Heft 2/84, S. 31.

Platten[108]. Dieser Belag enthält zwar auch Asbest, ein Abrieb in verlegtem Zustand ist aber nicht möglich. In der DDR dürften asbesthaltige Plastik-Fußbodenbeläge und Asbestpappenunterlagen nach wie vor eine große Rolle spielen. Die Emission dieses Sektors läßt sich nicht einmal überschlägig schätzen.

Eine Aussage über die Gesamtasbestemission ist nicht durchführbar, denn Asbeststaub entwickelt sich nicht nur bei Produktion und Verarbeitung bzw. beim Verbrauch, vielmehr entsteht er auch durch Verwitterung, Erosion und Korrosion. Emissionsmessungen in der Außenluft haben ergeben, daß die Konzentration in Städten höher ist als auf dem Lande, aber selbst "beste" Reinluftgebiete sind nicht faserfrei.

Dieses Ergebnis wird von einer DDR-Studie gestützt, die in Leichenlungen nach Asbestfasern forschte[109]. In den folgenden Städten wurden die genannten Anteile an mit Asbestfasern befallenen Lungen festgestellt:

Dresden	(Roitzsch 1968)	43,3 vH
Halle	(Gerlach 1972)	22,3 vH
Schwerin	(Nizze 1971)	9,4 vH.

Danach sind zwar in industriellen Ballungsräumen (Dresden und Halle) bedeutend häufiger inhalogene Asbestkontaminationen nachzuweisen, aber selbst in einer industriearmen Region wie Schwerin gelingt bei knapp 10 vH der Leichenlungen noch der Asbestfasernachweis. Dies zeigt, daß der verstärkte Einsatz von Asbesterzeugnissen in allen Lebensbereichen - neben der beruflichen Exposition - zu einer wesentlichen Schadstofferhöhung der gesamten kommunalen Umwelt führt.

Für den Bereich der chemischen Industrie in Leuna gibt es eine DDR-Untersuchung zu den Asbeststaub-Inhalationsfolgen[110]. Es wurden 1112 angemeldete asbestorientierte Berufskrankheiten untersucht und in allen Fällen eine mindestens zwanzigjährige Exposition mit Chrysotilasbest, der mit 25% Blauasbest vermischt war, festgestellt. Ausgewertet wurden 50 asbestinduzierte Bronchialkrebse, 135 Mesotheliome und 927 Pleuralhyalinosen. Für alle Beschäftigten in diesem Bereich nahmen die untersuchenden Mediziner in den Jahren vor 1960 eine Exposition von mehr als 100 Fasern pro cm^3 an, das entspricht 100 Millionen Asbestfasern pro m^3. Von 1961 bis 1970 wurde von einer Kontamination von 20 Fasern je cm^3 ausgegangen, was immer noch einer Konzentration von 20 Millionen Asbestfasern pro m^3 entspricht. In den letzten Jahren soll die Faserkonzentration 5 Teilchen pro cm^3 nicht mehr überschritten haben.

Abbildung HUK 4

Inzidenz asbestinduzierter Erkrankungen

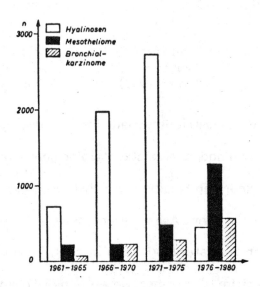

Ständig hohe Exposition

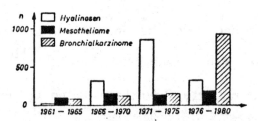

Exposition bei mehr als
50 Schichten im Jahr

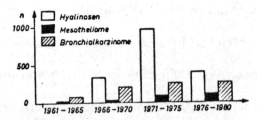

Exposition bei weniger als
30 Schichten im Jahr

Quelle: G. Bittersohl: Zur Epidemiologie von Asbeststaub-Inhalationsfolgen ..., a.a.O., S. 319 f.

Entsprechend den Arbeitsplätzen wurden in der Untersuchung vier unterschiedlich exponierte Gruppen gebildet:

- ständig hohe Exposition mit Asbest;
- Expositionen in mehr als 50 Schichten pro Jahr;
- Expositionen in weniger als 30 Schichten pro Jahr;
- keine Asbestexposition.

Abbildung HUK 4 zeigt für die letzten 20 Jahre für Hyalinosen einen deutlichen Rückgang und eine starke bis sehr starke Steigerung von Bronchialkarzinomen von Mesoteliomen, dies betrifft alle Expositionsklassen.

Mit einem Rückgang der Steigerungsraten ist bis weit in die neunziger Jahre hinein nicht zu rechnen, da eine Latenzzeit bis zu 50 Jahren gegeben ist.

Für die DDR lassen sich drei Schwerpunkt-Standorte der Asbestexposition nennen:

- die altansässige Asbestindustrie im Bezirk Dresden mit der Produktion von Dichtungen, Hitzeschutz- und Isoliermaterialien;
- die chemische Industrie im Raum Halle-Leipzig als Großverbraucher von Asbest für Rohrisolierungen;
- die Asbestzementindustrie (größtenteils im Bezirk Magdeburg, z.B. der VEB Asbestzementwerke Otto-Grotewohl)[111].

Die DDR bemüht sich seit kurzem, ihren spezifischen Asbestverbrauch zu senken und asbesthaltige Produkte zu substituieren. So gelang es 1981 erstmals, eine neue Produktionsstraße für Rohre so auszulegen, daß nur Weißasbest (Chrysotil) verarbeitet wird, obwohl er ohne Beimengung von Blauasbest (bis zu 25 vH) weniger gut isoliert[112]. Auch Blauasbestpackungen werden in der DDR nicht mehr hergestellt. Dafür bietet die Industrie verschiedene Substitutionspackungen an[113]. Zu berücksichtigen bleibt aber, daß die DDR auch künftig asbesthaltige Produkte aus der UdSSR bzw. aus anderen RGW-Ländern importieren wird, weil dortige Produktionen noch auf steigenden Asbesteinsatz ausgerichtet sind.

Fußnoten zu Kapitel 5.

1 Vgl. H. Bredel und O. Herbarth: Untersuchungen über den Zusammenhang zwischen Emissionsdichte und Belastung am Beispiel von SO_2 und Sedimentationsstaub in kommunalen Ballungszentren. In: Zeitschrift für die gesamte Hygiene und ihre Grenzgebiete. Heft 4/1982, S. 237 ff.

2 Einschließlich rund 240 000 nicht für DDR-Bürger verfügbarer (z.B. von sowjetischen Behörden, Verwaltungen, ausländischen Familien belegte Wohnungen) bzw. nicht für Wohnzwecke genutzter Wohnungen (z.B. Arzt-und Anwaltspraxen, Geschäftsräume von Handwerksbetrieben).

3 Gemäß den bei der Wohnungszählung von 1971 getroffenen Annahmen werden zur Zentralheizung neben Fernheizungen, Haus- und Etagenzentralheizungen auch die Ofenheizungen für Gas, Strom und Öl gerechnet. Dies bringt für die hier durchgeführte Untersuchung den Vorteil, daß die weniger stark Schadstoff emittierenden Heizanlagen zu einer Gruppe zusammengefaßt werden. Für sie kann allerdings nur eine annähernde SO_2-Emission abgeleitet werden, da außer der Bestimmung der Fernheizung für diese Gruppe keine weitere Aufteilung nach Arten der Zentralheizung durchgeführt werden kann.

4 Vgl. K.H. Schröder: Stand und Entwicklung der Wohnraumheizung aus der Sicht der Energiewirtschaft. In: Energieanwendung. Heft 7/1969, S. 162/163.

5 Vgl. Manfred Melzer unter Mitarbeit von Wolfgang Steinbeck: Wohnungsbau und Wohnungsversorgung in beiden deutschen Staaten - ein Vergleich. In: Beiträge zur Strukturforschung des DIW. Heft 74/1983, S 112 ff. - Dieselben: Probleme und bisherige Erfolge des Wohnungsbauprogramms - Nord- und Mittelregionen der DDR. In: Deutschland Archiv. Heft 1/1983, S. 76 ff.- Dieselben: Zwischenbilanz des Wohnungsbauprogramms - Ballungs- und Südwestregionen der DDR. In: Deutschland Archiv. Heft 12/1983, S. 1289 ff.

6 In diesen beiden Jahren erreichte der Anteil der Ausstattung mit Zentralheizung bei den neugebauten Wohnungen durchschnittlich 97 bzw. 97,5 vH - Anfang der siebziger Jahre waren es 85,6 vH.

7 Hier ist auch auf die Feierabendbrigaden sowie die Bürgerinitiativen im "Mach-mit-Wettbewerb" zu verweisen, denen die kommunalen Wohnungsverwaltungen Bauhöfe und Werkstätten zur Verfügung stellen. Neben Instandhaltungsarbeiten werden auch Leistungen zur Sicherung und Verbesserung der Funktionen der Gebäudeausrüstungen durchgeführt.

8 Unter der Annahme, daß derartige Heizkraftwerke oder zu Heizzwecken benutzte Teilkapazitäten anderer Großanlagen in der Regel in relativer Nähe größerer neuer Wohnkomplexe errichtet werden, ließen sich anhand der räumlichen Lage derselben wichtige Anhaltspunkte auch für den Standort der Heizkraftwerke gewinnen.

9   So wird in der DDR bezüglich der SO_2-Belastungen in den letzten Jahren ausgeführt, "daß für Teile der Bevölkerung Fortschritte erzielt werden konnten. Das betrifft insbesondere die Bevölkerungsgruppen, die Neubauwohnungen mit Fernheizung beziehen und dabei Altbauwohn- und Mischgebiete mit emittierenden Industriebetrieben und den Einfluß der Emission aus häuslichen Feuerstellen verlassen konnten." Vgl. Helmut Theodor und Horst Werner: Stand und Tendenzen der Reinhaltung der Luft in der DDR. In: Stand zur Reinhaltung der Luft. Reihe Technik und Umweltschutz. Band 29. Leipzig 1984, S. 16/17.

10 Vgl. Herbert Mohry und Joachim Wilsdorf: Herabsetzung der Emissionen in Wohngebieten durch Brennstoffumstellung und Veränderung der Heizungsart. In: Erfassung und Auswirkungen von Luftverunreinigungen. Reihe Technik und Umweltschutz. Band 2. Leipzig 1972, S. 82 ff.

11 Es zeigte sich, daß die mittlere Temperatur im Jahre 1982 in allen Gebieten in den Monaten Januar bis Mai sowie Oktober bis Dezember + $15°$ C deutlich unterschritt, im September überall jedoch etwas über + $15°$ C lag. Deshalb wurde der September in allen Regionen zu einem Viertel in die Heizperiode einbezogen.

12 Die angegebenen Emissionswerte für SO_2 gelten für Braunkohlenbriketts mit einem Schwefelgehalt von 2,7 vH bzw. für BHT-Koks mit 0,1 vH. Bei den Braunkohlenbriketts wurde unterstellt, daß 75 vH des Schwefelgehaltes im Rauchgas abziehen und der Rest in der Asche verbleibt. Bei den Gasen wurden die entsprechend den Betriebsvorschriften und Normen maximal zulässigen Schwefelgehalte zugrunde gelegt.

13 Sie liegen deutlich höher als jene, die für Braunkohle Leipzig (1368 mg/MJ) bzw. für Braunkohle Senftenberg (150 mg/MJ) bei der SO_2-Emission für West-Berlin verwendet werden. Dabei ist jedoch zu berücksichtigen, daß es sich bei den aus der DDR nach West-Berlin gelieferten Briketts um ausgesucht gute Qualitäten mit deutlich niedrigerem Schwefelgehalt (Leipzig: 2,14 vH, Senftenberg: 0,5 vH) handelt. Sie können für die DDR nicht als repräsentativ angesehen werden.
    Vgl. Der Senator für Stadtentwicklung und Umweltschutz (Hrsg.): Emissionskataster Hausbrand Berlin - Quellgruppe Gebäudebeheizung. Berlin (West) 1981, S. 44.

14 Vgl. Bericht der Enquete-Kommission "Berliner Energie- und Kraftwerkspolitik" über den Stand ihrer Arbeiten und die vorliegenden Ergebnisse. In: Drucksache des Abgeordnetenhauses von Berlin, Nr. 9/2367 vom 24. 1. 1985, Tabelle 10, Seite 14.

15 Vgl. United Nations (ECE): Annual Bulletin of Coal Statistics ..., a.a.O.

16 Der Kleinverbrauch privater Haushalte in Wochenendhäusern und anderen privaten Freizeiteinrichtungen für Wärmeprozesse auf Basis fester Brennstoffe ist hierin enthalten. In den weiteren Berechnungen wird er global bei den entsprechenden Wärmeprozessen (Ofenheizung, Kohlebadeöfen und Kohleherde) berücksichtigt. Hierfür werden rund 0,35 Mill. t Braunkohlenbriketts bzw. ein Wärmebedarf von 6,7 TJ angenommen.

17 Über den Anteil der Wohnungen in Ein- und Zweifamilienhäusern an allen Wohnungen liegen Angaben zu den Einzelregionen nur für 1971 vor. Allerdings kann man davon ausgehen, daß sich die Relationen bis 1982 nur geringfügig geändert haben. So ist für die DDR insgesamt ein leichter Rückgang des Anteils von 36,7 vH (1971) auf etwa 34 vH zu verzeichnen. Bezirke mit überdurchschnittlich hohem Anteil der genannten Wohnungsgruppe waren 1971 Suhl (58 vH), Potsdam (51 vH), Erfurt (49 vH), Frankfurt (48 vH) und Schwerin (46 vH). Unterdurchschnittlich waren derartige individuelle Gebäudetypen in Berlin (Ost) (10 vH) sowie in Karl-Marx-Stadt (26 vH) und in Leipzig (27 vH) vertreten.

18 Der Wärmebedarf der Ein- und Zweifamilienhäuser wurde um 30 vH höher eingeschätzt als der von Etagenwohnungen. Ausgehend vom Durchschnitt wurden für diese Wohnungsgruppe 18 vH zugerechnet und für Etagenwohnungen 10 vH abgezogen, jeweils gewichtet mit ihrer in den Regionen gegebenen Repräsentanz.

19 Die größte Abweichung nach unten trat im Raum der Bezirke Erfurt und Suhl auf (- 9,3° C), nach oben war es das Gebiet des Bezirks Potsdam sowie Berlin (+ 7,9° C). Die relative Abweichung liegt somit zwischen - 21 vH und + 18 vH.

20 Stromheizungen dürften ebenfalls nur eine sehr geringe Rolle spielen. Ölheizungen sind seit Beginn der achtziger Jahre weitestgehend auf feste Brennstoffe umgerüstet worden.

21 In der DDR werden etwa 245 000 Gaskleinraumheizer - meist zusätzlich zu anderen Heizsystemen - betrieben, hinzu kommen rund 50 000 Gasaußenwandöfen.

22 Zu den 2,9 Mill. Badeöfen und Waschkesseln, die 1976 zur Verfügung standen, dürften in den Jahren bis 1982 im Rahmen von Umbauten und Modernisierungen noch 0,8 Mill. Warmwasserbereitungsanlagen für feste Brennstoffe hinzugekommen sein.

23 Im Zeitabschnitt von 1976 bis 1982 sind knapp 0,3 Mill. gasbetriebene Warmwasserbereitungsanlagen, vor allem in Neubauten, zum Bestand von 1976 (1,3 Mill.) hinzugekommen.

24 Bei Verwendung von Erdgas wären es 135 m^3.

25 Eine Reihe von kohlebetriebenen Herden sind nur selten benutzte Beistellherde. Es wurde angenommen, daß in 2 Mill. Wohnungen mit festen Brennstoffen mehr oder weniger regelmäßig gekocht wird.

26 Beim Wohnungsneubau hat die Ausstattung mit Gasherden seit Mitte der siebziger Jahre rapide abgenommen (1976: 28 vH; 1982: 5 vH) zugunsten der von Elektroherden (1976: 72 vH; 1982: 95 vH). Gleichzeitig ist zu vermuten, daß im Rahmen der Modernisierung von Altbauten Kohleherde durch Elektroherde ersetzt worden sind. Somit war für 1982 der Bestand an Kohle- und Gasherden gegenüber 1976 zu vermindern.

27 Bei Erdgas wären es rund 75 m^3.

28 Man kann davon ausgehen, daß der Haushaltsanteil am Wärmebedarf von russischem Erdgas auf etwa 15 bis 20 vH zu beziffern ist.

29 Davon wurden 18,1 PJ durch Leipziger Briketts (einschl. Rohbraunkohle) abgedeckt, was einer SO_2-Emission von 43 400 t entspricht. Lausitzer Briketts befriedigten einen Wärmebedarf von 3,4 PJ, damit entstand eine SO_2-Emission von 1 400 t.

30 Die in Tabelle HUK 5 von Mohry und Riedel im Vergleich zum Heizen angegebenen niedrigeren Emissionsfaktoren für Warmwasserbereitung und Garen bezogen auf feste Brennstoffe dürften mit dem bei diesen Prozessen typischen Einsatz auch von Holz zu erklären sein. Da in dieser Untersuchung die Emission direkt am Kohleeinsatz bemessen wird, konnten für die Verbrauchsarten gleiche Emissionsfaktoren zugrunde gelegt werden.

31 Im Jahre 1980 waren direkt nur knapp 3 Mill. t Rohbraunkohle eingesetzt worden, an Koks aber noch nahezu 300 000 t.

32 Vgl. M. Melzer und C. Schwartau unter Mitarbeit von M. Lodahl und W. Steinbeck: Pilotstudie zur Erstellung eines Emissionskatasters für SO_2 für die Fläche der DDR (mit einem Exkurs über die CSSR). Unveröffentlichtes Gutachten des DIW. Berlin 1983, S. 39.

33 Vgl. Schutz und Schönheit durch Lacke und Farben. In: Die Wirtschaft. Ausgabe zur Leipziger Frühjahrsmesse 1984, S. 51.

34 Sie verbinden die Farbmittel untereinander und sorgen für die Haftung auf dem Untergrund.

35 Vgl. Mit Anstrichstoffen dauerhafter Schutz. In: Die Wirtchaft. Ausgabe zur Leipziger Frühjahrsmesse 1983, S. 19.

36 Vgl. Presse-Information des Kombinats VEB Lacke und Farben, 1984.

37 Vgl. Wer liefert was? Bezugsquellennachweis für den Einkauf in der DDR. Hrsg.: Leipziger Messeamt. 46. Ausgabe, 1983, S. 578 bis 587.

38 Beispiele sind die Lackfabrik Höppner & Co. in Niesky, die Einbrennlacke, Außenanstrichfarben und Nitrolacke herstellt sowie der Betrieb Max Hoffmann in Berlin (Ost), Hersteller von Holzbeizen und Polituren.

39 So wird im Statistischen Jahrbuch der DDR 1982 eine Produktion von 333 000 t angegeben (sogar einschließlich Druckfarben und Verdünnungsmittel), gleichzeitig soll der Export (hier fehlt der Hinweis auf Verdünnungsmittel und Druckfarben) 285 000 t betragen haben (vgl. Statistisches Jahrbuch der DDR 1984, S. 144 und S. 241). Die Importe aus der Bundesrepublik betrugen rund 15 000 t, Importe aus den übrigen OECD-Ländern und dem RGW sowie den Entwicklungsländern machten schätzungsweise 60 000 t aus. Dann verblieben nur etwa 133 000 t im Inland. Unter Berücksichtigung eines noch zu kalkulierenden Abzugs für Druckfarben und Lösungsmittel ergäbe sich damit wohl ein zu niedriger Inlandsverbrauch. Möglicherweise erklären sich die Unstimmigkeiten daraus, daß bestimmte Farben statistisch nicht getrennt, sondern mit anderen Gütergruppen zusammengefaßt werden.

40 Vgl. Verband der Lackindustrie e.V.: Jahresbericht 1983, Tabelle 1 und 10.8.

41 Vgl. Statistisches Jahrbuch der DDR 1983, S. 229. Hier ist ebenfalls unklar, ob Verdünnungsmittel bereits eingerechnet sind oder nicht.

42 Insgesamt werden durch Lacke und Farben pro Jahr 350 000 t in die Umwelt abgegeben. Vgl. Merkblatt Umweltzeichen. September 1984, S. 14: RAL UZ 12 Schadstoffarme Lacke. Herausgegeben vom Umweltbundesamt Berlin.

43 Während Dispersionsfarben nur etwa 1 bis 2 vH Lösemittel enthalten, haben Lacke einen sehr hohen Lösemittelanteil (bei Autolacken und anderen Nitrolacken bis zu 75 vH). In der Bundesrepublik entfielen 1982 bei der Produktion rund 40 vH auf Lacke, in der DDR könnten es etwas weniger gewesen sein. Beim Verbrauch im privaten Sektor dürfte der Anteil der Lacke generell deutlich unter 40 vH liegen, wahrscheinlich aber in beiden deutschen Staaten etwa ähnlich sein.

44 Vgl. Rainer Grießheimer: Chemie im Haushalt. A.a.O., S. 218 ff.

45 1982 wurde auf der Leipziger Messe eine neue Antischimmelfarbe aus dem Stammbetrieb des Kombinats Lacke und Farben, dem VEB Kali-Chemie, vorgestellt. Diese Polyacrylat-Dispersionsfarbe ist für die Innenanwendung von Feuchträumen gedacht. Vgl. Sicherer Schutz durch Anstrichstoffe. In: Die Wirtschaft. Ausgabe zur Leipziger Herbstmesse 1982, S. 17.

46 Besonders gefährlich sind auch die zur Isolierung von Drähten verwendeten Drahtlacke. Am häufigsten werden dabei Kresolformaldehydharzlacke, Poylurethanlacke, Polyesterharzlacke und Polyesterimide verwendet. In einer DDR-Untersuchung wurden bei Drahtlackierern verstärkte Atembeschwerden im Vergleich zu anderen gleichaltrigen Arbeitern desselben Betriebes festgestellt. Vgl. G. Maintz, W.D. Schneider und A. Horst: Atemtraktbefunde bei Werktätigen einer Lackdrahtfabrik. In: Zeitschrift für die gesamte Hygiene und ihre Grenzgebiete. Heft 12/1982, S. 870 ff.

47 Echtes Terpentinöl, das aus dem Harzausfluß von Kiefern gewonnen wird, ist recht teuer und findet deshalb heute nur noch Verwendung als Lösungsmittel bei der Herstellung von Naturfarbenlacken.

48 In der DDR wurde berichtet, daß der Umfang der mit Korrosionsschutzmitteln behandelten Flächen von derzeit 260 Mill. m^2 pro Jahr bis 1990 auf etwa 390 Mill. m^2 zunehmen wird. Vgl. Chemie statt Pflanzenöl - Mehr Farben auf der Basis einheimischer Rohstoffe. In: National-Zeitung vom 5. April 1983, S. 4.

49 Vgl. Alle Lackverbraucher sind aufgerufen, umweltfreundliche Lacke einzusetzen. In: Lack im Gespräch. Informationsdienst Deutsches Lackinstitut. Nr. 5/1984 (ohne Seitenangabe).

50 Vgl. Karl-Heinz Zach: Wissenschaft im Dienste der Materialökonomie. In: Presse-Informationen. Nr. 14 vom 3. Februar 1983, S. 3/4.

51 Ende der sechziger Jahre gab es in der DDR 315 Druckereien für die Buchproduktion (vgl. Neues Deutschland vom 11. Februar 1967). Hinzu kamen in Berlin (Ost) 31 Betriebe für den Druck von Zeitungen, Zeitschriften und Akziden (vgl. Berliner Zeitung vom 8. Dezember 1965). Rechnet man für die übrigen 14 Bezirke der DDR noch rund 120 bis 150 Betriebe hinzu, so läßt sich die Gesamtzahl auf 500 schätzen. Diese Zahl dürfte sich bis heute kaum verändert haben.

52 Im Jahre 1982 umfaßten die 1 815 Unternehmen dieser Branche rund 2 000 Betriebe. Vgl. Statistisches Jahrbuch 1983 für die Bundesrepublik Deutschland, S. 169 und 175.

53 Vgl. Statistisches Jahrbuch der DDR 1983, S. 146.

54 Siehe ebenda, S. 310.

55 Für die Bundesrepublik ist der Papierverbrauch für die Produktion der Tageszeitungen (7,6 Mrd. Exemplare) sowie der Wochenzeitungen (96,2 Mill. Exemplare) bekannt: Er beträgt 1 286 000 t. Auskunft des Verbandes Deutscher Papierfabriken. Bonn.

56 Hilfsweise wurden hierfür die Wertangaben über die Produktion von Druckerzeugnissen des Bundesverbandes Druck e.V. (Wiesbaden) herangezogen. Allerdings war dabei zu berücksichtigen, daß die nur in geringer Auflagenhöhe gedruckten Artikel mit sehr viel höheren Stückpreisen bewertet sind als Massenartikel (wie z.B. Zeitungen).

57 Die westdeutsche Produktion an Druckfarben erreichte im Jahre 1982 einen Umfang von 139 500 t (Auskunft des Bundesverbandes der chemischen Industrie, Frankfurt). Zieht man hiervon den Export ab (22 600 t) und rechnet den Import (6 250 t) hinzu, so ergibt sich eine inländische Verbrauchsmenge von 123 150 t.

58 Vgl. B. Robak/M. Schlecht: Arbeitsbedingungen im Druckgewerbe. Forschungsbericht Nr. 266 der Bundesanstalt für Arbeitsschutz und Unfallforschung. Dortmund 1981, S. 28 und S. 98/99.

59 Auskunft der Berufsgenossenschaft Druck und Papierverarbeitung. Wiesbaden.

60 Hinzu kommt eine um ein Vielfaches der genannten Betriebe größere Waschleistung der Haushalte. Diese Waschprozesse tragen je nach verwendetem Waschmittel zur Wasserverschmutzung, jedoch nicht zur Luftverschmutzung bei.

61 Vgl. Statistisches Jahrbuch der DDR 1983, S. 284.

62 Unterstellt man, daß es in jeder Stadt von 10 000 bis 100 000 Einwohnern je eine und in Großstädten mehrere gibt, so wären das 206 + 30 + 24 (Berlin-Ost) = 260. Da einige größere Betriebe an mehrere Orte liefern könnten, kann die Anzahl auch kleiner sein. In Berlin (Ost) gibt es den VEB Kombinat Rewatex, er umfaßt neben 106 Wohngebietswäschereien moderne Kapazitäten zur chemischen Textilreinigung und hat insgesamt über 3 000 Angestellte. Pro Tag werden rund 12 000 Kleidungsstücke gereinigt zuzüglich der Reinigung von

noch Fußnote 62

    Teppichen. Rewatex erbringt rund 80 vH der Chemischreinigungsleistung von Berlin (Ost) - vgl. Ottokar Strahl: Der VEB Kombinat Rewatex und seine Maßstäbe. In: Textilreinigung. Heft 3/1982, S. 67 ff. Weitere Großbetriebe sind z.B. der VEB Chemischreinigung Bautzen, der VEB Textilreinigung Wernigerode und der VEB Kombinat Textilreinigung Dresden. Bedeutsame Betriebe sind u.a. auch der VEB Fortschritt Rostock, der VEB Textilreinigung Zwickau, der VEB Textilreinigung Halle (1 020 Mitarbeiter), die VEB Textilreinigung Potsdam, Suhl und Neubrandenburg.

63   Vgl. Statistisches Jahrbuch der DDR 1983, S. 283.

64   Vgl. Textilreinigung. Heft 1/1983, S. 3.

65   Nach einer DDR-Angabe entsprechen 3 t Wäsche 9 840 Einzelstücken, das durchschnittliche Gewicht je Wäschestück wäre also gut 300 g (vgl. Hallenser Waschqualitäten. In: Für Dich. Heft 6/1984, S. 29). Da bei der chemischen Reinigung hauptsächlich etwas schwerere Wäschestücke (Anzüge, Mäntel, Kostüme, Kleider) behandelt werden, erschien es ratsam, pro Wäschestück 350 g anzunehmen. 1 kg Anzug würde dann 10,-- M kosten. Bei Berücksichtigung auch der billigeren Sammelwäsche kommt man zu einem Kilopreis von etwa 8,50 M.

66   Angaben errechnet aus den Wertangaben des Jahres 1982 für die DDR-Bezirke. Vgl. Statistisches Jahrbuch der DDR 1983, S. 283.

67   Vgl. Gunter Knofe: Methoden der Qualitätssicherung in der Textilreinigung. In: Dienstleistungen. Heft 1/1984, S. 5 f.

68   Vgl. Peter Fritsche: Lösungsmittel einsparen - aber wie? Erfahrungen des VEB Textilreinigung Neubrandenburg beim Lösungsmittelverbrauch. In: Dienstleistungen. Heft 1/1984, S. 13 f.

69   Vgl. Manfred Richter: Der Expositionsfaktor Schadstofflast durch Lösungsmittel der Chemiereinigung. In: Textilreinigung. Heft 6/1982, S. 175 ff.

70   Vgl. Rüdiger Pannier, Günther Hübner: Kontrolluntersuchungen zur Einhaltung der MAK-Werte in Chemischreinigungen unter Anwendung von Passivdosimetern. In: Dienstleistungen. Heft 1/1984, S. 19/20.

71   Vgl. Rainer Grießhammer/Fritz Vahrenholt/Frank Claus: Formaldehyd. Reinbek 1984, S. 21 ff.

72   Zur Herstellung von Holzspanplatten werden die Späne mit dem Leim vermischt bzw. getränkt und zu einem Säurevlies aufgeschüttet. Anschließend wird die aufgeschichtete und bindende Masse in Heizpressen bei ca. 125°C verpreßt. Zur Produktion von Spanplatten wird - als Reaktion auf die Rohstoffknappheit - immer minderwertigeres Material verwendet, so z.B. Abfallprodukte bestimmter Fruchtarten, etwa Blätter der Kakaopflanze oder Baumrinde. Um dieses Ausgangsmaterial zu Platten zu formen, benötigt man immer mehr formaldehydhaltigen Leim.

73 Faserplatten werden aus Holzfasern, die durch chemisch-technischen Aufschluß von Holz gewonnen werden, mit Hilfe von Bindemitteln hergestellt. Bei diesem Herstellungsverfahren wird weniger Leim verbraucht als bei der Produktion von Spanplatten, da der Ausgangsstoff ausschließlich aus Holz besteht. Faserplatten werden z.Zt. nur in Finnland, Portugal, UdSSR und in der DDR hergestellt.

74 Vgl. Statistisches Jahrbuch der DDR 1983, S. 146.

75 Dieses Ergebnis wird bestätigt von einer anderen Näherungsrechnung: Im Möbelkombinat Ribnitz-Damgarten werden täglich 1 200 Schichtfestmester Holz zu Span- und Faserplatten verarbeitet, das wären pro Jahr 300 000 m^3. Da dieses Kombinat rund ein Fünftel des gesamten Plattenbedarfs der DDR erzeugt, wäre insgesamt das Äquivalent von 1,5 Mill. Schichtfestmeter Holz anzusetzen. Beim Schichtfestmeter bilden allerdings schätzungsweise etwa 10 vH des Volumens Hohlräume, die abzuziehen wären. Nimmt man an, daß etwa ein gleiches Volumen an Leimmenge bei der Spanplattenproduktion hinzugesetzt wird, so entspräche das einem Einsatzvolumen von 1,5 Mill. m^3 Platten. Bei etwas geringerer Leimtrockenmasse wäre der Wert gut 1,4 Mill. m^3. (Vgl. Ostsee-Zeitung vom 30. September 1980, S. 3 sowie: Jede 5. Span- und Faserplatte aus dem Plattenwerk Ribnitz. In: Der Demokrat vom 26. März 1981, S. 1).

76 Die industrielle Produktion von Formaldehyd in der Bundesrepublik wird auf 500 000 t jährlich beziffert. Etwa 70 vH der Aminoplastproduktion, die 240 000 t Formaldehyd benötigt, werden als Leimharze für die Spanplattenproduktion verwendet; das entspräche 170 000 t (vgl. Formaldehyd. Hrsg.: Bundesministerium für Jugend, Familie und Gesundheit, a.a.O., S. 14).

77 Vgl. Holger Dube und Eberhard Kehr: Untersuchungen über die Eigenschaften industriell hergestellter dünner Faserplatten und Spanplatten. In: Holztechnologie. Heft 4/1983, S. 206 ff.

78 Vgl. J. Witthauer: Zur Belastung der Raumluft in Schulen mit Formaldehyd. In: Zeitschrift für die gesamte Hygiene und ihre Grenzgebiete. Heft 9/1984, S. 495.

79 In der DDR ist man seit Anfang der 80er Jahre dazu übergegangen, mit Hilfe neuer konstruktiver Lösungen bei den entsprechenden Maschinen die Plattendicke im Möbelbau auf 10-14 mm zu reduzieren. Es gab sogar Versuche, die Holzplattenstärke auf bis zu 6 mm zu senken. Jedoch hat sich inzwischen eine Plattenstärke von weit unter 10 mm in der Möbelherstellung der DDR nicht durchgesetzt. Dies liegt einerseits an der fehlenden Stabilität extrem dünner Platten und andererseits an der fehlenden Nachfrage auf wichtigen Exportmärkten. Vgl. Holztechnologie. Nr. 1/1982, S. 3 f. und Nr. 4/1983, S. 206 ff.

80 Vgl. Uwe Lahl, Barbara Zeschmar: Formaldehyd - Portrait einer Chemikalie. Freiburg/Breisgau 1984, S. 44; siehe ebenfalls: Formaldehydbericht des Umweltbundesamtes, Berlin, S. 47.

81 Vgl. D. Cornelsen, A. Koch, H. Lambrecht, A. Scherzinger: Konsumgüterversorgung in der DDR und Wechselwirkungen zum innerdeutschen Handel. Beiträge zur Strukturforschung des DIW. Heft 87. Berlin 1985, S. 158 ff.

82 Vgl. Volkswacht vom 25. März 1980, S. 3.

83 Vgl. Berliner Zeitung vom 29. September 1983.

84 Vgl. Sächsische Zeitung vom 21. April 1982, S. 3 und Der Bau. Nr. 16/1983, S. 3.

85 Vgl. Ostsee-Zeitung vom 30. September 1980, S. 3.

86 Vgl. M. K. Schmidt: Neue Formen der Kooperation des Möbelhandels in den Kombinaten der Möbelindustrie. In: Wirtschaftsrecht. Nr. 2/1981, S. 78.

87 Vgl. Statistisches Jahrbuch der DDR 1984, S. 146.

88 Vgl. Statistisches Jahrbuch der DDR 1984, S. 231.

89 Für das VEB Möbelkombinat Ribnitz-Damgarten gibt es den Hinweis, daß pro Jahr 111 500 Schrankwände, 77 300 Polstermöbelgarnituren und 565 000 Stühle erzeugt werden (vgl. Freie Erde vom 14. August 1981, S. 4).- Die Produktion dieses Kombinates hat 1979 ein Sechstel der DDR-Möbelproduktion betragen (vgl. Ostsee-Zeitung vom 17. April 1979, S. 3).

90 Auch Außenwände werden mit Schaumstoffen isoliert. Dabei verwendet man Harnstoff-Formaldehydharzschaum. Vgl. Monika Jennes: Piasol-Schaum dämmt die Wärme an Außenwänden. In: Bei Uns. Heft 1/1984, S. 7.

91 Vgl. J. Witthauer: Zur Belastung der Raumluft in Schulen..., a.a.O., S. 495 ff.

92 Unter MRK versteht man die maximal zulässige Raumluftkonzentration; für sie gibt es in der DDR noch keine gesetzlichen Festlegungen.

93 Vgl. H. Horn/J. Witthauer: Zur Problematik der Festlegung von Grenzwerten für gas- und dampfförmige Luftbeimengungen in Wohn- und Geschäftsbauten. In: Zeitschrift für die gesamte Hygiene und ihre Grenzgebiete. Heft 12/1983, S. 740 ff.- Siehe ebenfalls: Formaldehyd. Hrsg.: Bundesministerium für Jugend, Familie und Gesundheit. A.a.O., S. 174.

94 In der DDR werden folgende Präparate eingesetzt: Fesiaform, Hydraform, Formaldehydlösungen, Kombinal asept und Paraformaldehyd-Tabletten.

95 Vgl. L. Senf, P. Ziegler und G. Schimmel: Untersuchungen zur Formaldehydkonzentration in der Raumluft medizinischer Einrichtungen beim Einsatz formaldehydhaltiger Desinfektionsmittel. In: Zeitschrift für die gesamte Hygiene und ihre Grenzgebiete. Heft 5/1982, S. 313 ff.

96 Vgl. Meyers Enzyklopädisches Lexikon. Mannheim, Wien, Zürich 1977, Bd. 2, S. 678.

97 Die Faser des Chrysotils ist weich, geschmeidig und unelastisch biegsam, sie gehört zu den feinsten bekanntgewordenen Fasern. Chrysotil ist sehr säureempfindlich, aber alkalibeständig; dies unterscheidet sie von Kokydolithasbest und bestimmt wesentlich ihre Anwendungsgebiete. Vgl. Walter Noll: Asbest. A.a.O., S. 68.

98 Kokydolithasbest (Blauasbest) ist nicht in demselben Maße geschmeidig und weich wie Chrysotil, aber doch weniger spröde als andere Vertreter der Amphibolasbeste. Krokydolith ist sehr säurebeständig.

99 Vgl. J. Abshagen: Immissionskonzentrationen. In: Luftqualitätskriterien, Umweltbelastung durch Asbest und andere faserige Feinstäube. Hrsg.: Umweltbundesamt. Berlin 1980, S. 177.

100 Vgl. Außenhandel nach Waren und Ländern, Spezialhandel 1982. Hrsg.: Statistisches Bundesamt Wiesbaden, Fachserie 7, Reihe 2, S. 122 f.

101 Vgl. Asbest, der tödliche Staub. Hrsg.: Arbeitsgruppe des Vereins für Umwelt- und Arbeitsschutz. Bremen, ohne Jahresangabe, S. 22.

102 Vgl. Statistisches Jahrbuch der DDR 1984, S. 243.

103 Im innerdeutschen Handel gleichen sich die gelieferten asbesthaltigen Produkte der beiden Länder ziemlich aus. Die Bundesrepublik lieferte 1982 3 761 t asbesthaltiges Material (Platten aus Asbestzement, Form- und Preßstücke, Druckrohre aus Asbestzement und andere Rohre), die DDR lieferte 3 996 t in die Bundesrepublik - vorwiegend Platten aus Asbestzement und Asbestfasern. Vgl. Warenverkehr mit der DDR und Berlin (Ost), Fachserie 6. Hrsg.: Statistisches Bundesamt Wiesbaden. Stuttgart und Mainz 1982, S. 18 und S. 52.

104 Als Fasern werden Partikel mit einer Länge 5 um und einem Durchmesser 3 um bei einem Verhältnis Länge zu Durchmesser von mindestens 3 : 1 angesehen. Vgl. Stichwort Asbest. In: Gesundheitsschädliche Arbeitsstoffe. Loseblattsammlung, 10. Lieferung. Weinheim 1984.

105 Vgl. J. Abshagen: Immissionskonzentrationen..., a.a.O., S. 125.

106 Ebenda, S. 126.

107 Die Flexplatte besteht aus einer homogenen Mischung aus organischen Bindern (z.B. Asbest) und anorganischen Füllstoffen.

108 Die Vinyl-Platte besteht aus einer PVC-Platte auf Asbest-Pappe.

109 Vgl. B. Thriene, W. Sturm: Epidemiologische Erhebungen und Möglichkeiten der Bekämpfung von Gesundheitsgefahren durch Asbest. In: Zeitschrift für die gesamte Hygiene und ihre Grenzgebiete. Heft 11/1983, S. 685.

110 Vgl. C. Bittersohl: Zur Epidemiologie von Asbeststaub-Inhalationsfolgen in der chemischen Industrie. In: Zeitschrift für die gesamte Hygiene und ihre Grenzgebiete. Heft 6/1984, S. 319 ff.

111 Vgl. B. Thriene, W. Sturm: Epidemiologische Erhebungen..., a.a.O., S. 685.

112 Vgl. Der Neue Weg vom 26. Juni 1981, S. 8.

113 Vgl. V. Hassel, S. Küppersbusch, R. Neuhofer, E. Wesnigk: Chemische Industrie nutzt geeignete Ersatzstoffe für Asbest. In: Arbeit und Arbeitsrecht. Nr. 10/1982, S. 441 ff.

6. Verkehr
6.1. Allgemeiner Überblick
6.1.1. Vorbemerkungen

Die stetige Zunahme der Beförderungs- und Transportleistungen im Personen- und Güterverkehr der DDR sowie vor allem der kontinuierliche Anstieg der individuellen Kraftfahrzeuge haben den Verkehrsbereich zu einem Schadstoffemittenten gemacht, dem wie in westlichen Staaten große Bedeutung beigemessen werden muß. Ende der 70er Jahre schätzten DDR-Wissenschaftler den Anteil des Verkehrswesens an der gesamten Luftverschmutzung der DDR bereits mit etwa einem Viertel ein[1].

Dieser für das Gesamtgebiet der DDR geschätzte Wert ist allerdings für die tatsächliche Belastung der einzelnen Bevölkerungsgruppen und Landschaftsteile durch Emissionen aus dem Verkehrsbereich wenig aussagekräftig, da die Emissionsquellen räumlich sehr unterschiedlich konzentriert sind[2]. Hauptemittent ist der motorisierte Straßenverkehr, der in den Ballungsräumen hochmotorisierter Länder schon in den siebziger Jahren bis zu vier Fünfteln an der jeweiligen gesamten Luftverunreinigung beteiligt war. Die DDR war zu jener Zeit noch kein hochmotorisiertes Land, zu vergleichen etwa mit den Vereinigten Staaten oder der Bundesrepublik Deutschland. Dennoch war nach übereinstimmender Meinung verschiedener DDR-Autoren, die sich auf durchgeführte Messungen berufen, schon in jener Zeit auch in der DDR die Bevölkerung in verkehrsreichen Städten vornehmlich durch Schadstoffe aus Motorabgasen bedroht[3]. Untersuchungen Ende der siebziger Jahre ergaben, daß die Luftverunreinigungen in den städtischen Ballungsgebieten bis zu 50 vH dem Straßenverkehr anzulasten waren[4].

Auch wenn sich diese Schätzungen nur auf hochgerechnete Einzelmessungen gründen, so wird aus ihnen dennoch das Ausmaß der

Schadstoffemissionen, die sich in ihrer Wirkung durch einige Spezifika innerhalb des Verkehrswesens der DDR - auf sie wird in den entsprechenden Kapiteln gesondert eingegangen - noch verstärken, sichtbar. Und wenn in einem in der DDR erschienenen Aufsatz einleitend der in kapitalistischen Ländern weitverbreitete Umweltpessimismus kritisiert und gleichzeitig festgestellt wird, "daß objektiv und real existierende Risiken und Gefährdungen für die Gesundheit bestehen, die um den Preis der gesellschaftlichen und individuellen Existenz eingegangen werden müssen, die aber unter sozialistischen Verhältnissen im Zusammenwirken aller Beteiligten und unter Nutzung aller Möglichkeiten vermindert und auf ein Restrisiko verringert werden können"[5], so drückt das allenfalls die eigene Hilflosigkeit gegenüber den Umweltproblemen bzw. die technischen und ökonomischen Unzulänglichkeiten in der Bekämpfung derselben aus.

Im Gegensatz zu diesen Bekundungen steht auch die Vielfalt der in der DDR zur Umweltproblematik erschienenen Publikationen und vor allem die umfangreiche Gesetzgebung mit dem Ziel, die durch die Emission schädlicher Abgasbestandteile aus Verbrennungsmotoren entstehende Luftverunreinigung in Grenzen zu halten bzw. zu senken. Anstelle einer ausführlichen Beschreibung der gesetzlichen Regelungen soll hier auf einige einschlägige Literaturstellen verwiesen werden[6]. Von besonderer Bedeutung für das Verkehrswesen ist die Zweite Durchführungsbestimmung zur Fünften Durchführungsverordnung zum Landeskulturgesetz - Begrenzung, Überwachung und Verminderung der Emission von Verbrennungsmotoren - vom 23. Jan. 1985 [7]. In ihr ist die Einhaltung der zulässigen Schadstoffemission von Verbrennungsmotoren bei der Herstellung, dem Import, der Instandhaltung, der Haltung oder dem Betreiben von Verbrennungsmotoren sowie Fahrzeugen und Anlagen mit Verbrennungsmotoren geregelt.

6.1.2. Abgrenzung des Verkehrsbereiches

Jede Energieumwandlung in einem Antriebssystem mit Verbrennungsmotor ist mit einer Abgasemission verbunden. Demzufolge sind alle Verkehrsarten bzw. Transport- und Beförderungsmittel in der DDR in die Untersuchung einzubeziehen. Es sind dies

im Personenverkehr
- Öffentlicher Personennahverkehr (S-Bahn, U-Bahn, O-Bus, Bus, Straßenbahn)
- Kraftverkehr (Omnibus, Werkverkehr)
- Eisenbahnverkehr
- Individualverkehr (PKW, Motorräder und -roller, Kleinkrafträder)
- Luftverkehr

und im Güterverkehr
- Eisenbahnverkehr
- Kraftverkehr (öffentlicher Straßenverkehr, Werkverkehr)
- Binnenschiffahrt
- Seeschiffahrt
- Rohrleitungen
- Luftverkehr.

Die elektrisch betriebenen Massenverkehrsmittel (S-Bahn, U-Bahn, O-Bus, elektrifizierte Eisenbahn), bei denen die wesentlichen Schadstoffemissionen im Bereich der Umwandlung von Primär- in Endenergie - in der DDR: Gebrauchsenergie - anfallen, sind im Rahmen dieser Untersuchung im Energiebereich[8] subsumiert. Die vergleichsweise bedeutungslosen Luftfracht- und Rohrleitungsverkehre bleiben aufgrund der Datenlage unberücksichtigt. Der Verkehr mit Dampflokomotiven[9], auf den 1982 noch etwa 4 vH des Gesamtverkehrs der Deutschen Reichsbahn entfielen, wird mangels verfügbarer Daten ebenfalls nicht behandelt. Über den Energieverbrauch der stationären Anlagen des Verkehrsbereiches (Bahnhöfe, Umschlagplätze für den Güterverkehr u.a.m.) liegen hinsichtlich der eingesetzten Brennstoffarten und -mengen sowie der regionalen Verteilung keine Angaben vor.

Gemäß der Liste der Anforderungen von seiten der PHOXA an das bundesweite Emissionskataster und aufgrund der vorhandenen statistischen Informationen ergibt sich somit folgendes Gliederungsschema:

Straßenverkehr	-	Individualverkehr mit PKW, Motorrädern und -rollern sowie Kleinkrafträdern
	-	Omnibusverkehr und Werkverkehr mit Omnibussen
	-	Straßengüterverkehr (öffentlicher Straßenverkehr und Werkverkehr)
Schienenverkehr	-	Personenverkehr
	-	Güterverkehr
Binnenschiffahrt	-	Güterverkehr ohne Küstenschiffahrt
Seeschiffahrt, Seehäfen	-	Verkehr in den Seehäfen der DDR und auf den jeweiligen Schiffahrtsstraßen bis zur Seegrenze
Luftverkehr	-	gewerblicher Luftverkehr
	-	Wirtschaftsflüge in der Land- und Forstwirtschaft.

Der Transitverkehr von und nach Berlin (W) wurde für alle Verkehrsträger - mit Ausnahme des Eisenbahnverkehrs - gesondert ermittelt. Dies erforderte einen erheblichen zusätzlichen Arbeitsaufwand. Ausgewiesen werden die Ergebnistabellen jeweils ohne und einschließlich des Transitverkehrs.

6.1.3. Abgrenzung des Schadstoffbereiches

Die Luftverunreinigungen im Verkehrsbereich sind im wesentlichen auf die Emissionen der mit Verbrennungsmotor arbeitenden Antriebsfahrzeuge zurückzuführen. Von den vier möglichen Emissionen[10]

1. Auspuffgase (Gase, Dämpfe oder Feststoffe wie Blei und Ruß)

2. Kraftstoffdämpfe (Undichtigkeiten der Tanks und der Kraftstoffleitungen)

3. Gase und Dämpfe aus Kurbelgehäuse (Kraftstoff- und Öldämpfe, Auspuffgase)

4. aufgewirbelter Straßenstaub (einschließlich Reifenabtrieb)

werden nur die Auspuffgase als die mit Abstand wichtigste Emission untersucht.

Als Kraftstoff werden den nach dem Otto- bzw. Diesel-Prinzip arbeitenden Motoren Kohlenwasserstoffe ($C_m H_n$) zugeführt. Dabei sind die jeweiligen Kraftstoffe (VK bzw. DK) und Verbrennungsvorgänge sehr unterschiedlich mit der Folge eines sehr voneinander abweichenden Emissionsverhaltens.

Gemeinsam ist beiden Motoren jedoch die mehr oder weniger unvollständige Verbrennung des eingesetzten Kraftstoffes. Bisher wurden in den Abgasen von Verbrennungsmotoren einige hundert chemische Verbindungen mit toxikologischer Wirkung identifiziert. Aus arbeitstechnischen Gründen erfolgt im Rahmen dieser Untersuchung eine zusammengefaßte Beschränkung auf die wichtigsten:

- CO (Kohlenmonoxid)
- NO_x (Stickoxide)
- CH (unverbrannte Kohlenwasserstoffe)
- SO_2 (Schwefeldioxid)
- C (Rußpartikel bei Dieselmotoren)
- Pb (Bleiverbindungen bei Ottomotoren).

Grundsätzlich werden für alle Verkehrsbereiche die Emissionsmengen von SO_2 und NO_x nach Rasterflächen ausgewiesen. Da die Emissionsmengen von SO_2 im Individualverkehr der DDR aufgrund der Fahrzeugstruktur[11] vernachlässigbar gering sind, unterbleibt für diesen Bereich eine gesonderte rastermäßige Erfassung. In den Bereichen, wo es die verfügbare Datenbasis gestattet, werden Rasterdaten auch für CO, CH und Rußpartikel (C) ausgewiesen. Nachrichtlich behandelt werden die hochgiftigen Bleiverbindungen (Pb), die allerdings nur im Individualverkehr eine größere Bedeutung haben.

Abbildung V 1

Übersichtsschema zur Bildung der Abgaskomponenten

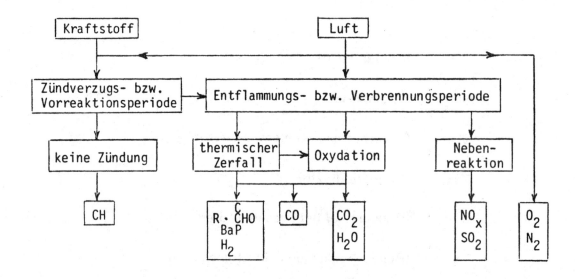

Quelle: Jürgen Sachse: Schadstoffemission von Dieselmotoren. In: Emissionsüberwachung bei Kraftfahrzeugen. Reihe Technik und Umweltschutz. Band 8. Leipzig 1975, S. 106.

6.1.4. Datenbasis und Ablauf der Untersuchung

Im ersten Arbeitsschritt wurde der Gesamtverkehr bestimmt (vgl. Tab. V 1 und V 2). Im Güterverkehr konnten die Zahlen offiziellen DDR-Statistiken[12] entnommen werden. Im Personenverkehr mußten umfangreiche eigene Schätzungen vorgenommen werden. Lediglich die Werte für den öffentlichen Personenverkehr sind den veröffentlichten Statistiken zu entnehmen. Eine amtliche Statistik, die auch den Individualverkehr umfaßt, existiert nicht. Die umfassendsten Untersuchungen auf diesem

Gebiet fanden in der DDR im Rahmen des Systems repräsentativer Verkehrsbefragungen (SrV) statt[13].

Das umfangreiche DDR-Verkehrsarchiv des DIW sowie vor allem die beiden monatlich erscheinenden Zeitschriften "DDR-Verkehr"[14] und "Die Straße"[15] gestatteten es trotz der insgesamt schmalen Datenbasis, ein einigermaßen realistisches Gesamtbild des Personenverkehrs zu ermitteln[16].

Im zweiten Arbeitsschritt mußten die globalen Verkehrsdaten auf die für diese Untersuchung relevanten Rasterflächen umgeschlüsselt werden. Regionale Struktur- und Verkehrsdaten, die relativ einfach auf die Rasterflächen aufzuteilen und dann als Hilfsgrößen für die modelltheoretische Bestimmung von Verkehrsaufkommen bzw. -leistungen zu verwenden wären, liegen nicht vor. Lediglich der Straßengüterverkehr und der öffentliche Personennahverkehr (ÖPNV) werden für die 15 politischen Bezirke ausgewiesen. Auch die Fahrzeugbestände werden nur global (vgl. V 3) veröffentlicht. Auf der Ebene der Rasterflächen mußten für alle Verkehrszweige umfassende Schätzungen vorgenommen werden. Die entsprechenden Ergebnistabellen für die Strukturdaten werden nur für die wichtigsten Bereiche gesondert ausgewiesen. Für alle übrigen Bereiche liegen sie im DIW vor.

Bei der Ermittlung der regionalen Emissionsdaten für den Verkehrsbereich stand der Straßenverkehr im Vordergrund der Betrachtungen. Wie in westlichen Staaten ist der Bestand an Kraftfahrzeugen (V 3) und somit auch die Verkehrsdichte stark angewachsen. Die Menge und der Anteil der Schadstoffe variieren u.a. mit dem Kfz-Typ, der Motorbelastung und -drehzahl sowie den generellen Fahrverhältnissen[17] im Straßennetz (V 4). Nicht zu entnehmen aus den uns zugänglichen DDR-Quellen sind die Zusammensetzung des PKW-, Bus-, LKW- und motorisierten Zweirad-Bestandes nach Fahrzeugtypen, Altersjahrgängen sowie deren regionale Verteilung. "Systematische Kraftstoffverbrauchs- und Emissionsmessungen für die für den Straßenverkehr der DDR repräsentativen Kfz-Typen, Verkehrszusammensetzungen und -abläufe"[18] haben bisher noch nicht stattgefunden.

Die äußerst schmale Datenbasis erforderte also auch hier umfangreiche Schätzungen, was bei der Interpretation der Rasterdaten unbedingt berücksichtigt werden muß.

Zunächst wurden die individuellen Fahrzeugbestände (PKW, Motorräder und -roller sowie Kleinkrafträder) unter Verwendung von in verschiedenen DDR-Publikationen vorliegenden Einzelinformationen[19] und der Bevölkerungszahlen auf die Rasterfelder verteilt. Mit Hilfe von Annahmen über die durchschnittlichen Kfz-Jahresfahrleistungen, die sich auf DDR-Quellen stützen, wurden die Gesamtfahrleistungen für die jeweiligen Fahrzeugbestände ermittelt. Eine Aufteilung des individuellen Straßenverkehrs auf die Kategorien Autobahnen, Stadt- und Landverkehr gemäß PHOXA-Anforderungen konnte mangels verfügbarer Informationen nicht vorgenommen werden. Für die Bestimmung der Emissionen wurde ein Fahrleistungsverhältnis innerorts : außerorts von 45 : 55 unterstellt. Mit einem geschätzten durchschnittlichen Emissionsfaktor für die jeweiligen Schadstoffe[20] wurden die Gesamtemissionen unter Berücksichtigung des Straßennetzes, der Bevölkerungszahlen und der Kfz-Bestände für die Rasterflächen ermittelt.

Ähnlich vorgegangen wurde bei der Erarbeitung der Emissionen für den Straßengüter- und Omnibusverkehr. Für den LKW-Verkehr sind die Verkehrsleistungen auf Bezirksebene in der amtlichen Statistik ausgewiesen. Die weitere Verteilung auf die Rasterflächen wurde anhand der Bevölkerungszahlen vorgenommen.

Der Kraftverkehr mit Omnibussen wird mit Ausnahme des Bus-Nahverkehrs (Anteil an den Verkehrsleistungen (Pkm) des gesamten Kraftverkehrs 1982: 20 vH) nur global ausgewiesen. Der Nahverkehr liegt für die Bezirke der DDR vor. Die Verteilung der Verkehrsleistungen des Busverkehrs auf die Rasterfelder erfolgte getrennt für den Stadtverkehr - Verteilung auf die Städte mit mehr als 10^4 Einwohnern - und für den Omnibusüberlandverkehr gemäß der Bevölkerungszahl und dem Straßennetz in den Rasterfeldern. Die Schadstoffmengen wurden dann analog dem Verfahren beim Individual- und Straßengüterverkehr mit geschätzten durchschnittlichen Emissionsfaktoren[21] ermittelt. Hilfreich für die Bestimmung der Gesamtemissionen im Nutzfahrzeugbereich war vor allem die Vorab-Bestimmung des jeweiligen Dieselkraftstoff(DK)-Verbrauches.

Die Berechnung der Emissionen im Schienenverkehr der Deutschen Reichsbahn (DR) erfolgte getrennt für den Personen- und Güterverkehr. Die Aufteilung der Verkehrsleistungen (Pkm und tkm) auf die Bezirke und Rasterflächen wurde nach Angaben in diversen DDR-Veröffentlichungen, der Länge des Eisenbahnhauptnetzes (Tab. V 4) in den Rasterflächen und der Bevölkerungszahl vorgenommen. Als besonders arbeitsaufwendig erwies sich die Berücksichtigung des elektrifizierten Streckennetzes der DR, auf das knapp drei Zehntel des Haupt- bzw. ein Siebentel des Gesamtnetzes (1983) entfallen. Der Verkehr auf diesem Netzteil mußte ebenso wie der S-Bahn-Verkehr vom Gesamtverkehr der DR streckengenau abgezogen werden. Für die anschließenden Emissionsschätzungen der Dieseltraktion der DR wurde mangels verfügbarer DDR-Angaben die kürzlich vom Ingenieurbüro Löblich für die Bundesrepublik Deutschland erstellte Studie[22] zugrunde gelegt. Ausgewiesen werden nur die aggregierten Ergebnisse (Personen- und Güterverkehr addiert) für den Schienenverkehr.

Tabelle V 1

Entwicklung des Personenverkehrs[1] in der DDR 1960 bis 1983

	1960	1965	1970	1975[6]	1980	1981	1982	1983
	\multicolumn{8}{c}{Beförderte Personen in Mill.}
Beförderungsaufkommen insgesamt	4 388	4 847	5 477	6 620	7 592	7 709	7 785	8 012
Öffentlicher Verkehr	3 599	3 513	3 477	3 820	4 097	4 089	4 059	4 126
Eisenbahn 2)	943	684	626	634	607	601	623	620
Kraftverkehr 3)	688	941	1 137	1 177	1 232	1 215	1 149	1 139
ÖPNV 4)	1 967	1 888	1 714	2 009	2 258	2 272	2 286	2 366
Individualverkehr 5)	789	1 334	2 000	2 784	3 495	3 620	3 726	3 886
	\multicolumn{8}{c}{Struktur in vH}
Beförderungsaufkommen insgesamt	100,0	100,0	100,0	100,0	100,0	100,0	100,0	100,0
Öffentlicher Verkehr	82,0	72,5	63,5	57,9	54,0	53,0	52,1	51,5
Eisenbahn	21,5	14,1	11,4	9,6	8,0	7,8	8,0	7,7
Kraftverkehr	15,7	19,4	20,8	17,8	16,2	15,8	14,8	14,2
ÖPNV	44,8	39,0	31,3	30,5	29,8	29,4	29,3	29,6
Individualverkehr	18,0	27,5	36,5	42,1	46,0	47,0	47,9	48,5
	\multicolumn{8}{c}{Verkehrsleistungen in Mrd. Pkm}
Beförderungsleistungen insgesamt	52,3	64,9	78,5	96,7	107,7	109,3	111,6	114,7
Öffentlichter Verkehr	38,6	38,0	41,3	49,7	51,7	50,8	50,1	50,7
Eisenbahn	21,3	17,4	17,7	21,3	22,0	21,6	22,7	22,6
Kraftverkehr	9,9	13,5	17,3	20,8	20,9	20,1	18,1	18,1
ÖPNV	7,4	7,0	6,3	7,6	8,8	9,1	9,3	10,0
Individualverkehr	13,7	26,9	37,2	47,0	56,0	58,5	61,5	64,0
	\multicolumn{8}{c}{Struktur in vH}
Beförderungsleistungen insgesamt	100,0	100,0	100,0	100,0	100,0	100,0	100,0	100,0
Öffentlicher Verkehr	73,8	58,4	52,6	51,4	48,0	46,5	44,9	44,2
Eisenbahn	40,7	26,8	22,6	22,0	20,4	19,8	20,4	19,7
Kraftverkehr	18,9	20,8	22,0	21,5	19,4	18,4	16,2	15,8
ÖPNV	14,2	10,8	8,0	7,9	8,2	8,3	8,3	8,7
Individualverkehr	26,2	41,6	43,4	48,6	52,0	53,5	55,1	55,8

1) Ohne Binnenschiffahrt und ohne zivile Luftfahrt;- 2) Einschließlich S-Bahnverkehr;- 3) Überlandverkehr mit Kraftomnibussen einschl. Werkverkehr;- 4) Öffentlicher Personennahverkehr (Straßenbahn, Omnibus, Obus, U-Bahn);- 5) Verkehr mit Personen- und Kombinationskraftwagen, Motorrädern und -rollern sowie Kleinkrafträdern;- 6) Durch eine andere Abgrenzung sind Aufkommen und Leistung beim Kraftverkehr und beim ÖPNV nicht mehr vollständig mit den vorhergehenden Jahren vergleichbar.

Quellen: Statistische Jahrbücher der DDR; Berechnungen des DIW.

Tabelle V 2

Entwicklung des Binnengüterverkehrs[1] in der DDR 1960 bis 1983

	1960	1965	1970	1975	1980	1981	1982	1983
	Verkehrsaufkommen in Mill. t							
Transportaufkommen[1] insgesamt	521	622	756	924	1 100	1 064	986	964
Eisenbahn	238	260	263	289	312	315	322	326
Binnenschiffahrt	13	12	14	15	16	17	17	17
Kraftverkehr 2)	270	346	464	588	730	693	608	584
Fernverkehr	7	11	23	35	44	39	31	29
Nahverkehr	263	335	441	553	686	654	577	555
Rohrleitungen	-	4	15	32	42	39	39	37
	Struktur in vH							
Transportaufkommen insgesamt	100,0	100,0	100,0	100,0	100,0	100,0	100,0	100,0
Eisenbahn	45,7	41,9	34,8	31,3	28,4	29,6	32,7	33,8
Binnenschiffahrt	2,5	1,9	1,8	1,6	1,4	1,6	1,7	1,8
Kraftverkehr 2)	51,8	55,6	61,4	63,6	66,4	65,1	61,6	60,6
Fernverkehr	1,3	1,8	3,0	3,8	4,0	3,6	3,1	3,0
Nahverkehr	50,5	53,8	58,4	59,8	62,4	61,5	58,5	57,6
Rohrleitungen	-	0,6	2,0	3,5	3,8	3,7	4,0	3,8
	Verkehrsleistungen in Mrd. tkm							
Transportleistungen insgesamt	40,1	48,4	58,3	73,1	84,6	82,9	77,2	77,0
Eisenbahn	32,9	38,9	41,5	49,7	56,4	55,8	54,0	54,9
Binnenschiffahrt	2,2	2,2	2,4	2,4	2,2	2,4	2,3	2,4
Kraftverkehr 2)	5,0	7,2	12,2	16,7	21,0	19,9	16,2	15,4
Fernverkehr	1,2	2,0	4,3	6,6	8,6	7,7	6,1	5,9
Nahverkehr	3,8	5,2	7,9	10,1	12,4	12,2	10,1	9,5
Rohrleitungen	-	0,1	2,2	4,3	5,0	4,8	4,7	4,3
	Struktur in vH							
Transportleistungen insgesamt	100,0	100,0	100,0	100,0	100,0	100,0	100,0	100,0
Eisenbahn	82,0	80,4	71,2	68,0	66,7	67,3	69,9	71,3
Binnenschiffahrt	5,5	4,5	4,1	3,3	2,6	2,9	3,0	3,1
Kraftverkehr 2)	12,5	14,9	20,9	22,8	24,8	24,0	21,0	20,0
Fernverkehr	3,0	4,1	7,4	9,0	10,2	9,3	7,9	7,7
Nahverkehr	9,5	10,8	13,5	13,8	14,6	14,7	13,1	12,3
Rohrleitungen	-	0,2	3,8	5,9	5,9	5,8	6,1	5,6

1) Ohne Seeschiffahrt und ohne zivile Luftfracht;- 2) Einschließlich Werkverkehr.

Quelle: Statistisches Jahrbuch der DDR 1984.

Tabelle V 3

Entwicklung des Bestandes an zugelassenen Kraftfahrzeugen in der DDR
1960 bis 1983

	Last-kraftwagen	Spezial-fahrzeuge[1]	Omnibusse	Personen-kraftwagen[2]	Motorräder und -roller	Klein-krafträder[3]
1960	117 795	13 943	9 365	298 575	848 004	477 420
1965	146 679	18 917	12 254	661 584	1 187 207	1 144 098
1970	185 888	42 997	16 686	1 159 778	1 374 006	1 538 022
1975	238 904	61 743	20 983	1 880 478	1 362 741	2 075 950
1980	234 148	114 262	51 070	2 677 703	1 304 602	2 217 000
1981	237 311	119 377	51 915	2 811 976	1 303 975	2 359 000
1982	228 368	127 692	53 041	2 921 574	1 302 003	2 500 000
1983	223 186	129 611	53 178	3 019 875	1 306 788	2 500 000

1) Ohne Zugmaschinen und Traktoren.- 2) Einschließlich Kombinationskraftwagen.- 3) Ab 1980 Schätzungen des DIW.

Quellen: Statistische Jahrbücher der DDR; Schätzungen des DIW.

Tabelle V 4

Verkehrswege in der DDR 1960 bis 1983

Länge in km

	1960	1965	1970	1975	1980	1981	1982	1983
Eisenbahnstrecken	16 174	15 930	14 658	14 298	14 248	14 233	14 231	14 226
Hauptbahnen	7 362	7 436	7 365	7 577	7 621	7 639	7 638	7 634
elektrifiziert	708	1 057	1 357	1 454	1 695	1 808	1 930	2 096
Straßennetz			119 931	119 039	120 528			
Autobahnen	1 378	1 390	1 413	1 626 [1]	1 750 [1]	1 783 [1]	1 881	1 881
Fernverkehrsstraßen	10 957	10 992	11 003	11 417	11 356	11 252	11 240	11 258
Bezirksstraßen	33 144	33 338	33 313	34 601 [1]	34 369 [1]	34 424 [1]	34 340	34 242
Kommunale Straßen	--[2]	--[2]	74 202	71 395	73 053	--[2]	--[2]	--[2]
Binnenwasserstraßen	2 644	2 519	2 519	2 538	2 302	2 302	2 319	2 319
Hauptwasserstraßen	1 521	1 521	1 521	1 538	1 546	1 546	1 675	1 675

1) Einschließlich Autobahnanschlußstellen. - 2) Keine Angaben.

Quellen: Statistische Jahrbücher der DDR.

Für die Binnen- und Seeschiffahrt der DDR war es aufgrund der verfügbaren statistischen Informationen relativ unproblematisch, eine strecken- bzw. punktgenaue Abschätzung der jeweiligen Verkehrsleistungen vorzunehmen. Allerdings waren für die Bestimmung der Verkehrsleistungen auf den Seeschiffahrtsstraßen der DDR (Verkehrsleistungen vom Hafen bis zur Seegrenze) gesonderte Berechnungen und Schätzungen notwendig. Für die Bestimmung der Emissionsfaktoren wurde wiederum auf die Überlegungen von Löblich[23] zurückgegriffen.

Die Schätzung der Verkehrsleistungen im Luftverkehr erfolgte unter Verwendung westlicher und östlicher Statistiken. Hinsichtlich der Emissionsfaktoren mußte auf Schätzwerte aus der Bundesrepublik zurückgegriffen werden[24]. Die relativ geringe Bedeutung des Luftverkehrs hinsichtlich seines Anteils an den gesamten Emissionen des Verkehrsbereiches erlaubt es, auf eine rastermäßige Zuordnung der Emissionen zu verzichten.

Der Transitverkehr West-Berlins mit dem Bundesgebiet ist in der Regel in den Verkehrsstatistiken der DDR nicht enthalten. Die Fahrzeugkilometer im Personen- und Güterverkehr wurden daher unter Verwendung westlicher Quellen gesondert geschätzt. Für die Emissionsfaktoren wurde vom durchschnittlichen Emissionsverhalten westlicher Fahrzeuge[25] ausgegangen.

6.1.5. Energie und Kraftstoffe im Verkehrsbereich

Im laufenden Fünfjahrplan der DDR (1981 - 1985) soll der Transportaufwand entschieden gesenkt werden. Die Verringerung des Transportaufwandes soll vor allem zur Energieeinsparung beitragen[26]. Das öffentliche Verkehrswesen (einschließlich Werkverkehr) ist derzeit mit rd. 15 vH am Gebrauchsenergieverbrauch[27] der gesamten Volkswirtschaft beteiligt[28].

Unter Einbeziehung des Individualverkehrs[29] ergibt sich - wie in der Bundesrepublik - sogar ein Anteil von mehr als einem Fünftel[30]. Der Verkehrsbereich ist damit der drittgrößte Energieverbraucher in der Volkswirtschaft der DDR.

Zwei Drittel des gesamten DK-Verbrauches der DDR werden für den Verkehrssektor bereitgestellt. 1982 dürften das knapp 2 Mill. t gewesen sein. Für die traktionären Transportprozesse werden etwa vier Fünftel der Gebrauchsenergie des Verkehrswesens benötigt[31]. Unter Nichteinrechnung des Individualverkehrs werden etwa zwei Fünftel von LKW und Bus und ein Drittel von der Bahn (Güter- und Personenverkehr der DR) beansprucht. Für den Gesamtverbrauch des Individualverkehrs an Vergaserkraftstoffen (VK) liegen keine spezifizierten Angaben vor. Schätzungen für 1980 [32] besagen, daß etwa ein Drittel des gesamten Gebrauchsenergieverbrauches aller Verkehrsträger auf den individuellen Bereich entfällt.

Eine Betrachtung nach Energieträgern ergibt für alle Transportprozesse - Bezugsjahr 1980 - einen Verbrauch von 95 vH flüssigen Kraft- und Brennstoffen und 3 vH Elektroenergie[33]. Der Rest dürften Braunkohle (für die Dampftraktion der Bahn) und gasförmige Energieträger sein.

Für die traktionären Prozesse im Güter- und Personenverkehr dürften aufgrund eigener Schätzungen, die sich auf eine Vielzahl von Informationen in diversen DDR-Quellen[34] stützen, etwa 1 600 Kt DK verbraucht worden sein. Diese verteilen sich auf die Verkehrsarten und -träger wie folgt[35]:

Personenverkehr	- Bus	206 Kt
	- Bahn	160 Kt
	- Werkverkehr	12 Kt
Güterverkehr	- LKW (einschl. Werkverkehr)	640 Kt
	- Bahn	545 Kt
	- Binnenschiffahrt	21,5 Kt.

Der Verbrauch von VK läßt sich insgesamt und in ähnlich spezifizierter Form für die individuellen Verkehrsträger nicht annähernd so genau bestimmen. Der Durchschnittsverbrauch eines PKW (l/100 km) dürfte in der DDR etwa 10 l und die durchschnittliche Jahresfahrleistung (km/PKW/a) rund 10^4 km betragen. Demnach wurden 1982 rund 3 Mrd. l VK[36] von individuellen PKW in der DDR verbraucht.

Der motorisierte Zweiradverkehr der DDR[37] dürfte rund 0,2 bis 0,3 Mrd. l VK beansprucht haben[38]. Eine Umrechnung in kg (l/kg) ist wegen fehlender Angaben über die spezifischen Gewichte des VK in der DDR nicht möglich[39].

Ein Einflußfaktor für den Volumen- oder Masseanteil von Einzelkomponenten im Abgas ist neben vielen anderen - Verbrennungsprozeß (Otto, Diesel), Brennraumform und Gemischbildung, Betriebszustand, Arbeitsverfahren u.a. - auch die Kraftstoffzusammensetzung (Bleizusätze, Aromatengehalt, Schwefelgehalt)[40]. Beim VK haben vor allem die als Antiklopfmittel hinzugefügten Bleiverbindungen sowie die Flüchtigkeit und die Viskosität[41] Rückwirkungen auf die Emissionen. Beim DK ist der SO_2-Ausstoß direkt (proportional) abhängig von der zugeführten Kraftstoffmenge und dem Schwefelgehalt. Da über beide (VK und DK) Qualitäten keine Angaben vorlagen, konnten die Qualitätsparameter nicht explizit berücksichtigt werden. Bei der Abschätzung der SO_2-Emissionen wurde generell ein Schwefelgehalt von 0,5 vH Masse-Anteil zugrunde gelegt.

6.2. Emissionen im Verkehrsbereich

6.2.1. Straßenverkehr

6.2.1.1. Individualverkehr

6.2.1.1.1. PKW-Verkehr

In der DDR waren 1982 rund 2,9 Mill. PKW (Tab. V 3) zugelassen. Davon entfielen etwa 10 vH auf Dienstfahrzeuge mit einer durchschnittlichen Jahresfahrleistung von 24 000 km und 90 vH auf privat genutzte PKW mit einer durchschnittlichen Jahresfahrleistung von 8 500 km[42]. Bei entsprechender Gewichtung ergibt sich eine mittlere Laufleistung von 10^4 km/a.

Zunächst wurde der PKW-Bestand analog zur Bevölkerungszahl auf die Rasterflächen verteilt. Die Angaben über die PKW-Dichten (PKW/1000 Einwohner) nach Gemeindegrößenklassen sind nicht einheitlich. Es kann jedoch angenommen werden, daß in Städten mit mehr als 50^4 Einwohnern die PKW-Dichte geringfügig größer als in kleineren Gemeinden ist. Dies wurde bei der Verteilung entsprechend berücksichtigt (Tab. V 5).

Die Berechnung der Fahrleistungen in den Rasterfeldern erfolgte mehrstufig. Grundsätzlich wurde angenommen, daß die Gesamtfahrkilometer / Fahrzeug sich knapp zur Hälfte auf den Innerorts- bzw. Nahbereich verteilen und der verbleibende Teil über die 50 km-Zone hinausgeht[43]. Entsprechend wurden 45 vH des Gesamtverkehrs gemäß PKW-Bestand auf die Raster verteilt. Da das Straßennetz der DDR (112 km/100 km^2 Gebietsfläche) auch im Vergleich mit westlichen Standards als engmaschig zu bezeichnen ist, erscheint dieses Verfahren vertretbar. Die restlichen 55 vH wurden auf das Fernstraßennetz entsprechend ihrem Streckenanteil in den Rasterfeldern und unter Berücksichtigung des jeweiligen PKW-Bestandes verteilt. Die Addition beider Rechnungen ergab dann die Fahrzeugkilometer / Feld.

Hinsichtlich der Bestimmung der Emissionsfaktoren ergab sich das Problem, daß über die Fahrzeugzusammensetzung der PKW-Flotte (Typen, Altersjahrgänge und andere emissionsrelevante Charakteristika) keine DDR-Quellenhinweise vorliegen. Auch hier muß auf Schätzwerte aus der Bundesrepublik zurückgegriffen werden[44]. In jedem Falle ist zu berücksichtigen, daß die ausgewiesenen Schadstoffemissionen nur Annäherungswerte darstellen.

Unter der Annahme, daß die PKW-Flotte zu zwei Dritteln aus Zweitaktern (Trabant, Wartburg) und zu einem Drittel aus Viertaktern besteht, deren Emissionsverhalten dem europäischen Durchschnitt der 70er Jahre entsprechen dürfte, ergeben sich laut UBA folgende Emissionsfaktoren:

PKW-Emissionsfaktoren (g/km)

		CO	CH	NO_x
2-Takt	innerorts	25	20	0,2
	außerorts	15	15	0,3
4-Takt	innerorts	25	2,5	2,0
	außerorts	15	1,5	3,0
Mittelwerte		20	12	1,0

Bei einer Gesamtfahrleistung von rund 10 000 km je Fahrzeug ergeben sich für 1982 folgende **Gesamtemissionen** (Tab. V 6 bis V 8):

- NO_x : rund 30 Kt
- CO : rund 570 Kt
- CH : rund 350 Kt.

Es wurde versucht, diese groben Schätzwerte durch DDR-Quellen abzusichern bzw. zu ergänzen.

Nach älteren DDR-Informationen[45] beträgt bei einem Verbrauch von 1 000 kg (ca. 1 400 l) VK die Emission der Hauptschadstoffe

- NO_x 9 kg
- CO 400 kg
- CH 75 kg.

Bedingt durch die prinzipiellen Arbeitsunterschiede, beträgt das Verhältnis von Viertakt- zu Zweitaktmotoren bei CH etwa 1 : 4, bei NO_x dagegen 10 : 1 [46]. Bei NO_x wären die in dieser Studie ermittelten Schadstoffmengen mithin abgesichert, die CH-Emissionen jedoch zu hoch eingeschätzt. Berücksichtigt man, daß die Grenzwerte[47] in g/Test[48] für CO-Emissionen auch in der DDR drastisch gesenkt wurden[49], erscheint die für 1982 geschätzte CO-Emission ebenfalls abgestützt. Die relativ hohen CH-Emissionen des Autoverkehrs in der DDR dürften in absehbarer Zeit nicht fühlbar gesenkt werden können. "Die eindeutig nur im Sinne des 4-Takt-Motorenbaues abgefaßte ECE-Regelung Nr. 15 hat für den 2-Takt-Motor so harte CH-Grenzwerte, als würde man vom 4-Takt-Motor etwa die Einhaltung von 2 g NO_x/Test" (heute 12 g/Test) fordern[50]. Eine summarische Bewertung von CH und NO_x - ein möglicher Grenzwert wäre in der Klasse der "Trabant" und "Wartburg" etwa 15 bis 20 g/Test -, wie in der ECE diskutiert, wäre für 2-Takt-Motoren in absehbarer Zeit nicht realisierbar[51].

In einer anderen DDR-Quelle[52] werden Angaben über die giftigen und schädlichen Abgaskomponenten in kg/1000 l des im Motor verbrannten Kraftstoffes gemacht. Dabei werden die Schadstoffemissionen eines Ottodenen eines Dieselmotors gegenübergestellt (in kg/1000 l des verbrannten Kraftstoffes). Da nicht ersichtlich ist, ob die dort angegebenen Schätzwerte repräsentativ für die Fahrzeugflotte der DDR sind, können sie nicht als Vergleichsmaßstab für die in dieser Studie geschätzten Emissionsmengen herangezogen werden.

Bezüglich anderer Schadstoffe - z.B. SO_2 und Blei(Pb)-Verbindungen - sind genaue Angaben nicht verfügbar. Da Diesel-PKW in der DDR keine große Rolle spielen, dürften die SO_2-Emissionen vernachlässigbar gering sein. Hinsichtlich des Ausstoßes von Bleistaub und -verbindungen sind aktuelle Daten aus der DDR nicht verfügbar. In zeitlich zurückliegenden Publikationen[53] ist - ausgehend von den Schadstoffemissionen der Diesel- und Ottomotoren der Kraftfahrzeuge im Gebiet der DDR 1972 - eine Gesamtschadstoffmenge von 500 t Blei ausgewiesen. Unter Berücksichtigung des veränderten Fahrzeugbestandes - mit VK betrieben - würde das unter sonst unveränderten Annahmen - wie Bleigehalt - etwa 1 000 t Blei für das Jahr 1982 bedeuten. In einer anderen Quelle[54] sind 0,4 g Pb/l angegeben. Dies würde den geschätzten Pb-Wert von rund 1 000 t bestätigen[55].

Beim Transitverkehr von und nach Berlin (W) wurde vom emissionsrelevanten Fahrverhalten westlicher Fahrzeuge - mittlere Fahrgeschwindigkeit 90 bis 100 km/h - ausgegangen (Tab. V 10). Die Emissionen auf den Transitwegen wurden entsprechend ihrem jeweiligen Anteil an den gesamten Verkehrsleistungen im Transit von Berlin (W) verteilt und unter Berücksichtigung der Transitstreckenlänge in den Rasterflächen zu den Emissionswerten des DDR-Verkehrs (Tab. V 6 bis V 8) hinzuaddiert (Tab. V 10 bis V 12).

Bei der Interpretation der vorgelegten Schätzungen für den PKW-Verkehr - wie auch bei allen anderen Verkehrsträgern und -arten - ist zu beachten, daß sowohl die Bestimmung der Gesamtemissionen als auch die Verteilung auf die Rasterfelder nur auf Annahmen beruhen. Ist die Verkehrssituation in den Ballungsgebieten, deren Verkehrsabläufe sehr viel stockender und zähflüssiger sind, nicht richtig eingeschätzt, dann würden sich die Emissionsmengen in den entsprechenden Katasterflächen überproportional

Tabelle V 5

Regionale Strukturdaten des Verkehrs:
PKW[1]-Bestand 1982

	A	B	C	D	E	F	G	H	I	K
1							1 468	3 305		
2					192	5 284	19 419	2 002		
3			164	6 487	53 096	6 949	18 362	10 289	182	
4		1 095	11 110	15 188	13 748	6 588	8 946	9 123	2 861	
5		497	19 959	14 585	5 170	12 298	16 718	5 763	7 754	
6		4 289	7 708	11 959	5 700	4 833	13 360	9 387	6 978	
7		54	2 624	7 270	6 104	5 881	3 533	5 945	14 782	
8		753	6 526	11 577	6 792	9 593	10 809	18 073	2 375	
9		426	9 136	15 005	12 587	8 922	72 541	99 079	9 987	1 077
10			9 113	14 693	12 428	23 574	49 564	94 839	15 852	14 088
11		1 684	13 065	69 382	5 993	6 447	12 496	12 521	6 097	11 023
12		16 153	25 572	27 278	34 084	19 737	8 098	7 071	20 004	8 173
13	980	15 818	21 744	26 248	45 225	14 626	9 198	12 898	35 950	8 568
14	17 609	16 615	20 555	40 687	149 357	34 973	28 278	21 234	28 097	17 124
15	15 374	14 612	29 300	24 912	50 138	29 290	26 512	113 827	32 114	37 298
16	29 370	38 737	49 057	37 888	60 448	79 660	59 415	55 033	9 843	21 001
17	15 852	30 978	25 131	17 013	43 765	71 658	30 679	2 712		
18	710	9 946	12 790	5 625	35 041	14 989	1 231			
19		216			329					
20	79 895	151 873	263 554	345 797	540 197	355 302	390 627	483 101	192 876	118 352

Summe DDR: 2 921 574

1) Einschließlich Kombinationskraftwagen.

Quellen: Statistisches Jahrbuch der DDR 1983, Berechnungen des DIW.

Tabelle V 6

Regionale NO$_x$-Emissionen bei PKW (ohne Transitverkehr)
in t

	A	B	C	D	E	F	G	H	I	K
1							5	44		
2					1	83	166	55		
3			1	71	314	25	178	133	49	
4		20	166	167	203	152	225	193	91	
5		46	175	148	173	156	236	101	60	
6		64	108	241	191	125	241	162	147	
7			74	138	222	91	77	127	243	
8		3	104	138	153	188	167	329	89	
9		2	97	150	222	128	422	521	148	52
10			65	165	187	266	324	552	193	161
11		22	185	480	190	272	205	309	215	136
12			186	268	274	372	309	222	290	214	126
13	3	169	190	238	410	293	258	166	333	155
14	173	188	202	258	825	345	262	324	245	174
15	87	229	249	266	476	343	373	714	347	294
16	265	322	375	303	444	579	414	341	99	187
17	137	255	218	245	393	490	334	42		
18	3	68	126	96	267	102	20			
19		1			1					
20	668	1 573	2 602	3 378	5 041	3 949	4 130	4 405	2 472	1 284

Summe DDR: 29 502

Quelle: Berechnungen des DIW.

Tabelle V 7

Regionale CO-Emissionen bei PKW (ohne Transitverkehr)

in t

	A	B	C	D	E	F	G	H	I	K
1							165	778		
2					22	1 406	3 403	834		
3			18	1 339	7 543	782	3 487	2 376	629	
4		326	2 847	3 130	3 495	2 365	3 442	3 056	1 337	
5		610	3 557	2 859	2 530	2 805	4 114	1 663	1 278	
6		1 092	1 882	3 848	2 792	1 910	3 939	2 680	2 327	
7		6	1 107	2 239	3 217	1 540	1 209	2 008	4 072	
8		85	1 749	2 520	2 388	3 027	2 840	5 375	1 282	
9		48	1 840	2 906	3 649	2 222	10 230	13 270	2 545	730
10			1 431	3 074	3 198	4 952	7 442	13 375	3 501	2 979
11		392	3 215	10 741	2 798	3 864	3 436	4 751	3 122	2 458
12		3 441	5 110	5 302	7 001	5 238	3 347	4 137	4 050	2 137
13	110	3 201	3 867	4 780	8 227	4 690	3 877	2 966	6 629	2 533
14	3 375	3 493	3 936	5 998	20 496	6 722	5 211	5 528	4 988	3 347
15	2 136	3 877	5 123	5 036	9 388	6 313	6 500	16 702	6 549	6 226
16	5 334	6 685	8 049	6 386	9 682	12 682	9 241	8 018	1 919	3 784
17	2 798	5 312	4 451	4 241	7 914	11 025	6 293	711		
18	80	1 525	2 454	1 593	5 742	2 295	341			
19		24			37					
20	13 833	30 117	50 638	65 992	100 118	73 839	78 519	88 228	44 229	24 195

Summe DDR: 569 707

Quelle: Berechnungen des DIW.

Tabelle V 8

Regionale CH-Emissionen bei PKW (ohne Transitverkehr)

in t

	A	B	C	D	E	F	G	H	I	K
1							93	490		
2					12	896	2 070	548		
3			10	831	4 439	439	2 144	1 493	434	
4		210	1 808	1 943	2 218	1 541	2 253	1 983	884	
5		416	2 169	1 765	1 676	1 761	2 603	1 067	771	
6		693	1 190	2 409	1 851	1 252	2 531	1 718	1 509	
7		3	728	1 444	2 138	980	786	1 303	2 602	
8		48	1 115	1 575	1 554	1 956	1 808	3 457	853	
9		27	1 139	1 791	2 342	1 407	6 012	7 725	1 615	490
10			857	1 912	2 032	3 081	4 421	7 861	2 191	1 855
11		247	2 034	6 413	1 850	2 582	2 195	3 106	2 073	1 540
12		2 145	3 161	3 269	4 345	3 337	2 199	2 762	2 510	1 360
13	62	1 983	2 357	2 923	5 030	3 033	2 550	1 864	4 060	1 628
14	2 077	2 174	2 423	3 553	11 986	4 139	3 191	3 515	3 039	2 065
15	1 252	2 470	3 115	3 120	5 762	3 940	4 111	9 884	4 061	3 761
16	3 260	4 057	4 849	3 863	5 812	7 606	5 522	4 739	1 184	2 310
17	1 704	3 221	2 712	2 686	4 835	6 576	3 906	453		
18	45	909	1 511	1 021	3 459	1 368	218			
19		14			21					
20	8 400	18 616	31 178	40 597	61 360	45 894	48 613	53 968	27 786	15 009

Summe DDR: 351 422

Quelle: Berechnungen des DIW.

Tabelle V 9

Transitverkehr mit PKW zwischen Berlin (West) und dem Bundesgebiet 1982

Grenzübergänge	PKW-km in 1000	SO_2 in t	NO_x in t	CO in t	CH in t	Pb in t
Horst/Lauenburg[1]	154 844	8	495	681	118	1,394
Marienborn/Helmstedt	488 592	24	1 563	2 149	371	4,397
Wartha/Herleshausen	35 255	2	113	155	27	0,317
Hirschberg/Rudolphstein	326 388	16	1 044	1 436	248	2,937
Insgesamt	1 005 079	50	3 215	4 421	764	9,045

Emissionsfaktoren (g/km):
SO_2: 0,05
NO_x: 3,2
CO : 4,4
CH : 0,76
Pb : 0,009

1) ab 20. November 1982 Gudow/Zarrentin.

Quellen: Verkehrsberichte des Senators für Wirtschaft und Verkehr; ADAC; UBA; Löblich; Berechnungen des DIW.

Tabelle V 10

Regionale NO$_x$-Emissionen bei PKW (einschließlich Transitverkehr)

in t

	A	B	C	D	E	F	G	H	I	K
1								5	44	
2					1	83	166	55		
3			1	71	314	25	178	133	49	
4		20	166	167	203	152	225	193	91	
5		46	175	148	173	156	236	101	60	
6		119	163	296	191	125	241	162	147	
7		0	74	138	277	91	77	127	243	
8		3	104	138	208	243	167	329	89	
9		2	97	150	222	183	477	521	148	52
10			65	165	500	579	750	552	193	161
11		22	498	793	190	385	205	309	215	136
12		186	268	274	485	422	222	290	214	126
13	3	169	190	238	523	293	258	166	333	155
14	173	188	202	258	938	345	262	324	245	174
15	96	229	249	266	589	343	373	714	347	294
16	265	331	384	312	557	579	414	341	99	187
17	137	255	218	349	393	490	334	42		
18	3	68	126	200	267	102	20			
19		1			1					
20	677	1 639	2 980	3 963	6 032	4 596	4 610	4 403	2 473	1 285

Summe DDR: 32 658

Quelle: Berechnungen des DIW.

Tabelle V 11

Regionale CO-Emissionen bei PKW (einschließlich Transitverkehr)

in t

	A	B	C	D	E	F	G	H	I	K
1							165	778		
2					22	1 406	3 403	834		
3			18	1 339	7 543	782	3 487	2 376	629	
4		326	2 847	3 130	3 495	2 365	3 442	3 056	1 337	
5		610	3 557	2 859	2 530	2 805	4 114	1 663	1 278	
6		1 168	1 958	3 924	2 792	1 910	3 939	2 680	2 327	
7		6	1 107	2 315	3 293	1 540	1 209	2 008	4 072	
8		85	1 749	2 540	2 464	3 103	2 840	5 375	1 282	
9		48	1 840	2 906	3 649	2 298	10 306	13 270	2 545	730
10			1 431	3 074	3 628	5 382	8 029	13 375	3 501	2 979
11		392	3 645	11 171	2 798	4 021	3 436	4 751	3 122	2 458
12		3 441	5 110	5 302	7 158	5 382	3 347	4 137	4 050	2 137
13	110	3 201	3 867	4 780	8 384	4 690	3 877	2 966	6 629	2 533
14	3 375	3 493	3 936	5 998	20 653	6 722	5 211	5 528	4 988	3 347
15	2 149	3 877	5 123	5 036	9 545	6 313	6 500	16 702	6 549	6 226
16	5 334	6 698	8 062	6 399	9 840	12 682	9 241	8 018	1 919	3 784
17	2 798	5 312	4 451	4 385	7 941	11 025	6 293	711		
18	80	1 525	2 454	1 737	5 742	2 295	341			
19		24			37					
20	13 846	30 206	51 155	66 895	101 514	74 721	79 180	88 228	44 228	24 194

Summe DDR: 574 167

Quelle: Berechnungen des DIW.

Tabelle V 12

Regionale CH-Emissionen bei PKW (einschließlich Transitverkehr)

in t

	A	B	C	D	E	F	G	H	I	K
1							93	490		
2					12	896	2 070	548		
3			10	831	4 439	439	2 144	1 498	434	
4		210	1 808	1 943	2 218	1 541	2 253	1 983	884	
5		416	2 169	1 765	1 676	1 761	2 603	1 067	771	
6		706	1 203	2 502	1 851	1 252	2 531	1 718	1 509	
7		3	728	1 457	2 151	980	786	1 303	2 602	
8		48	1 115	1 575	1 567	1 969	1 808	3 457	853	
9		27	1 139	1 791	2 342	1 420	6 025	7 725	1 615	490
10			857	1 912	2 106	3 155	4 522	7 861	2 191	1 855
11		247	2 108	6 487	1 850	2 609	2 195	3 106	2 073	1 540
12		2 145	3 161	3 269	4 372	3 364	2 199	2 762	2 510	1 360
13	62	1 983	2 357	2 923	5 057	3 033	2 550	1 864	4 060	1 628
14	2 077	2 174	2 423	3 553	12 013	4 139	3 191	3 515	3 039	2 065
15	1 254	2 470	3 115	3 120	5 789	3 940	4 111	9 884	4 061	3 761
16	3 260	4 059	4 851	3 865	5 839	7 606	5 522	4 739	1 184	2 310
17	1 704	3 221	2 712	2 711	4 835	6 576	3 906	453		
18	45	909	1 511	1 046	3 459	1 368	218			
19		14			21					
20	8 402	18 632	31 267	40 750	61 597	46 048	48 727	53 973	27 786	15 009

Summe DDR: 352 191

Quelle: Berechnungen des DIW.

zum Schätzfehler verändern. Beispiel[56]: Der Kraftstoffverbrauch erhöht sich bei von 50 km/h auf 30 km/h verminderter Geschwindigkeit ($\bar{V}$) - verbunden mit Halten und Anfahren - motortypabhängig um 15 bis 30 vH. Verringert sich $\bar{V}$ auf 20 km/h, beträgt die VK-Zunahme rund 50 vH. Die CH-Emissionen erhöhen sich beispielsweise bei Senkung der $\bar{V}$ von 50 auf 10 km/h um das Vierfache, ebenso wie die CO-Abgaskomponenten. Die Pb-Emission würde sich bei etwa dreifachem VK-Verbrauch verdreifachen.

Ist diese beispielhaft gewählte $\bar{V}$- Reduzierung verkehrsbedingt und die Verkehrsdichte - hypothetisch betrachtet - fünfmal so groß, dann ergibt sich bei $\bar{V}$ = 10 km/h eine etwa 20- und 14-fache Emission von CH / CO bzw. Pb. Die Belegung (Kfz/h) und die entsprechende Verkehrsleistung (Kfz·km/h) können bei beiden Geschwindigkeiten gleich sein[57]. Bei $\bar{V}$ = 1 km/h und dann etwa 7-facher Verkehrsdichte ergäbe sich eine 200-fache CO/CH-Emission, die 100-fache Pb-Emission bei 15-fachem VK-Verbrauch[58]. Aus dieser Betrachtung wird deutlich, wie wichtig - neben vielen anderen Faktoren - einerseits die annähernd richtige Einschätzung der Verkehrsleistungen in den Ballungsgebieten für die Bestimmung der emittierten Schadstoffmengen ist und wie andererseits aber auch - selbst bei gleichen Verkehrsleistungen -, bedingt durch einen unterschiedlichen Verkehrsfluß, die Schadstoffmengen verschiedener Ballungsgebiete voneinander abweichen können.

6.2.1.1.2. Motorisierter Zweiradverkehr

Grundsätzlich erfolgte die Bestimmung dieses Teils des Individualverkehrs, getrennt für Fahrzeuge mit größerem oder kleinerem Hubraum als 50 cm^3, in ähnlicher Form wie beim PKW. Allerdings lagen für die Verteilung des Bestandes an Motor- und Kleinkrafträdern differenziertere Angaben hinsichtlich der Ausstattung der Haushalte in unterschiedlichen Gemeindegrößenklassen vor. Der Ausstattungsgrad der Haushalte in ländlichen Gebieten ist in beiden Fahrzeugkategorien am höchsten und nimmt mit zunehmender Stadtgröße ab. Bereinigt man diese Differenzen um die in Großstadthaushalten durchschnittlich geringere Zahl von Personen / Haushalt, dann sind die Unterschiede (Kfz / 1000 Einwohner) zwar nicht mehr so groß, aber immer noch signifikant. Die Verteilung der Fahrzeuge wurde entsprechend vorgenommen (Tab. V 13 und V 19).

Die Ermittlung der durchschnittlichen jährlichen Laufleistung der Fahrzeuge war insofern schwierig, als in der relevanten DDR-Literatur[59] sehr unterschiedliche Angaben, die von etwa 2 000 bis 5 000 km reichen, zu finden sind. Für Kleinkrafträder wurde hier eine mittlere jährliche Fahrzeugkilometerleistung von 1 750 km und für Motorräder und -roller von 3 500 km angenommen.

Für die Verteilung der Jahresfahrzeugleistungen auf die Rasterflächen wurde die Überlegung zugrunde gelegt, daß motorisierte Zweiräder wegen ihrer - gegenüber dem PKW - erheblich niedrigeren Laufleistung kaum für längere Urlaubsreisen oder andere Fernfahrten genutzt werden. Die Fahrten fallen zum überwiegenden Teil am Wohnort des Fahrzeughalters an. Aufgrund des engmaschigen Straßennetzes erscheint es deshalb vertretbar, die gesamten Fahrzeugkilometer analog zu den Bestandszahlen auf die Rasterflächen zu verteilen.

Für die Emissionsberechnungen mußte ähnlich wie beim PKW von vereinfachenden Annahmen ausgegangen werden. Repräsentative, die Fläche und die Fahrzeugstruktur - Größen, Typen, Altersjahrgänge - abdeckende Emissionsmessungen haben noch nicht stattgefunden.

Als Emissionsfaktoren wurden deshalb die ECE-Grenzwertregelungen Nr. 40 - für Motorräder - und Nr. 47 - für Mopeds - benutzt[60]:

Emissionsfaktoren[61] für motorisierte Zweiräder (g/km)

		CO	CH
Mopeds	(kleiner als 50 cm^3)	10	7
Motorräder	(größer als 50 cm^3)	35	17

Die Höhe dieser Grenzwerte - ermittelt nach dem Europäischen Fahrzyklus-Abgastest (EFA) unter Anwendung der sogenannten CVS-Methode - wurde nach dem technologischen Stand der Zweiradproduktion festgelegt. "Das berechtigt zu der Einschätzung, daß sie mit geringen Anstrengungen durch die gegenwärtige Produktion, auch in der DDR, erfüllt werden können"[62].

Für NO_x liegen keine Grenzwerte oder Meßergebnisse vor. Die NO_x-Gesamtemissionen dürften vernachlässigbar gering sein, da bei Motorrädern mit Zweitaktmotoren ähnlich wie bei PKW-Zweitaktern[63] gegenüber Viertaktern deutliche Vorteile bestehen.

Es ergeben sich folgende **Gesamtschadstoffmengen** (Tab. V 14 und 15 bzw. 20 und 21):

Motorräder	- CO	160 Kt
	- CH	77 Kt
Kleinkrafträder	- CO	44 Kt
	- CH	31 Kt.

Diese geschätzten Schadstoffmengen können nicht mit DDR-eigenen Untersuchungen konfrontiert werden. Es fand sich ein Hinweis, daß die

Tabelle V 13

Regionale Strukturdaten des Verkehrs:

Bestand an Motorrädern und -rollern 1982

	A	B	C	D	E	F	G	H	I	K
1							893	1 461		
2					117	2 754	8 723	1 218		
3			100	3 486	16 718	4 228	8 025	4 728	111	
4		666	5 761	7 285	6 539	3 575	4 805	4 795	1 741	
5		302	7 296	6 025	3 145	5 806	7 689	3 506	3 745	
6		2 162	4 185	5 916	3 468	2 940	6 098	4 840	3 661	
7		33	1 596	3 883	3 258	3 083	2 150	3 116	6 308	
8		458	3 133	5 878	3 756	4 877	6 138	8 675	1 445	
9		259	5 069	7 014	6 050	4 994	24 332	32 014	5 662	655
10			4 802	7 434	6 090	10 655	16 729	29 325	7 784	5 530
11		1 024	7 311	22 574	3 646	3 922	6 598	7 618	3 709	4 900
12		7 812	12 748	13 577	12 640	9 659	4 453	4 302	8 385	3 648
13	596	7 877	11 331	13 721	20 964	8 112	5 596	6 962	14 460	4 223
14	9 607	9 240	11 260	18 818	48 923	14 784	13 854	10 935	13 329	8 721
15	7 747	8 279	13 184	12 856	24 354	16 300	14 748	38 971	16 767	18 516
16	14 888	18 010	18 333	15 609	24 141	33 250	24 233	23 308	5 535	10 802
17	8 692	15 028	12 844	9 274	21 265	32 436	16 411	1 650		
18	432	5 607	6 719	3 422	16 287	8 488	749			
19		131			200					
20	41 962	76 888	125 672	156 772	221 561	169 863	172 224	187 424	92 642	56 995

Summe DDR: 1 302 003

Quellen: Statistisches Jahrbuch der DDR 1983; Berechnungen des DIW.

Tabelle V 14

Regionale CO-Emissionen bei Motorrädern und -rollern (ohne Transitverkehr)

in t

	A	B	C	D	E	F	G	H	I	K
1							109	179		
2					14	337	1 069	149		
3			12	427	2 048	518	983	579	14	
4		82	706	892	801	438	589	587	213	
5		37	894	738	385	711	942	429	459	
6		265	513	725	425	360	747	593	448	
7		4	195	476	399	378	263	382	773	
8		56	384	720	460	597	752	1 063	177	
9		32	621	859	741	612	2 981	3 922	694	80
10			588	911	746	1 305	2 049	3 592	953	677
11		125	896	2 765	447	480	808	933	454	600
12		957	1 562	1 663	1 548	1 183	545	527	1 027	447
13	73	965	1 388	1 681	2 568	994	685	853	1 771	517
14	1 177	1 132	1 379	2 305	5 993	1 811	1 697	1 339	1 633	1 068
15	949	1 014	1 615	1 575	2 983	1 997	1 807	4 774	2 054	2 268
16	1 824	2 206	2 246	1 912	2 957	4 073	2 968	2 855	678	1 323
17	1 065	1 841	1 573	1 136	2 605	3 973	2 010	202		
18	53	687	823	419	1 995	1 040	92			
19		16			24					
20	5 141	9 419	15 395	19 204	27 139	20 807	21 096	22 958	11 348	6 980

Summe DDR: 159 487

Quelle: Berechnungen des DIW.

Tabelle V 15

Regionale CH-Emissionen bei Motorrädern und -rollern (ohne Transitverkehr)

in t

	A	B	C	D	E	F	G	H	I	K
1							53	87		
2					7	164	519	72		
3			6	207	995	252	477	281	7	
4		40	343	433	389	213	286	285	104	
5		18	434	358	187	345	457	209	223	
6		129	249	352	206	175	363	288	218	
7		2	95	231	194	183	128	185	375	
8		27	186	350	223	290	365	516	86	
9		15	302	417	360	297	1 448	1 905	337	39
10			286	442	362	634	995	1 745	463	329
11		61	435	1 343	217	233	393	453	221	291
12		465	758	808	752	575	265	256	499	217
13	35	469	674	816	1 247	483	333	414	860	251
14	572	550	670	1 120	2 911	880	824	651	793	519
15	461	493	784	765	1 449	970	877	2 319	998	1 102
16	886	1 072	1 091	929	1 436	1 978	1 442	1 387	329	643
17	517	894	764	552	1 265	1 930	976	98		
18	26	334	400	204	969	505	45			
19		8			12					
20	2 497	4 577	7 477	9 327	13 181	10 107	10 246	11 151	5 513	3 391

Summe DDR: 77 467

Quelle: Berechnungen des DIW.

Tabelle V 16

Transitverkehr mit Motorrädern zwischen Berlin (West) und dem Bundesgebiet 1982

Grenzübergänge	Krad-km in 1000	NO_x in t	CO in t	CH in t
Horst/Lauenburg[1]	3 715	4,1	130	2,0
Marienborn/Helmstedt	6 049	6,6	212	3,3
Wartha/Herleshausen	430	0,5	15	0,2
Hirschberg/Rudolphstein	3 475	3,8	122	1,9
Insgesamt	13 669	15,0	479	7,4

Emissionsfaktoren (g/km):
NO_x: 1,1
CO : 35
CH : 0,55

1) ab 20. November 1982 Gudow/Zarrentin.

Quellen: Verkehrsberichte des Senators für Wirtschaft und Verkehr; ADAC; UBA; Berechnungen des DIW.

Tabelle V 17

Regionale CO-Emissionen bei Motorrädern und -rollern

(einschließlich Transitverkehr)

in t

	A	B	C	D	E	F	G	H	I	K
1							109	179		
2					14	337	1 069	149		
3			12	427	2 048	518	983	579	14	
4		82	706	892	801	438	589	587	213	
5		37	894	738	385	711	942	429	459	
6		279	527	739	425	360	747	593	448	
7		4	196	490	413	378	263	382	773	
8		56	384	720	474	611	752	1 063	177	
9		31	621	859	741	626	2 995	3 922	694	80
10			588	911	781	1 340	2 097	3 592	954	677
11		125	931	2 800	447	493	808	933	454	600
12		957	1 562	1 663	1 561	1 196	545	527	1 027	447
13	73	965	1 388	1 681	2 581	994	686	853	1 771	517
14	1 177	1 132	1 379	2 305	6 006	1 811	1 697	1 340	1 633	1 068
15	950	1 014	1 615	1 575	2 996	1 997	1 807	4 774	2 054	2 268
16	1 824	2 207	2 247	1 913	2 970	4 073	2 969	2 855	678	1 323
17	1 065	1 841	1 573	1 148	2 605	3 973	2 010	202		
18	53	687	823	431	1 995	1 040	92			
19		16			25					
20	5 142	9 433	15 446	19 292	27 268	20 896	21 160	22 959	11 349	6 980

Summe DDR: 159 925

Quelle: Berechnungen des DIW.

Tabelle V 18

Regionale CH-Emissionen bei Motorrädern und -rollern

(einschließlich Transitverkehr)

in t

	A	B	C	D	E	F	G	H	I	K
1							53	87		
2					7	164	519	72		
3			6	207	995	252	477	281	7	
4		40	343	433	389	213	286	285	104	
5		18	434	358	187	345	457	209	223	
6		129	249	352	206	175	363	288	218	
7		2	95	231	194	183	128	185	375	
8		27	186	350	224	290	365	516	86	
9		15	302	417	360	297	1 448	1 905	337	39
10			286	442	363	634	996	1 745	463	329
11		61	435	1 344	217	233	393	453	221	292
12		465	759	808	752	575	265	256	499	217
13	35	469	674	816	1 247	483	333	414	860	251
14	572	550	670	1 120	2 911	880	824	651	793	519
15	461	493	784	765	1 449	970	878	2 319	998	1 102
16	886	1 072	1 091	929	1 436	1 978	1 442	1 387	329	643
17	517	894	764	552	1 265	1 930	976	98		
18	26	334	400	204	969	505	45			
19		8			12					
20	2 497	4 577	7 478	9 328	13 183	10 107	10 248	11 151	5 513	3 492

Summe DDR: 77 574

Quelle: Berechnungen des DIW.

Tabelle V 19

Regionale Strukturdaten des Verkehrs:

Bestand an Kleinkrafträdern 1982

	A	B	C	D	E	F	G	H	I	K
1							1 715	2 807		
2					224	5 288	16 749	2 339		
3			191	6 695	32 099	8 118	15 410	9 080	212	
4		1 279	11 062	13 988	12 557	6 866	9 227	9 207	3 342	
5		581	14 048	11 528	6 040	11 148	14 764	6 733	7 192	
6		4 151	8 036	11 358	6 658	5 646	11 707	9 291	7 030	
7		64	3 065	7 457	6 256	5 920	4 128	5 982	12 111	
8		879	6 016	11 287	7 213	9 364	11 786	16 656	2 774	
9		498	9 734	13 466	11 617	9 589	46 719	61 467	10 872	1 258
10			9 221	14 274	11 692	20 458	32 121	56 303	14 947	10 619
11		1 967	14 038	43 344	7 001	7 531	12 669	14 627	7 122	9 408
12		15 000	24 479	26 070	24 271	18 544	8 550	8 261	16 100	7 004
13	1 145	15 125	21 757	26 346	40 253	15 575	10 745	13 369	27 763	8 108
14	18 446	17 743	21 622	36 133	93 933	28 387	26 602	20 997	25 592	16 744
15	14 875	15 898	25 316	24 685	46 764	31 298	28 319	74 827	32 195	35 552
16	28 589	34 583	35 199	29 972	46 355	63 845	46 528	44 753	10 631	20 741
17	16 690	28 855	24 662	17 809	40 833	62 281	31 513	3 168		
18	830	10 766	12 900	6 571	31 274	16 299	1 438			
19		252			384					
20	80 575	147 641	241 346	300 983	425 424	326 157	330 690	359 867	177 883	109 434

Summe DDR: 2 500 000

Quelle: Berechnungen des DIW.

Tabelle V 20

Regionale CO-Emissionen bei Kleinkrafträdern

in t

	A	B	C	D	E	F	G	H	I	K
1							30	49		
2					4	93	293	41		
3			3	117	562	142	270	159	4	
4		22	194	245	220	120	161	161	58	
5		10	246	202	106	195	258	118	126	
6		73	141	199	117	99	205	163	123	
7		1	54	130	109	104	72	105	212	
8		15	105	198	126	164	206	291	49	
9		9	170	236	203	168	818	1 076	190	22
10			161	250	205	358	562	985	262	186
11		34	246	759	123	132	222	256	125	165
12		263	428	456	425	325	150	145	282	123
13	20	265	381	461	704	273	188	234	486	142
14	323	311	378	632	1 644	497	466	367	448	293
15	260	278	443	432	818	548	496	1 309	563	622
16	500	605	616	525	811	1 117	814	783	186	363
17	292	505	432	312	715	1 090	551	55		
18	15	188	226	115	547	285	25			
19		4			7					
20	1 410	2 583	4 224	5 269	7 446	5 710	5 787	6 297	3 114	1 916

Summe DDR: 43 756

Quelle: Berechnungen des DIW.

Tabelle V 21

Regionale CH-Emissionen bei Kleinkrafträdern

in t

	A	B	C	D	E	F	G	H	I	K
1							21	34		
2					3	65	205	29		
3			2	82	393	99	189	111	3	
4		16	136	171	154	84	113	113	41	
5		7	172	141	74	137	181	82	88	
6		51	98	139	82	69	143	114	86	
7		1	38	91	77	73	51	73	148	
8		11	74	138	88	115	144	204	34	
9		6	119	165	142	117	572	753	133	15
10			113	175	143	251	393	690	183	130
11		24	172	531	86	92	155	179	87	115
12		184	300	319	297	227	105	101	197	86
13	14	185	267	323	493	191	132	164	340	99
14	226	217	265	443	1 151	348	326	257	314	205
15	182	195	310	302	573	383	347	917	394	436
16	350	424	431	367	568	782	570	548	130	254
17	204	353	302	218	500	763	386	39		
18	10	132	158	80	383	200	18			
19		3			5					
20	986	1 809	2 957	3 685	5 212	3 996	4 051	4 408	2 178	1 340

Summe DDR: 30 622

Quelle: Berechnungen des DIW.

Gesamtschadstoffemissionen der Zweiradfahrzeuge keinen wesentlichen Anteil an den insgesamt emittierten Schadstoffen hätten. Bei dem mit 10 vH[64] angegebenen Wert ist unklar, auf welchen Bezugszeitraum und auf welche Bezugsgröße - Individualverkehr, Straßenverkehr oder Gesamtverkehr - er sich bezieht.

Für die Bestimmung der Emissionen auf den Transitstrecken (Tab. V 16) wurde eine Fahrzeugmischung wie in der Bundesrepublik unterstellt und angenommen, daß die CH- und NO_x-Emissionen gegenüber einem Viertakt-PKW in etwa proportional zu dem geringeren Durchschnittsverbrauch sinken[65]. Die **Gesamtergebnisse für den Motorradverkehr (einschließlich Transit)** sind in Tab. V 17 und 18 dargestellt:

CO : 160 Kt

CH : 78 Kt.

6.2.1.2. Omnibusverkehr

Der Omnibusverkehr in der DDR wird für Verkehrsaufkommen (beförderte Personen) und -leistungen (Personenkilometer) getrennt jeweils für Stadt- und Überlandlinien amtlich ausgewiesen. Für den Stadtlinienverkehr werden darüber hinaus auch die Leistungskennzahlen der Bezirke veröffentlicht[66]. Diese Bezirkswerte wurden mittels der Bevölkerungszahlen - in Gemeinden mit mehr als 10^4 Einwohnern - auf die Rasterflächen verteilt (Tab. V 22).

Der Omnibusfern- bzw. -überlandverkehr der DDR (einschließlich des Werkverkehrs) wurde gemäß Gesamtbevölkerungszahl je Raster aufgeschlüsselt (Tab. V 23). Dies erfolgte analog zu den Überlegungen beim Individualverkehr bezüglich des Straßennetzes der DDR. Der gesamte Omnibusverkehr nach Rasterflächen ergab sich dann aus der Addition beider Komponenten - Nah- und Fernverkehr - des Kraftverkehrs (Tab. V 25).

Im nächsten Arbeitsschritt wurde der DK-Verbrauch ermittelt. Für 1982 lagen spezifizierte Verbrauchsdaten nicht vor. Für 1980 [67] wird ein spezifischer DK-Verbrauchswert von 10,3 t/Mill. Pkm angegeben. Im Verlauf der Fünfjahrplanperiode sind in der DDR eine Vielzahl von Maßnahmen zur Energieeinsparung eingeführt worden. Es wurde für diese Untersuchung deshalb ein etwas reduzierter Verbrauchswert von 10 t/Mill. Pkm zum Ansatz gebracht. Hierbei ist zu beachten, daß es sich um einen Durchschnittswert für den Stadt- und Überlandverkehr handelt. Im Stadtverkehr dürfte der spezifische Verbrauch je Bus-Fahrzeugkilometer erheblich über dem des Überlandverkehrs liegen[68]. Da aber der Stadtverkehr nur einen Anteil von einem Sechstel an den gesamten Kraftverkehrsleistungen hat, erschien es vertretbar, den DK-Verbrauch (218 Kt) analog zu den gesamten Verkehrsleistungen mit Omnibussen zu verteilen (Tab. V 25). In jedem Falle ist aber bereits hier darauf hinzuweisen, daß die nach dieser Struktur verteilten Emissionsmengen für die Rasterflächen in Ballungsgebieten eher eine Unter- und für die in ländlichen Gemeinden eher eine Obergrenze darstellen.

Die Motorkonstruktionen, die Zusammensetzung des Omnibusbestandes nach Typen, Altersjahrgängen und anderen emissionsrelevanten Daten sind nicht bekannt. Vor allem für die NO_x-Bildung ist es aber wichtig zu wissen, ob es sich um Direkteinspritzmotoren oder um Wirbelkammer- bzw. Vorkammermotoren handelt[69]. Aufgrund der Zweistufigkeit der Verbrennung, die hohe Momentantemperaturen bei hoher Sauerstoffkonzentration vermeidet, liegen die Maximalkonzentrationen der Stickoxidbildung beim Direkteinspritzer ungefähr doppelt so hoch wie beim Kammermotor[70]. Für die übrigen Schadstoffkomponenten sind die unterschiedlichen Verbrennungsverfahren nach Sachse weniger bedeutsam. Allerdings ist der spezifische DK-Verbrauch des moderneren Direkteinspritzers wesentlich geringer.

Für die SO_2-Emissionen ist nach allgemeiner Auffassung nur der Schwefelgehalt des zugeführten DK maßgebend, da der zugeführte Kraftstoffschwefel fast vollständig verbrannt wird. Da aktuelle Angaben über den S-Gehalt des in der DDR angebotenen DK nicht verfügbar waren, wurde aufgrund der Einschätzung verschiedener westlicher Experten und der recht vagen Angaben in DDR-Quellen[71] generell ein S-Gehalt von 0,5 vH unterstellt.

Auch bei den Emissionsfaktoren mußte auf Schätzungen westlicher Experten zurückgegriffen werden[72]. Sie basieren auf der Grundannahme, daß etwa die Hälfte des DK-Verbrauches auf modernere (Direkteinspritzer) Motoren entfällt:

Emissionsfaktoren bei Nutzfahrzeugen g/kg DK

- SO_2 : 10
- NO_x : 30
- CO : 20
- CH : 15
- Rußpartikel : 10.

Dies ergab folgende **Schadstoffemissionen** des **Busverkehrs** (Tab. V 26 - 30):

- SO_2 : 2 180 t
- NO_x : 6 540 t
- CO : 4 360 t
- CH : 3 270 t
- Rußpartikel : 2 180 t.

Tabelle V 22

Regionale Strukturdaten des Verkehrs:
Verkehrsleistungen im Nahverkehr mit Omnibussen 1982
in Mill. Pkm

	A	B	C	D	E	F	G	H	I	K
1							0	9,3		
2					0	7,4	45,3	0		
3			0	7,4	159,3	0	46,5	23,6	0	
4		0	15,5	27,9	23,8	5,0	7,1	8,4	0	
5		0	36,7	21,9	0	19,3	23,9	0	10,9	
6		5,7	6,7	17,7	0	0	21,4	10,1	6,7	
7		0	0	7,2	3,0	3,2	0	5,9	30,6	
8		0	4,6	15,3	2,5	6,4	3,0	25,4	0	
9		0	2,6	11,4	10,9	3,0	138,0	210,9	5,3	0
10			4,0	8,2	8,1	21,5	68,0	199,0	23,0	33,5
11		0	3,4	66,6	0	0	6,7	0	0	23,5
12		16,5	16,3	18,4	35,0	13,0	3,2	0	11,3	5,4
13	0	23,0	12,5	13,4	39,5	6,6	0	3,6	22,1	4,0
14	14,7	11,7	8,2	29,5	203,4	39,8	31,8	12,6	18,0	10,0
15	21,0	8,3	43,6	22,1	39,5	13,0	12,2	216,1	30,8	40,2
16	31,1	60,7	97,4	82,0	114,2	127,5	94,0	85,7	4,9	21,7
17	7,5	27,3	32,3	18,4	74,4	98,0	27,2	0		
18	0	3,5	8,4	0	55,7	7,6	0			
19		0			0					
20	74,3	156,7	292,2	367,4	769,3	371,3	528,3	810,6	163,6	138,3

Summe DDR: 3 672,0

Quellen: Statistisches Jahrbuch der DDR 1984, Berechnungen des DIW.

Tabelle V 23

Regionale Strukturdaten des Verkehrs:

Verkehrsleistungen im Fernverkehr[1] mit Omnibussen 1982

in Mill. Pkm

	A	B	C	D	E	F	G	H	I	K
1							9	22		
2					2	34	118	13		
3			2	42	314	45	111	63	2	
4		7	71	92	89	42	58	58	18	
5		4	120	89	33	80	102	36	51	
6		27	49	76	36	31	83	60	45	
7		0	16	47	40	38	24	38	89	
8		5	42	74	44	62	69	111	15	
9		4	58	96	82	58	435	587	63	7
10			58	94	78	143	297	560	100	82
11		11	83	413	38	42	80	80	40	71
12		103	165	176	207	121	53	45	123	53
13	5	102	140	169	288	94	60	83	223	54
14	114	107	132	247	883	216	176	136	172	111
15	100	94	181	160	319	189	170	682	207	230
16	183	241	292	232	368	493	359	343	63	136
17	102	194	161	109	279	448	198	18		
18	5	63	82	36	218	96	7			
19		2			2					
20	509	964	1 652	2 152	3 320	2 232	2 409	2 935	1 211	744

Summe DDR: 18 128

1) Einschließlich Werkverkehr.
Quelle: Berechnungen des DIW.

Tabelle V 24

Regionale Strukturdaten des Verkehrs:

Verkehrsleistungen mit Omnibussen 1982

in Mill. Pkm

	A	B	C	D	E	F	G	H	I	K
1							9	31		
2					2	41	163	13		
3			2	49	473	45	158	87	2	
4		7	87	120	113	47	65	66	18	
5		4	157	111	33	99	126	36	62	
6		33	56	94	36	31	104	70	52	
7		0	16	54	43	41	24	44	120	
8		5	47	89	46	68	72	136	15	
9		4	61	107	93	61	573	799	68	7
10			62	102	86	164	365	760	123	116
11		11	86	480	38	42	87	80	40	94
12		119	181	194	242	134	56	45	134	58
13	5	125	152	182	327	101	60	87	245	58
14	129	119	140	277	1 089	256	208	149	190	121
15	121	102	225	182	359	202	182	898	238	270
16	214	302	389	314	482	620	453	429	68	158
17	109	221	193	127	353	546	225	18		
18	5	66	90	36	274	104	7			
19		2			2					
20	583	1 120	1 944	2 518	4 091	2 602	2 937	3 748	1 375	882

Summe DDR: 21 800

Quelle: Berechnungen des DIW.

Tabelle V 25

Regionale Strukturdaten des Verkehrs:

Kraftstoffverbrauch bei Omnibussen 1982

in t DK

	A	B	C	D	E	F	G	H	I	K
1							90	310		
2					20	410	1 630	130		
3			20	490	4 730	450	1 580	870	20	
4		70	870	1 200	1 130	470	650	660	180	
5		40	1 570	1 110	330	990	1 260	360	620	
6		330	560	940	360	310	1 040	700	520	
7		0	160	540	430	410	240	440	1 200	
8		50	470	890	460	680	720	1 360	150	
9		40	610	1 070	930	610	5 730	7 990	680	70
10			620	1 020	860	1 640	3 650	7 600	1 230	1 160
11		110	860	4 800	380	420	870	800	400	940
12		1 190	1 810	1 940	2 420	1 340	560	450	1 340	580
13	50	1 250	1 520	1 820	3 270	1 010	600	870	2 450	580
14	1 290	1 190	1 400	2 770	10 890	2 560	2 080	1 490	1 900	1 210
15	1 210	1 020	2 250	1 820	3 590	2 020	1 820	8 980	2 380	2 700
16	2 140	3 020	3 890	3 140	4 820	6 200	4 530	4 290	680	1 580
17	1 090	2 210	1 930	1 270	3 530	5 460	2 250	180		
18	50	660	900	360	2 740	1 040	70			
19		20			20					
20	5 830	11 200	19 440	25 180	40 910	26 020	29 370	37 480	13 750	8 820

Summe DDR: 218 000

Quelle: Berechnungen des DIW.

Tabelle V 26

Regionale SO_2-Emissionen im Omnibusverkehr

in t

	A	B	C	D	E	F	G	H	I	K
1							0,9	3,1		
2					0,2	4,1	16,3	13,0		
3			0,2	4,9	47,3	4,5	15,8	8,7	0,2	
4		0,7	8,7	12,0	11,3	4,7	6,5	6,6	1,8	
5		0,4	15,7	11,1	3,3	9,9	12,6	3,6	6,2	
6		3,3	5,6	9,4	3,6	3,1	10,4	7,0	5,2	
7		0	1,6	5,4	4,3	4,1	2,4	4,4	1,2	
8		0,5	4,7	8,9	4,6	6,8	7,2	13,6	1,5	
9		0,4	6,1	10,7	9,3	6,1	57,3	79,9	6,8	0,7
10			6,2	10,2	8,6	16,4	36,5	76,0	12,3	11,6
11		1,1	8,6	48,0	3,8	4,2	8,7	8,0	4,0	9,4
12		11,9	18,1	19,4	24,2	13,4	5,6	4,5	13,4	5,8
13	0,5	12,5	15,2	18,2	32,7	10,1	6,0	8,7	24,5	5,8
14	12,9	11,9	14,0	27,7	108,9	25,6	20,8	14,9	19,0	12,1
15	12,1	10,2	22,5	18,2	35,9	20,2	18,2	89,8	23,8	27,0
16	21,4	30,2	38,9	31,4	48,2	62,0	45,3	42,9	6,8	15,8
17	10,9	22,1	19,3	12,7	35,3	54,6	22,5	1,8		
18	0,5	6,6	9,0	3,6	27,4	10,4	0,7			
19		0,2			0,2					
20	58,3	112,0	194,4	251,8	409,1	260,2	293,7	386,5	126,7	88,2

Summe DDR: 2 181

Quelle: Berechnungen des DIW.

Tabelle V 27

Regionale NO_x-Emissionen im Omnibusverkehr

in t

	A	B	C	D	E	F	G	H	I	K
1							2,7	9,3		
2					0,6	12,3	48,9	3,9		
3			0,6	14,7	141,9	13,5	47,4	26,1	0,6	
4		2,1	26,1	36,0	33,9	14,1	19,5	19,8	5,4	
5		1,2	47,1	33,3	9,9	29,7	37,8	10,8	18,6	
6		9,9	16,8	28,2	10,8	9,3	31,2	21,0	15,6	
7		0	4,8	16,2	12,9	12,3	7,2	13,2	36,0	
8		1,5	14,1	26,7	13,8	20,4	21,6	40,8	4,5	
9		1,2	18,3	32,1	27,9	18,3	171,9	239,7	20,4	2,1
10			18,6	30,6	25,8	49,2	109,5	228,0	36,9	34,8
11		3,3	25,8	144,0	11,4	12,6	26,1	24,0	12,0	28,2
12		35,7	54,3	58,2	72,6	40,2	16,8	13,5	40,2	17,4
13	1,5	37,5	45,6	54,6	98,1	30,3	18,0	26,1	73,5	17,4
14	38,7	35,7	42,0	83,1	326,7	76,8	62,4	44,7	57,0	36,3
15	36,3	30,6	67,5	54,6	107,7	60,6	54,6	269,4	71,4	81,0
16	64,2	90,6	116,7	94,2	144,6	186,0	135,9	128,7	20,4	47,4
17	32,7	66,3	57,9	38,1	105,9	163,8	67,5	5,4		
18	1,5	19,8	27,0	10,8	82,2	31,2	2,1			
19		0,6			0,6					
20	174,9	336,0	583,2	755,4	1 227,3	780,6	881,1	1 124,4	412,5	264,6

Summe DDR: 6 540

Quelle: Berechnungen des DIW.

Tabelle V 28

Regionale CO-Emissionen im Omnibusverkehr

in t

	A	B	C	D	E	F	G	H	I	K
1							1,8	6,2		
2					0,4	8,2	32,6	2,6		
3			0,4	9,8	94,6	9,0	31,6	17,4	0,4	
4		1,4	17,4	24,0	22,6	9,4	13,0	13,2	3,6	
5		0,8	31,4	22,2	6,6	19,8	25,2	7,2	12,4	
6		6,6	11,2	18,8	7,2	6,2	20,8	14,0	10,4	
7		0	3,2	10,8	8,6	8,2	4,8	8,8	24,0	
8		1,0	9,4	17,8	9,2	13,6	14,4	27,2	3,0	
9		0,8	12,2	21,4	18,6	12,2	114,6	159,8	13,6	1,4
10			12,4	20,4	17,2	32,8	73,0	152,0	24,6	23,2
11		2,2	17,2	96,0	7,6	8,4	17,4	16,0	8,0	18,8
12		23,8	36,2	38,8	48,4	26,8	11,2	9,0	26,8	11,6
13	1,0	25,0	30,4	36,4	65,4	20,2	12,0	17,4	49,0	11,6
14	25,8	23,8	28,0	55,4	217,8	51,2	41,6	29,8	38,0	24,2
15	24,2	20,4	45,0	36,4	71,8	40,4	36,4	179,6	47,6	54,0
16	42,8	60,4	77,8	62,8	96,4	124,0	90,6	85,8	13,6	31,6
17	21,8	44,2	38,6	25,4	70,6	109,2	45,0	3,6		
18	1,0	13,2	18,0	7,2	54,8	20,8	1,4			
19		0,4			0,4					
20	116,6	224,0	388,8	503,6	818,2	520,4	587,4	749,6	275,0	176,4

Summe DDR: 4 360

Quelle: Berechnungen des DIW.

Tabelle V 29

Regionale CH-Emissionen im Omnibusverkehr

in t

	A	B	C	D	E	F	G	H	I	K
1							1,35	4,65		
2					0,30	6,15	24,45	1,95		
3			0,30	7,35	70,95	6,75	23,70	13,05	0,30	
4		1,05	13,05	18,00	16,95	7,05	9,75	9,90	2,70	
5		0,60	23,55	16,65	4,95	14,85	18,90	5,40	9,30	
6		4,95	8,40	14,10	5,40	4,65	15,60	10,50	7,80	
7		0	2,40	8,10	6,45	6,15	3,60	6,60	18,00	
8		0,75	7,05	13,35	6,90	10,20	10,80	20,40	2,25	
9		0,60	9,15	16,05	13,95	9,15	85,95	119,85	10,20	1,05
10			9,30	15,30	12,90	24,60	54,75	114,00	18,45	17,40
11		1,65	12,90	72,00	5,70	6,30	13,05	12,00	6,00	14,10
12		17,85	27,15	29,10	36,30	20,10	8,40	6,75	20,10	8,70
13	0,75	18,75	22,80	27,30	49,05	15,15	9,00	13,05	36,75	8,70
14	19,35	17,85	21,00	41,55	163,35	38,40	31,20	22,35	28,50	18,15
15	18,15	15,30	33,75	27,30	53,85	30,30	27,30	134,70	35,70	40,50
16	32,10	45,30	58,35	47,10	72,30	93,00	67,95	64,35	10,20	23,70
17	16,35	33,15	28,95	19,05	52,95	81,90	33,75	2,70		
18	0,75	9,90	13,50	5,40	41,10	15,60	1,05			
19		0,30			0,30					
20	87,45	168,00	291,60	377,70	613,65	390,30	440,55	562,20	206,25	132,30

Summe DDR: 3 270

Quelle: Berechnungen des DIW.

Tabelle V 30

Regionale Emissionen von Rußpartikeln im Omnibusverkehr

in t

	A	B	C	D	E	F	G	H	I	K
1							0,9	3,1		
2					0,2	4,1	16,3	13,0		
3			0,2	4,9	47,3	4,5	15,8	8,7	0,2	
4		0,7	8,7	12,0	11,3	4,7	6,5	6,6	1,8	
5		0,4	15,7	11,1	3,3	9,9	12,6	3,6	6,2	
6		3,3	5,6	9,4	3,6	3,1	10,4	7,0	5,2	
7		0	1,6	5,4	4,3	4,1	2,4	4,4	1,2	
8		0,5	4,7	8,9	4,6	6,8	7,2	13,6	1,5	
9		0,4	6,1	10,7	9,3	6,1	57,3	79,9	6,8	0,7
10			6,2	10,2	8,6	16,4	36,5	76,0	12,3	11,6
11		1,1	8,6	48,0	3,8	4,2	8,7	8,0	4,0	9,4
12		11,9	18,1	19,4	24,2	13,4	5,6	4,5	13,4	5,8
13	0,5	12,5	15,2	18,2	32,7	10,1	6,0	8,7	24,5	5,8
14	12,9	11,9	14,0	27,7	108,9	25,6	20,8	14,9	19,0	12,1
15	12,1	10,2	22,5	18,2	35,9	20,2	18,2	89,8	23,8	27,0
16	21,4	30,2	38,9	31,4	48,2	62,0	45,3	42,9	6,8	15,8
17	10,9	22,1	19,3	12,7	35,3	54,6	22,5	1,8		
18	0,5	6,6	9,0	3,6	27,4	10,4	0,7			
19		0,2			0,2					
20	58,3	112,0	194,4	251,8	409,1	260,2	293,7	374,8	137,5	88,2

Summe DDR: 2 180

Quelle: Berechnungen des DIW.

Ein - auch summarischer - Vergleich mit DDR-Schätzungen bzw. -Angaben ist nicht möglich. In einer älteren Publikation[73] wird ein summarischer Wert von 102 kg Schadstoffen (CO, CH, NO_x, Ruß, SO_2) je 1000 l des im Motor verbrannten Kraftstoffes - gegenüber 247,2 kg/1000 l VK beim Ottomotor - genannt. Übertragen auf den hier geschätzten DK-Verbrauch von 218 Kt[74], würde das einer Gesamtschadstoffemission von etwa 30 000 t entsprechen. Unter Berücksichtigung der in den 70er und 80er Jahren erzielten Verbesserungen der Motorkonstruktionen und der verschärften Grenzwertregelungen erscheinen die im Rahmen dieser Studie ermittelten Schadstoffwerte - summarisch 18 530 t - durchaus plausibel.

Die in einem Modellbeispiel für die Abgasproduktion von PKW (Ottomotor) und Bus (Dieselmotor) genannten Werte für die verschiedenen Abgaskomponenten sind nicht nachvollziehbar und deshalb nicht in untersuchungsrelevante Mengen umzurechnen[75]. In einer ebenfalls weiter zurückliegenden Publikation[76] werden die spezifischen Umweltbelastungen bei der Personenbeförderung (Angaben pro Pkm) - im Stadt- und Überlandverkehr - der Verkehrsträger gegenübergestellt. Im Stadtverkehr verhalten sich demnach PKW zu Bus wie 10 : 1 und im Überlandverkehr wie 2,5 : 1. Die im Rahmen dieser Studie ermittelten Schätzwerte - umgerechnet in g Schadstoff / Pkm [77] - fallen noch wesentlich deutlicher zuungunsten des PKW aus.

Der Transitverkehr mit Omnibussen von und nach Berlin (W) ist beim Straßengüterverkehr (Tab. V 38) erfaßt.

6.2.1.3. Straßengüterverkehr

Der LKW (öffentlicher Straßenverkehr und Werkverkehr) hat im binnenländischen Güterverkehr - ohne Seeschiffahrt und ohne Luftverkehr - mit einem Anteil von einem Fünftel an den Verkehrsleistungen (tkm) bei weitem nicht die Bedeutung wie in der Bundesrepublik (rd. 50 vH). Getrennt nach Nah- und Fernverkehr ergaben sich 1982 jeweils Anteile von 13 vH und 8 vH (Bundesrepublik[78]: 17 vH bzw. 34 vH). Um Energie einzusparen[79] wird der LKW mit gesetzlichen und administrativen Maßnahmen derzeit noch weiter zu Gunsten der Bahn zurückgedrängt. Die Folge ist natürlich auch - zunächst ein unbeabsichtigter Nebeneffekt - eine vergleichsweise geringe emittierte Schadstoffmenge, was in jüngeren DDR-Publikationen dann auch immer wieder besonders betont wird.

Wie bei den übrigen Straßenverkehrskomponenten mußte auch der LKW-Verkehr in einem mehrstufigen Prozeß auf die Rasterflächen verteilt werden. Für die 15 Bezirke der DDR werden die gesamten Verkehrsleistungen - allerdings nicht unterteilt nach öffentlichem Verkehr und Werkverkehr oder Nah- und Fernverkehr - amtlich[80] ausgewiesen. Mit der Bevölkerungszahl und weiteren in der DDR-Literatur vorhandenen Einzelangaben wurde die tonnenkilometrische Leistung in den Rasterflächen bestimmt. Da fast zwei Drittel des LKW-Verkehrs auf den Nahbereich (kleiner als 50 km) entfallen und die durchschnittliche Transportweite nur 17,5 km beträgt - gegenüber 197 km im Fernverkehr - erschien es vertretbar, die Bevölkerungszahl zum wesentlichen Einflußfaktor für die Verkehrsverteilung zu machen. Daneben wurde für den Fernverkehr auch die Streckenlänge des Fernstraßennetzes auf Bezirks- und Rasterflächenebene berücksichtigt. Der insgesamt ermittelte DK-Verbrauch (640 Kt bzw. 39,4 t/Mill. tkm)[81] wurde gemäß der insgesamt für die Rasterflächen ermittelten Verkehrsanteile vorgenommen (Tab. V 32).

Die Ermittlung der Emissionsfaktoren war ähnlich problematisch wie bei den anderen Verkehrsarten auf der Straße[82]. Bestandszahlen, aufgeschlüsselt nach Fahrzeugkilometerleistungen, spezifischen Verbräuchen, Altersjahrgängen oder Motorkonstruktionen, standen nicht zur Verfügung, so daß geschätzte durchschnittliche Emissionsmengen je verbrauchten kg DK zugrundegelegt werden mußten[83]. Die Überlegungen und Grundannahmen entsprechen denen beim Omnibusverkehr. Da der weitaus größte Teil des eingesetzten Kraftstoffs[84] Dieselkraftstoff ist, wird wiederum - wie beim Busverkehr - ein Dieselmotor-spezifisches Emissionsverhalten angenommen:

Emissionsfaktoren bei Nutzfahrzeugen g/kg DK

- SO_2 : 10
- NO_x : 30
- CO : 20
- CH : 15
- Rußpartikel : 10.

Es ergaben sich folgende **Schadstoffemissionen des Straßengüterverkehrs** (Tab. V 33 - 37):

- SO_2 : 6 400 t
- NO_x : 19 200 t
- CO : 12 800 t
- CH : 9 600 t
- Rußpartikel : 6 400 t.

Hierbei ist zu beachten, daß die spezifischen Verbräuche des Werkverkehrs, auf den mehr als die Hälfte der gesamten Güterverkehrsleistungen entfallen, aufgrund der geringeren räumlichen und zeitlichen Auslastung deutlich über denen des öffentlichen Straßenverkehrs liegen[85]. Da gleichzeitig seine durchschnittliche Transportweite (19 km) erheblich unter der im öffentlichen Verkehr (52 km) - gleichzusetzen mit dem gewerblichen Verkehr in der Bundesrepublik - liegt, sein Einsatzgebiet mithin vorwiegend der Kurzstreckenverkehr in Gebieten mit hoher Bevölkerungs- und Wirtschaftskonzentration ist, ergibt sich zwangsläufig folgende Interpretationsanleitung: Selbst bei richtiger Einschätzung der Gesamtemissionen stellen die über die Durchschnittsverbräuche des Gesamtverkehrs ermittelten Emissionsmengen für Rasterflächen mit hoher Wirtschafts- und/oder Bevölkerungskonzentration eher eine Untergrenze und für die ländlichen Räume eher eine Obergrenze dar. Wie wichtig beispielsweise auch die Kenntnis über die eingesetzen LKW-Größenklassen je Rasterfläche für die Emissionsbestimmung wäre, wird deutlich, wenn man die in einer DDR-Publikation[86] (graphisch) dargestellten Unterschiede im Emissionsverhalten leichter und schwerer LKW betrachtet. Demnach emittiert ein leichter LKW im Stadtverkehr gegenüber einem schweren LKW (bezogen auf einen Tonnenkilometer) das rd. 8-fache an Schadstoffen und im Fernverkehr das rd. 5-fache.

Ein Vergleich der ermittelten Schadstoffmengen des LKW-Verkehrs (55 000 t) mit entsprechenden DDR-Schätzungen oder -Messungen ist - auch summarisch - nicht möglich. Es werden zwar Emissionen eines mittelgroßen LKW je Arbeitseinheit, Fahrstrecke und Fahrzeit im Stadtverkehr[87] und Grenzwertregelungen (TGL-Werte)[88] angegeben, jedoch erlauben sie mangels anderer notwendiger Kenngrößen keine Umrechnung in für diese Untersuchung relevante Größenordnungen.

Für die Emission gasförmiger Schadstoffe von Dieselmotoren sowie die Rauchmessung gelten TGL-Normen[89], die, wie Überprüfungen im Rahmen eines Emissionskontrollsystems für Kraftfahrzeuge auf DDR-Bezirksebene ergaben, von vielen Dieselkraftfahrzeugen überschritten werden[90]. Die Tatsache erschwert es zusätzlich, Vergleichsschätzungen mit DDR-Angaben vorzunehmen, die einen aktuellen und vor allem repräsentativen Stand für die LKW-Flotte der DDR widerspiegeln würden.

Die Emissionen des Transitverkehrs (einschließlich des Omnibusverkehrs) von und nach Berlin (W) wurden analog zum Individualverkehr ermittelt (vgl. Tab. V 38). Zunächst wurde westlichen Statistiken und Veröffentlichungen die Anzahl der LKW- und Omnibusfahrten getrennt für die 4 Transitwege entnommen. Mittels der jeweiligen Streckenlänge und den Emissionsfaktoren wurden dann die gesamten Luftverunreinigungen des Transitverkehrs geschätzt und dem Binnenverkehr der DDR rastermäßig hinzuaddiert. Für die Festlegung der Emissionsfaktoren wurde ein repräsentativer Fahrzeugmix der Bundesrepublik und eine mittlere AB-Situation - 90 bis 100 km/h - zugrunde gelegt[91]. Die entsprechenden Gesamtergebnisse für den Straßengüterverkehr sind in den Tabellen V 39 - V 43 ausgewiesen.

Die Gesamtemissionen des Straßenverkehrs für SO_2 und NO_x - Strassengüter- und -personenverkehr - sind summarisch in V 44 und V 45 erfaßt. Hierbei ist zu berücksichtigen, daß mangels verfügbarer Daten über den Schwefelgehalt des VK der DDR keine SO_2-Emissionen des Individualverkehrs sowie aus dem gleichen Grund auch keine NO_x-Emissionen des motorisierten Zweiradverkehrs enthalten sind. Dies hat angesichts der jeweils vernachlässigbar geringen Emissionsmengen auf die Gesamtergebnisse kaum Einfluß.

Tabelle V 31

Regionale Strukturdaten des Verkehrs:
Verkehrsleistungen im Straßengüterverkehr[1] 1982 (ohne Transitverkehr) in Mill. tkm

	A	B	C	D	E	F	G	H	I	K
1							9	21		
2					12	34	119	13		
3			10	42	316	44	111	64	1	
4		7	71	101	101	42	57	57	18	
5		4	142	105	37	78	99	36	49	
6		33	59	91	39	30	82	59	44	
7		1	20	54	40	37	22	35	76	
8		4	39	70	45	62	69	93	13	
9		2	55	88	79	58	218	464	54	6
10			55	86	74	145	285	432	85	70
11		10	79	384	35	42	81	78	33	60
12		97	152	162	191	113	50	43	115	50
13	6	96	129	155	265	87	56	78	210	52
14	108	102	121	227	818	201	155	122	156	96
15	94	90	172	148	295	164	144	576	173	193
16	177	230	278	219	328	377	269	284	53	114
17	100	188	154	102	229	328	145	13		
18	4	63	79	32	160	71				
19		1			1					
20	489	928	1 615	2 066	3 065	1 913	1 971	2 468	1 080	641

Summe DDR: 16 236

1) Öffentlicher Straßenverkehr und Werkverkehr.
Quellen: Statistisches Jahrbuch der DDR 1983; Berechnungen des DIW.

Tabelle V 32

Regionale Strukturdaten des Verkehrs:
Kraftstoffverbrauch im Straßengüterverkehr[1] 1982 (ohne Transitverkehr)
in t DK

	A	B	C	D	E	F	G	H	I	K
1							355	828		
2					473	1 340	4 691	512		
3			394	1 656	12 456	1 734	4 375	2 523	39	
4		276	2 799	3 981	3 981	1 656	2 247	2 247	710	
5		158	5 597	4 139	1 458	3 075	3 902	1 419	1 932	
6		1 301	2 326	3 587	1 537	1 183	3 232	2 326	1 734	
7		39	788	2 129	1 577	1 458	867	1 380	2 996	
8		158	1 537	2 759	1 774	2 444	2 720	3 666	512	
9		79	2 168	3 469	3 114	2 286	8 593	18 290	2 129	237
10			2 168	3 390	2 917	5 716	11 234	17 029	3 351	2 759
11		394	3 114	15 137	1 380	1 656	3 193	3 075	1 301	2 365
12		3 824	5 992	6 386	7 529	4 454	1 971	1 695	4 533	1 971
13	237	3 784	5 085	6 110	10 446	3 429	2 207	3 075	8 278	2 050
14	4 257	4 021	4 770	8 948	32 244	7 923	6 110	4 809	6 149	3 784
15	3 705	3 548	6 780	5 834	11 628	6 465	5 676	22 705	6 819	7 608
16	6 977	9 066	10 958	8 633	12 929	14 861	10 604	11 195	2 089	4 494
17	3 942	7 411	6 070	4 021	9 027	12 929	5 716	512		
18	158	2 483	3 114	1 261	6 307	2 799				
19		39			39					
20	19 276	36 580	63 661	81 439	120 818	75 408	77 694	97 285	42 572	25 267

Summe DDR: 640 000

1) Öffentlicher Straßenverkehr und Werkverkehr.
Quelle: Berechnungen des DIW.

Tabelle V 33

Regionale SO_2-Emissionen im Straßengüterverkehr[1] (ohne Transitverkehr)

in t

	A	B	C	D	E	F	G	H	I	K
1							4	8		
2					5	13	47	5		
3			4	17	125	17	44	25	0	
4		3	28	40	40	17	22	22	7	
5		2	56	41	15	31	39	14	19	
6		13	23	36	15	12	32	23	17	
7		0	8	21	16	15	9	14	30	
8		2	15	28	18	24	27	37	5	
9		1	22	35	31	23	86	183	21	2
10			22	34	29	57	112	170	34	28
11		4	31	151	14	17	32	31	13	24
12		38	60	64	75	45	20	17	45	20
13	2	38	51	61	104	34	22	31	83	20
14	43	40	48	89	322	79	61	48	61	38
15	37	35	68	58	116	65	57	227	68	76
16	70	91	110	86	129	149	106	112	21	45
17	39	74	61	40	90	129	57	5		
18	2	25	31	13	63	28	0			
19		0			0					
20	193	366	637	814	1 208	754	777	973	426	253

Summe DDR: 6 400

1) Öffentlicher Straßenverkehr und Werkverkehr.
Quelle: Berechnungen des DIW.

Tabelle V 34

Regionale NO_x-Emissionen im Straßengüterverkehr[1] (ohne Transitverkehr)

in t

	A	B	C	D	E	F	G	H	I	K
1							11	25		
2					14	40	141	15		
3			12	50	374	52	131	76	1	
4		8	84	119	119	50	67	67	21	
5		5	168	124	44	92	117	43	58	
6		39	70	108	46	35	97	70	52	
7		1	24	64	47	44	26	41	90	
8		5	46	83	53	73	82	110	15	
9		2	65	104	93	69	258	549	64	7
10			65	102	88	171	337	511	101	83
11		12	93	454	41	50	96	92	39	71
12		115	180	192	226	134	59	51	136	59
13	7	114	153	183	313	103	66	92	248	61
14	128	121	143	268	967	238	183	144	184	114
15	111	106	203	175	349	194	170	681	205	228
16	209	272	329	259	388	446	318	336	63	135
17	118	222	182	121	271	388	171	15		
18	5	75	93	38	189	84	0			
19		1			1					
20	578	1 097	1 910	2 443	3 625	2 262	2 331	2 919	1 277	758

Summe DDR: 19 200

1) Öffentlicher Straßenverkehr und Werkverkehr.
Quelle: Berechnungen des DIW.

Tabelle V 35

Regionale CO-Emissionen im Straßengüterverkehr[1] (ohne Transitverkehr)

in t

	A	B	C	D	E	F	G	H	I	K
1							7	17		
2					9	27	94	10		
3			8	33	249	35	88	50	1	
4		6	56	80	80	33	45	45	14	
5		3	112	83	29	61	78	28	39	
6		26	47	72	31	24	65	47	35	
7		1	16	43	32	29	17	28	60	
8		3	31	55	35	49	54	73	10	
9		2	43	69	62	46	172	366	43	5
10			43	68	58	114	225	341	67	55
11		8	62	303	28	33	64	61	26	47
12		76	120	128	151	89	39	34	91	39
13	5	76	102	122	209	69	44	61	166	41
14	85	80	95	179	645	158	122	96	123	76
15	74	71	136	117	233	129	114	454	136	152
16	140	181	219	173	259	297	212	224	42	90
17	79	148	121	80	181	259	114	10		
18	3	50	62	25	126	56	0			
19		1			1					
20	386	732	1 273	1 629	2 416	1 508	1 554	1 946	851	505

Summe DDR: 12 800

1) Öffentlicher Straßenverkehr und Werkverkehr
Quelle: Berechnungen des DIW.

Tabelle V 36

Regionale CH-Emissionen im Straßengüterverkehr[1] (ohne Transitverkehr)

in t

	A	B	C	D	E	F	G	H	I	K
1							5	12		
2					7	20	70	8		
3			6	25	187	26	66	38	1	
4		4	42	60	60	25	34	34	11	
5		2	84	62	22	46	59	21	29	
6		20	35	54	23	18	48	35	26	
7		1	12	32	24	22	13	21	45	
8		2	23	41	27	37	41	55	8	
9		1	33	52	47	34	129	274	32	4
10			33	51	44	86	169	255	50	41
11		6	47	227	21	25	48	46	20	35
12		57	90	96	113	67	30	25	68	30
13	4	57	76	92	157	51	33	46	124	31
14	64	60	72	134	484	119	92	72	92	57
15	56	53	102	88	174	97	85	341	102	114
16	105	136	164	129	194	223	159	168	31	67
17	59	111	91	60	135	194	86	8		
18	2	37	47	19	95	42	0			
19		1			1					
20	289	549	955	1 222	1 812	1 131	1 165	1 459	639	379

Summe DDR: 9 600

1) Öffentlicher Straßenverkehr und Werkverkehr.
Quelle: Berechnungen des DIW.

Tabelle V 37

Regionale Emissionen von Rußpartikeln im Straßengüterverkehr[1]

(ohne Transitverkehr)

in t

	A	B	C	D	E	F	G	H	I	K
1							4	8		
2					5	13	47	5		
3			4	17	125	17	44	25	0	
4		3	28	40	40	17	22	22	7	
5		2	56	41	15	31	39	14	19	
6		13	23	36	15	12	32	23	17	
7		0	8	21	16	15	9	14	30	
8		2	15	28	18	24	27	37	5	
9		1	22	35	31	23	86	183	21	2
10			22	34	29	57	112	170	34	28
11		4	31	151	14	17	32	31	13	24
12		38	60	64	75	45	20	17	45	20
13	2	38	51	61	104	34	22	31	83	20
14	43	40	48	89	322	79	61	48	61	38
15	37	35	68	58	116	65	57	227	68	76
16	70	91	110	86	129	149	106	112	21	45
17	39	74	61	40	90	129	57	5		
18	2	25	31	13	63	28	0			
19		0			0					
20	193	366	637	814	1 208	754	777	973	426	253

Summe DDR: 6 400

1) Öffentlicher Straßenverkehr und Werkverkehr.

Quelle: Berechnungen des DIW.

Tabelle V 38

Transitverkehr im Straßengüterverkehr zwischen Berlin (West) und dem Bundesgebiet [1] 1982

Grenzübergänge	Gesamt-fahr-kilometer in 1000	SO_2 in t	NO_x in t	CO in t	CH in t	Ruß in t	Ruß + Partikel in t
Horst/Lauenburg[2]	34 535	59	672	66	82	8	35
Marienborn/Helmstedt	105 097	181	2 045	202	248	23	105
Wartha/Herleshausen	7 727	13	150	15	18	2	8
Hirschberg/Rudolphstein	47 337	81	921	91	112	10	47
Insgesamt	**194 696**	**334**	**3 789**	**374**	**460**	**43**	**195**

Emissionsfaktoren (g/km):
SO_2: 1,72
NO_x: 19,46
CO : 1,92
CH : 2,36
Ruß: 0,22
Ruß + Partikel: 1,00

1) Einschließlich Omnibusverkehr.- 2) ab 20. November 1982 Gudow/Zarrentin.

Quellen: Forschungsbericht Nr. 104 05740/2 (Emissionsverhalten von Nfz) des TÜV-Rheinland (lt. UBA); Löblich; ADAC; Verkehrsberichte des Senators für Wirtschaft und Verkehr; Berechnungen des DIW.

Tabelle V 39

Regionale SO_2-Emissionen im Straßengüterverkehr[1]

(einschließlich Transitverkehr[2])

in t

	A	B	C	D	E	F	G	H	I	K
1							4	8		
2					5	13	47	5		
3			4	17	125	17	44	25	0	
4		3	28	40	40	17	22	22	7	
5		2	56	41	15	31	39	14	19	
6		20	30	43	15	12	32	23	17	
7		0	8	28	23	15	9	14	30	
8		2	15	28	25	31	27	37	5	
9		1	22	35	31	30	93	183	21	2
10			22	34	65	93	157	170	34	28
11		4	67	187	14	26	32	31	13	24
12		38	60	64	84	54	20	17	45	20
13	2	38	51	61	112	34	22	31	83	20
14	43	40	48	89	331	79	61	48	61	38
15	38	35	68	58	125	65	57	227	68	76
16	70	92	111	87	138	149	106	112	21	45
17	39	74	61	48	90	129	57	5		
18	2	25	31	21	63	28	0			
19		0			0					
20	194	374	682	881	1 301	823	829	972	424	253

Summe DDR: 6 733

1) Öffentlicher Straßenverkehr und Werkverkehr.- 2) LKW- und Omnibusverkehr.
Quelle: Berechnungen des DIW.

Tabelle V 40

Regionale NO_x-Emissionen im Straßengüterverkehr[1]
(einschließlich Transitverkehr[2])
in t

	A	B	C	D	E	F	G	H	I	K
1							11	25		
2					14	40	141	15		
3			12	50	374	52	131	76	1	
4		8	84	119	119	50	67	67	21	
5		5	168	124	44	92	117	43	58	
6		114	145	183	46	35	97	70	52	
7		1	24	139	122	44	26	41	90	
8		5	46	83	128	148	82	110	15	
9		2	65	104	93	144	333	549	64	7
10			65	102	497	580	851	511	101	83
11		12	502	863	41	155	96	92	39	71
12		115	180	192	331	239	59	51	136	59
13	7	114	153	183	418	103	66	92	248	61
14	128	121	143	268	1 072	238	183	144	184	114
15	124	106	203	175	454	194	170	681	205	228
16	209	285	342	272	493	446	318	336	63	135
17	118	222	182	213	271	388	171	15		
18	5	75	93	130	189	84	0			
19		1			1					
20	591	1 186	2 407	3 200	4 707	3 032	2 919	2 918	1 277	758

Summe DDR: 22 995

1) Öffentlicher Straßenverkehr und Werkverkehr.- 2) LKW- und Omnibusverkehr.
Quelle: Berechnungen des DIW.

Tabelle V 41

Regionale CO-Emissionen im Straßengüterverkehr[1]

(einschließlich Transitverkehr[2])

in t

	A	B	C	D	E	F	G	H	I	K
1							7	17		
2					9	27	94	10		
3			8	33	249	35	88	50	1	
4		6	56	80	80	33	45	45	14	
5		3	112	83	29	61	78	28	39	
6		33	54	79	31	24	65	47	35	
7		1	16	50	39	29	17	28	60	
8		3	31	55	42	56	54	73	10	
9		2	43	69	62	53	179	366	43	5
10			43	68	98	154	275	341	67	55
11			8	102	343	28	43	64	61	26	47
12			76	120	128	161	99	39	34	91	39
13	5	76	102	122	219	69	44	61	166	41
14	85	80	95	179	655	158	122	96	123	76
15	75	71	136	117	243	129	114	454	136	152
16	140	182	220	174	269	297	212	224	42	90
17	79	148	121	89	181	259	114	10		
18	3	50	62	34	126	56	0			
19		1			1					
20	387	740	1 321	1 703	2 522	1 582	1 611	1 945	853	505

Summe DDR: 13 169

1) Öffentlicher Straßenverkehr und Werkverkehr.- 2) LKW- und Omnibusverkehr.
Quelle: Berechnungen des DIW.

Tabelle V 42

Regionale CH-Emissionen im Straßengüterverkehr[1] (einschließlich Transitverkehr[2]) in t

	A	B	C	D	E	F	G	H	I	K
1							5	12		
2					7	20	70	8		
3			6	25	187	26	66	38	1	
4		4	42	60	60	25	34	34	11	
5		2	84	62	22	46	59	21	29	
6		29	44	63	23	18	48	35	26	
7		1	12	41	33	22	13	21	45	
8		2	23	41	36	46	41	55	8	
9		1	33	52	47	43	138	274	32	4
10			33	51	94	136	232	255	50	41
11		6	97	277	21	38	48	46	20	35
12		57	90	96	126	80	30	25	68	30
13	4	57	76	92	170	51	33	46	124	31
14	64	60	72	134	497	119	92	72	92	57
15	58	53	102	88	187	97	85	341	102	114
16	105	138	166	131	207	223	159	168	31	67
17	59	111	91	71	135	194	86	8		
18	2	37	47	30	95	42	0			
19		1			1					
20	292	559	1 018	1 314	1 948	1 226	1 239	1 459	639	379

Summe DDR: 10 073

1) Öffentlicher Straßenverkehr und Werkverkehr.- 2) LKW- und Omnibusverkehr.
Quelle: Berechnungen des DIW.

Tabelle V 43

Regionale Emissionen von Rußpartikeln im Straßengüterverkehr[1]

(einschließlich Transitverkehr[2])

in t

	A	B	C	D	E	F	G	H	I	K
1							4	8		
2					5	13	47	5		
3			4	17	125	17	44	25	0	
4		3	28	40	40	17	22	22	7	
5		2	56	41	15	31	39	14	19	
6		17	27	40	15	12	32	23	17	
7		0	8	25	20	15	9	14	30	
8		2	15	28	22	28	27	37	5	
9		1	22	35	31	27	90	183	21	2
10			22	34	50	78	139	170	34	28
11		4	52	172	14	23	32	31	13	24
12		38	60	64	81	51	20	17	45	20
13	2	38	51	61	110	34	22	31	83	20
14	43	40	48	89	328	79	61	48	61	38
15	38	35	68	58	122	65	57	227	68	76
16	70	92	111	87	135	149	106	112	21	45
17	39	74	61	45	90	129	57	5		
18	2	25	31	18	63	28	0			
19		0			0					
20	194	371	664	854	1 266	796	808	972	424	253

Summe DDR: 6 602

1) Öffentlicher Straßenverkehr und Werkverkehr.- 2) LKW- und Omnibusverkehr.
Quelle: Berechnungen des DIW.

Tabelle V 44

Regionale SO_2-Emissionen im Straßenverkehr[1] (einschließlich Transitverkehr)

in t

	A	B	C	D	E	F	G	H	I	K
1							4,9	11,1		
2					5,2	17,1	63,3	18,0		
3			4,2	21,9	172,3	21,5	59,8	33,7	0,2	
4		3,7	36,7	52,0	51,3	21,7	28,5	28,6	8,8	
5		2,4	71,7	52,1	18,3	40,9	51,6	17,6	25,2	
6		23,3	35,6	52,4	18,6	15,1	42,4	30,0	22,2	
7		0	9,6	33,4	27,3	19,1	11,4	18,4	31,2	
8		2,5	19,7	36,9	29,6	37,8	34,2	50,6	6,5	
9		1,4	28,1	45,7	40,3	36,1	150,3	262,9	27,8	2,7
10			28,2	44,2	73,6	109,4	195,5	246,0	46,3	39,6
11		5,1	75,6	235,0	17,8	30,2	40,7	39,0	17,0	33,4
12		49,9	78,1	83,4	108,2	67,4	25,6	21,5	58,4	25,8
13	2,5	50,5	66,2	79,2	144,7	44,1	28,0	39,7	107,5	25,8
14	55,9	51,9	62,0	116,7	439,9	104,6	81,8	62,9	80,0	50,1
15	50,1	45,2	90,5	76,2	160,9	85,2	75,2	316,8	91,8	103,0
16	91,4	122,2	149,9	118,4	186,2	211,0	151,3	154,9	27,8	60,8
17	49,9	96,1	80,3	60,7	125,3	183,6	79,5	6,8		
18	2,5	31,6	40,0	24,6	90,4	38,4	0,7			
19		0,2			0,2					
20	252,3	486,0	876,4	1 132,8	1 710,1	1 083,2	1 122,7	1 358,5	550,7	341,2

Summe DDR: 8 913,9

1) Tabelle V 26 + Tabelle V 39.
Quelle: Berechnungen des DIW.

Tabelle V 45

Regionale NO_x-Emissionen im Straßenverkehr[1] (einschließlich Transitverkehr) in t

	A	B	C	D	E	F	G	H	I	K
1							19	78		
2					16	135	356	74		
3			14	136	830	90	356	235	51	
4		30	276	322	356	216	311	280	117	
5		52	390	305	227	278	391	155	137	
6		243	325	507	248	169	369	253	215	
7		1	103	293	412	147	110	181	369	
8		10	164	248	350	411	271	480	109	
9		5	180	286	343	345	982	1 310	232	61
10			149	298	1 023	1 208	1 710	1 291	331	279
11		37	1 026	1 800	242	553	327	425	266	235
12		337	502	524	889	701	298	354	390	202
13	11	320	389	476	1 039	426	342	284	654	233
14	340	345	387	609	2 337	660	507	513	486	324
15	256	366	519	496	1 151	598	598	1 664	623	603
16	538	707	843	678	1 195	1 211	868	806	182	369
17	288	543	458	600	770	1 042	572	62		
18	10	163	246	341	538	217	22			
19		3			3					
20	1 443	3 162	5 971	7 919	11 969	8 407	8 409	8 445	4 162	2 306

Summe DDR: 62 193

1) Tabelle V 10 + Tabelle V 27 + Tabelle V 40
Quelle: Berechnungen des DIW.

6.2.2. Schienenverkehr

Kennzeichnend für das Transportwesen ist beim Güterverkehr - wie in allen Staaten des RGW - die Vorrangstellung der Eisenbahn (DR). Gegenwärtig werden sieben Zehntel der Verkehrsleistungen (tkm) im binnenländischen Güterverkehr von der Deutschen Reichsbahn (Bundesbahn: knapp ein Viertel) erbracht (Tab. V 2). Auch im Personenverkehr ist die Stellung der Bahn - bei leicht rückläufiger Tendenz (Tab. V 1) - mit einem Anteil von rd. einem Fünftel an den Beförderungsleistungen (Pkm) noch weitaus bedeutender als in der Bundesrepublik (ein Fünfzehntel).

Hinsichtlich des elektrischen Antriebes im Schienenverkehr liegt die DDR in Europa an letzter Stelle, obwohl im aktuellen Fünfjahrplan große Anstrengungen unternommen werden, mit absoluter Priorität - vor allen anderen Investitionsmaßnahmen im Verkehrsbereich - das Schienennetz zu elektrifizieren. 1982 wurden - bezogen auf die Bruttotonnenkilometer - 4 vH mit Dampflokomotiven, 26 vH durch elektrischen Antrieb und 70 vH mit der (hier) emissionsrelevanten Dieseltraktion bewältigt[92].

Auf die Rasterflächen waren mithin sieben Zehntel der gesamten Verkehrsleistungen der Bahn zu verteilen. Die amtliche Statistik weist den Personen- und Güterverkehr der Bahn nur global aus. Bekannt sind allerdings die Länge des Hauptnetzes (54 vH vom Gesamtnetz - 14 231 km), die Länge des elektrifizierten Netzes (ein Viertel des Hauptnetzes) sowie die geographische Lage aller Netzteile[93].

Außerdem sind Informationen[94] verfügbar, die besagen, daß etwa 80 vH der Transportleistungen auf den Hauptbahnen erbracht werden und daß etwa neun Zehntel der Bevölkerung im Einzugsbereich der Hauptbahnen wohnen. Des weiteren ermöglichten verschiedene Publikationen[95], die

Angaben über das regionale (Bezirks-) Transportaufkommen im Güterverkehr[96] enthalten, eine großräumige Verteilung des Transportaufkommens der Bahn.

Mit all diesen Einzelangaben und bestimmten Arbeitshypothesen erfolgte die Verteilung der mit der Dieseltraktion erbrachten Verkehrsleistungen auf die Rasterflächen. Die rastermäßige Aufteilung wurde getrennt für den Güter- und Personenverkehr der DR vorgenommen[97]. Bekannt sind für beide Bereiche die insgesamt verbrauchten Mengen an Dieselkraftstoff[98]. Diese wurden analog zu den jeweils geschätzten Leistungskennzahlen auf die Raster verteilt. Der gesamte DK-Verbrauch nach Rasterflächen ist in Tab. V 46 ausgewiesen.

Spezielle Emissionsfaktoren für den repräsentativen Fahrzeugmix der DR sind nicht bekannt. Allerdings sind Messungen - nach TGL 22984 "Dieselmotoren-Rauchdichtemessung an Kraftfahrzeugmotoren" - an einzelnen Baureihen von Dieseltriebfahrzeugen der DR durchgeführt worden[99]. Auf der Basis dieser Messungen, anderer Untersuchungen sowie unter Zugrundelegung einiger Annahmen wird eine Schätzung der Schadstoffemission durch die Dieseltraktion der DR[100] abgegeben:

- NO_x : 57 000 t
- CO : 49 000 t
- Aldehyde (R˙CHO) : 3 000 t
- Ruß : 3 000 t.

Da ein Bezugsjahr nicht genannt ist, die hier relevanten SO_2-Emissionen nicht geschätzt werden und auch die Arbeitshypothesen nicht näher erläutert werden, wurden die Grundannahmen von Löblich und dessen Vorgehensweise für die Bestimmung der Emissionen durch die Dieseltraktion des Schienenverkehrs übernommen[101]. Bei den SO_2-Emissionen wurde wiederum ein höherer S-Gehalt des eingesetzten DK bei der DR (0,5 vH) angenommen. Folgende Emissionsfaktoren wurden demnach zugrunde gelegt:

Emissionsfaktoren des Schienenverkehrs in g/kg DK

- SO_2 : 10
- NO_x : 45

Daraus ergaben sich an **Schadstoffmengen der DR** (Tab. V 47 und V 48) insgesamt:

- SO_2 : 7 050 t
- NO_x : 32 000 t.

Wenn man einmal unterstellt, daß sich die Schätzung von Köppen[102] auf das Jahr 1978 bezieht, als etwa die gleiche Verkehrsleistung wie 1982 durch die Dieseltraktion bewältigt wurde, und sich Fahrzeugmix und Motorkonstruktion seitdem nicht wesentlich verändert haben, wäre die NO_x-Emission eindeutig unterschätzt. Sie müßte um etwa den Faktor 2 nach oben korrigiert werden. Eine evtl. Korrektur der SO_2-Schätzung hängt - wie bei den anderen Fahrzeugen mit Dieselantrieb - von genaueren Informationen bezüglich des Schwefelgehalts im DK ab.

Andere Vergleichsmöglichkeiten existieren nicht. In einer DDR-Quelle[103] finden sich Angaben über die spezifischen - pro Tonnenkilometer - Umweltbelastungen der Verkehrsträger beim Gütertransport. Danach verhalten sich im Überlandverkehr Eisenbahn, schwerer LKW und leichter LKW wie 1 : 8 : 43. Da nicht bekannt ist, welche Schadstoffe in diese Vergleichsbetrachtung einbezogen wurden, Informationen über den LKW-Fahrzeugmix (leicht, schwer) nicht verfügbar sind und das Bezugsjahr nicht genannt ist, ist eine entsprechende Abstimmung mit den Arbeitsergebnissen dieser Untersuchung nicht möglich.

Tabelle V 46

Regionale Strukturdaten des Verkehrs:
Kraftstoffverbrauch im Schienenverkehr[1] 1982
in t DK

	A	B	C	D	E	F	G	H	I	K
1							0	2		
2					1	3	5	0		
3			0	2	8	0	5	2	0	
4		1	3	4	7	2	2	2	0	
5		0	3	0	0	2	3	2	2	
6		1	3	3	0	0	3	3	1	
7		0	0	3	0	0	4	3	5	
8		0	0	6	2	2	2	5	5	
9		0	3	10	4	2	5	12	9	1
10			5	9	4	2	4	11	5	7
11		0	6	13	1	2	2	6	5	5
12		0	8	12	9	10	2	2	17	13
13	0	1	6	17	9	7	18	9	17	15
14	5	8	14	9	11	14	7	14	18	13
15	1	5	8	1	13	26	16	6	8	5
16	8	7	2	9	11	6	3	1	0	0
17	6	8	7	5	6	4	6	0		
18	0	0	0	0	2	0	0			
19		0			0					
20	20	31	68	102	86	83	87	79	91	59

Summe DDR: 705

1) Personen- und Güterverkehr.
Quelle: Berechnungen des DIW.

Tabelle V 47

Regionale SO_2-Emissionen im Schienenverkehr

in t

	A	B	C	D	E	F	G	H	I	K
1							0,26	16,28		
2					7,57	31,68	49,70	0,36		
3			0,03	24,36	78,31	1,23	49,52	17,46	0,03	
4		7,73	32,70	43,60	68,78	15,76	20,45	22,79	0,51	
5		0,09	29,70	2,44	0,92	20,35	31,93	19,17	15,94	
6		7,23	34,27	28,55	1,01	0,86	27,88	30,83	8,68	
7		0,01	0,47	27,72	1,07	1,03	38,36	27,04	48,06	
8		0,13	1,17	56,16	22,41	16,44	21,44	48,62	46,02	
9		0,08	25,91	97,90	36,11	21,11	46,24	120,74	92,96	11,36
10			49,24	86,19	35,41	23,47	42,44	106,66	48,36	71,13
11		0,30	61,59	130,90	5,84	20,67	21,73	57,94	46,68	47,55
12		2,88	78,27	116,80	90,55	103,54	23,51	24,78	168,17	125,86
13	0,17	14,61	58,28	165,68	85,22	68,76	179,16	88,02	170,90	146,11
14	51,35	75,80	136,41	87,34	106,32	138,82	72,87	139,34	180,47	129,70
15	14,52	50,84	78,33	8,48	129,51	260,36	157,10	56,16	83,42	50,61
16	75,99	68,16	21,45	89,63	113,91	57,90	25,87	11,40	3,70	4,71
17	56,03	75,78	72,67	50,17	61,09	40,38	60,39	0,48		
18	0,13	1,76	2,28	1,00	19,47	2,66	0,22			
19		0,04			0,06					
20	198,19	305,43	682,76	1016,92	863,56	825,02	869,10	788,07	913,90	587,05

Summe DDR: 7 050,00

Quelle: Berechnungen des DIW.

Tabelle V 48

Regionale NO$_x$-Emissionen im Schienenverkehr

in t

	A	B	C	D	E	F	G	H	I	K
1							1	73		
2					34	143	224	2		
3			0	110	352	6	223	79	0	
4		35	147	196	310	71	92	103	2	
5		0	134	11	4	92	144	86	72	
6		33	154	128	5	4	125	139	39	
7		0	2	125	5	5	173	122	216	
8		1	5	253	101	74	96	219	207	
9		0	117	441	162	95	208	543	418	51
10			222	388	159	106	191	480	218	320
11		1	277	589	26	93	98	261	210	214
12		13	352	526	407	466	106	112	757	566
13	1	66	262	746	383	309	806	396	769	657
14	231	341	614	393	478	625	328	627	812	584
15	65	229	352	38	583	1 172	707	253	375	228
16	342	307	97	403	513	261	116	51	17	21
17	252	341	327	226	275	182	272	2		
18	1	8	10	4	88	12	1			
19		0			0					
20	892	1 374	3 072	4 576	3 886	3 713	3 911	3 546	4 113	2 642

Summe DDR: 31 725

Quelle: Berechnungen des DIW.

6.2.3. Binnenschiffahrt

Die Binnenschiffahrt hat im Transportsystem der DDR mit einem Anteil von 3 vH an den Verkehrsleistungen (tkm) des binnenländischen Güterverkehrs - ohne Seeschiffahrt und Luftverkehr - keine Bedeutung (Bundesrepublik: rd. ein Fünftel). Zwecks Energieeinsparung soll sie als die energiewirtschaftlich günstigste Verkehrsart[104] - ähnlich wie die Bahn - stärker in die Transportabläufe zu Lasten des Straßengüterverkehrs einbezogen werden. Da jedoch das sächsische Industriegebiet nicht durch leistungsfähige Wasserstraßen erschlossen ist, Oder und eingeschränkt auch die Elbe nach der Teilung Deutschlands zu Grenzflüssen der DDR wurden, ist allerdings nicht zu erwarten, daß sich ihr - emissionsrelevantes - Gewicht nennenswert erhöhen dürfte.

Die Verkehrsleistungen der Binnenschiffahrt werden amtlich nur global und für den Güterumschlag (t) nach Hafenverwaltungen ausgewiesen. Mit Hilfe von weiteren Einzelinformationen[105] war es möglich, die Verkehrsleistungen auf die Rasterflächen zu verteilen. Der Transitverkehr Berlins (W) mit dem Bundesgebiet sowie der Transit Berlins (W) mit Polen, der in den Binnenschiffahrtsstatistiken der DDR offensichtlich nicht enthalten ist, wurde westlichen Statistiken entnommen und dem amtlich von der DDR ausgewiesenen Binnenschiffsverkehr rastermäßig hinzuaddiert.

Für die Emissionsschätzungen lagen keinerlei Anhaltspunkte in DDR-Veröffentlichungen vor. Es finden sich lediglich Angaben über den DK-Verbrauch[106]. Aus diesem Grunde stützten sich die Berechnungen wiederum auf die Überlegungen und die Emissionsfaktoren von Löblich[107]. Die Emissionen von evtl. verbranntem schweren Heizöl[108] wurden nicht berücksichtigt[109]. Ferner wurde für den Binnenschiffsverkehr der DDR wiederum ein doppelt so hoher S-Gehalt des verbrauchten DK angenommen:

Emissionsfaktoren der Binnenschiffahrt in g/kg DK

- SO_2 : 10
- NO_x : 40

Daraus ergaben sich an **Schadstoffmengen für die Binnenschiffahrt** (Tab. V 47 und V 48):

- SO_2 : 219 t
- NO_x : 859 t

Für den Transitverkehr von Berlin (West) mit Polen durch die DDR wurden die gleichen Emissionsfaktoren zugrunde gelegt. Lediglich für den Binnenschiffsverkehr Berlins (W) mit dem Bundesgebiet wurde der niedrigere S-Gehalt des in der Bundesrepublik verbrauchten DK (5 g SO_2/kg DK) angesetzt. **Insgesamt** ergab sich somit folgende in der DDR durch die **Binnenschiffahrt** emittierte **Schadstoffmenge** (Tab. V 51 und V 52):

- SO_2 : 261 t
- NO_x : 1 152 t.

Eine Abstimmung mit DDR-Schätzungen konnte mangels entsprechender Angaben nicht erfolgen.

Tabelle V 49

Regionale SO_2-Emissionen in der Binnenschiffahrt (ohne Transitverkehr)

in t

	A	B	C	D	E	F	G	H	I	K
1										
2										
3										
4										
5										
6		4,7								
7			6,2	4,7					4,1	
8				3,4	6,1		2,2	6,1	8,9	
9					11,7	1,7	6,8		2,2	3,9
10			7,3	17,7	16,6	17,2	9,0	11,2	1,7	6,7
11				18,1					4,5	10,0
12				6,5	3,0	2,3				
13				2,0		2,4				
14				1,0			2,4			
15							1,7	1,3		
16								2,4	1,3	
17										
18										
19										
20		4,7	13,5	53,4	37,4	23,6	22,1	21,0	22,7	20,6

Summe DDR: 219,0

Quelle: Berechnungen des DIW.

Tabelle V 50

Regionale NO$_x$-Emissionen in der Binnenschiffahrt (ohne Transitverkehr)

in t

	A	B	C	D	E	F	G	H	I	K
1										
2										
3										
4										
5										
6		18,3								
7			24,4	18,3					16,3	
8				13,1	24,1		8,7	24,1	35,0	
9					46,0	6,6	30,9		8,7	15,3
10			28,4	67,0	62,6	64,8	40,7	43,8	6,6	26,3
11				72,1					17,5	39,4
12				26,2	12,4	8,0				
13				8,4		7,8				
14				5,0			7,8			
15							7,2	4,1		
16								7,8	5,3	
17										
18										
19										
20		18,3	52,8	210,1	145,1	87,2	95,3	79,8	89,4	81,0

Summe DDR: 859,0

Quelle: Berechnungen des DIW.

Tabelle V 51

Regionale SO$_2$-Emissionen in der Binnenschiffahrt

(einschließlich Transitverkehr)

in t

	A	B	C	D	E	F	G	H	I	K
1										
2										
3										
4										
5										
6		6								
7			8	6					4	
8				4	7		3	8	10	
9					14	2	8		3	5
10			13	24	23	24	10	11	2	8
11				18					5	10
12				7	3	2				
13				2		2				
14				1			2			
15							2	1		
16								2	1	
17										
18										
19										
20		6	21	62	47	30	25	22	25	23

Summe DDR: 261

Quelle: Berechnungen des DIW.

Tabelle V 52

Regionale NO$_x$-Emissionen in der Binnenschiffahrt

(einschließlich Transitverkehr)

in t

	A	B	C	D	E	F	G	H	I	K
1										
2										
3										
4										
5										
6		28								
7			38	28					17	
8				20	33		11	31	41	
9					60	7	34		11	19
10			74	109	110	120	50	44	7	33
11				72					17	39
12				26	12	8				
13				8		8				
14				5			8			
15							7	4		
16								8	5	
17										
18										
19										
20		28	112	268	215	143	110	87	98	91

Summe DDR: 1 152

Quelle: Berechnungen des DIW.

6.2.4. Seeschiffahrt, Seehäfen

Als emissionsrelevant werden im Rahmen dieses Forschungsprojekts nur die Verkehrsleistungen der Seeschiffahrt auf dem Staatsgebiet der DDR untersucht. Es werden also die Schadstoffemissionen von SO_2 und NO_x während der Liegezeit in den Häfen und während der Fahrt vom Hafen bis zur Seegrenze und umgekehrt geschätzt. In die Betrachtung einbezogen werden nur die drei Seehäfen Rostock, Wismar und Stralsund. Für alle anderen - vergleichsweise bedeutungslosen - Schiffsverkehre (z. B. Fährverkehr der DR) liegen keine amtlichen Daten vor.

1982 wurden insgesamt 20 Mill. t in Rostock (76 vH), Wismar (20 vH) und Stralsund (4 vH) umgeschlagen. Vor allem Rostock ist nach Kriegsende durch gezielte Investitionen zu einem bedeutenden Universalhafen mit Ölhafen, Schütt- und Stückgutbereich ausgebaut worden. Weitere Leistungssteigerungen sind geplant[110], jedoch dürften diese aufgrund des derzeit relativ geringen Gewichts der Schadstoffemissioen des Seehafenverkehrs - ebenso wie bei der Binnenschiffahrt - keine nennenswerten Auswirkungen auf die gesamten Luftverunreinigungen des Verkehrsbereiches haben.

Amtlich ausgewiesen bzw. westlichen Statistiken zu entnehmen sind die jährlichen Umschlagsleistungen und die Zahl der Schiffsbewegungen, getrennt für die drei Häfen. DDR-Quellen geben keine Auskunft über Emissionen des untersuchungsrelevanten Bereichs. Anhaltspunkte für die Schadstoffschätzung - Verbrauch von schwerem Heizöl und Dieselkraftstoff - sind ebenfalls nicht vorhanden. Die Angaben über den DK-Verbrauch der Seeschiffahrt[111] beziehen sich ausschließlich auf die Leistungen der DDR-Handelsflotte (einschließlich der außerhalb der eigenen Hoheitsgrenze erbrachten Leistungen). Vom Schiffsverkehr in den Häfen - bezogen auf die Zahl der Schiffsbewegungen - entfallen jedoch nur drei Zehntel auf die Flagge der DDR.

Diese Datenlage bestimmte eine Vorgehensweise analog zu der von Löblich[112]. Der Verbrauch von Kraftstoffen wurde getrennt für die Liegezeiten in den Häfen und für die Fahrt Seehafen/Seegrenze berechnet. Der Streckenverlauf und die Streckenlänge der Seeschiffahrtsstraßen wurden anhand der Verkehrskarten der DDR[113] geschätzt. Bezüglich der Fahrzeiten Seegrenze-/Rostock (15 km), -/Wismar (20 km) und -/Stralsund (30 km) wurde eine Fahrzeit von jeweils 1 Stunde (Rostock, Wismar) bzw. 1 1/2 Stunden (Stralsund) und ein spezifischer Verbrauch (t Kraftstoff/h Fahrzeit) von 0,56 angenommen. Die Liegezeit in den Häfen wird mit 2 Tagen bei einem stationären Verbrauch von 1 t Kraftstoff/Tag angenommen. Bei diesem zu Löblich identischen Vorgehen sind eine Reihe von Unterstellungen - wie identische Schiffstypen und -größen, gleiche Durchschnittsgeschwindigkeiten, gleiche spezifische Verbräuche, gleiches Emissionsverhalten, gleiche Liegezeit in den Häfen - gemacht, die bei der Interpretation der Emissionsmengen in jedem Falle zu berücksichtigen sind. Außerdem wurde wiederum von einem gegenüber der Bundesrepublik doppelt so hohen S-Gehalt des in der DDR getankten Kraftstoffs ausgegangen. Dies ergab einen für die Emissionsschätzung zugrunde zu legenden Kraftstoffverbrauch von rd. 15 600 t und führte mit den **Emissionsfaktoren**

- SO_2 : 97 g/kg DK
- NO_x : 39 g/kg DK

zu folgenden **Gesamtemissionen für die Seeschiffahrt, Seehäfen:**

- SO_2 : 1 509 t
- NO_x : 608 t

Diese wurden nach Lage der Häfen und dem Verlauf der Seeschiffahrtsstraßen entsprechend zur jeweiligen Verkehrsbelastung den Rasterflächen (Tab. V 53 und V 54) zugeordnet.

Tabelle V 53

Regionale SO$_2$-Emissionen in der Seeschiffahrt

in t

	A	B	C	D	E	F	G	H	I	K
1										
2							131			
3					817		28	29		
4			136	368						
5										
6										
7										
8										
9										
10										
11										
12										
13										
14										
15										
16										
17										
18										
19										
20			136	368	817		159	29		

Summe DDR: 1 509

Quelle: Berechnungen des DIW.

Tabelle V 54

Regionale NO$_x$-Emissionen in der Seeschiffahrt

in t

	A	B	C	D	E	F	G	H	I	K
1										
2							53			
3					329		11	12		
4			55	148						
5										
6										
7										
8										
9										
10										
11										
12										
13										
14										
15										
16										
17										
18										
19										
20			55	148	329		64	12		

Summe DDR: 608

Quelle: Berechnungen des DIW.

6.2.5. Luftverkehr

Der Anteil des Luftverkehrs an der Gesamt-Schadstoffbelastung in der Bundesrepublik belief sich 1983 auf etwa 1 vH[114]. Auch unter Hinzurechnung des Flugverkehrs Berlins (W) in den über DDR-Gebiet führenden Luftkorridoren dürfte dieser Wert aufgrund der vergleichsweise geringen Bedeutung des gewerblichen Luftverkehrs in der DDR[115] keinesfalls überschritten werden.

Die Schätzung der Schadstoffemissionen des Luftverkehrs in der DDR erfolgte für folgende Segmente:

- Gewerblicher Luftverkehr (alle Flüge von und nach den zivilen Verkehrsflughäfen der DDR - Schönefeld, Leipzig, Dresden und Erfurt)
- Wirtschafts- und Agrarflug der DDR
- Berlin-Flugverkehr (Luftkorridore).

Nachrichtlich wird eine - hypothetische - Schätzung des militärischen Luftverkehrs in der DDR vorgenommen.

Die (amtliche DDR-) Datenbasis für die Berechnung der Schadstoffemissionen der einzelnen Segmente des Luftverkehrs ist äußerst schmal. Im Statistischen Jahrbuch ausgewiesen werden nur die von Maschinen der zivilen Luftfahrt der DDR - Interflug - beförderten Passagiere sowie die Beförderungsleistungen auf den Fluglinien (einschließlich der Verkehrsleistungen im Ausland) der Interflug. Die Zahl der Flugbewegungen, die Verkehrsleistungen über dem Hoheitsgebiet der DDR und andere emissionsrelevante Kennzahlen sind der offiziellen Statistik nicht zu entnehmen. Die Wirtschaftsflüge in der Land- und Forstwirtschaft werden nur - global - nach Flugstunden veröffentlicht. Erwartungsgemäß werden auch keinerlei Angaben über den militärischen Luftverkehr in der DDR gemacht.

Mit Hilfe von vielen in westlichen Veröffentlichungen und Statistiken zur Verfügung stehenden Daten, den Flugplänen der DDR[116], dem Verlauf der Luftstraßen über dem Staatsgebiet der DDR[117] sowie zahlreicher Einzelangaben in DDR-Publikationen[118] gelang es dennoch, ein realistisches und emissionsrelevantes Gesamtbild der Luftverkehrs zu ermitteln. Der alliierte Berlin-Flugverkehr[119] ist nach Zahl der Flugbewegungen und der eingesetzten Flugzeugtypen, unterteilt jeweils für die drei Luftkorridore, westlichen Statistiken zu entnehmen. Im Agrarflug sind die eingesetzten Flugzeugtypen bekannt[120].

Zunächst wurden die Schadstoffemissionen des gewerblichen Luftverkehrs in der DDR ermittelt. Hauptverursacher der Emissionen sind die Triebwerke. Da Emissionsfaktoren von Triebwerken aus sowjetischer Produktion nicht zur Verfügung stehen, wurden diejenigen vergleichbarer westlicher Triebwerke unter Berücksichtigung des im allgemeinen höheren spezifischen Kraftstoffverbrauchs[121] zugrunde gelegt. Die Emissionsfaktoren und -mengen wurden getrennt für den Start-Lande-Zyklus (LTO-Zyklen), den Steigflug und den Reiseflug bestimmt[122].

Für die **LTO-Zyklen** ergeben sich folgende **Schadstoffmengen**[123]:

Emissionen im Flughafenbereich der DDR in t

	SO_2	NO_x	CO	CH
- Schönefeld	15,0	122,5	734,2	546,2
- Dresden	0,6	3,8	19,4	10,3
- Leipzig	0,2	0,5	2,0	0,7
- Erfurt	0,2	0,4	1,5	0,5
Summe DDR-Flughäfen	16,0	127,2	757,1	557,7

Die **Emissionen des Steigflugs**[124] wurden unter Berücksichtigung der typischen Streckenlängen in **der DDR**[125] ermittelt:

Emissionen des Steigflugs von DDR-Flughäfen

in t

- SO_2 : 20,5
- NO_x : 277,6
- CO : 97,2
- CH : 39,6

Die **Emissionen des Reiseflugs**[126] über DDR-Gebiet betragen[127]:

Emissionen des Reiseflugs in t

- SO_2 : 13,8
- NO_x : 149,3
- CO : 190,1
- CH : 49,9

Die Flugzeugmuster des Agrar-Flugverkehrs sind bekannt, nicht jedoch deren Emissionsdaten[128]. Es wurden mittlere Bedingungen[129] unterstellt. Die **Gesamtemissionen des Agrar-Flugverkehrs** betragen:

Emissionen des Agrar-Flugverkehrs in t

- SO_2 : 13,5
- NO_x : 66,0
- CO : 188,6
- CH : 125,3

Der Berlin-Flugverkehr in den Luftkorridoren wird ausschließlich von Luftverkehrsgesellschaften der westlichen Alliierten mit westlichen Flugzeugtypen[130] durchgeführt. Für die Ermittlung der Schadstoffemissionen konnten die Start-Lande-Zyklen[131] außer Betracht bleiben. Es resultierten unter Berücksichtigung des geringeren spezifischen Treibstoffverbrauchs westlicher Triebwerke[132] und der Flughöhe in den Luftkorridoren, der den

Minderverbrauch (kg Kerosin/Flugzeugkilometer) nahezu kompensiert, für den **Berlin-Luftverkehr** folgende **Gesamtemissionen:**

Emissionen des Berlin-Flugverkehrs über DDR-Gebiet in t

- SO_2 : 53
- NO_x : 477
- CO : 440
- CH : 214

Über den militärischen Luftverkehr können nur hypothetische Aussagen getroffen werden, in Analogie zu entsprechenden Kennziffern für die Bundesrepublik. Als absolute Obergrenze für den Militärverkehr im Luftraum der DDR[133] kann sicherlich der gesamte militärische Luftverkehr der Bundesrepublik, dessen Kraftstoffverbrauch bekannt ist (1,5 Mill. t[134]), angesehen werden. Als Untergrenze wird ein Verbrauchswert von einem Drittel (0,5 Mill. t) angenommen:

Emissionen des Militärverkehrs in der DDR in t

	obere Variante	untere Variante
- SO_2 :	1 500	500
- NO_x :	15 000	5 000
- CO :	45 000	15 000
- CH :	7 500	2 500

Schon bei Gültigkeit nur der unteren Variante ergibt sich ein deutliches Übergewicht der durch den Militärverkehr bewirkten Luftverunreinigungen gegenüber den vom zivilen Verkehr verursachten. In einer summarischen Betrachtung - alle Schadstoffe - hätte der Militärverkehr an den Gesamtemissionen des Luftverkehrs in der unteren Variante einen Anteil von 85 vH.

Die Schadstoffemissionen aller Segmente des Luftverkehrs sind in V 55 summarisch ausgewiesen. Es wurde aus arbeitsökonomischen Gründen auf eine rastermäßige Zuordnung der emittierten Schadstoffmengen verzichtet[135]. In der näheren Umgebung vom Flughafen Schönefeld werden sicherlich relevante Emissionen durch den an- und abfliegenden Luftverkehr anzutreffen sein. Diese dürften aber wegen der insgesamt niedrigeren Zahl der Flugbewegungen deutlich unter denen des an- und abfliegenden Verkehrs von Berlin-Tegel liegen. Die Schadstoffemissionen des überfliegenden Luftverkehrs sind als Immissionen am Erdboden kaum nachweisbar, da sie von der Emissionsquelle bis zum Einwirkgebiet - wie Städte und Waldflächen - wegen der Luftbewegung und Durchmischung stark verdünnt werden. Es kann annähernd von einer großräumig gleichmäßigen Verteilung der Schadstoffe ausgegangen werden[136].

Tabelle V 55

Emissionen im Luftverkehr[1)]

in t

Schadstoffe Verkehrsart	SO_2	NO_x	CO	CH
Gewerblicher DDR-Verkehr				
Flughäfen	16,0	127,2	757,1	557,7
Steigflug	20,5	277,6	97,2	39,6
Reiseflug	13,8	149,3	190,1	49,9
SUMME	50,3	554,1	1 044,4	647,2
Agrar-Flugverkehr	13,5	66,0	188,6	125,3
SUMME ziviler DDR-Verkehr	63,8	620,1	1 233,0	772,5
Berlin-Flugverkehr	53,2	476,8	440,3	214,1
SUMME ziviler Verkehr	117,0	1 096,9	1 673,3	986,6
nachrichtlich: Militärverkehr				
untere Variante	500	5 000	15 000	2 500
obere Variante	1 500	15 000	45 000	7 500

1) Nur über dem Staatsgebiet der DDR.

Quellen: Diverse Einzelangaben in westlichen und östlichen Veröffentlichungen; intensive Gespräche mit dem UBA; Berechnungen des DIW.

6.3. Zusammenfassende Betrachtung und Ausblick

Der Verkehrsbereich ist im Vergleich zur Bundesrepublik[137] auch in der DDR ein beachtlicher Schadstoffemittent. Auf eine direkte Gegenüberstellung soll hier verzichtet werden. Im Rahmen dieser Untersuchung werden nur die traktionären Beförderungs- und Transportvorgänge betrachtet. Auch sind die im Zuge der Herstellung der elektrischen Antriebsenergie - Straßenbahn, Deutsche Reichsbahn u. a. m. - entstehenden Luftverunreinigungen nicht hier, sondern im Energiebereich erfaßt. Dennoch soll auf einige markante Unterschiede[138] hingewiesen werden.

Die trotz des höheren S-Gehalts des DK erheblich geringeren SO_2-Emissionen in der DDR (V 56) - etwa ein Fünftel des entsprechenden bundesrepublikanischen Wertes - sind im wesentlichen zurückzuführen auf den vergleichsweise bedeutungslosen Straßengüterverkehr sowie die unterschiedliche Fahrzeugzusammensetzung im Individualverkehr. Diesel-PKW haben in der DDR praktisch keine Bedeutung. Auch die relativ geringen NO_x-Emissionen (V 57) haben ihre wesentliche Ursache im Fahrzeugmix der DDR. Zweitakter, die zwei Drittel des DDR-Bestandes ausmachen, emittieren bei gleicher Fahrleistung nur etwa ein Zehntel der entsprechenden NO_x-Emissionen eines Viertakt-Ottomotors.

Anders hingegen ist es bei den emittierten Kohlenwasserstoffverbindungen (CH), die, bedingt durch das Verbrennungsverfahren, bei einem Zweitakter deutlich (um den Faktor 5-10) höher sind. Obwohl die Gesamtfahrleistungen erheblich unter denen der Bundesrepublik liegen, hatten die CH-Emissionen des Straßenverkehrs der DDR mit rd. 500 000 t im Jahre 1982 fast den Wert erreicht, der in der Bundesrepublik insgesamt vom Verkehrssektor emittiert wurde. Die CO-Emissionen, die in beiden deutschen Staaten vom Gewicht her bedeutendste Schadstoffkomponente, verhalten sich in etwa proportional zu den jeweils erbrachten Verkehrsleistungen.

Eine Abschätzung der künftigen Schadstoffentwicklung ist nicht ohne weiteres möglich. Ein entscheidender Einflußfaktor wird die künftige Verkehrsentwicklung sein. Der Individualverkehr ist in der DDR derzeit erst zur Hälfte am gesamten Personenverkehr (Bundesrepublik: vier Fünftel) beteiligt. Während der gesamte öffentliche Verkehr stagniert, weist der Individualverkehr beträchtliche Zuwachsraten auf. Im Jahre 1982 betrug der Motorisierungsgrad (PKW/1 000 EW) 175. Bis 1990 ist mit einem Anstieg auf knapp 250 (Bundesrepublik derzeit: 400) zu rechnen. Dies ist keinesfalls mit einer Sättigung gleichzusetzen. Hieraus ergibt sich zwangsläufig auch ein weiterer Anstieg der Schadstoffbelastungen. Selbst wenn es gelingt, den VK-Verbrauch der das Straßenbild der DDR prägenden "Wartburg" und "Trabant" zu senken und bei den spezifischen Schadstoffemissionen (g Schadstoff/km Fahrstrecke) noch Verbesserungen zu erzielen, dürfte der Anstieg noch beträchtlich sein. Etwas anders würde die längerfristige Perspektive aussehen, wenn - wie heute vielfach diskutiert - die Zweitakt- durch Viertaktmotoren ersetzt würden. Eine durchschlagende strukturelle Veränderung des PKW-Bestandes ist nach heutiger Kenntnis jedoch nicht vor Ende der neunziger Jahre zu erwarten.

Der Straßengüterverkehr dürfte auch in absehbarer Zeit kein nennenswerter Schadstoffemittent werden. Gegenwärtig wird er aus energiewirtschaftlichen Gründen zu Gunsten der Bahn zurückgedrängt. Wenn der S-Gehalt des in der DDR verbrannten Dieselkraftstoffs etwa auf den heute in der Bundesrepublik gültigen Wert (0,15 Masse-vH) verringert würde, wäre in der DDR in jedem Falle mit entsprechend geringeren SO_2-Emissionen zu rechnen. Gleiches gilt sinngemäß auch für die Emissionen der Eisenbahn. Bei der Bahn ist zusätzlich zu berücksichtigen, daß die heute noch dominierende

Dieseltraktion (70 vH) in den nächsten Jahren im Zuge der Elektrifizierung des Streckennetzes der DR zu einem großen Teil durch den elektrischen Antrieb mit entsprechend geringeren Schadstoffemissionen substituiert wird. Die weitere Verkehrsentwicklung bei den übrigen Schadstoffemittenten - wie Binnenschiffahrt, Seeschiffahrt, Luftverkehr (ohne Militärverkehr) - dürfte wegen der vergleichsweise niedrigen Schadstoffrelevanz innerhalb des Verkehrssektors kaum Auswirkungen auf die künftigen Gesamtemissionen des Verkehrsbereiches haben.

Tabelle V 56

Regionale SO_2-Emissionen im Verkehr insgesamt[1]

in t

	A	B	C	D	E	F	G	H	I	K
1							5,2	27,4		
2					12,8	48,8	244,0	18,4		
3			4,2	46,3	1067,6	22,7	137,3	80,2	0,2	
4		11,4	205,4	463,6	120,1	37,5	49,0	51,4	9,3	
5		2,5	101,4	54,5	19,2	61,2	83,5	36,8	41,1	
6		36,5	69,9	81,0	19,6	16,0	70,3	60,8	30,9	
7		0	18,1	67,1	28,4	20,1	49,8	45,4	83,3	
8		2,6	20,9	97,1	59,0	54,2	58,6	107,2	62,5	
9		1,5	54,0	143,6	90,4	59,2	204,5	383,6	123,8	19,1
10			90,4	154,4	132,0	156,9	245,9	363,6	96,7	118,7
11		5,4	137,2	383,9	23,6	50,9	62,4	96,9	68,7	91,0
12		52,8	156,4	207,2	201,8	172,9	49,1	46,3	226,6	151,7
13	2,7	65,1	124,5	246,9	229,9	114,9	207,2	127,7	278,4	171,9
14	107,3	127,7	198,4	205,0	546,2	243,4	156,8	202,2	260,5	179,8
15	64,6	96,0	168,8	84,7	290,4	345,6	234,3	374,0	175,2	153,6
16	167,4	190,4	171,4	208,0	300,1	268,9	177,2	168,3	32,5	65,5
17	105,9	171,9	153,0	110,9	186,4	224,0	139,9	7,3		
18	2,6	33,4	42,3	25,6	109,9	41,1	0,9			
19		0,2			0,3					
20	450,5	797,4	1716,3	2579,8	3437,7	1938,3	2175,9	2197,5	1489,7	951,3

Summe DDR: 17 734,4

1) Straßenverkehr + Schienenverkehr + Binnenschiffahrt + Seeschiffahrt.
Quelle: Berechnungen des DIW.

Tabelle V 57

Regionale NO_x-Emissionen im Verkehr insgesamt[1]

in t

	A	B	C	D	E	F	G	H	I	K
1							20	151		
2					50	278	633	76		
3			14	246	1 511	96	590	326	51	
4		65	478	666	666	287	403	383	119	
5		52	524	316	231	370	535	241	209	
6		304	479	635	258	173	494	392	254	
7		1	143	446	417	152	283	303	602	
8		11	169	521	484	485	378	730	357	
9		5	297	727	565	447	1 224	1 853	661	131
10			445	795	1 292	1 434	1 951	1 815	556	632
11		38	1 303	2 461	268	646	425	686	493	488
12		350	854	1 076	1 308	1 175	404	466	1 147	768
13	12	386	651	1 230	1 422	743	1 148	680	1 423	890
14	571	686	1 001	1 007	2 815	1 285	843	1 140	1 298	908
15	321	595	871	534	1 734	1 770	1 312	1 921	998	831
16	880	1 014	940	1 081	1 708	1 472	984	865	204	390
17	540	884	785	826	1 045	1 224	844	64		
18	11	171	256	345	626	229	23			
19		3			3					
20	2 335	4 565	9 210	12 912	16 403	12 266	12 494	12 092	8 372	5 038

Summe DDR: 95 687

1) Straßenverkehr + Schienenverkehr + Binnenschiffahrt + Seeschiffahrt.
Quelle: Berechnungen des DIW.

Fußnoten zu Kapitel 6.

1 Vgl. u.a. Herbert Mohry und Hans-Günter Riedel, a.a.O., S. 197 sowie Herbert Burkhardt: Abgasgerechte Verkehrsplanung. In: Emissionsverminderung und Lärmschutz im Verkehrswesen. Reihe Technik und Umweltschutz. Band 23. Leipzig 1981, S. 23.

2 Die zweifelsohne ebenso bedeutsamen zeitlichen Konzentrationen, etwa die Verteilung auf Tagesstunden, Wochentage oder Monate, bleiben im Rahmen dieser Untersuchung außer Betracht. Sie dürften aufgrund der vorhandenen Datenbasis auch kaum zu ermitteln sein.

3 Vgl. u.a. Joachim Windolph: Straßenverkehr und Umwelt. In: Die Straße, Zeitschrift für Forschung und Praxis des Straßenwesens; Transpress VEB Verlag für Verkehrswesen, Berlin. Heft 12/1977, S. 508; ders.: Umweltbelastung und Wirkung der Luftverunreinigung. In: Die Straße. Heft 4/1982, S. 117; Peter Uhlemann: Komplexe Analyse des Verkehrslärms und einiger Luftschadstoffkomponenten aus Kfz-Abgasen im zentralen Bereich der Stadt Leipzig. In: Die Straße. Heft 11/1973, S. 459; Herbert Burkhardt: Abgasgerechte Verkehrsplanung, a.a.O., S. 23.

4 Vgl. Helmut Walter: Rechtsvorschriften für den Umweltschutz in der DDR unter besonderer Berücksichtigung des Verkehrswesens. In: Internationale Transport-Annalen 1980, Verkehr und Umweltschutz. Praha, Berlin, Warszawa 1980, S. 19.

5 Helmuth Theodor und Horst Werner: Stand und Tendenzen der Reinhaltung der Luft in der DDR. In: Stand zur Reinhaltung der Luft. Band 29. Leipzig 1984, S. 15.

6 Vgl. u.a. Helmut Walter, a.a.O., S. 18 ff.; Helmut Walter und Helmut Zeiler: Umweltschutz im Verkehrswesen - Ergebnisse und Aufgaben. In: DDR-Verkehr, Zeitschrift für komplexe Fragen der Leitung und Planung des Verkehrswesens; Transpress VEB Verlag für Verkehrswesen, Berlin. Heft 2/1979, S. 40 ff.; Autorenkollektiv: Lexikon Landeskulturrecht. Hrsg.: Akademie für Staats- und Rechtswissenschaft der DDR, Staatsverlag der Deutschen Demokratischen Republik. Berlin 1983; Hans Kadner: Erfahrungen bei der Durchsetzung der gesetzlichen Bestimmungen zur Verhinderung vermeidbarer Beeinträchtigungen durch Abgase (§ 1, Absatz 3 StVO). In: Emissionsverminderung ..., a.a.O., S. 32 ff.

7 Gesetzblatt (GBl.) der DDR, Teil I, Nr. 3 - Ausgabetag: 12. Februar 1985, S. 18 ff.

8 Vgl. Kapitel 3.

9 Bis Ende der 80er Jahre soll die Dampf- durch die Dieseltraktion (derzeit 70,2 vH) bzw. den elektrischen Antrieb (26 vH) vollständig ersetzt sein.

10 Vgl. Joachim Windolph: Umweltbelastung und Wirkung der Luftverunreinigung, a.a.O., S. 117.

11 Es werden fast ausschließlich Fahrzeuge mit Ottomotor (Zwei- und Viertaktverfahren) gefahren.

12 Statistische Jahrbücher der DDR.

13) Das SrV wurde erstmals 1972 in 16 Städten der DDR durchgeführt und bei den Neuauflagen 1976/77 und 1982 auf 30 Städte, in denen etwa ein Drittel der DDR-Bevölkerung wohnt, ausgedehnt. Hinsichtlich des Befragungsgegenstandes ist diese Erhebung durchaus vergleichbar mit den KONTIV-Erhebungen in der Bundesrepublik Deutschland. Diese erstreckten sich allerdings auf das gesamte Bundesgebiet. Vgl. Sozialforschung Brög: Kontinuierliche Erhebung zum Verkehrsverhalten (KONTIV) 1975, 1976, 1977 und 1982. Erhebung im Auftrage des Bundesministers für Verkehr (als Manuskript vervielfältigt). München 1978 und 1984.

14 A.a.O. (Fußn. 6).

15 A.a.O. (Fußn. 3).

16 Vgl. DDR: Individualverkehr nimmt weiter zu. Bearb.: Rainer Hopf. In: Wochenbericht des DIW. Nr. 15/1982, S. 197 ff.

17 Die zulässige Höchstgeschwindigkeit beträgt innerhalb geschlossener Ortschaften 50 km/h, außerhalb von Ortschaften 80 km/h und auf Autobahnen (auch auf den Transitstrecken von und nach Berlin) 100 km/h (§ 12, Abs. 3 StVO der DDR). Der in diesem Zusammenhang äußerst wichtige Zustand der Fahrbahndecken (zu leicht und daher sehr frostanfällig), die Ausbauprofile der Fernverkehrsstraßen sowie die vergleichsweise hohe Anzahl der niveaugleichen Schienenübergänge entsprechen nicht den Erfordernissen des heutigen Straßenverkehrs. Die Folge sind ein vergleichsweise hoher Kraftstoffverbrauch und eine entsprechend hohe Schadstoffemission.

18 H. Adolph: Kraftstoffverbrauch und Schadstoffemission unter verkehrstypischen Einsatzbedingungen - Bestimmungsmethode. In: Die Straße. Heft 7/1984, S. 208.

19 Vgl. Fußn. 14) und 15).

20 Persönliche Mitteilung aus dem UBA.

21 Ebenda.
Für den gesamten Nutzfahrzeugsektor (LKW und Busse) wird überwiegend Dieselkraftstoff eingesetzt. Die emittierten SO_2-Mengen sind direkt vom Schwefelgehalt des verwendeten Kraftstoffes (Gewichtsprozentanteil x 2) abhängig. Umfangreiche Recherchen und Telefongespräche mit westlichen Experten (Mineralölwirtschaftsverband, Hamburg; Ingenieurbüro Löblich, Hamburg; Rex - Handelsgesellschaft für Mineralölprodukte aus der DDR in Berlin (W); westliche Mineralölgesellschaften) ergaben keine gesicherten Anhaltspunkte.

22 Vgl. Hans-Joachim Löblich: Forschungsvorhaben überregionales fortschreibbares Kataster der Emissionsursachen und Emissionen für SO_2 und NO_x.

23 Ebenda.

24 Persönliche Mitteilung aus dem UBA.

25 Nach Absprache mit dem UBA und den Arbeitshypothesen von Löblich (s. Fußn. 22).

26 Vgl. zur Energieproblematik auch: Energiewirtschaft der DDR vor schwierigen Aufgaben. Bearb.: Jochen Bethkenhagen. In: Wochenbericht des DIW. Nr. 5/1981, S. 62; vgl. ferner Hermann Wagener: Zur Senkung des volkswirtschaftlichen Transportaufwandes. In: Wissenschaftliche Zeitschrift der Hochschule für Verkehrswesen "Friedrich List", Dresden (WZ Dresden). Heft 3/1980, S. 418 ff.

27 Endenergie nach westlicher Terminologie.

28 Vgl. Helmut Walter: Der verstärkte Ausbau des elektrisch betriebenen Gütertransportes und Personenverkehrs - ein Beitrag des Verkehrswesens zum rationellen Energieeinsatz und zur Entlastung der Umwelt. In: Umweltschutz durch rationelle Energieanwendung, a.a.O., S. 54 f.; vgl. ferner Dieter Wüstenfeld: Transport und Energie. In: WZ Dresden. Heft 2/1983, S. 257 ff. sowie Wolfram Paetzold und Dieter Hahn: Die Entwicklung der Verkehrsleistungen und die Proportionierung der Zweige. In: DDR-Verkehr. Heft 2/1983, S. 36.

29 Vgl. Harry Rose: Die Bedeutung der Energieeinsparung im Transportwesen und mögliche Einflußnahmen auf den spezifischen technischen und betrieblichen Energieverbrauch. In: WZ Dresden. Heft 1/1980, S. 142 ff.

30 Vgl. hierzu auch DDR: Güterverkehr zurück zur Schiene. Bearb.: Rainer Hopf. In: Wochenbericht des DIW. Nr. 8/1981, S. 83 ff.

31 Vgl. Harry Rose, a.a.O., S. 54 sowie Wolfram Paetzold und Dieter Hahn, a.a.O., S. 36.

32 Vgl. Harry Rose, a.a.O., S. 55.

33 Ebenda, S. 55.

34 Bezirkszeitungen der DDR sowie vor allem die Zeitschrift "DDR-Verkehr" (Fußn. 6 und 14).

35 Für die Abschätzung der spezifischen Kraftstoffverbräuche wurde neben den zuvor genannten Quellen (Fußn. 34) vor allem der Aufsatz von Wolfram Paetzold und Dieter Hahn, a.a.O., S. 36, zugrunde gelegt.

36 Dieser Wert ist nach allen verfügbaren Informationen eine Untergrenze. Der DK-Verbrauch im Individualverkehr dürfte aufgrund der Zusammensetzung der Fahrzeugflotte - zwei Drittel des Bestandes entfallen auf Zweitakter, der Rest sind überwiegend importierte Viertakter mit Ottomotor - vernachlässigbar gering sein.

37 Dieser hat - mit rückläufiger Tendenz - in der DDR noch eine wesentlich größere Bedeutung als in der Bundesrepublik.
Vgl. DDR: Individualverkehr nimmt weiter zu. Bearb.: Rainer Hopf, a.a.O., S. 197 ff., sowie Entwicklung des Personenverkehrs in der DDR. Bearb.: Rainer Hopf. In: Wochenbericht des DIW. Nr. 20/1976, S. 193 ff.

38 Dieser Wert basiert auf der Annahme, daß die durchschnittlichen Jahresfahrleistungen und die spezifischen Kraftstoffverbräuche - je nach Fahrzeuggröße - im Bereich von 1 500 bis 4 000 km bzw. 2 bis 4 l/100 km liegen.

39 In der Bundesrepublik beträgt der aktuelle durchschnittliche Umrechnungsfaktor (kg/l) für VK_n 0,737.

40 Vgl. Heinz Adolph und Wolfgang Prietsch: Abgasschadstoffe bei Verbrennungsmotoreinsatz in geschlossenen Räumen. In: Internationale Transport-Annalen, a.a.O., S. 159.

41 Vgl. hierzu Norbert Jaskulla: Schadstoffemission von Ottomotoren. In: Emissionsüberwachung bei Kraftfahrzeugen. Reihe Technik und Umweltschutz. Band 8, S. 213.

42 Die verfügbaren statistischen Informationen aus der DDR zu diesen Kennzahlen schwanken sehr stark. Vgl. Autorenkollektiv: Ökonomie des Transports. Transpress VEB Verlag für Verkehrswesen, Berlin 1977, Band 2, S. 419; sowie diverse Jahrgänge der Zeitschriften "DDR-Verkehr" und "Die Straße".

43 Vgl. Die Straße. Heft 9/1984.

44 Persönliche Mitteilung aus dem UBA.

45 Jürgen Sachse: Schadstoffemission von Ottomotoren. In: Emissionsüberwachung ..., a.a.O., S. 187.

46 Ebenda sowie Norbert Jaskulla: Anforderungen an PKW, Motorräder und Mopeds aus internationalen Bauvorschriften über Schadstoffemissionen. In: Emissionsverminderung ..., a.a.O., S. 81.

47 Gemäß ECE-Regelung Nr. 15 - 04.

48 Europäischer Fahrzyklus - Abgastest (EFA); vgl. Norbert Jaskulla: Prüfmethoden und Zulässigkeitswerte für Ottomotoren. In: Emissionsüberwachung ..., a.a.O., S. 223 f.

49 Vgl. Ulrich Bachmann: Maßnahmen zur Schadstoffminderung, insbesondere von CO, an PKW der DDR-Produktion. In: Emissionsverminderung ..., a.a.O., S. 164.

50 Ebenda, S. 159.

51 Ebenda, S. 165.

52 Vgl. Volker Schärmann und Dietrich Bergmann: Betrachtungen zur Schadstoffemission unter Beachtung von Aspekten des Umweltschutzes. In: WZ Dresden. Heft 3/1975, S. 642.

53 Ebenda, S. 643.

54 Vgl. Wolfgang Prietsch: Die Wirkung von Kraftfahrzeugabgasen auf den Menschen. In: Emissionsüberwachung ..., a.a.O., S. 44.
Es ist allerdings nicht sicher, ob sich diese Angaben auf DDR-Verhältnisse beziehen.

55 Würde man die aktuellen westlichen Werte (0,009 g/km) unterstellen, würden etwa 300 t Blei emittiert.

56 Vgl. Herbert Burkhardt: Verkehrsplanung und Umweltschutz. In: DDR-Verkehr. Heft 5/1977, S. 207.

57 Dieses Beispiel ist Joachim Windolph: Umweltbelastung und Wirkung der Luftverunreinigung, a.a.O., S. 121, entnommen.

58 Ähnliche Beispiele finden sich auch in anderen DDR-Quellen. Vgl. z.B. Wolfgang Prietsch: Kraftverkehr - Luftverunreinigung - Kraftstoffverbrauch. In: Die Straße. Heft 8/1983, S. 234 sowie H. Adolph, a.a.O., S. 208.

59 "DDR-Verkehr"; "Die Straße" sowie Autorenkollektiv: Ökonomie des Transports, a.a.O., S. 419.

60 Vgl. GBl. der DDR, Teil I, Nr. 3, a.a.O., S. 20.

61 Gemittelte Werte für unterschiedliche Größenklassen (Bezugsmasse kg). Für die Prüfvorschriften gemäß ECE-Regelung Nr. 40 hat die DDR noch keine eigenen Standards (TGL) entwickelt. Als Prüfvorschriften für die Produktionskontrolle von Krafträdern gelten bis zur Festlegung in TGL die in den Herstellerinformationen enthaltenen Einstellvorschriften.

62 Norbert Jaskulla: Anforderungen..., a.a.O., S. 84.

63 Infolge des im Brennraum verbleibenden Restabgases. Vgl. ebenda, S. 85.

64 Ebenda, S. 83.

65 Persönliche Mitteilung aus dem UBA.

66 Die (im Statistischen Jahrbuch der DDR 1983) zunächst veröffentlichten Werte wurden 1984 sowohl im Niveau als offensichtlich auch in der Struktur revidiert. Die Bezirksverteilung des Omnibusverkehrs wurde mit den revidierten Angaben und der für das Jahr 1983 angegebenen Struktur vorgenommen.

67 Wolfram Paetzold und Dieter Hahn, a.a.O., S. 36.

68 In einem DDR-Artikel werden Angaben zum Energieaufwand im Personenverkehr einer Großstadt gemacht. Für eine Beförderungsleistung von 81 Mill. Pkm wurden 31 Mill. kWh Energie verbraucht. Hochgerechnet mit den gesamten Beförderungsleistungen - mit Heizwerten der Energieträger und den Faktoren für die Umrechnung von spezifischen Mengeneinheiten in Wärmeeinheiten zur Energiebilanz der Bundesrepublik 1983 -, würde das einen Gesamtverbrauch von rund 700 Kt ergeben. Vgl. Hartmut Münch: Energieaufwand im städtischen Personenverkehr. In: DDR-Verkehr. S. 132.

69 Vgl. Jürgen Sachse: Schadstoffemissionen von Dieselmotoren. In: Emissionsüberwachung ..., a.a.O., S. 119.

70 Ebenda, S. 117 und 119.

71 Sachse nennt einen S-Gehalt für DK von 0,2 bis 1,4 Masse-vH. Vgl. ebenda, S. 115. An anderer Stelle findet sich eine Angabe von 0,2 - 0,4 vH. Vgl. Hans-Jürgen Kampmann: Kaltrauch von Motoren mit moderner dieselmotorischer Gemischbildung und Verbrennung. In: Emissionsverminderung ..., a.a.O., S. 177.

72 Persönliche Mitteilung aus dem UBA.

73 Vgl. Volker Schärmann und Dietrich Bergmann, a.a.O., S. 642.

74 Unterstellt wird der aktuelle westliche Umrechnungsfaktor (kg/l) von 0,737.

75 Vgl. Helmut Walter: Rechtsvorschriften ..., a.a.O., S. 27.

76 Vgl. Herbert Burkhardt: Verkehrsplanung und Umweltschutz, a.a.O., S. 207 sowie ders.: Abgasgerechte Verkehrsplanung, a.a.O., S. 23 ff.

77 Es wird angenommen, daß die in den zitierten Literaturstellen angegebenen Schadstoffverhältnisse (pro Pkm) aus einer summarischen Bewertung aller auch in dieser Studie behandelten Abgaskomponenten abgeleitet sind.

78 Vgl. Verkehr in Zahlen 1984. Bearb.: Heinz Enderlein (DIW), Hrsg.: BMV, S. 189.

79 Vgl. Wolfram Paetzold, Heinz Gläser und Udo Seidel: Ergebnisse der konzeptionellen Arbeit im Verkehrswesen - wichtige Voraussetzung für die Ausarbeitung des Fünfjahresplanes 1981/85. In: DDR-Verkehr. Heft 9/1980, S. 295. Nach diesen und diversen anderen Quellen verhält sich der spezifische Energieverbrauch (Kilojoule je Bruttotonnenkilometer) bei Binnenschiffahrt, Eisenbahn und Kraftverkehr wie 0,8 : 1 : 3.

80 Vgl. Statistisches Jahrbuch der DDR 1984, S. 64

81 Vgl. S. 395.

82 Vgl. Abschn. 6.2.1.2.

83 Persönliche Mitteilung aus dem UBA.

84 "Der DK-Anteil am Verbrauch flüssiger Energieträger im Binnenverkehr beträgt über 90 vH." Wolfram Paetzold und Dieter Hahn, a.a.O., S. 36.

85 Vgl. Martin Moltrecht und Achim Schröer: Technische ökonomische Bewertung von Problemen der Produktions-Transport-Optimierung bei alternativen Transportträgern. In: DDR-Verkehr. Heft 2/1985, S. 45. Für den Werkverkehr wird ein spezifischer Verbrauch von 45 t und für den öffentlichen Verkehr von 37 t/Mill. tkm genannt.

86 Vgl. Herbert Burkhardt: Abgasgerechte Verkehrsplanung, a.a.O., S. 24 f. sowie derselbe: Verkehrsplanung und Umweltschutz, a.a.O., S. 207.

87 Jürgen Sachse: Schadstoffemission von Dieselmotoren, a.a.O., S. 103.

88 Vgl. Jürgen Sachse: Zu erwartende Änderungen in den Prüfmethoden für die Schadstoffemission von Kraftfahrzeug-Dieselmotoren. In: Emissionsverminderung..., a.a.O., S. 90 ff.

89 TGL 25 324 "Dieselmotoren, Schadstoffemissionen" sowie TGL 22 984/04 "Dieselmotoren, Rauchdichtemessung" (Neufassung 1977). Vgl. GBl. der DDR, Teil I, Nr. 3, a.a.O., S. 21.

90 Vgl. Rainer Liepolt: Erfahrungen beim Aufbau des Emissionskontrollsystems für Kfz im Bezirk Magdeburg. In: Emissionsverminderung..., a.a.O., S. 221 f. sowie Volker Schärmann und Dietrich Bergmann, a.a.O., S. 647.

91 Vgl. Hans-Joachim Löblich, a.a.O, Bd. "Rasterdaten", "Sektorendatei Verkehr", S. 21 und 22.

92 Vgl. hierzu auch Rainer Hopf (Bearb.): DDR: Güterverkehr zurück zur Schiene, a.a.O., S. 83 ff.; ders.: Verkehrswesen. In: DDR-Handbuch; Hrsg.: Bundesministerium für innerdeutsche Beziehungen, Köln 1985, Band 2 M-Z, S. 1417 ff. sowie Handbuch DDR-Wirtschaft. Hrsg.: DIW. Reinbek 1984, S. 205 ff.

93 Kartenbeilagen in den Kursbüchern der DR.

94 Vgl. z. B. Die Entwicklung des Eisenbahnstreckennetzes in der DDR - eine erfolgreiche Bilanz. In: DDR-Außenwirtschaft vom 1. April 1978, S. 15.

95 Vgl. Autorenkollektiv: Ökonomische Geographie der Deutschen Demokratischen Republik. Band 1, VEB Hermann Haack, Geographisch-Kartographische Anstalt. Gotha/Leipzig 1977, S. 477 ff.

96 Vgl. u. a. Wilfried Wehner: Territoriale Produktionsverflechtungen der Ballungsgebiete der DDR. In: Geographische Berichte, 110. VEB Hermann Haack Gotha. Heft 1/1984, S. 29 ff.; ferner Klaus Kökert und Günter Tessmann: Das Transportwesen im Prozeß der planmäßigen Standortverteilung der Produktivkräfte in der DDR. In: DDR-Verkehr. Heft 10/1979, S. 347 sowie Wilfried Wehner: Zum Einfluß regionaler Wirtschaftsstrukturen auf den Umfang und Aufwand des Gütertransports der Deutschen Reichsbahn. In: DDR-Verkehr. Heft 1/1983, S. 16 ff.

97 Eine ausführliche Beschreibung der Arbeitsschritte kann an dieser Stelle unterbleiben. Die Vorgehensweise ist in den Arbeitsunterlagen des Autors dokumentiert.

98 Vgl. Wolfram Paetzold und Dieter Hahn, a.a.O., S. 36 sowie div. weitere Quellen.

99 Vgl. Joachim Köppen: Schadstoffemissionen bei Dieseltriebfahrzeugen. In: Emissionsverminderung..., a.a.O., S. 187 ff.

100 Ebenda, S. 196.

101 Hans-Joachim Löblich, a.a.O., Bd. "Rahmendaten", Tab. 5.5.3.3. - 5.5.3.5 sowie Bd. "Rasterdaten", Sektorendatei "Verkehr", S. 8 und S. 19.

102 Redaktionsschluß für die in "Emissionsverminderung und Lärmschutz im Verkehrswesen" eingereichten Beiträge war der 10.06.1980 (a.a.O., S. 4).

103 Vgl. Herbert Burkhardt: Verkehrsplanung und Umweltschutz, a.a.O., S. 207.

104 Vgl. DDR: Güterverkehr zurück zur Schiene, a.a.O., S. 86.

105 Vgl. u.a. Uwe Bittenbinder und Reinhard Schröter: Regionale Untersuchungen zur stärkeren Nutzung der Binnenschiffahrt. In: DDR-Verkehr. Heft 4/1985, S. 103 ff.; Neues Deutschland vom 31. Juli/1. August 1982, S. 3; Das Volk vom 9. Juli 1982, S. 6 sowie Tribüne Nr. 242 vom 9. Dezember 1982, S. 2.

106 Vgl. u. a. Wolfram Paetzold und Dieter Hahn, a.a.O., S. 36.

107 Vgl. Hans-Joachim Löblich, a.a.O., Bd. "Rasterdaten", Tab. 5.5.3.6.1- 5.5.3.6.3 und Bd. "Rahmendaten", Sektorendatei "Verkehr", S. 25.

108 Sie machen bei Löblich weniger als 1 vH (NO_x) bzw. 6 vH (SO_2) der entsprechenden DK-Emissionen aus. Vgl. ebenda.

109 Es ist außerdem darauf hinzuweisen, daß Löblichs Emissionsfaktoren die Küsten- und Binnenschiffahrt umfassen. Über die Küstenschiffahrt der DDR sind Informationen nicht verfügbar.

110 Werden bis 1985 die Planziele erreicht, dann hat Rostock in etwa die gleiche Größenordnung wie heute Bremen - Bremerhafen, der zweitgrößte Hafen der Bundesrepublik. Das wären etwa die Hälfte (24 Mill. t) des gegenwärtigen Umschlags im Hamburger Hafen.

111 Vgl. Heinz Seifert: Energiewirtschaft und Verkehrswesen. In: DDR-Verkehr. Heft 7/1980, S. 220 ff.

112 Vgl. Hans-Joachim Löblich, a.a.O., Bd. "Rasterdaten", Sektorendatei "Verkehr", S. 6 f., S. 13 und 17 und Tab. V 2, V 3, V 4; Bd. "Rahmendaten", Tab. 5.5.3.2.1 - 5.5.3.2.3.

113 Verkehrskarten der DDR, Blatt 1 und 2 (1 : 200 000); VEB Landkartenverlag, Berlin; ferner Atlas DDR, Karte 46.2 (1 : 1 000 000); VEB Hermann Haack, Geographisch-Kartographische Anstalt. Gotha - Leipzig 1976.

114 Vgl. Emissionen aus Düsenflugzeugen. Antwort der Bundesregierung auf die Kleine Anfrage des Abgeordneten Dr. Ehmke (Ettlingen) und der Fraktion Die Grünen. In: Deutscher Bundestag, 10. Wahlperiode, Drucksache 10/1560 vom 6.6.84, S. 3.

115 Der Inlandsflugverkehr der DDR wurde 1980 vollständig eingestellt.

116 Sie werden im Neuen Deutschland veröffentlicht.

117 Vgl. Atlas DDR, a.a.O., Karte 43 (Verkehrsübersicht).

118 Vgl. u. a. Klaus Henkes: 25 Jahre Interflug - Übersicht über Ergebnisse, Erfahrungen und Aufgaben des sozialistischen Luftverkehrsunternehmens der DDR. In: DDR-Verkehr. Heft 12/1980, S. 405 ff.; Hartmut Kursawe: Aufgaben zur Steigerung der Effektivität im Passagierverkehr der Interflug. In: DDR-Verkehr. Heft 4/1985, S. 112 ff.; Presse-Informationen. Nr. 33 vom 19. März 1985, S. 6 und Nr. 70 vom 21. Juni 1979, S. 5 ff.

119 Vgl. hierzu auch Luftverkehr von und nach Berlin (West). Bearb.: Rainer Hopf und Bernhard Schrader. In: Wochenbericht des DIW. Nr. 32/1983, S. 402 ff. (Fußn. 2).

120 Vgl. Presse-Informationen. Nr. 70 vom 21. Juni 1979, S. 6.

121 Persönliche Auskunft aus dem UBA sowie hierzu u. a. Hansjochen Ehmer: Der zivile Luftverkehr der DDR. In: Dokumentation, Analyse, Information. Hrsg.: Forschungsstelle für gesamtdeutsche wirtschaftliche und soziale Fragen. Unveröffentliches Manuskript. Berlin 1983, S. 48.

122 Die Abgrenzung dieser Bereiche, deren Definitionen, die flugzeugtypischen Emissionsfaktoren liegen im DIW dokumentiert vor. Es würde den Rahmen dieser Untersuchung sprengen, die einzelnen Arbeitsschritte, Arbeitstabellen, eingesetzten Flugzeugmuster, spezifischen Emissionsfaktoren und Arbeitshypothesen lückenlos zu nennen.

123 Berechnung nach ICAO ANNEX 16, Vol. II, Aircraft Engine Emissions, First Edition 1981.

124 Die Sinkflugphase wurde nicht gesondert berücksichtigt. Da der Kraftstoffverbrauch bei gegenüber dem Reiseflug annähernd gleicher Geschwindigkeit gering ist, ergibt sich durch den Verzicht auf die Sinkflugphase eine geringfügig überhöhte Schadstoffschätzung.

125 40 - 70 km, 150 km, 200 - 250 km.

126 Flughöhe 25 000 Fuß.

127 Die vergleichsweise geringen emittierten Mengen resultieren aus dem während dieser Flugphase relativ niedrigen spezifischen Kerosin-Verbrauch sowie den kurzen in dieser Phase über DDR-Gebiet zurückgelegten Strecken.

128 Mit Ausnahme des Triebwerks PT 6 A.

129 Betriebsgeschwindigkeit 65 Knoten.

130 Flughöhe ca. 3 000 m.

131 Diese finden ausnahmslos in Berlin (W), dem Bundesgebiet oder dem Ausland statt.

132 Vgl. Emissionen aus Düsenflugzeugen, a.a.O., S. 1 ff.

133 Gesamtverkehr der Warschauer Pakt-Staaten.

134 Vgl. Emissionen aus Düsenflugzeugen, a.a.O., S. 2.

135 Dies wäre für den zivilen Luftverkehr - in einem zwar arbeitsaufwendigen Verfahren - ohne weiteres möglich. Für den Agrarflug und den Militärflug wäre eine solche Verteilung mangels verfügbarer Daten nicht möglich und hätte somit äußerst spekulativen Charakter.

136 Vgl. Antwort der Bundesregierung auf die Kleine Anfrage der SPD: "Luftverkehr und Waldschäden", Bundestagsdrucksache Nr. 10/2821, S. 2 (1985).

137 Verkehr in Zahlen 1984, a.a.O., S. 257.

138 Unterschiede, die nicht durch das in der Bundesrepublik erheblich höhere Verkehrsvolumen erklärt werden können.

7. Zusammenfassung

Als Ergebnis der Untersuchung stellt sich die Belastung der Umwelt in der DDR durch SO_2 und NO_x, nach Emittentengruppen unterschieden, für 1982 wie folgt dar:

	SO_2	NO_x
	1 000 t	
Insgesamt	4 943	570
Kraftwerke, Heizwerke	2 911	279
darunter: Kraftwerke der Industrie	700	52
Industrie (Prozeßemission)	1 064	157
Haushalte, Kleinverbrauch	950	38
Verkehr	18	96

Höhe und Struktur der Umweltbelastung sind anders als z.B. in der Bundesrepublik Deutschland:

	SO_2 DDR	SO_2 BRD	NO_x DDR	NO_x BRD
Insgesamt in Mill. t	4,9	3,0	0,6	3,1
Anteil in vH				
Kraftwerke, Heizwerke	58,9	62,1	49,0	27,7
Industrie 1)	21,5	25,2	27,5	14,0
Haushalte, Kleinverbrauch	19,2	9,3	6,7	3,7
Verkehr	0,4	3,4	16,8	54,6

1) DDR ohne Kraftwerke

Auf einer weniger als halb so großen Fläche (DDR: 108 333 qkm, BRD: 268 690 qkm) wird in der DDR rund 65 vH mehr an SO_2 und rund 80 vH weniger an NO_x emittiert. Für den Vergleich ist in Betracht zu ziehen, daß sich die Relation bei der Einwohnerzahl auf 1 : 3,7 (DDR: 16,7 Mill. Pers., BRD: 61,7 Mill. Pers.) und bei der wirtschaftlichen Leistung - gemessen am Bruttosozialprodukt - auf 1:5 beläuft. Bei sonst gleichen Bedingungen müßte sich daraus auch eine Relation bei der Umweltbelastung zwischen 1 : 4 und

1 : 5 ergeben. Tatsächlich sind es aber 1 : 0,6 bei SO_2 und 1 : 5,4 bei NO_x. Ganz offensichtlich sind die Bedingungen in beiden deutschen Staaten nicht gleich.

Ein wesentlicher Grund für das unterschiedliche Ausmaß bei der Emission von SO_2 liegt in der Struktur des Primärenergieverbrauchs. Dominierender Brennstoff ist in der DDR mit einem Anteil von 68 vH die im Inland verfügbare Braunkohle mit ihrem relativ hohen Schwefelgehalt. In der Bundesrepublik Deutschland dagegen ist die Braunkohle mit nur 11 vH am Primärenergieverbrauch beteiligt, hier entfällt der größte Anteil auf Erdöl (44 vH). Erdöl enthält aber - gemessen am Heizwert - wesentlich geringere Mengen an Schwefel als Braunkohle. Hinzu kommt, daß die DDR einen vergleichsweise hohen Energieverbrauch aufweist. Der Pro-Kopf-Verbrauch an Energieträgern war 1982 mit 7,2 t SKE je Einwohner um 20 vH höher als in der Bundesrepublik (6,0 t SKE). Ein beträchtliches Maß an Energieverschwendung, aber auch der geringere energetische Wirkungsgrad der Braunkohle sind die Ursachen für diesen Unterschied.

Bei NO_x ist die Emission in der Bundesrepublik dagegen viel höher als in der DDR. Die Dominanz der Braunkohle in der DDR bewirkt hier den entgegengesetzten Effekt wie bei SO_2, sie senkt nämlich die Emissionen, weil die Verbrennungstemperaturen, die für das Entstehen von NO_x ausschlaggebend sind, weit niedriger liegen. Entscheidend ist außerdem der Verkehrsbereich. Durch höhere Verkehrsdichte, eine andere Struktur der Verkehrsträger (Straße/Schiene) und eine andere Zusammensetzung des Kraftfahrzeugbestandes (Zweitakter/Viertakter) sind die NO_x-Emissionen aus dem Verkehrsbereich in der Bundesrepublik 18 mal so hoch wie in der DDR. Zu beachten ist allerdings, daß die Ermittlung der Emissionen an NO_x recht problematisch ist. Die Unterschiede bei den Angaben über NO_x-Emissionen je TJ sind in den verschiedenen Quellen außerordentlich hoch;

außerdem gibt es zwischen errechneten und gemessenen Werten große Unstimmigkeiten. Der Vergleich zwischen der DDR und der Bundesrepublik Deutschland könnte also auch durch unterschiedliche Annahmen über die Verbrennungsbedingungen verzerrt sein. Die in der vorliegenden Arbeit verwendeten spezifischen Emissionsfaktoren sind jeweils mit Quellenangaben vermerkt.

Da die Braunkohle mit ihren spezifischen Eigenschaften eine große Bedeutung für die Umweltbelastung der DDR hat, wurden zunächst ausführlich der Primärenergieverbrauch und die emissionsrelevanten Qualitätsparameter der eingesetzten Brennstoffe dargestellt. Anhand zahlreicher Quellen aus der DDR ergab sich, daß der Schwefelgehalt bei den einzelnen Lagerstätten, zum Teil sogar bei den einzelnen Flözen, sehr stark differiert. Diese Tatsache ist bei der Interpretation der Ergebnisse zu berücksichtigen. Eine weitere Einschränkung erwächst aus den ebenfalls sehr differierenden Angaben über die Aschebindung des Schwefels. Eine detaillierte Darstellung dieser Problematik ist im Abschnitt 2 dieser Arbeit (Aufkommen und Verwendung von Primärenergie) vorgenommen worden. Dort wird auch die große Spanne bei den Angaben über die Emissionen von NO_x illustriert.

Abschnitt 2 schließt mit einer Verteilung der Primärenergie auf die Hauptverbrauchssektoren. Damit war eine wichtige Basis für das eigentliche Ziel dieser Arbeit gegeben: Die Emissionen konnten nach einzelnen Quellen (Kraft- und Heizwerke, industrielle Produzenten, Haushalte und Kleinverbrauch, Verkehr) in einem sehr fein gestalteten Raster ermittelt werden.

Geht man aus von einer ganz groben Näherungsrechnung über den durchschnittlichen Schwefelgehalt und die durchschnittliche Aschebindung beim Energieeinsatz, so errechnen sich als mögliche Emission für die DDR im Jahre 1982 insgesamt etwa 5 Mill. t SO_2. Die tatsächliche Emission ist abhängig von den Maßnahmen zur Rauchgasentschwefelung, aber zum Teil auch von den unterschiedlichen Verbrennungsprozessen. Wie sich gezeigt hat, ist bei der Addition der einzelnen Hauptverbrauchssektoren fast der mögliche Wert herausgekommen - die unterschiedlichen Prozesse waren also für das Ergebnis weniger relevant als die im Energieträger vorhandenen Schwefelmengen. Maßnahmen zur Rauchgasentschwefelung werden in der DDR noch kaum angewendet.

Der mit Abstand größte Emittent in der DDR sind die Kraft- und Heizwerke, die in Abschnitt 3 behandelt wurden. Merkmal dieses Bereichs in der DDR ist der hohe Anteil der Braunkohlekraftwerke, die 71 vH der gesamten Stromerzeugungskapazitäten und 82 vH der Stromproduktion stellen. Die Kraftwerke setzen insgesamt 60 vH des gesamten Braunkohleaufkommens ein, die SO_2-Emission aller Kraft- und Heizwerke belief sich auf fast 3 Mill. t. Dabei war die spezifische Emission durchaus unterschiedlich, je nach Alter der Anlagen sowie je nach Heizwert, Schwefelgehalt und Aschebindungsgrad der eingesetzten Braunkohle. Für jedes einzelne Kraftwerk wurden spezifische Parameter ermittelt und in einer Tabelle zusammengestellt. Die Emission aus den Braunkohlekraftwerken ist regional sehr stark auf die Bezirke Cottbus, Leipzig und Halle konzentriert. Auf die Rasterfläche K 14 und K 15 entfällt mit 700 000 t SO_2 fast ein Viertel der Gesamtemissionen aller Kraft- und Heizwerke. Verursacher sind die Kraftwerke Boxberg und Hagenwerder. In der angrenzenden Rasterfläche I 13 werden weitere 400 000 t SO_2 ("Schwarze Pumpe") emittiert.

Für die Emissionen von NO_x in der DDR sind die Kraft- und Heizwerke die größten Emittenten, die regionale Verteilung ist ähnlich wie bei SO_2.

Im Abschnitt 4 wurden die Emissionen der Industrie (einschl. sonstiger Umwandlungsbereich: Brikett-, Koks-, Gasproduktion) analysiert. Als die wichtigsten Emittenten wurden die chemische Industrie, die Metallurgie, die Baustoffindustrie sowie die Glas- und Keramikindustrie behandelt. Die errechneten Gesamtemissionen von SO_2 (reichlich 1,7 Mill. t) mußten um die bereits bei den Kraft- und Heizwerken erfaßten Emissionen aus der Erzeugung von Strom- und Prozeßwärme in den einzelnen Industriebetrieben (0,7 Mill. t) reduziert werden. Im Ergebnis waren es über 1 Mill. t, die für die Industrie ermittelt werden konnten. In der regionalen Verteilung ist die Ballung der Industrie der DDR auf wenige Zentren ganz deutlich. Von den insgesamt vorhandenen 145 Rasterfeldern sind es 12, vornehmlich im Süden der DDR, wo ca. 80 vH der industriellen Emissionen an SO_2 der DDR entstehen.

Auf rund 2 vH der Fläche der DDR konzentrieren sich fast 50 vH der Chemieproduktion. Es sind dies die Kreise Borna, Merseburg und Bitterfeld. Die chemische Industrie - bereinigt um die bereits registrierten Kraftwerksemissionen - verursacht 502 000 t SO_2. Die Schwelereien in Espenhain, Böhlen und Deuben sowie die Grundstoffchemie (Leuna, Buna, Bitterfeld) fallen hier besonders ins Gewicht. In nur 3 aller Rasterfelder (E 15, E 14, E 13) summieren sich die von diesen Betrieben verursachten SO_2-Emissionen auf fast 300 000 t. Der zweite wesentliche Verursacher ist die Metallurgie, die ebenfalls stark konzentriert ist.

Die hier behandelten Industriebereiche emittierten außerdem im Jahr 1982 rund 126 000 t NO_x. Dieser Schadstoff entstand in besonderem Maß bei der Grundstoffchemie und im Stahl- und Walzwerk Brandenburg.

Die Analyse der industriellen Emissionen in dieser Arbeit basiert auf Informationen über die Produktion und die jeweilige spezifische Emission. Diese Informationen waren für die hier dargestellten Bereiche Chemie, Metallurgie und Baustoffe in ausreichendem Maß zu finden.

Neben SO_2 und NO_x belasten weitere Schadstoffe, im wesentlichen Kohlenmonoxid und Kohlenwasserstoffe, in erheblichem Umfang die

Umwelt. Untersuchungen in der Bundesrepublik Deutschland weisen für das Jahr 1982 insgesamt 8,2 Mill. t Kohlenmonoxid und 1,6 Mill. t organische Verbindungen (CH) nach. In beiden Fällen war der Verkehr der größte Verursacher für die Emissionen, er bewirkte 65 vH des Kohlenmonoxids und 39 vH der Kohlenwasserstoffe, auf die Industrie gingen 14 vH des Kohlenmonoxids und 28 vH der Kohlenwasserstoffe zurück.

Die vorliegende Arbeit konzentrierte sich zwar auf SO_2 und NO_x, es wurden dabei aber auch diese anderen Schadstoffe in die Überlegungen einbezogen. Eine Addition und eine rastermäßige Aufgliederung wurde jedoch nicht vorgenommen. Dies verbot sich wegen der weitgehend problematischen Berechnungsunterlagen, aber auch wegen der nicht präzise genug vorliegenden Emissionsfaktoren. Als Anhaltspunkt wurde jedoch für die behandelten Industriebereiche dargestellt, welche weiteren Emissionen sich bei den erkennbaren Produktionsprozessen ergeben haben könnten. Neben CO und CH waren dies Schwefelwasserstoff, Ammoniak, Ethylen, Methanol, Vinylchlorid, Fluor, Chlor und Salzsäure. Zur Beurteilung dieser und anderer Schadstoffe und ihrer regionalen Verteilung wurde eine Übersicht über die chemischen Betriebe der DDR, ihre Lage und ihr Produktionssortiment beigefügt.

Im Gegensatz zu den Kraft- und Heizwerken und der Industrie handelt es sich bei dem in Abschnitt 5 behandelten Bereich "Hausbrand und Kleinverbrauch" um eine große Zahl kleiner Feuerstätten, mit einer Emission aus geringen Höhen. Die Emissionsfaktoren für den Bereich der Haushalte wurden aus DDR-Quellen entnommen und durch eigenen Berechnungen ergänzt. Die für die Haushalte zur Verfügung stehende Brennstoffmenge war bereits in Abschnitt 2 (Primärenergie) ermittelt worden. Für die regionale Verteilung wurden eigene detaillierte Berechnungen über den Wohnungsbestand nach Heizungsarten durchgeführt. Die Berechnungen wurden für

Heizen, Kochen und Warmwasserbereiten durchgeführt und geben ein vollständiges Bild über den Bereich private Haushalte.

Neben den Haushalten sind in diesem Abschnitt auch die Emissionen aus dem "Kleinverbrauch" ermittelt worden, das sind Handwerksbetriebe, Hotels und Gaststätten sowie öffentliche Dienstleistungen. Bei gegebenem Verbrauch wurde die regionale Aufteilung geschätzt.

Insgesamt ergab sich für den Bereich "Haushalt und Kleinverbrauch" eine recht erhebliche Emission von SO_2 in Höhe von knapp 1 Mill. t im Jahr 1982, das waren knapp 20 vH der Emissionen an SO_2 insgesamt. Die im Vergleich zur Bundesrepublik erheblich höheren Werte sind auf die in der DDR in großem Umfang verfeuerten Braunkohlen zurückzuführen. Die NO_x-Emissionen in diesem Bereich sind mit 38 000 t vergleichsweise niedrig.

In einem Exkurs zu diesem Abschnitt wurde weiter versucht, einige verbrauchsbedingte Emissionen darzustellen (Lacke und Farben, Druckereien, chemische Reinigungen, Formaldehyd und Asbest). In diesem Zusammenhang konnte allerdings nur eine Schätzung über die Größenordnungen des Verbrauchs gegeben werden; eine rastermäßige Gliederung ist bei dem gegebenen Stand der Informationen nicht möglich.

Der Bereich Verkehr, der im Abschnitt 6 untersucht wird, verursacht auch in der DDR erhebliche Schadstoffemissionen. Ende der siebziger Jahre wurde von DDR-Wissenschaftlern errechnet, daß der Verkehrsbereich an der gesamten Luftverschmutzung der DDR mit etwa einem Viertel beteiligt ist. NO_x, Kohlenmonoxid und organische Verbindungen sind es, die diesen Bereich bei der Luftverschmutzung in den Vordergrund rücken. Abweichend von der sonst in dieser Arbeit herrschenden Konzentration auf SO_2 und NO_x wurden in diesem speziellen Bereich auch die CO- und CH-Emissionen sowie die Rußpartikel rastermäßig aufbereitet.

Die Berechnung der Emission basiert auf Strukturdaten über die Verkehrsleistungen, den Kraftstoffverbrauch und speziellen Emissionsfaktoren für die genannten Schadstoffe im Straßenverkehr (Personen- und Güterverkehr), Schienenverkehr, Binnenschiffahrt, Seeschiffahrt und Luftverkehr. Besondere Merkmale des Verkehrsbereichs in der DDR sind der vergleichsweise niedrige Straßengüterverkehr (Dominanz der Eisenbahn!) und - im Individualverkehr - der spezielle "Fahrzeugmix": Die Fahrzeugflotte besteht zu schätzungsweise zwei Dritteln aus Zweitaktern (Trabant, Wartburg). Dies ist die Ursache für die relativ niedrige Emission an SO_2 und NO_x und die hohen Emissionen von CH. Die CH-Emissionen des Straßenverkehrs (480 000 t) haben 1982 fast den Wert erreicht, der in der Bundesrepublik insgesamt vom Verkehrssektor emittiert wurde (624 000 t). Die CO-Emissionen (BRD: 5,3 Mill.t, DDR: 0,8 Mill.t) sind etwa proportional zu den erbrachten Verkehrsleistungen.

Eine Vorausschau auf die künftigen Belastungen an Schadstoffen auf dem Gebiet der DDR hat von unterschiedlichen Tendenzen auszugehen. Die Rohstoffpolitik der DDR ist seit einigen Jahren von dem Ziel gekennzeichnet, sich auf heimische Rohstoffe, im Energiebereich also auf Braunkohle, zu konzentrieren. Die Förderziele für Braunkohle sind inzwischen auf weit über 300 Mill. t pro Jahr erhöht worden (1982: 276 Mill. t). Mit Nachdruck wird aber gleichzeitig versucht, Sparsamkeit beim Einsatz von Energieträgern durchzusetzen und den vergleichsweise hohen spezifischen Energieverbrauch zu senken. So wird der Verbrauch an Braunkohle absolut steigen, der spezifische Verbrauch aber sinken. Nach 1985 wird der Einsatz von Braunkohle vermutlich langsamer zunehmen, als im Zeitraum 1981 bis 1985.

Im Bereich der Kraft- und Heizwerke wird die Umstrukturierung zugunsten der Braunkohle zunächst noch das Bild bestimmen. Ein zusätzlicher Großemittent ist das Kraftwerk Jänschwalde, das 1982 erst ein Viertel der Kapazität des Jahres 1985 erreicht hatte. Maßnahmen zur Schadstoffreduzierung sind bisher nicht in Sicht. Für den späteren Ausbau der Kraftwerkskapazitäten setzt die DDR allerdings auf die Kernkraft.

Für die Industrie ist im Prinzip mit sinkenden spezifischen Schadstoffemissionen zu rechnen. Bei weiter steigender Produktion ist aber ein absoluter Rückgang nicht wahrscheinlich. Zu beachten ist allerdings, daß die Siemens-Martin-Öfen in Thale und Riesa stillgelegt werden sollen, damit entfällt ab 1985 eine Emission von über 50 000 t SO_2 und 6 500 t NO_x.

Im Bereich der Haushalte ist vor allem in Betracht zu ziehen, daß die Fernheizungssysteme weiter ausgebaut werden sollen. Bis 1990 ist mit einem deutlichen Rückgang der Ofenheizungen zu rechnen. So ist zu erwarten, daß aus dem Bereich Haushalte und Kleinverbrauch in Zukunft geringere Schadstoffmengen als bisher emittiert werden.

Der Verkehrsbereich ist weniger für die Emission von SO_2 relevant, dagegen aber erheblich für NO_x, CO und CH. Der Straßengüterverkehr wird gegenwärtig und auch für absehbare Zeit aus energiewirtschaftlichen Gründen zugunsten der Bahn zurückgedrängt werden. Die Eisenbahn wiederum wird derzeit mit großem Nachdruck elektrifiziert, die Schadstoffemissionen werden hier also zurückgehen. Schwieriger ist eine Einschätzung beim Individualverkehr, der 1982 einen Anteil von zwei Dritteln bei CO und fast drei Vierteln bei CH hatte. Hier ist weiter mit einem beträchtlichen Anstieg der Motorisierung zu rechnen, damit ergibt sich zwangsläufig auch ein Anstieg der Schadstoffbelastung. Allerdings ist langfristig ein Ersatz der Zweitakt- durch Viertaktmotoren vorgesehen, der die Emissionen an CH reduzieren, gleichzeitig aber an NO_x erhöhen würde.

Tabelle Z 1

Regionale SO_2-Emissionen insgesamt in der DDR 1982

in t

	A	B	C	D	E	F	G	H	I	K
1							633	1521		
2					98	2577	13116	879		
3			76	3117	36094	3310	7252	3407	26	
4		511	5446	8966	8765	3278	4625	5730	1130	
5		242	17364	9719	2470	7597	31631	2178	3200	
6		2961	3932	6247	2573	2218	7020	3984	2602	
7		25	2428	3805	3185	2923	1926	1541	61698	
8		367	7380	6184	3592	4715	4013	5802	347	
9		206	4661	8801	7739	3919	67951	55864	1244	115
10			4632	8426	5063	92867	24845	65418	5070	15503
11		787	30602	60694	3765	5958	5487	1293	638	52150
12		15296	16474	17278	112486	38509	3511	176827	167629	71507
13	419	10725	18825	52175	150134	7110	6078	1892	459142	3326
14	9071	16386	15085	56677	461543	26535	70399	32352	33661	465313
15	8927	8226	21197	19877	340360	227110	12829	86631	7539	241474
16	18062	22697	31648	25565	44779	73484	60029	37742	1818	51070
17	8818	23703	32303	8780	26220	43190	16419	684		
18	389	6769	8275	21385	20108	7693	604			
19		109			172					
20	45686	109010	220328	317696	1229146	552993	338368	483745	745744	900458

SUMME DDR 4943174

QUELLE: BERECHNUNGEN DES DIW

Tabelle Z 2

Regionale NO$_x$-Emissionen insgesamt in der DDR 1982

in t

	A	B	C	D	E	F	G	H	I	K
1							39	238		
2					52	391	1780	102		
3			16	373	6862	213	1206	529	52	
4		80	705	1183	1228	421	590	619	167	
5		59	3503	1049	306	860	6497	323	402	
6		1305	634	921	337	245	981	604	408	
7		1	180	600	546	278	362	431	12995	
8		22	334	792	622	707	582	1485	391	
9		12	477	2371	2056	607	14396	7843	826	146
10			650	2200	1539	14650	5647	23241	1226	2461
11		62	3484	10595	383	846	677	879	572	7027
12		9294	1777	2393	7452	7070	554	16222	16425	7528
13	25	946	3484	7384	10233	1005	3322	976	42557	1544
14	1122	4541	2902	3886	42997	4197	10518	4106	5223	39074
15	706	887	2119	9876	17986	14736	1809	12488	1979	19322
16	2888	2613	3551	4856	4784	7575	3873	5980	394	4357
17	1900	3223	6095	1170	2171	3712	2717	102		
18	23	1917	1022	424	1995	502	42			
19		6			7					
20	6664	24968	30933	50073	101556	58015	55592	76168	83617	81459
									SUMME DDR	569045

QUELLE: BERECHNUNGEN DES DIW

Schaubild Z 1

Regionale SO$_2$-Emissionen in der DDR 1982

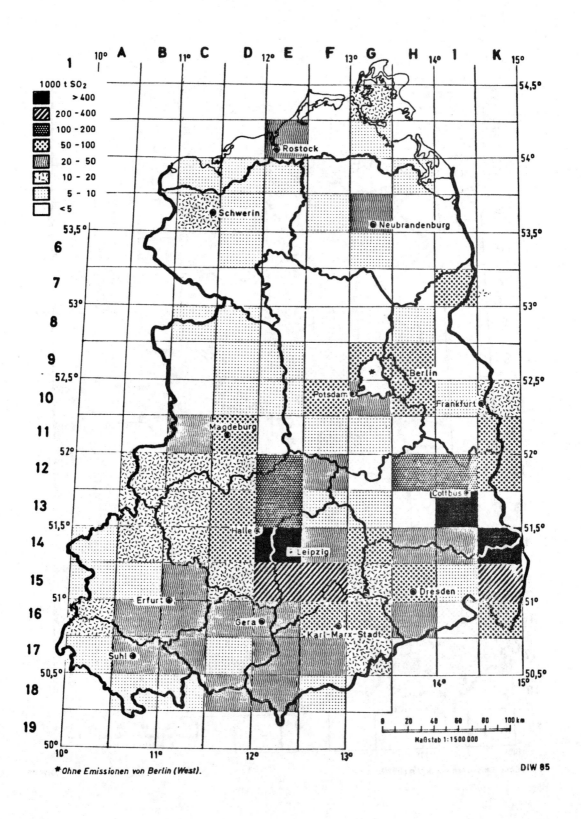

*Ohne Emissionen von Berlin (West).

DIW 85

Schaubild Z 2

Regionale NO_x-Emissionen in der DDR 1982

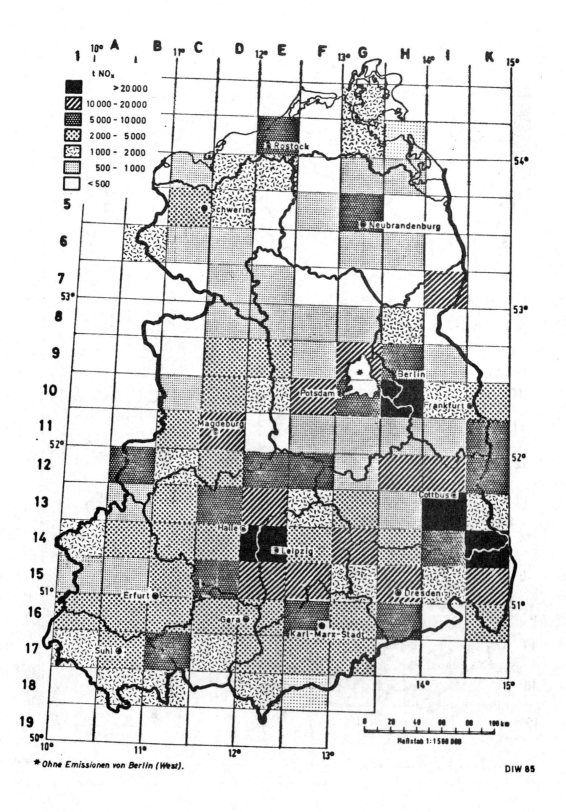

*Ohne Emissionen von Berlin (West).

Anlage 1

Das vollständige Lizenzangebot des Kombinates VEB Chemische Werke Buna umfaßt folgende Objekte:

1. Verfahren zur Herstellung von Monochloressigsäure
2. Verfahren zur atomemissionsspektroskopischen Spurenanalyse
3. Verfahren zur Herstellung von Polystyren schäumbar (EPS)
4. Verfahren zur Herstellung von wasserfreiem Aluminiumchlorid
5. Verfahren zur Herstellung von Vinylchlorid
6. Verfahren zur Herstellung von PVC-S
7. Verfahren zur Herstellung von technischer Essigsäure
8. Verfahren zur Herstellung von Essigsäureanhydrid
9. Verfahren zur Herstellung von Acetaldehyd
10. Verfahren zur Entmonomerisierung (Degasation) von Styren-Butadien-Kaltkautschuklatices
11. Verfahren zur Bestimmung des Aktivierungsgrades bei der kontinuierlichen Polymerisation von Styren und Butadien
12. Verfahren zur Senkung des Energie- und Arbeitsaufwandes bei der Trocknung von Synthesekautschuk mittels Tunneltrockner
13. Steuerung des Mooneywertes während der kontinuierlichen Emulsionspolymerisation von Kaltkautschuk
14. Verfahren zur kontinuierlichen Herstellung von Tallharzseife und deren Einsatz als Emulgator
15. Verfahren zur Herstellung von Isopropylalkohol
16. Verfahren zur Herstellung von Ethylacetat
17. Verfahren zur Herstellung von Butadien-Acrylnitril-Kautschuk
18. Verfahren zur Herstellung von Butylacetat 99%
19. Verfahren zur Optimierung der Zellenspannung an Chloralkali-Elektrolysezellen nach dem Quecksilberverfahren
20. Verfahren zur Herstellung von ungesättigten Polyesterharzen auf der Basis von di-Carbonsäureanhydriden und Epoxiden ("NUP-Verfahren")
21. Verfahren zur Herstellung von ungesättigten Polyesterharzen
22. Verfahren zur Herstellung von Polyacrylatdispersionen und -lösungen im Wasser und in organischen Lösungsmitteln
23. Verfahren zur Herstellung von Chlormethan
24. Verfahren zur Herstellung von Polyvinylacetatdispersionen
25. Verfahren zur Herstellung von Polyvinylalkohol
26. Verfahren zur Herstellung von Vinylacetat
27. Verfahren zur Herstellung von 1,2-Propylenglykol
28. Rohreinschweißroboter "Buna V"

Anlage 1

29. Unterbrechungsfreie Stromversorgung mittels elektronischer Umschaltautomatik EUA 660/40
30. Leichtfließende PVC-Spritzgußgranulate und ihre Verarbeitung
31. Herstellung von ölverstrecktem Butadien-Styren-Kautschuk mit verringertem Styrengehalt (SB 177 HF) und seine Anwendung bei der Reifenherstellung
32. Prozeßautomatisierungssystem auf mikroelektronischer Basis
33. Urbarmachung von kalkhydratalkalischen Halden
34. Verfahren zum Granulieren von FeSi-Schmelze aus der Carbid-Produktion
35. Verfahren zur Herstellung des Modifikators SCONA TPA 10
36. Verfahren zur Herstellung von PVC-P (MSK)
37. Verfahren zur Entmonomerisierung von Polymerdispersionen
38. Verfahren zur Herstellung von Calciumstearat
39. Verfahren zur Herstellung compoundierter Zusätze für die Polymerenverarbeitung (Bleistabilisatorencompounds)
40. Verfahren zur Herstellung von epoxidierten Ölen
41. Verfahren zum Verschweißen und Signieren von Thermoplastfolien
42. Ablängvorrichtung für Hohl- und Vollprofile aus Kunststoff
43. Digitale Breitenmeßeinrichtung für bandförmiges Meßgut
44. Radioaktives Dickenmeßgerät für geblasene Thermoplastfolien
45. Verfahren zur kontinuierlichen Qualitätskontrolle bei der Herstellung von Thermoplastgranulaten
46. Verfahren zur Herstellung von Cellulose-Nitrat (kontinuierlich)
47. Elektrolyseur für ein Verfahren zur Herstellung von Peroxidschwefelsäure und Persulfaten
48. Verfahren zur Herstellung von Natriumcarbonat-Peroxyhydrat
49. Kühlvorrichtung für im Heißabschlagverfahren erzeugte Plastgranulate
50. Verfahren zur Herstellung des Modifikators SCONA TPE 85
51. Verfahren zur Herstellung von Styren-Butadien-Kautschuk (SBR)

Anlage 2

Angebotsinformation

Verfahren zur Hydroraffination von Vakuumdestillaten

aus Erdöl (DESUS-Verfahren)

VEB Petrolchemisches Kombinat Schwedt

DDR - 1330 Schwedt

Anlage 2

Verfahren zur Hydroraffination von Vakuumdestillaten aus Erdöl
(DESUS-Verfahren)

1. Anwendung

Qualitätsverbesserung schwerer Erdöldestillate durch Abbau von Schwefel, Stickstoff und metallischen Verunreinigungen zum Zwecke der Erzeugung schwefelarmer Heizöle und zur FCC-Einsatzstoff-Vorbehandlung.

2. Einsatzstoffe

Enge und weite Erdölfraktionen mit hohen Schwefelgehalten im Bereich schwerer Mitteldestillate bis hochsiedender Vakuumdestillate und Entasphaltate unterschiedlichster Provenienz.

3. Endprodukte

Hauptprodukt ist ein Raffinat mit Schwefelgehalt bis unter 0,1% bei Einsatz von hochsiedenden Vakuumdestillaten bzw. unter 0,05% bei Einsatz schwerer Mitteldestillate. Neben der Verwertung als Blendingstock für die Heizölerzeugung sind die nach dem DESUS-Verfahren erzeugten Raffinate insbesondere wegen ihres reduzierten Metallgehaltes und erhöhten Anilinpunktes hervorragend geeignete Einsatzstoffe für FCC-Anlagen, die im Vergleich zum unraffinierten Einsatz signifikante Einsparungen im Katalysatorverbrauch, Erhöhungen der Benzinausbeute und Verbesserungen der FCC-Produktqualitäten erbringen.

4. Beschreibung und Vorteile des Verfahrens

Der Einsatzstoff wird mit Frisch- und Kreislaufwasserstoff gemischt, aufgeheizt und in einem Festbettreaktor geleitet. Das DESUS-Verfahren verwendet einen aktiven und hochselektiven Katalysator, der besonders zur Entschwefelung schwerer Erdölfraktionen geeignet ist und lange Betriebsperioden ermöglicht.

Technologie und Katalysator sind so aufeinander abgestimmt, daß mit geringem Aufwand der gewünschte Raffinationsgrad erzielt werden kann. Hervorzuheben ist der äußerst niedrige Druck. Selbst bei Einsatz schwerster Produkte und höchster Entschwefelungsgrade ist der Wasserstoffverbrauch gering.

Anlage 2

Beispiel A (Entschwefelung bei 30 at H_2-Partialdruck)

Einsatz	A virgin Vakuumgasöl	B Entasphaltat
Dichte bei 20°C	0,91	0,935
Siedebereich °C	300 - 550	500°C +
Viskosität bei 50°C, cst	32	290
Schwefel, %	2,2	2,5
Metalle (Ni+V) ppm	1,5	2,4

Wasserstoffverbrauch (chem. + physik.) 50 Nm^3/m^3 Einsatz

Raffinat	A	B
Dichte bei 20°C	0,890	0,910
Viskosität bei 50°C, cst	17	82
Schwefel	<0,2	0,1
Metalle (Ni+V) ppm	0,2	0,4

Anlage 2

Insbesondere zur Vorbehandlung von FCC-Einsatzstoffen ist es bei begrenzter Wasserstoffverfügbarkeit vorteilhaft, daß mit dem Verfahren höchste Raffinationsgrade nahezu ohne Spaltung erzielbar sind.

Beispiel B (Konventionelle DESUS-Variante entsprechend der seit 1. 7. 1981 in Schwedt in Betrieb befindlichen Anlage zur FCC-Einsatzproduktvorbehandlung)

Einsatzstoff:	Vakuumgasöl	
	Dichte bei 15°C, g/cm³	0,915
	Schwefelgehalt, %	1,9
	Destillation, ASTM D 2887, °C	
	10%	351
	30%	404
	50%	442
	70%	472
	90%	509
	Metallfaktor, ppm (Fe+V+10 Ni)	4,5*
	Conradson Test, %	0,3*
DESUS-Bedingungen:	Katalysatorbelastung LHSV	2,5
	Wasserstoff-Partialdruck MPa	3,5
	Kreislaufgas-Produkt-Verhältnis, m³ i.N/m³	350
Raffinat:	Ausbeute, Masse %	≥97,5
	Schwefelgehalt, %	≥ 0,25
	Metallfaktor, ppm (Fe+V+10 Ni)	≤ 1

FCC-Effektivität:

	rohes Vakuumgasöl	DESUS-Raffinat
Benzinausbeute - Maximum, Masse %	44,2	50,4
Schwefelgehalt des FCC-Benzins, %	0,23	0,017
Bleiempfindlichkeit des FCC-Benzins bei 0,4 g Pb/l ROZ	3,7	5,3
Merkaptanschwefel im ungesüßten FCC-Benzin, ppm	270	38
Lagerstabilität des FCC-Benzins	Oxidationsinhibitor erforderlich	kein Inhibitor erforderlich
Schwefelgehalt im LCO, %	2,9	0,4

*Als Einsatzstoff für den DESUS-Prozeß sind wesentlich höhere Gehalte an Verunreinigungen möglich bei Einhaltung der Kennziffer C_7-Unlösliche < 0,1%, wie z.B. bei Entasphaltaten hoher Ausbeute.

Anlage 2

Bei gewünschter Steigerung der Dieselkraftstoffproduktion erweist sich die im Beispiel C aufgeführte Kombination einer speziellen DESUS-Variante mit dem FCC als äußerst vorteilhaft.

Beispiel C (DESUS-Variante mit tiefer Raffination - Anlage gegenwärtig im Bau)

Einsatzstoff:	wie im Beispiel B	
DESUS-Bedingungen:	Katalysatorbelastung LHSV	1
	Wasserstoff-Partialdruck MPa	6
	Kreislaufgas-Produkt-Verhältnis, m^3 i.N./m^3	500
Produkte*:	Benzinausbeute, Masse %	3
	Diesel-Ausbeute, Masse %	25
	Fraktion 360°C +, Masse % (= Einsatzprodukt für FCC)	68

FCC-Effektivität:

	rohes Vakuumgasöl	DESUS-360°C + Fraktion
Benzinausbeute - Maximum, Masse %	44,2	52,7
Schwefelgehalt des FCC-Benzins	0,23	< 0,01
Bleiempfindlichkeit des FCC-Benzins bei 0,4 g Pb/l, ROZ	3,7	6,0
Merkaptanschwefel im ungesüßten FCC-Benzin, ppm	270	15
Lagerstabilität des FCC-Benzins	Inhibitor erforderlich	kein Inhibitor erforderlich
Schwefelgehalt des LCO, %	2,9	0,16

*bei ausreichender H_2-Verfügbarkeit in der Raffinerie kann durch entsprechende Wahl aus der DESUS-Katalysatorfamilie bei ebenso niedrigem Reaktionsdruck die Konversion noch spürbar erhöht werden, wodurch neben der gesteigerten Ausbeute an hochqualitativem Diesel die Ausbeutesteigerung an FCC-Benzin auf über 55 % als besonders hervorzuhebende positive Effekte eintreten.

Anlage 2

Zur Standardtechnologie gehören unter anderem die Kaltgaseinspeisung in den Reaktor, die ein Arbeiten bei kontrollierter Reaktorbetttemperatur ermöglicht, und eine Kreislaufgaswäsche, mit der der H_2-Partialdruck beeinflußt werden kann, so daß Anlagen nach dem DESUS-Verfahren äußerst flexibel für unterschiedliche Einsatzstoffe und Schwankungen in der Frischwasserstoff-Qualität sind.

5. Großtechnische Anwendung

Bisher sind einige Anlagen zur Entschwefelung schwerer Mitteldestillate in Betrieb bzw. im Bau. Eine 1000 kt/a Anlage zur Raffination von schwerem Vakuumdestillat (FCC-Einsatzstoffbehandlung) ist seit Juli 1981 in Betrieb.

Eine zweite Anlage ist gegenwärtig im Bau.

Anlage 3

LEUNA-
Lizenzverfahren zur Erdölverarbeitung

Aussteller der Leipziger Messen
März und September, Messegelände

Drahtwort: Leunawerke
Fernschreiber: 4221 leuna dd
Fernruf: Merseburg 430 oder
Durchwahl über
Merseburg 43
(Hausapparat direkt
anwählen)

Exporteur:
CHEMIEANLAGEN-EXPORT-IMPORT
Volkseigener Außenhandelsbetrieb
der DDR
DDR - 1055 Berlin, Storkower Straße 120

VEB Leuna-Werke
»Walter Ulbricht«
DDR-4220 Leuna

Anlage 3

Gastrennanlage errichtet durch den Chemieanlagenbau der DDR

Die Bedeutung des Erdöls für die weitere Verwirklichung einer hohen technischen Entwicklung sowie die Tatsache der natürlichen Begrenzung der Erdölvorräte auf unserer Welt führen zu einer immer intensiveren stoffwirtschaftlichen Nutzung dieses wertvollen Rohstoffes.

Erdöl wird in Zukunft in entschieden geringerem Umfang als heute zur Energieerzeugung eingesetzt. Die intensivere Verarbeitung des Erdöls erfolgt mit der Zielstellung, möglichst viele sogenannte „helle" Produkte zu erzeugen, sowie die im Erdöl vorhandenen oder durch die Prozesse seiner Verarbeitung herstellbaren wertvollen chemischen Zwischenprodukte, wie Aromaten und Olefine, zu gewinnen.

Auch im VEB Leuna-Werke „Walter Ulbricht" wird seit Jahren erfolgreich an einer intensiveren Verarbeitung des Erdöls geforscht, und die Ergebnisse zahlreicher Forscherkollektive konnten bereits in die Praxis umgesetzt werden.[1]

Durch Einbeziehung aller Wissensträger in diese Arbeiten entstanden – teilweise in Zusammenarbeit mit anderen Partnern, wie dem VEB Petrolchemisches Kombinat Schwedt oder dem Chemieanlagenbau der DDR – interessante Verfahren, die uns in die Lage versetzen, umfangreiches Knowhow im Interesse des wirtschaftlichen und wissenschaftlich-technischen Fortschritts zu nutzen und Dritten zur Nutzung anzubieten.

Sollten Sie an weiteren Informationen über unsere angebotenen Lizenzen interessiert sein, so bitten wir Sie, uns zu schreiben. Wir sind gern bereit, Ihnen unsere detaillierten Druckschriften zu übersenden oder mit Ihnen im direkten Gespräch alle Fragen zu erörtern.

[1] Vergleiche hierzu auch H. Gebhardt, W. Nette, E. Onderka – Die Erdölverarbeitung im VEB Leuna-Werke „Walter Ulbricht" – in Chem. Technik, Leipzig **31** (1979) 8, S. 390–394

Anlage 3

Hydrospaltprozesse

HYDROSPALTEN VON VAKUUMDESTILLAT

Dem hier zur Anwendung kommenden Leuna-Verfahren gingen umfangreiche Forschungsarbeiten zum Verfahren und zur Katalysatorenentwicklung voraus. Die Technologie beruht auf vorhandenen apparativen Ausrüstungen der Hochdruckhydrierung, die zu Vakuumdestillathydrospaltanlagen umgerüstet wurden. Die Hydrospaltung des Vakuumdestillates erfolgt in Anwesenheit von Wasserstoff an einem Leuna-Katalysator im Festbett.

Die folgende Tabelle demonstriert an Hand eines Beispieles die Einsatzfähigkeit des Leuna-Verfahrens zum Hydrospalten von Vakuumdestillat im geraden Durchgang.

Einsatzprodukt

Vakuumdestillat
Siedebereich   350 ... 500 °C
Dichte   0,900 g/cm^3
Basen   350   mg NH$_3$/l
Schwefelgehalt   1,8   Masse%

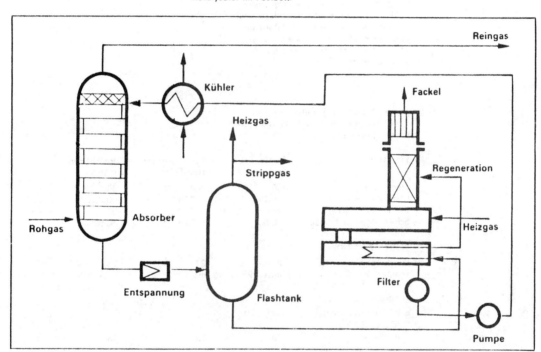

Technologisches Schema
Selektive Gasentschwefelung

Betriebsparameter

Druck   23 MPa
mittlere Reaktions-
temperatur   max. 430 °C

Endprodukte

- Leichtbenzinfraktion (C$_5$ ... 100 °C)
  Ausbeute*)   8   Masse%
- Schwerbenzinfraktion
  Ausbeute*)   10   Masse%
  Aromatengehalt   8   Vol.%
  Naphthene   42   Vol.%
- Dieselölfraktion
  Ausbeute*)   41   Masse%
  BPA-Punkt   −10   °C
  Stockpunkt   −22   °C
- Heizölkomponente
  Ausbeute*)   35   Masse%
  Schwefelgehalt   0,1   Masse%
  Viskosität (50 °C)   11   cSt

Anlage 3

HYDROSPALTEN VON KOHLENWASSERSTOFF-FRAKTIONEN

Um die natürliche Fraktionsverteilung des Erdöls zugunsten der Benzinfraktionen verschieben zu können, bietet das Hydrospaltverfahren überall da, wo Hochdruckanlagen und Wasserstoff zur Verfügung stehen, Vorteile hinsichtlich einer hohen Ausbeute an „hellen" Produkten und einer hohen Qualität dieser Reaktionsprodukte.

Der VEB Leuna-Werke verfügt über ein Verfahren und stellt die erforderlichen Katalysatoren her, welche es gestatten, in Abhängigkeit von der Bedarfsstruktur für Fertigprodukte sowie der Rohstoffsituation Reaktionsprodukte mit unterschiedlichen Anteilen an Spaltprodukten zu erzeugen.

Die nachfolgende Tabelle vermittelt eine Übersicht über die Möglichkeiten dieses Prozesses:

Einsatzprodukte	Straight-run-Fraktion	Kohlenwasserstoff-Fraktion	Straight-run-Fraktion
Siedebereich °C	100...350	100...180	180...360
Dichte g/cm^3	0,793	0,744	0,828
Basen in mg NH$_3$/l	21	0	30
Schwefelgehalt Masse%	0,50	0,04	0,80
Betriebsparameter			
Druck MPa	23	23	23
Temperatur °C	max. 395	max. 380	max. 405
Endprodukte			
● Leichtbenzinfraktion (C$_5$...100 °C)			
Ausbeute*) Masse%	20	30	16
● Schwerbenzinfraktion			
Ausbeute*) Masse%	48	52	37
Aromatengehalt Vol.%	10	–	12
Naphthene Vol.%	31	–	36
● Dieselölfraktion			
Ausbeute*) Masse%	17	–	37
BPA-Punkt °C	–10	–	–9
Stockpunkt °C	–16	–	–16

*) bezogen auf Einsatzprodukte im geraden Durchgang

Anlage 3

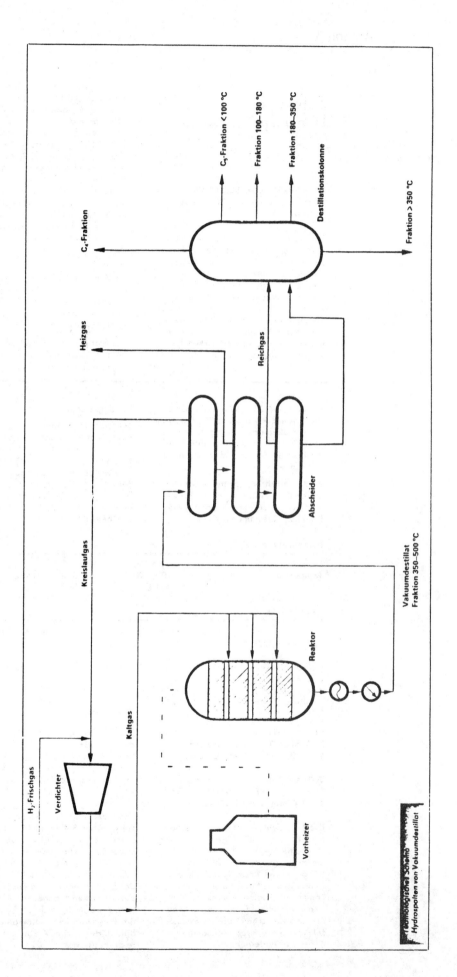

Anlage 3

Selektive Hydrierprozesse

VERFAHREN ZUR SELEKTIVEN HYDRIERUNG VON PYROLYSEBENZIN

Bei der Pyrolyse von Kohlenwasserstoffen zur Herstellung von Ethylen entstehen flüssige Reaktionsprodukte mit einem Siedebereich zwischen etwa 35 °C und 180 °C, das sogenannte Pyrolysebenzin. Die Zusammensetzung solcher Pyrolysebenzine ist abhängig von den Reaktionsbedingungen der Ethylenerzeugung. Sie besitzen jedoch einen hohen Gehalt an aromatischen Kohlenwasserstoffen und eignen sich daher in besonderem Maße zur Erzeugung von hochwertigen Fahrbenzinkomponenten oder als Ausgangsmaterialien für Reinstaromaten. Die heute meist übliche Verfahrensweise besteht in einer zweistufigen Hydrierung, wobei die erste Hydrierstufe die Aufgabe hat, die im Pyrolysebenzin enthaltenen instabilen Verbindungen zu stabilisieren und in der zweiten Stufe die Raffination der olefinischen Kohlenwasserstoffe und der Heteroverbindungen erfolgt. Diese letzte Stufe ist nur dann erforderlich, wenn die Gewinnung von Reinstaromaten angestrebt wird.

Die Vorteile dieses Verfahrens bestehen vor allem in der Erzeugung von Aromatenfraktionen, da hieraus Benzol, Toluol und C_8-Aromaten bedeutend wirtschaftlicher zu isolieren sind als beispielsweise aus Reformaten.

Die Stabilisierungsreaktion verläuft bei relativ niedrigen Temperaturen und Drücken von 3 bis 5 MPa. Zur Gewinnung von BTX-Aromaten wird die Aromatenfraktion bei Temperaturen bis etwa 350 °C und Drücken unterhalb von 5 MPa einer hydrierenden Raffination unterzogen.

Beide Verfahrensschritte verwenden Leuna-Katalysatoren. In der Tabelle sind beispielsweise Angaben dieses Prozesses zusammengestellt.

Einsatzprodukt

Beliebige Fraktionen flüssiger Kohlenwasserstoffe aus der Pyrolyse im Siedebereich bis etwa 200 °C, beispielsweise

Bromzahl	60	gBr/100 g
Schwefelgehalt	150	ppm
Benzol	26,5	Masse%
Toluol	14,2	Masse%
Xylole	5,8	Masse%
Ethylbenzol	1,0	Masse%

Betriebsparameter

Druck	3...5 MPa	
Temperatur	ca. 10...90 °C	(I. Stufe Reaktoreingang)
	ca. 300 °C	(II. Stufe)

Endprodukte

	I. Stufe	II. Stufe (BTX-Fraktion)
Bromzahl gBr/100 g	35	0,15
Schwefelgehalt ppm	140	< 5
Benzol Masse%	26,8	37,1
Toluol Masse%	14,2	20,6
Xylole Masse%	6,0	8,0
Ethylbenzol Masse%	5,0	8,8

VERFAHREN ZUR SELEKTIVEN HYDRIERUNG VON C_2- UND C_3-FRAKTIONEN

VERFAHREN ZUR SELEKTIVEN HYDRIERUNG VON C_2minus-FRAKTIONEN

Die Selektivhydrierung von acetylenkohlenwasserstoffhaltigen Fraktionen stellt einen Teilschritt innerhalb der Gesamttechnologie zur Ethylenerzeugung und der nachfolgenden Gastrennung dar. Mit Hilfe spezieller Leuna-Katalysatoren ist es möglich, die in den einzelnen Fraktionen enthaltenen acetylenischen Kohlenwasserstoffe selektiv zu hydrieren und somit weitgehend zu entfernen.

Die Selektivhydrierung erfolgt im Falle der C_2-Fraktion in der Gasphase am Leuna-Katalysator 7746, ansonsten in der Flüssigphase bei niedrigen Temperaturen mittels des Leuna-Katalysators 7751.

Besondere Vorteile bietet das Verfahren zur C_2minus-Selektivhydrierung. Bei einem nahezu 100%igem Umsatz des in der C_2-Fraktion enthaltenen Acetylen – bedingt durch die hohe Selektivität des Leuna-Katalysators 7741 – nimmt der Ethylengehalt um mehr als 1 % in der hydrierten Fraktion zu. Das Verfahren wurde letztlich mit Errichtung des Ethylenwerkes im Kombinatsbetrieb Böhlen des VEB PCK Schwedt erfolgreich realisiert.

Anlage 3

*Anlage zur selektiven Hydrierung
von Pyrolysebenzin nach
Leuna-Verfahren
im VEB „Otto Grotewohl" Böhlen*

Einsatzprodukte

- Ethylen-Ethan-Fraktion
  Acetylengehalt   max. 2,5 Vol.%
- C_3-Fraktion
  Propin-,
  Propadiengehalt max. 7,5 Vol.%

Betriebsparameter
(Ethylen-Ethan-Fraktion)

Druck   ca. 3 MPa
Temperatur   ca. 80 °C

Endprodukte

- Ethylen-Ethan-Fraktion
  Acetylengehalt   < 3 Volumen ppm
- C_3-Fraktion
  Propin-,
  Propadiengehalt < 40 Volumen ppm

Anlage 3

Aromatengewinnung

AREX-VERFAHREN ZUR GEWINNUNG VON BTX-AROMATEN

Das AREX-Verfahren gestattet die gemeinsame Gewinnung von aromatischen Kohlenwasserstoffen des Bereiches C_6 bis C_9 mit hoher Ausbeute und in großer Reinheit aus technischen Kohlenwasserstoffgemischen (z. B. Pyrolysebenzin- oder Reformatfraktionen) durch Flüssig-Flüssig-Extraktion unter Verwendung eines speziellen, selektiv wirkenden Lösungsmittelgemisches.

Das Verfahren beinhaltet die technologischen Stufen
- Flüssig-Flüssig-Extraktion
- Extraktivdestillation
- Trennung der Aromaten von Selektivlösungsmittel durch Vakuumdestillation
- Lösungsmittelrückgewinnung aus Reformat und Aromatengemisch
- Auftrennung des Reinaromatengemisches in Benzol, Toluol, C_8- und C_9-Aromaten durch Rektifikation

Das Lösungsmittel stellt ein Gemisch von N-Methyl-ε-caprolactam und Ethylenglykol dar.

Der Extraktionsprozeß ist gekennzeichnet durch niedrige Prozeßtemperaturen und eine drucklose Arbeitsweise.

Durch Variation der Lösungsmittelgemisch-Zusammensetzung können Selektivität und Kapazität variiert und somit wechselnden Zusammensetzungen der Einsatzgemische günstig angepaßt werden.

Das Verfahren wurde von einer Kooperationsgemeinschaft der chemischen Industrie und des chemischen Apparatebaus, bestehend aus dem VEB Leuna-Werke „Walter Ulbricht", dem VEB Petrolchemisches Kombinat Schwedt sowie dem Chemieanlagenbaukombinat Leipzig-Grimma, entwickelt.

Die erste Anlage nach dem AREX-Verfahren wird seit 1979 im VEB „Otto Grotewohl" Böhlen mit einer Kapazität von 150 kt/a BTX-Aromaten aus hydriertem Pyrolysebenzin betrieben.

Kennwerte des Prozesses enthält die folgende Tabelle:

Einsatzprodukt
Aromatenhaltige Kohlenwasserstofffraktion des C_6- bis C_9-Bereiches

Betriebsparameter der Flüssig-Flüssig-Extraktion
Druck   Normaldruck
Temperatur ca. 60 °C

AREX-Anlage im VEB „Otto Grotewohl" Böhlen

Endprodukte	Reinbenzol	Reintoluol	Reinxylol
Ausbeute %	≥ 99	≥ 98	≥ 95
Dichte g/cm³	0,877...0,879	0,864...0,867	0,860...0,870
aromatische und nichtaromatische Verunreinigungen %	≤ 0,2	< 0,3	< 0,5

Anlage zur Aromatenisomerisierung

Anlage 3

DISTEX-VERFAHREN ZUR GEWINNUNG VON BENZOL

Das Verfahren dient der Gewinnung von Benzol durch Extraktivdestillation von benzolhaltigen Benzinraffinaten und Pyrolysebenzin. Als Lösungsmittel wird Dimethylformamid (DMF) verwendet, eine Verfahrenslösung, die bisher noch nicht praktiziert wurde.

Das Verfahren eignet sich für die Gewinnung von Benzol aus Produkten, die mindestens 70 % Benzol enthalten.

Bedingt durch den niedrigen Siedepunkt des DMF und dessen hoher Selektivität besitzt das DISTEX-Verfahren einen geringen Energiebedarf.

Die erste nach diesem Verfahren arbeitende Anlage ist seit 1974 im VEB Hydrierwerk Zeitz, einem Teilbetrieb des VEB PCK Schwedt, in Betrieb.

Das Verfahren wurde durch den VEB Hydrierwerk Zeitz unter Mitarbeit des VEB Leuna-Werke „Walter Ulbricht" entwickelt.

Es lassen sich je nach Anforderung alle handelsüblichen Benzolreinheiten gewinnen, wie z. B.

Dichte 0,878 g/cm³
Erstarrungspunkt > 5,4 °C
Bromverbrauch < 0,05 g Br/100 g

ARIS-VERFAHREN ZUR C_8-AROMATENISOMERISIERUNG

Es handelt sich bei diesem Verfahren um eine Entwicklung des VEB Petrolchemisches Kombinat Schwedt. Die notwendige Katalysatorenentwicklung wurde gemeinsam mit dem VEB Leuna-Werke „Walter Ulbricht" durchgeführt.

Das ARIS-Verfahren wird seit einigen Jahren im VEB PCK Schwedt im großtechnischen Einsatz betrieben. Die vorliegenden Betriebsergebnisse zeigen, daß der verwendete Isomerisierungskatalysator (Leuna-Katalysator 8830) gleichartige international bekannte Katalysatoren in seiner Leistungsfähigkeit bei weitem übertrifft. Es kann festgestellt werden, daß die gefundene Verfahrenslösung zu den modernsten bekannten Technologien zur Erzeugung von o- und p-Xylol aus Reformatbenzin zu zählen ist.

Da das ARIS-Verfahren in vorhandene bisherige Technologien zur C_8-Aromatenherstellung mit dem Ziel einer Optimierung und Leistungssteigerung der BTX-Aromatenerzeugung eingesetzt werden kann und damit aufwendige Investitionen für die Neuerrichtung von Aromatenanlagen gespart werden können, bietet dieses Verfahren dem Anwender besondere Vorteile.

Anfragen zu diesem Verfahren sind direkt an den VEB Petrolchemisches Kombinat Schwedt zu richten.

Gasreinigungsprozesse

METHANISIERUNG VON HYDRIERWASSERSTOFF

Hochreiner Wasserstoff spielt bei vielen Hydrierreaktionen eine große Rolle. Die Feinreinigung dieses Gases von Kohlenmonoxid und Kohlendioxid mittels Methanisierung gelingt auf der Basis eines entsprechenden Leuna-Katalysators und dessen Know-how völlig problemlos.

Methanisierungsanlagen nach der Leuna-Technologie werden in der DDR, der UdSSR, in Bulgarien, SR Rumänien und Polen betrieben.

Da die Methanisierung exotherm verläuft, muß das den Reaktor verlassende Gasgemisch gekühlt und vom Reaktionswasser befreit werden. Es ist anschließend ohne jede weitere Behandlung in höchster Reinheit für Hydrierprozesse einsetzbar.

Einsatzprodukt

Wasserstoff enthaltend Kohlenmonoxid und/oder Kohlendioxid

Betriebsparameter

Druck mind. 1 MP
Temperatur ca. 180 °C

Endprodukt

Es ist ein praktisch CO- und CO_2-freier Wasserstoff herstellbar.

VERFAHREN ZUR KATALYTISCHEN REINIGUNG VON STICKSTOFF

Sauerstoffarmer bzw. sauerstofffreier Stickstoff allein oder im Gemisch mit Wasserstoff findet als Schutzgas oder als Reaktionsparameter bei chemischen Prozessen breite Anwendung.

Sauerstofffreier Stickstoff wird zum Spülen von Anlagen der Erdölverarbeitung bzw. der Petrolchemie ebenso verwendet wie als Schutzgas für die Lagerung bestimmter Kohlenwasserstoffe oder anderer Zwischen- und Endprodukte.

Für das Verfahren steht ein spezieller Katalysator zur Verfügung, der sich durch hohe Aktivität und Lebensdauer auszeichnet und bereits seit Jahren in technischen Anlagen mit Erfolg eingesetzt wird.

Einsatzprodukt

Rohstickstoff mit einem maximalen Gehalt an O_2 von 3,8 Vol.%

Endprodukt

Reinststickstoff mit einem Sauerstoffgehalt, der je nach Bedarf des Anwenders bis auf 10 ppm gesenkt werden kann.

LEUNA-GASELAN-VERFAHREN ZUR SELEKTIVEN GASENTSCHWEFELUNG

Das Verfahren wird vorzugsweise zur selektiven Entschwefelung von Erdgas, Synthesegas oder anderen technischen Gasen eingesetzt. Schwefelwasserstoff, Merkaptane, Sulfide und andere Schwefelverbindungen werden aus diesen Gasen nahezu vollständig ausgewaschen. Das Verfahren arbeitet nach dem Prinzip Absorption-Desorption mit einem im Kreislauf befindlichen Lösungsmittel. Als Lösungsmittel wird N-Methyl-ε-Caprolactam verwendet, dessen Herstellung und Anwendbarkeit für verschiedene Stofftrennprozesse patentrechtlich geschützt ist und wofür der VEB Leuna-Werke „Walter Ulbricht" auch das notwendige Herstellungs-Know-how besitzt.

Die hohe Anpassungsfähigkeit des Verfahrens gestattet dessen Einsatz bei unterschiedlichsten Rohgasparametern und Reingasanforderungen.

Das Verfahren der selektiven Gasentschwefelung stellt eine Gemeinschaftsentwicklung zwischen dem VEB Leuna-Werke und dem VEB Chemie- und Tankanlagenbau Fürstenwalde dar.

Gegenüber anderen bekannten Verfahren der Gasreinigung zeichnet sich das hier verwendete Lösungsmittel durch eine äußerst hohe Selektivität gegenüber Schwefelverbindungen aus. Gleichzeitig mit dem Entschwefelungsprozeß verläuft die Absorption von Wasserdampf und höheren Kohlenwasserstoffen unter Erreichung von Taupunkten von < -10 °C. Das Verfahren ist unterschiedlichsten Anforderungen problemlos anzupassen.

Das erhaltene Reingas hat folgende Reinheit:

H_2S-Konzentration
5 ... 20 mg H_2S/m^3 i. N.
(je nach Anforderung)

organische Schwefelverbindungen
< 20 mg S/m^3 i. N.

Anlage 4

Qualitätskennziffern Hexanschnitt

Kennziffer	Bestimmungsmethode		Jahresdurchschnitt 1982	1983
Siedebeginn	TGL 21120	°C	65,79	66,02
Siedeende	TGL 21120	°C	68,68	68,58
Zusammensetzung				
i-Hexan	PCK-Labor	Ma%	31,25	31,04
n-Hexan	PCK-Labor	Ma%	62,32	62,65
Methylcyclopentan	PCK-Labor	Ma%	5,67	5,96
Cyclohexan	PCK-Labor	Ma%	0,15	0,10
Reinheiten				
Benzen	PCK-Labor	Mappm	30	17
Gesamtaromaten	PCK-Labor	Mappm	37	18
Abdampfrückstand	TGL 051776	mg/100 ml	n.nw	n.nw
Säurewert	TGL 138-012	mg KOH/100 ml	n.nw	n.nw
Bromverbrauch	TGL 34191/02	g/100 ml	0,027	0,023
Schwefel	TGL 27785	mg/kg	n.nw	n.nw

Die PCK-Labormethode ist im Standard M 11 074 - Hexanschnitt 50/55 - enthalten.

n.nw: nicht nachweisbar